Volker Ilzhöfer

Patent-, Marken- und Urheberrecht

Patent-, Marken- und Urheberrecht

Leitfaden für Ausbildung und Praxis

von

Dipl.-Ing. Volker Ilzhöfer

Patentanwalt, European Patent Attorney

6. Auflage

VERLAG FRANZ VAHLEN MÜNCHEN 2005

Verlag Franz Vahlen im Internet:
beck.de

ISBN 3800631210

Wilhelmstraße 9, 80801 München
Druck: Nomos Verlagsgesellschaft
In den Lissen 12, 76547 Sinzheim

Satz: Druckerei C. H. Beck Nördlingen
(Adresse wie Verlag)

Gedruckt auf säurefreiem, alterungsbeständigem Papier
(hergestellt aus chlorfrei gebleichtem Zellstoff)

Vorwort zur 6. Auflage

Die nach Erscheinen der 5. Auflage veröffentlichten BGH-Entscheidungen sind in die 6. Auflage eingearbeitet worden. Dies gilt vor allem für die Rechtsprechung zum Markengesetz, wobei die Entscheidungen zu den absoluten Schutzhindernissen und zur Wirkung der Marke besondere Beachtung fanden.

Weiterhin sind die in 2004 in Kraft getretenen Gesetzesänderungen berücksichtigt worden. So ist das neue Geschmacksmustergesetz am 1. Juni 2004 in Kraft getreten. Dementsprechend ist das Kapitel 4, das das Geschmacksmusterrecht behandelt, vollkommen neu formuliert worden. Die im Geschmacksmusterreformgesetz unter Artikel 2 aufgeführten Änderungen der übrigen Gesetze des Gewerblichen Rechtschutzes und das neue UWG sind ebenfalls in die Erläuterungen einbezogen worden.

Die im Vorwort zur 1. Auflage angegebene Zielrichtung des Buches ist jedoch beibehalten worden.

München, im Dezember 2004 — Volker Ilzhöfer

Vorwort zur 1. Auflage

Der gewerbliche Rechtsschutz und das Urheberrecht gewinnen national und international zunehmende Bedeutung bei der Bekämpfung der Produktpiraterie, durch die Ergebnisse geistigen Schaffens ausgebeutet werden und dadurch unserer Volkswirtschaft ein immenser Schaden zugefügt wird. Um die Produktpiraterie zu bekämpfen, sind die Gesetze des gewerblichen Rechtsschutzes und das Urheberrechtsgesetz in den vergangenen Jahren mehrfach geändert worden. So sind z.B. in das Urheberrechtsgesetz Vorschriften über den Schutz von Computerprogrammen eingefügt worden und das Markengesetz ist völlig neu formuliert worden.

Diese Entwicklung hat zur Folge, daß in der Rechtspraxis der gewerbliche Rechtsschutz und das Urheberrecht eine immer größere Rolle spielen und diesem Trend folgend auch in der Ausbildung größerer Wert auf Kenntnisse über diese Rechtsgebiete gelegt wird.

Ziel dieses Buches ist es, unter Berücksichtigung der neuesten Fassung der Gesetze, einen Überblick über das Patentgesetz, das Markengesetz und das Urheberrechtsgesetz zu geben, der auf die Bedürfnisse der Praxis, aber auch der Ausbildung, zugeschnitten ist. Deshalb werden die in der Praxis und Ausbildung besonders interessierenden Probleme, wie z. B. die Voraussetzungen des Schutzes, die Geltendmachung des Schutzes und die Schutzrechte im Rechtsverkehr, unter Vernachlässigung der Behandlung spezieller Fragen des Verfahrensrechtes, in den Vordergrund gestellt. Mit Hilfe von Ablaufplänen über die Verfahren, Kurzfassungen des Patentrechtes, des Markenrechtes und des Urheberrechtes und Tabellen, die bei der gemeinsamen Behandlung der Gesetze einander entsprechende Vorschriften enthalten, wird versucht, den Stoff dem Leser schnell zu vermitteln.

München, im Februar 1995 Volker Ilzhöfer

Inhaltsverzeichnis

Abkürzungen

Abl. EPA	Amtsblatt des EPA
AGL	Anspruchsgrundlage
AO EPÜ	Ausführungsordnung EPÜ
ArbEG	Arbeitnehmererfindungsgesetz
BAG	Bundesarbeitsgericht
BayOLG	Bayerisches Oberstes Landgericht
BB	Betriebsberater
BGB	Bürgerliches Gesetzbuch
BGH	Bundesgerichtshof
BPatG	Bundespatentgericht
CR	Computer und Recht
DE	Deutschland
DPMA	Deutsches Patentamt- und Markenamt
EG	Europäische Gemeinschaft
EPA	Europäisches Patentamt
EPÜ	Europäisches Patentübereinkommen
ErstrG	Erstreckungsgesetz
EU	Europäische Union
EuG	Europäisches Gericht
EuGH	Europäischer Gerichtshof
EuGVÜ	EU-Gerichtsstands- und Vollstreckungsübereinkommen
EGV	EG-Vertrag
EWR	Europäischer Wirtschaftsraum
FR	Frankreich
GebrMG	Gebrauchsmustergesetz
GebrMV	Gebrauchsmusterverordnung
GeschmMG	Geschmacksmustergesetz
GeschmMV	Geschmacksmusterverordnung
GMVO	Gemeinschaftsmarkenverordnung
GM-DVO	Gemeinschaftsmarkendurchführungsverordnung
GrBK	Große Beschwerdekammer des EPA
GRUR	Gewerblicher Rechtsschutz und Urheberrecht
GRUR Int.	Gewerblicher Rechtsschutz und Urheberrecht International
GWB	Gesetz gegen Wettbewerbsbeschränkungen
HABM	Harmonisierungsamt für den Binnenmarkt
HlschG	Halbleiterschutzgesetz
HlschV	Halbleiterschutzverordnung
HMA	Haager Musterabkommen
IntPatÜG	Gesetz über internationale Patentübereinkommen
JP	Japan
MarkenG	Markengesetz
MarkenV	Markenverordnung
Mitt.	Mitteilungen der deutschen Patentanwälte
MMA	Madrider Markenabkommen

NJW	Neue Juristische Wochenschrift
PatG	Patentgesetz
PatKostG	Patentkostengesetz
PatV	Patentverordnung
PCT	Patentzusammenarbeitsvertrag
PMZ	Blatt für Patent-Muster-Zeichenweisen
PVÜ	Pariser Verbandsübereinkunft
rBÜ	revidierte Berner Übereinkunft
RdNr.	Randnummer
SortSchG	Sortenschutzgesetz
TRIPS	Übereinkommen über handelsbezogene Aspekte der Rechte des geistigen Eigentums
UrhG	Urheberrechtsgesetz
WahrnG	Urheberwahrnehmungsgesetz
US	USA
UWG	Gesetz gegen unlauteren Wettbewerb
VerlG	Verlagsgesetz
VWG	Verwechslungsgefahr
WIPO	World Intellectual Property Office
WTO	World Trade Organisation
WUA	Welturheberrechtsabkommen
ZPO	Zivilprozessordnung

Literatur

Rehbinder	Urheberrecht, 13. Aufl. 2004
Ulmer	Urheber- und Verlagsrecht, 3. Aufl. 1980
Hubmann/Götting	Gewerblicher Rechtsschutz, 7. Aufl. 2002
Krasser........................	Patentrecht, 5. Aufl. 2004
Rehmann	Geschmacksmusterrecht, 2004
Berlit	Das neue Markenrecht, 5. Aufl. 2003
Bayreuther	Fälle zum Urheberrecht und Gewerblichen Rechtsschutz, 2001
Busse..........................	Patentgesetz, 6. Aufl. 2003
Benkard	Patentgesetz – Gebrauchsmustergesetz, 9. Aufl. 1993
Schulte	Patentgesetz, 7. Aufl. 2004
Mes	Patentgesetz, Gebrauchsmustergesetz, 1997
Bühring......................	Gebrauchsmustergesetz, 6. Aufl. 2003
Ströbele/Hacker	
Klaka	Markengesetz, 7. Aufl. 2003
Fezer	Markenrecht, 3. Aufl. 2001
Ingerl/Rohnke	Markengesetz, 2. Aufl. 2003
Fromm/Nordemann	Urheberrecht, 9. Aufl. 1998
Schricker	Urheberrecht, 2. Aufl. 1999
Möhring/Nicolini...........	Urheberrechtsgesetz, 2. Aufl. 2000
Dreier/Schulze.............	Urheberrechtsgesetz, 2004

Teil 1. Einleitung

Im vorliegenden Buch wird versucht, ein Grundwissen im gewerblichen Rechtsschutz und Urheberrecht zu vermitteln, sein Umfang müsste nach Meinung des Verfassers in etwa dem in den Veranstaltungen zur Wahlfachgruppe Wirtschaftsrecht gebotenen Stoff entsprechen. Dabei wird insbesondere auf das Markengesetz, das Patentgesetz als wichtigste Vertreter des gewerblichen Rechtsschutzes und das Urheberrechtsgesetz eingegangen. Die übrigen Gesetze des gewerblichen Rechtsschutzes werden nur in einer Kurzdarstellung erläutert. 1

Um die beim gewerblichen Rechtsschutz durchzuführenden Verfahren kurz, aber trotzdem übersichtlich, darstellen zu können, werden Ablaufdiagramme verwendet, die natürlich nur den Regelfall zeigen. Mehr Raum wird den materiellen Voraussetzungen der Schutzrechte und der Wirkung der Schutzrechte gewidmet.

Für alle Gesetze gemeinsam wird den Fragen nachgegangen, wie die Schutzrechte übertragen werden können, auf welche Weise eine Nutzung durch Dritte möglich ist und welche Ansprüche der Schutzrechtsinhaber gegen unberechtigte Dritte hat.

In der Hoffnung, einen schnellen Zugang zu den Stoffen des Markengesetzes, Patentgesetzes und Urheberrechtsgesetzes zu geben, ist jeweils eine Kurzfassung eingefügt worden. Weiterhin sind Tabellen im Text enthalten, die Überblicke geben sollen, wenn z. B. mehrere Gesetze gemeinsam behandelt werden.

Schließlich sind am Ende Fälle dargestellt und Lösungshinweise gegeben, die fast alle auf BGH-Entscheidungen beruhen. Damit wird versucht, über die Rechtsprechung einen vertieften Einblick in den gewerblichen Rechtsschutz und das Urheberrecht zu vermitteln.

Teil 2. Gewerblicher Rechtsschutz und Urheberrecht – Überblick

A. Allgemeines

Aufgrund der Gesetze des gewerblichen Rechtsschutzes, nämlich des 2

→ Patentgesetzes,
→ Gebrauchsmustergesetzes,
→ Halbleiterschutzgesetzes,
→ Geschmacksmustergesetzes,
→ Markengesetzes,
→ Sortenschutzgesetzes,

sind Ergebnisse geistigen Schaffens (im folgenden Immaterialgüter genannt) auf gewerblichem Gebiet schützbar; durch das

→ Urheberrechtsgesetz

sind Immaterialgüter und Leistungen auf kulturellem Gebiet geschützt.

3 Unten stehende Tabelle 1 zeigt eine Übersicht der obengenannten Gesetze (Schutzgesetze) mit Angabe, welches Immaterialgut (Anwendungsbereich des Schutzgesetzes = Schutzgegenstand) geschützt ist und ob ein Verfahren durchgeführt werden muss, um Schutz für das Immaterialgut zu erlangen.

4 Mit Hilfe dieser Schutzgesetze soll die Entwicklung auf gewerblichem und kulturellem Gebiet durch Belohnung der Schöpfer der Immaterialgüter gefördert werden (zur Geschichte des gewerblichen Rechtsschutzes und zu den Theorien zur Begründung des Schutzes siehe z.B. Hubmann/Götting, Gewerblicher Rechtsschutz, 7. Auflage, 2002 bzw. für das Urheberrecht Rehbinder, Urheberrecht, 13. Auflage, 2004).

5 Die von den Schutzgesetzen nicht erfassten Immaterialgüter unterliegen dem allgemeinen Recht, insbesondere dem UWG, das allerdings auch auf die durch die Schutzgesetze schützbaren Immaterialgüter anwendbar bleibt, sofern sich dies nicht infolge der Spezialregelungen der Schutzgesetze erübrigt.

6 Die Schutzgesetze gewähren absolute Verwertungsrechte, die es deren Inhabern für eine festgelegte Schutzdauer (außer Kennzeichenrechte) ermöglichen, das geschützte Immaterialgut in der Regel allein zu verwerten (positives Benutzungsrecht) und unberechtigten Dritten dessen Verwertung zu verbieten. Die Verwertungsrechte sind somit Monopolrechte, die im Interessenkonflikt mit dem Wettbewerbsrecht stehen.

7

Schutzgesetz	**Schutzgegenstand**	**Verfahren erforderlich?**
Patentgesetz (PatG)	Technische Erfindung	ja, DPMA
Gebrauchsmustergesetz (GebrMG)	Technische Erfindung	ja, DPMA
Halbleiterschutzgesetz (HlschG)	Topographie eines Chips	ja, DPMA
Geschmacksmustergesetz (GeschmMG)	Ästhetische Gestaltung (Erscheinungsform) eines Erzeugnisses	ja, DPMA
Markengesetz (MarkenG) (enthält Vorschriften zum Kennzeichenrecht)	– Zeichen, die zur Unterscheidung von Waren/Dienstleistungen dienen; – Zeichen, die zur Kennzeichnung von Unternehmen oder Werken dienen; – Geografische Herkunftsangaben	– ja, DPMA, bei eingetragener Marke – nein bei Benutzungsmarke – nein – evtl.
Sortenschutzgesetz (SortenSchG)	Pflanzensorte	ja, Bundessortenamt
Urheberrechtsgesetz (UrhG)	– Werke der Literatur, Wissenschaft und Kunst – Leistungen und Investitionen auf kulturellem Gebiet	nein

Tabelle 1

8 Neben den Verwertungsrechten gewähren die Schutzgesetze in unterschiedlichem Umfang den Schöpfern der Immaterialgüter ein Persönlichkeitsrecht, das insbesondere im Urheberrecht sehr stark ausgeprägt ist.

9 Immaterialgüter können überall sehr leicht durch Unberechtigte ausgebeutet werden (Stichwort: Produktpiraterie), daher ist ein nationaler Schutz nicht ausreichend. Schon frühzeitig wurden aus diesem Grunde internationale Abkommen (die wichtigsten sind bei der Erläuterung der einzelnen Schutzgesetze angegeben) geschaffen, die es zum Ziel haben, den Angehörigen von anderen Mitgliedsstaaten denjenigen Schutz zukommen zu lassen, den sie ihren eigenen Angehörigen gewähren (Prinzip der Inländerbehandlung). Die bekanntesten Abkommen sind für den gewerblichen Rechtsschutz die Pariser Verbandsübereinkunft (PVÜ), für das Urheberrecht die Berner Übereinkunft (rBÜ = revidierte Berner Übereinkunft) und für alle Immaterialgüter (außer Pflanzensorten) das TRIPS-Abkommen.

B. Erläuterung von verwendeten Begriffen

Um Missverständnisse zu vermeiden, werden im folgenden einige hier häufiger verwendete Begriffe erläutert:

1. Schutzgesetz 10

Die Gesetze des gewerblichen Rechtsschutzes und des Urheberrechts werden zur Unterscheidung zu den allgemeinen nicht auf den Schutz von Immaterialgütern spezialisierten Gesetzen als Schutzgesetze bezeichnet, manchmal auch als Sondergesetze.

2. Schutzrecht 11

Wenn das Immaterialgut die im jeweiligen Schutzgesetz angegebenen Voraussetzungen erfüllt, entsteht ein Schutzrecht, ein ausschließliches oder absolutes Recht, entsprechend den sonstigen Rechten nach § 823 BGB. Das Schutzrecht entfaltet seine Wirkung nur im Inland.

3. Schutzgegenstand (Innovation) 12

Als Schutzgegenstand wird das Immaterialgut bezeichnet, das entsprechend dem Anwendungsgebiet des jeweiligen Schutzgesetzes schützbar ist.

4. Schutzrechtsgegenstand 13

Der Gegenstand eines Schutzrechts wird Schutzrechtsgegenstand genannt. Dieser wird durch die den Schutz begründenden Merkmale des Immaterialgutes definiert.

5. Rechtsinhaber und Berechtigter 14

Das Schutzrecht steht dem Rechtsinhaber zu, i.d.R. dem Schöpfer des Immaterialgutes oder dessen Rechtsnachfolger. Der Rechtsinhaber kann durch Vertrag einem Vertragspartner ein Nutzungsrecht einräumen, so dass dieser berechtigt ist, das Schutzrecht im vertragsgemäßen Umfang zu nutzen: dieser und der Rechtsinhaber werden Berechtigte genannt.

6. Dritter 15

Als Dritter wird eine Person bezeichnet, die den Schutzrechtsgegenstand benutzt und nicht Berechtigter ist.

7. Wirkung eines Schutzrechts 16

Ist ein Schutzrecht entstanden, entfaltet es Wirkungen. Dies sind die Verwertungshandlungen, die im Schutzgesetz dem Rechtsinhaber vorbehalten sind, und die er Dritten verbieten kann.

8. Erschöpfung eines Schutzrechtes 17

Die Wirkung des Schutzrechtes ist für einen Schutzrechtsgegenstand erschöpft, d.h. der Berechtigte kann sein Verbotsrecht in bezug auf diesen Schutzrechtsgegenstand nicht mehr ausüben, wenn der Berechtigte den ihm kraft Gesetzes zustehenden Lohn durch Ausübung seines Verwertungsrechtes, i. d. R. durch Veräußerung, erhalten hat. Auf die Erschöpfung wird insbesondere beim PatG, MarkenG und UrhG eingegangen, der Grundsatz gilt aber für alle Schutzrechte.

18 9. Schutzrechtsverletzung

Wenn ein Dritter ohne Erlaubnis des Berechtigten den Schutzrechtsgegenstand benutzt, wird von Verletzung des Schutzrechts gesprochen.

19 10. Ausführungsform des Dritten

Der vom Dritten verwendete Gegenstand wird Ausführungsform des Dritten genannt. Er ist daraufhin zu prüfen, ob er in den Schutzumfang des Schutzrechts fällt und damit dieses verletzt.

20 11. Schutzbereich oder Schutzumfang, Kennzeichnungskraft

Jedes Schutzrecht hat einen Schutzumfang oder Schutzbereich, der entsprechend dem jeweiligen Schutzgesetz festgelegt ist. Bei den einzelnen Schutzgesetzen wird auf den Schutzbereich näher eingegangen. Die Ermittlung des Schutzbereichs ist erforderlich, wenn festgestellt werden soll, ob durch die Ausführungsform des Dritten das Schutzrecht verletzt wird und die Ausführungsform nicht identisch, sondern nur ähnlich im Vergleich zum Schutzrechtsgegenstand ist. Bei dieser Prüfung wird vom Schutzrechtsgegenstand ausgegangen, die schutzbegründenden Merkmale des Schutzrechtsgegenstandes werden festgestellt und es wird untersucht, ob diese Merkmale identisch oder in ähnlicher Form bei der Ausführungsform des Dritten enthalten sind. Sind bei der Ausführungsform des Dritten ähnliche Merkmale enthalten, muss untersucht werden, ob diese Merkmale vom Schutzbereich erfasst werden. Nur wenn dies bejaht wird, liegt eine Schutzrechtsverletzung vor.

Ein Grundsatz ist, dass der Schutzbereich um so größer ist, je größer objektiv beurteilt die zur Schaffung des Schutzrechtsgegenstandes erforderliche geistige Leistung war.

Im folgenden werden die Begriffe „Schutzbereich" und „Schutzumfang" gleichwertig nebeneinander verwendet.

Im Kennzeichenrecht, geregelt im MarkenG, wird statt dessen von Kennzeichnungskraft gesprochen.

21 12. Nutzungsvertrag

Will ein Dritter einen Schutzrechtsgegenstand in erlaubter Weise nutzen, muss er einen Nutzungsvertrag mit dem Rechtsinhaber schließen. Dieser Vertrag wird in der Regel Lizenzvertrag genannt. Der Dritte ist dann der Lizenznehmer, der Rechtsinhaber der Lizenzgeber. Die Leistung des Lizenzgebers ist die Gewährung der Lizenz, also eines Nutzungsrechtes, die Gegenleistung des Lizenznehmers ist i. d. R. die Lizenzgebühr. Unterschieden werden die einfache Lizenz, bei der der Lizenznehmer nur ein Nutzungsrecht hat, und die ausschließliche Lizenz, bei der der Lizenznehmer neben dem Nutzungsrecht auch ein Verbotsrecht im vertragsgemäßen Umfang hat (nach dem MarkenG bzw. GeschmMG nur mit Zustimmung des Marken- bzw. Musterinhabers).

13. Rechte des geistigen Eigentums 22

Die Schutzrechte werden insbesondere international auch Rechte des geistigen Eigentums genannt. Dementsprechend werden internationale Verträge, wie die PVÜ, von der Weltbehörde für geistiges Eigentum (WIPO = World Intellectual Property Office) betreut.

C. Einordnung in die Rechtsordnung

1. Aus den vorhergehenden Abschnitten ist erkennbar, dass der gewerbliche Rechtsschutz und das Urheberrecht zum Zivilrecht gezählt werden. 23
2. Der gewerbliche Rechtsschutz und das Urheberrecht (zumindest teilweise) sind weiterhin ein Teil des Wirtschaftsrechts, das zusätzlich insbesondere das UWG und das GWB umfasst.
   a) Beim Schutz von Immaterialgütern ist z. B. zu berücksichtigen, dass § 3 UWG bei der unlauteren Ausbeutung eines fremden Leistungsergebnisses anwendbar ist, wobei jedoch zu beachten ist, dass über § 3 UWG kein weiterer Schutz erreichbar ist als dies über die Schutzgesetze möglich ist. Das UWG wird nur dort eingesetzt, wo die Schutzgesetze versagen. Weitere Ausführungen zur Anwendbarkeit des UWG bei der Ausbeutung eines fremden Immaterialgutes sind bei RdNr. 744 zu finden. 24
   b) Bei der vertraglichen Behandlung der Schutzrechte ist das GWB (bzw. EGV) zu beachten, da die Schutzrechte als Monopolrechte den Wettbewerb beschränken können. Grundsätzlich gilt, dass vertragliche Regelungen über die Schutzrechte dann kein Verstoß gegen das Kartellrecht sind, wenn sich die Regelungen im Rahmen dessen halten, was in den Schutzgesetzen als Inhalt des jeweiligen Schutzrechtes definiert ist, vom EuGH auch spezifischer Gegenstand des Schutzrechtes genannt. Alle Regelungen, die darüber hinaus gehen, können einen Kartellrechtsverstoß darstellen. 25
3. Da Immaterialgüter oft von Arbeitnehmern geschaffen werden, ist zu fragen, welche Rechte dem Arbeitgeber zustehen. Hier gibt es Vorschriften in den Schutzgesetzen und als spezielles Gesetz das Arbeitnehmererfindungsgesetz (ArbEG), die ergänzt werden durch das Arbeitsrecht. 26

D. Aufbau der folgenden Erläuterung der einzelnen Schutzgesetze

Dem Aufbau der Erläuterung ist i. d. R. die folgende Gliederung für jedes behandelte Schutzgesetz zugrunde gelegt:

27 **A. Allgemeines und Übersichtstabelle:** Zu dem jeweiligen Schutzgesetz werden die wichtigsten nationalen und internationalen Rechtsquellen zitiert und i. d. R. zudem für die wichtigsten Schutzgesetze in einer Übersichtstabelle die folgenden Stichworte B-G tabellarisch behandelt.

28 **B. Schutzgegenstand:** Die Schutzgesetze gewähren Schutzrechte für ausgewählte Innovationen (s. Tabelle 1). Der jeweilige Schutzgegenstand ist hier erläutert.

29 **C. Sachliche Schutzvoraussetzungen:** Ein rechtlich beständiges Schutzrecht liegt nur dann vor, wenn die in den jeweiligen Schutzgesetzen angegebenen sachlichen Schutzvoraussetzungen erfüllt sind. Dazu gehören i. d. R. Neuheit der Innovation und geistige Leistung zur Schaffung der Innovation (außer Kennzeichenrechte).

30 **D. Rechtsinhaber:** Hier ist angegeben, wer Inhaber des Schutzrechtes ist. Das Schutzrecht steht i. d. R. dem Schöpfer der Innovation zu (außer Kennzeichenrecht), es kann jedoch übertragen werden (außer Urheberrecht).

31 **E. Verfahren zum Schutzrecht – formelle Schutzvoraussetzungen:** Um ein Schutzrecht zu erhalten, muss i. d. R. ein Verfahren durchgeführt werden (s. Tabelle 1). Dann müssen die in den Schutzgesetzen enthaltenen formellen Schutzvoraussetzungen erfüllt sein. Dazu gehört eine Anmeldung, in der die Innovation beschrieben ist mit einem Antrag, aus dem sich ergibt, ‚wer' ‚was' anstrebt.

32 **F. Bestand des Schutzrechtes:** Außer den Kennzeichenrechten haben die Schutzrechte eine maximale Schutzdauer. Jedoch können die Schutzrechte schon vor Ablauf der maximalen Schutzdauer enden bzw. in Verfahren rückwirkend beseitigt werden.

33 **G. Wirkung des Schutzrechtes:** Das Schutzrecht ist ein absolutes Recht, das dem Inhaber ein positives Benutzungsrecht und Verbotsrechte gegenüber unberechtigten Benutzern (Dritten) gibt. Die einzelnen Verwertungshandlungen (Wirkungen des Schutzrechtes), die der Schutzrechtsinhaber Dritten untersagen kann, sind in den Schutzgesetzen aufgeführt.

E. Übereinkommen über handelsbezogene Aspekte der Rechte des geistigen Eigentums (TRIPS-Übereinkommen)

TRIPS (Trade Related Aspects of Intellectual Property Rights) ist als Anhang 1C des Übereinkommens zur Errichtung der Welthandelsorganisation (WTO) am 1. 1. 1995 in Kraft getreten. Das TRIPS-Abkommen will einen wirksamen und angemessenen Schutz der Rechte des geistigen Eigentums und damit der Immaterialgüterrechte fördern und sicher stellen, dass die Verfahren und Maßnahmen zur Durchsetzung der Rechte des geistigen Eigentums nicht zu Schranken für den rechtmäßigen Handel werden. Dazu enthält das Abkommen Bestimmungen betreffend die Verfügbarkeit, den Umfang und die Ausübung von Rechten des geistigen Eigentums, und zwar zu **33 a**

- Urheberrechten und verwandten Schutzrechten
- Marken
- Geografischen Angaben
- Gewerblichen Mustern und Modellen
- Patenten
- Layout-Designs (Topografien) integrierter Schaltkreise
- Schutz nicht offenbarter Informationen
- Kontrolle wettbewerbswidriger Praktiken in vertraglichen Lizenzen.

Die Mitglieder des Abkommens wenden diese Bestimmungen an, sie dürfen jedoch einen umfassenderen Schutz als den des Übereinkommens vorsehen, vorausgesetzt, dieser Schutz läuft dem Übereinkommen nicht zuwider, Art. 1.

Weiterhin gilt der Grundsatz der Inländerbehandlung (Art. 3) und der Meistbegünstigung (Art. 4), d.h. Vorteile, Vergünstigungen, Sonderrechte und Befreiungen, die ein Mitgliedstaat den Angehörigen eines anderen Mitgliedsstaates gewährt, werden auch den Angehörigen der übrigen Mitgliedsstaaten gewährt.

Teil 3. Gewerblicher Rechtsschutz

Kapitel 1. Überblick

A. Allgemeines

Schutzgegenstand der Gesetze des gewerblichen Rechtsschutzes sind Immaterialgüter auf gewerblichem Gebiet, die der Gesetzgeber als besonders förderungswürdig ansieht. Mit den Schutzgesetzen will der Gesetzgeber z. B. den technischen Fortschritt, die Versorgung der Bevölkerung oder den Warenabsatz fördern. 34

Dabei kann der folgende Grundsatz (außer für Kennzeichenrechte) formuliert werden:

Der Schöpfer des Immaterialgutes offenbart sein Wissen der Allgemeinheit. Im Gegenzug erhält er ein absolutes Recht, auf Grund dessen er das Immaterialgut allein verwerten kann. 35

Von den Gesetzen des Gewerblichen Rechtsschutzes werden hier die folgenden ausführlicher behandelt: 36

- **Patentgesetz** (PatG); → Kap. 2
- **Gebrauchsmustergesetz** (GebrMG); → Kap. 3
- **Geschmacksmustergesetz** (GeschmMG); → Kap. 4
- **Markengesetz** (MarkenG) → Kap. 5
  - Schutz der Marke → Kap. 5, Abschn. 2
  - Schutz der geschäftlichen Bezeichnung → Kap. 5, Abschn. 3
  - Schutz der geografischen Herkunftsangabe → Kap. 5, Abschn. 4

Das Halbleiterschutzgesetz (HlschG) und das Sortenschutzgesetz (SortenSchG) werden dagegen im Anhang kurz dargestellt.

In Kapitel 1 werden allgemeine Ausführungen zu den Gesetzen des Gewerblichen Rechtsschutzes gemacht und Gemeinsamkeiten bei den vor dem DPMA, dem BPatG und dem BGH ablaufenden Verfahren dargestellt. Zudem werden im Gewerblichen Rechtsschutz verwendete Begriffe erläutert. 37

B. Erläuterung von bei der Darstellung des gewerblichen Rechtsschutzes verwendeten Begriffen

38 1. Sachliches und formelles Schutzrecht

Formelle Schutzrechte erfordern für ihre Entstehung die Durchführung eines Verfahrens. Sachliche Schutzrechte entstehen ohne Durchführung eines Verfahrens, z. B. durch Aufnahme der Benutzung des Schutzrechtsgegenstandes.

39 2. Verfahren zur Entstehung des Schutzrechtes

Bei den Gesetzen des gewerblichen Rechtsschutzes ist für die Entstehung des Schutzrechtes in der Regel die Durchführung eines Verfahrens vor dem DPMA notwendig (s. Tabelle 1), in dem die in den Gesetzen vorgesehenen formellen Schutzvoraussetzungen, z. T. auch sachliche Schutzvoraussetzungen, überprüft werden. Zudem wird immer geprüft, ob das Immaterialgut in den Anwendungsbereich eines Schutzgesetzes fällt.

40 3. Anmeldung, Anmeldungsgegenstand und Anmelder

Gegenstand des Verfahrens vor dem DPMA ist die Anmeldung (manchmal auch Hinterlegung genannt), in der das zu schützende Immaterialgut definiert wird. Dieses wird dann Gegenstand der Anmeldung oder Anmeldungsgegenstand genannt; die Person, die die Anmeldung tätigt, wird als Anmelder bezeichnet.

41 4. Anmeldetag

Wenn die Anmeldung die in den jeweiligen Schutzgesetzen festgelegten Mindesterfordernisse erfüllt, erhält die Anmeldung als Anmeldetag den Tag des Eingangs der Anmeldung beim DPMA.

42 5. Zeitrang eines Schutzrechtes oder eines Anmeldungsgegenstandes

Der Zeitrang eines Anmeldungsgegenstandes oder eines Schutzrechtes ist der Tag, der festlegt, welche Tatsachen oder Rechte schutzhindernd entgegenstehen können. Nur vor dem Zeitrang liegende Tatsachen oder Rechte sind zu berücksichtigen. Der Zeitrang wird entweder durch den Anmeldetag festgelegt oder den Prioritätstag (s. RdNr. 47) oder bei Schutzrechten ohne Verfahren durch den Zeitpunkt der Entstehung des Schutzrechtes.

43 6. Einseitiges Verfahren

Am Verfahren zur Entstehung des Schutzrechtes ist neben dem DPMA bzw. der Rechtsmittelinstanz nur noch der Anmelder beteiligt. Das Verfahren wird einseitiges Verfahren genannt (ex parte Verfahren).

44 7. Verfahren zur Beseitigung eines Schutzrechtes vor dem DPMA

Bei den Schutzgesetzen, die ein Verfahren zur Entstehung eines Schutzrechtes vorsehen (Tabelle 1), kann in besonderen Verfahren das Schutzrecht wieder beseitigt werden. Z.B. ist nach dem PatG dazu ein Einspruchsverfahren durchzuführen, in dem jedermann den Widerruf des Patentes wegen Fehlens z.B. der sachlichen Schutzvoraussetzungen beantragen kann; nach dem MarkenG kann der Inhaber einer älteren eingetragenen Marke bei Identität oder Verwechselbarkeit seiner Marke mit einer eingetragenen jüngeren Marke ein Widerspruchsverfahren beantragen, um die jüngere Marke wieder zu beseitigen.

8. Zweiseitiges Verfahren 45

Bei den Verfahren zur Beseitigung eines Schutzrechtes sind neben dem DPMA bzw. der Rechtsmittelinstanz mindestens zwei weitere Personen beteiligt, nämlich der Schutzrechtsinhaber (z.B. Patentinhaber, Markeninhaber) und derjenige, der die Beseitigung des Schutzrechtes beantragt (z.B. Einsprechender, Widersprechender). Das Verfahren wird zweiseitiges Verfahren genannt (inter partes Verfahren).

9. Gebühren 46

Für die Einleitung der Verfahren und für einzelne Abschnitte des Verfahrens sowie zur Aufrechterhaltung eines Schutzrechtes muss der Antragsteller in der Regel Gebühren entrichten, die die Kosten des Verfahrens abdecken. Wenn die Gebühren nicht bezahlt werden, dann gilt die Verfahrenshandlung des Antragstellers als nicht vorgenommen, eine Anmeldung als zurückgenommen oder das Schutzrecht erlischt. Im Patentkostengesetz (PatKostG) sind die einzelnen Gebühren und deren Höhe geregelt, sowie die Folgen der Nichtentrichtung der Gebühren.

C. Die Pariser Verbandsübereinkunft (PVÜ) 47

Die PVÜ gilt für alle gewerblichen Immaterialgüter außer den Topografien und den Pflanzensorten.

Der genaue Anwendungsbereich der PVÜ ist in den Art. 2, 3 PVÜ geregelt.

Ein wichtiger Grundsatz der PVÜ ist der Grundsatz der Inländerbe- 48
handlung. Dieser hat zum Ziel, jeden Angehörigen eines Verbandsstaates in einem anderen Verbandsstaat wie einen dortigen Inländer zu behandeln.

Eine weitere sehr wichtige Regelung in der PVÜ ist die Gewährung 49
eines Prioritätsrechts an Anmelder, die in einem Verbandsstaat ein Immaterialgut zum ersten Mal angemeldet haben, für Anmeldungen in anderen Verbandsstaaten. Wenn innerhalb einer in Art. 4 PVÜ festgelegten Frist (der Prioritätsfrist), die vom Anmeldetag (Prioritätstag) der ersten Anmeldung des Anmeldungsgegenstandes (auch Erstanmeldung oder Prioritätsanmeldung genannt) an läuft, der Gegenstand der Prioritätsanmeldung in einem Verbandsstaat noch einmal angemeldet (in einer sog. Nachanmeldung oder korrespondierenden Anmeldung) wird, dann sind

an und nach dem Prioritätstag entstehende Umstände unschädlich für die Gewährung eines Schutzrechtes auf den Gegenstand der Nachanmeldung. Der Prioritätstag legt also den Zeitrang der Anmeldung fest.

Die Prioritätsfristen nach Art. 4 PVÜ sind:

für technische Erfindungen	→ 12 Monate
für ästhetische Darstellungen	→ 6 Monate
für Marken	→ 6 Monate

Zu erwähnen ist, dass für jeden Verbandsstaat der PVÜ ein eigenes Prioritätsrecht entsteht, das jeweils getrennt rechtlich zu behandeln ist. Weiterhin können in einer Nachanmeldung mehrere Prioritäten in Anspruch genommen werden. Einzelheiten zum Prioritätsrecht ergeben sich aus Art. 4 PVÜ.

Voraussetzung für die Wirksamkeit der Priorität in einem Verbandsland ist, dass eine der Regelung der PVÜ entsprechende Erklärung zur Priorität (erforderlich ist die Angabe von Zeit, Land, Aktenzeichen und evtl. Übergabe einer Abschrift der Prioritätsanmeldung) innerhalb der in den nationalen Schutzgesetzen vorgesehenen Fristen abgegeben worden ist.

50 **Beispiel:**

Eine Erfindung wird zum ersten Mal am 1. 2. 1993 in den USA zum Patent angemeldet. Wenn innerhalb der Prioritätsfrist von einem Jahr (also bis zum 1. 2. 1994) eine Anmeldung auf denselben Gegenstand in Deutschland eingereicht wird und die im Patentgesetz entsprechend der PVÜ vorgesehene Inanspruchnahmeerklärung der Priorität gültig abgegeben worden ist, dann können in der Prioritätsfrist entstehende Umstände, wie z. B. Veröffentlichung der Erfindung, kein Hindernis für die Beurteilung auf Patentfähigkeit in Deutschland sein.

51 D. Das Deutsche Patent- und Markenamt (DPMA), das Bundespatentgericht (BPatG), der Bundesgerichtshof (BGH) und deren Aufgaben

Wie die Tabelle 1 zeigt, ist das DPMA an allen Verfahren zur Gewährung eines Schutzrechtes (außer dem Sorteneintragungsverfahren) beteiligt, sowie das BPatG und der BGH, wenn ein Rechtsmittel (Rechtsbehelf) eingelegt wird. Es ist daher zweckmäßig, die Organisation und die Aufgaben des DPMA und des BPatG bereits hier kurz zu erläutern (für den BGH wird nur der Verfahrensablauf dargestellt), da im Grundsätzlichen die Verfahren ähnlich verlaufen und bei der Behandlung der einzelnen Gesetze nur noch auf Besonderheiten eingegangen zu werden braucht. Auf das Verfahren wird ebenfalls kurz eingegangen.

Die Arbeitsweise des DPMA wird durch in den Schutzgesetzen enthaltene Vorschriften und durch Vorschriften in Verordnungen geregelt, insbesondere durch die Verordnung über das DPMA (DPMAV). Die in den

Verfahren anfallenden Gebühren sind im Patentkostengesetz (PatKostG) festgelegt.

I. Allgemeines 52

Im folgenden wird das Verfahren zur Entstehung des Schutzrechtes dargestellt, auf das Verfahren zur Überprüfung des Schutzrechtes, das nach einigen Gesetzen (PatG, GebrMG, MarkenG) möglich ist, hingewiesen.

Die Entscheidungen (Beschlüsse) des DPMA, die in den Verfahren getroffen werden, sind mit einer Beschwerde anfechtbar, die, wenn ihr vom DPMA nicht abgeholfen wird (nur im einseitigen Verfahren möglich), zum BPatG führt. Die Entscheidungen des BPatG können in rechtlicher Hinsicht nach Zulassung oder bei Vorliegen eines der in den Schutzgesetzen aufgeführten Rechtsbeschwerdegründe nach Einlegung einer Rechtsbeschwerde vom BGH überprüft werden.

II. Verfahrensgrundsätze

Für das Verfahren vor dem DPMA und BPatG gelten insbesondere folgende Grundsätze: 53

1. Amtsermittlungsprinzip (Untersuchungsgrundsatz) 54

Das DPMA oder das BPatG muss die für die Beurteilung des Verfahrensgegenstandes erforderlichen Tatsachen und Umstände von Amts wegen ermitteln. Dazu gehört insbesondere die Ermittlung von Schutzhindernissen. Dieser Grundsatz ist auch dann zu beachten, wenn es um die Frage geht, ob aus anderen Gesetzen stammende Verfahrensvorschriften entsprechend angewendet werden können, da diese nicht im Widerspruch zu diesem Grundsatz stehen dürfen.

2. Antragsgrundsatz 55

Das DPMA und das BPatG ist i. d. R. an den Antrag des Verfahrensbeteiligten gebunden. Es darf in der Entscheidung weder über den Antrag hinausgegangen werden, noch unterhalb des Antrages geblieben werden. Kann nicht antragsgemäß entschieden werden, muss zurückgewiesen werden.

3. Dispositionsmaxime 56

Im Rahmen der Anträge kann das DPMA oder das BPatG das Verfahren entsprechend den Vorschriften in den Schutzgesetzen frei durchführen. Der Anmelder kann aber den Gegenstand des Verfahrens festlegen und das Verfahren beenden.

57 **4. Rechtliches Gehör**

Das DPMA und das BPatG darf bei einer Entscheidung nur die Umstände oder Beweismittel berücksichtigen, zu denen sich der/die Beteiligte(n) des Verfahrens äußern konnte(n). Die Verletzung des rechtlichen Gehörs ist Rechtsbeschwerdegrund (PatG, MarkenG).

58 III. Das Deutsche Patent- und Markenamt (DPMA)

Die Organisation und die Aufgaben des DPMA ergeben sich aus den einzelnen Schutzgesetzen. Ausführlichere Regelungen sind in den §§ 26–64 PatG und in den §§ 32–43, 56–65 MarkenG enthalten. Bei den übrigen Schutzgesetzen sind eigene Verfahrensregelungen kurz gehalten und es wird insbesondere auf das PatG verwiesen.

59 **1. Organisation des DPMA**

Das DPMA ist eine Verwaltungsbehörde. Die Verfahren vor dem DPMA sind im wesentlichen in den Schutzgesetzen, in Verordnungen und Richtlinien geregelt; ergänzend gilt Verwaltungsrecht, wenn dies aufgrund der oben angegebenen Verfahrensgrundsätze möglich ist.

Beim DPMA werden insbesondere gebildet

- Stellen, die für das Verfahren, das zum Entstehen eines Schutzrechtes durchgeführt werden muss, zuständig sind (z. B. Erteilungsverfahren nach PatG oder Eintragungsverfahren nach dem MarkenG);
- Abteilungen, die i. d. R. für Verfahren nach der Entstehung des Schutzrechtes zuständig sind.

Weitere Einzelheiten ergeben sich aus den oben genannten Vorschriften.

60 **2. Verfahren zur Entstehung eines Schutzrechtes und zur Überprüfung eines Schutzrechtes**

a) Verfahren zur Schutzrechtsentstehung

Den prinzipiellen Verfahrensverlauf zeigt Übersicht 1. Der Anmelder reicht die Anmeldung i. d. R. beim DPMA oder einem zugelassenen Patentinformationszentrum ein, das in Abhängigkeit des Schutzgesetzes zumindest die formellen Schutzvoraussetzungen prüft. Liegen Mängel vor, werden diese dem Anmelder zur Stellungnahme unter Setzen einer Frist mitgeteilt. Liegen keine Mängel vor oder sind diese beseitigt worden, ergeht entsprechend dem Antrag des Anmelders ein positiver Beschluss, sonst ein negativer Beschluss, ein Zurückweisungsbeschluss.

Übersicht 1: Verfahren zur Schutzrechtsentstehung vor DPMA

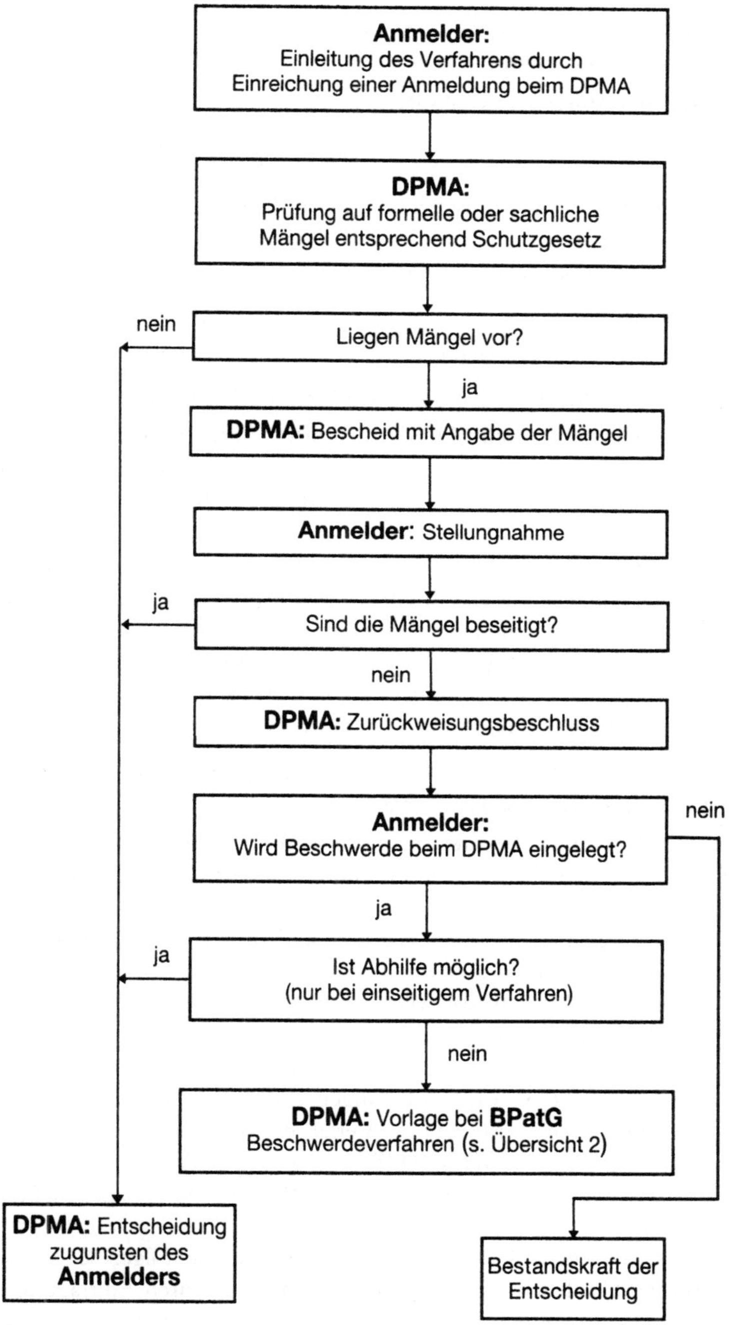

61 **b) Verfahren zur Überprüfung eines Schutzrechts**

Verfahren zur Überprüfung eines Schutzrechtes gibt es z.B. beim Patent, Gebrauchsmuster und der Marke. Auf diese Verfahren wird bei den einzelnen Gesetzen eingegangen.

62 **c) Form des Verfahrensablaufs**

Die Verfahren laufen schriftlich ab; nur wenn ein Beteiligter es beantragt oder es sachdienlich ist, findet eine mündliche Verhandlung (Anhörung genannt) statt. Die Entscheidung ist ein Beschluss.

63 **3. Weitere Aufgaben des DPMA**

Neben den oben zitierten Verfahren erfüllt das DPMA zusätzliche Aufgaben, deren wichtigste nachfolgend beschrieben werden:

64 **a) Akteneinsicht, z.B. § 31 PatG oder § 62 MarkenG**

Die Einsicht in die beim DPMA geführten Akten ist auf Antrag möglich. Für die Voraussetzungen ist zu unterscheiden, ob der Antrag vor oder nach Veröffentlichung des Anmeldungsgegenstandes gestellt worden ist.

- Vor Veröffentlichung des Anmeldungsgegenstandes muss der Antragsteller ein berechtigtes Interesse glaubhaft machen, um Akteneinsicht gewährt zu erhalten. Er muss glaubhaft machen, dass sein Interesse an der Akteneinsicht größer ist als das Interesse des Anmelders an der Geheimhaltung, es sei denn, der Anmelder stimmt dem Antrag zu.
- Nach Veröffentlichung ist die Akteneinsicht für jedermann frei.

b) Führung von Registern, z.B. Patentregister, § 30 PatG, oder Markenregister, §§ 41, 45 MarkenG

65 Das DPMA führt Register, in die insbesondere bibliografische Daten und der Zeitpunkt der Entstehung eines Schutzrechtes eingetragen werden. Die Einsicht in das Register ist frei.

Die Eintragungen in die Register sind meistens rechtsbekundend (deklaratorisch), können aber auch rechtsbegründend sein, wie z.B. die Eintragung der Marke in das Markenregister, mit der der Markenschutz entsteht. Die Eintragungen haben jedoch für das Verfahren Legitimationswirkung bezüglich der Person des Anmelders, Schutzrechtsinhabers oder dessen Vertreters, d.h. Zustellungen erfolgen an den in das Register Eingetragenen. Dieser ist der am Verfahren Beteiligte, vgl. § 30 PatG oder § 28 MarkenG (BGH GRUR 98, 699 – SAM), auch wenn der sachlich Berechtigte nicht mit der in dem Register eingetragenen Person identisch ist.

Jedoch kann nach § 28 MarkenG der Rechtsnachfolger schon dann den Anspruch auf Schutz der Marke oder auf das durch Eintragung begründete Recht geltend machen, wenn der Antrag auf Eintragung dem

DPMA zugegangen ist (diese Vorschrift gilt nach BPatG PMZ 01, 401 für alle Verfahren, die vor dem DPMA ablaufen).

Setzt der Rechtsnachfolger ein laufendes Verfahren aber nicht selbst fort, kann der Rechtsvorgänger den Anspruch auf Eintragung weiterverfolgen (BGH PMZ 00, 325 – MTS).

Zur Berichtigung des Registers muss der Berechtigte einen Antrag stellen unter Glaubhaftmachung seiner Rechtsposition.

c) Schriften 66

Das DPMA veröffentlicht Schriften, in denen insbesondere die Entstehung eines Schutzrechtes der Allgemeinheit zur Kenntnis gebracht wird, wie z.B. das Patentblatt, § 32 PatG, Markenblatt, § 20 MarkenV usw. Weiterhin veröffentlicht das DPMA Schutzrechtsschriften, wie z.B. Patentschriften.

IV. Das Bundespatentgericht, §§ 65–99 PatG oder §§ 66–82 MarkenG

1. Organisation 67

Das Bundespatentgericht ist ein Bundesgericht (Art. 96 GG), dessen Aufgabe es ist, Entscheidungen des DPMA in Sachen des gewerblichen Rechtsschutzes zu überprüfen. Die Senate des Gerichts entscheiden in Abhängigkeit der zu beurteilenden Sache in unterschiedlicher Besetzung. Diese ist den Schutzgesetzen zu entnehmen.

Zu beachten ist, dass das BPatG kein Verwaltungsgericht ist, sondern der ordentlichen Gerichtsbarkeit zugerechnet wird und deshalb Lücken im Verfahrensrecht durch die ZPO (z.B. § 99 PatG oder § 82 MarkenG) ausgefüllt werden, sofern die dem Verfahren zugrunde liegenden Grundsätze (insbesondere das Amtsermittlungsprinzip) dies erlauben.

2. Der Ablauf des Beschwerdeverfahrens gegen eine Entscheidung des DPMA 68

Gegen eine Entscheidung des DPMA, einen Beschluss, kann als Rechtsmittel (Rechtsbehelf) eine Beschwerde beim DPMA unter Einhaltung einer Frist von einem Monat ab Zustellung des Beschlusses eingelegt werden.

Eine zulässige Beschwerde kann ein Beteiligter des vorausgehenden Verfahrens einlegen, der durch den Beschluss beschwert ist. Dies ist der Fall, wenn das DPMA nicht antragsgemäß entschieden hat.

Die Beschwerde ist, wenn das DPMA ihr nicht abhelfen kann, dem BPatG vorzulegen. Das DPMA kann nämlich bei einseitigem Verfahren (Verfahren zur Schutzrechtsentstehung) seiner Entscheidung abhelfen; es wird dies tun, wenn der Anmelder den Zurückweisungsgrund beseitigt

Übersicht 2: Beschwerdeverfahren

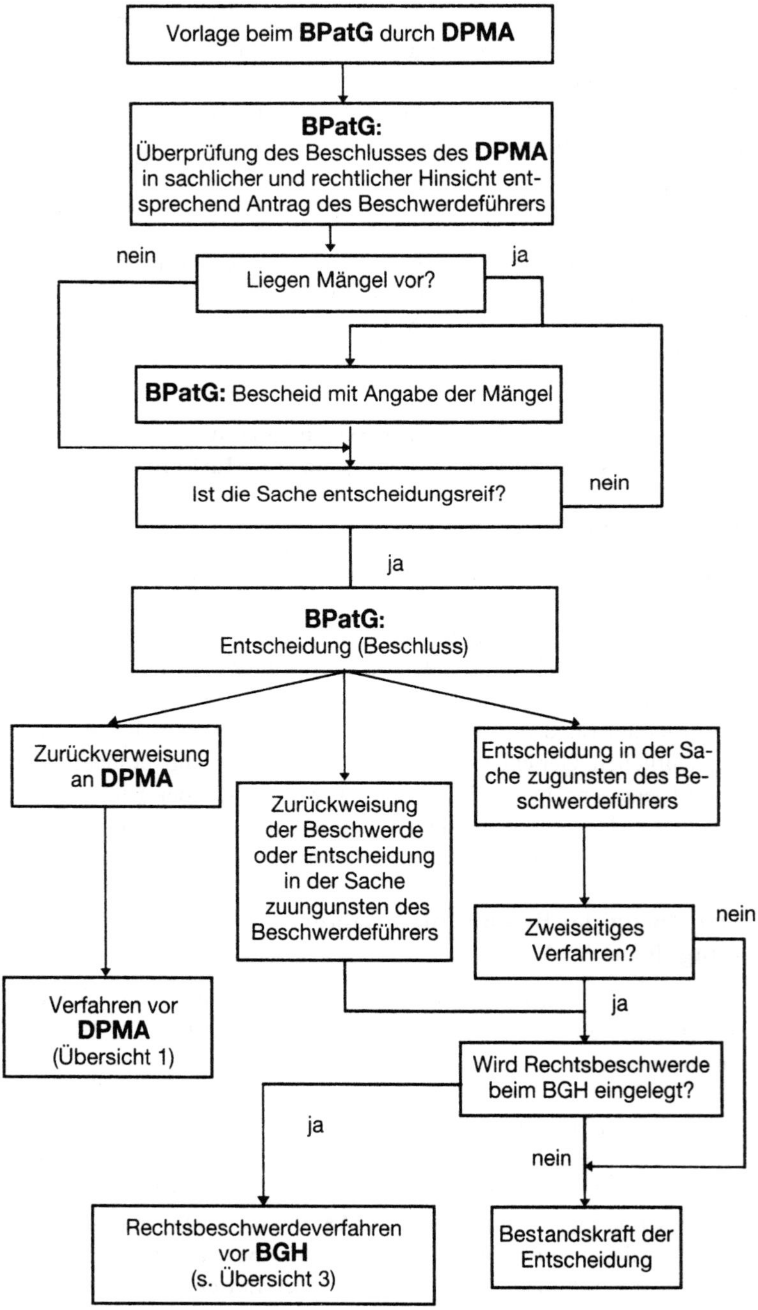

hat, z.B. durch Änderung der Anmeldeunterlagen, und es jetzt antragsgemäß entscheiden kann.

Den prinzipiellen Ablauf des Beschwerdeverfahrens zeigt Übersicht 2. Dabei läuft das Verfahren zum Teil unterschiedlich ab, je nachdem, ob es sich um ein einseitiges oder zweiseitiges Verfahren handelt.

Bei einer Beschwerde gegen einen die Schutzrechtsentstehung oder das Bestehen des Schutzrechts betreffenden Verfahrens abschließenden Beschluss muss eine Beschwerdegebühr bezahlt werden, deren Höhe sich aus dem Patentkostengesetz ergibt. Wird die Gebühr nicht bezahlt, gilt die Beschwerde als nicht eingelegt. Die Beschwerde hat aufschiebende Wirkung.

Über die Beschwerde wird durch Beschluss nach mündlicher Verhandlung entschieden, wenn eine solche beantragt worden ist oder sie vom Gericht als sachdienlich anberaumt worden ist, sonst im schriftlichen Verfahren. Der Beschluss kann darin bestehen, den Beschluss des DPMA aufzuheben, um in der Sache selbst zu entscheiden oder um die Sache an das DPMA zurückzuverweisen, was dann der Fall sein wird, wenn das DPMA in der Sache selbst noch nicht entschieden hat.

Eine Kostenentscheidung wird nur ausnahmsweise getroffen, wenn mehrere am Verfahren beteiligt sind. Es gilt der Grundsatz, dass jeder Beteiligte seine Kosten selbst trägt. Nur wenn es der Billigkeit entspricht, werden einem Beteiligten die Kosten ganz oder teilweise auferlegt. Dies wird dann der Fall sein, wenn ein Beteiligter unnötige Kosten verursacht hat. Die Kosten umfassen die Kosten des anderen Beteiligten und die Auslagen des Gerichtes. Die Kosten des Gerichts werden i.d.R. durch Gebühren, deren Höhe sich aus dem Patentkostengesetz ergibt, abgedeckt.

V. Das Rechtsbeschwerdeverfahren, §§ 100–109 PatG oder §§ 83–90 MarkenG 69

Gegen den Beschluss des BPatG kann innerhalb einer Frist von einem Monat ab Zustellung des Beschlusses des BPatG eine Rechtsbeschwerde schriftlich beim Bundesgerichtshof eingelegt werden, wenn diese vom BPatG zugelassen worden ist oder wenn einer der in den Schutzgesetzen, z.B. in § 100 PatG oder § 83 MarkenG, angegebenen Rechtsbeschwerdegründe vorliegt (zulassungsfreie Rechtsbeschwerde).

Den prinzipiellen Ablauf des Verfahrens zeigt Übersicht 3.

Der BGH überprüft dann die Entscheidung des BPatG in rechtlicher Hinsicht. Die Rechtsbeschwerde muss beim BGH durch einen zugelassenen Rechtsanwalt vertreten werden. Sie hat aufschiebende Wirkung. Die Entscheidung des BGH ist ebenfalls ein Beschluss, durch den die Rechtsbeschwerde zurückgewiesen wird oder der Beschluss des BPatG aufgehoben wird und die Sache an das BPatG zurückverwiesen wird.

Übersicht 3: Rechtsbeschwerdeverfahren

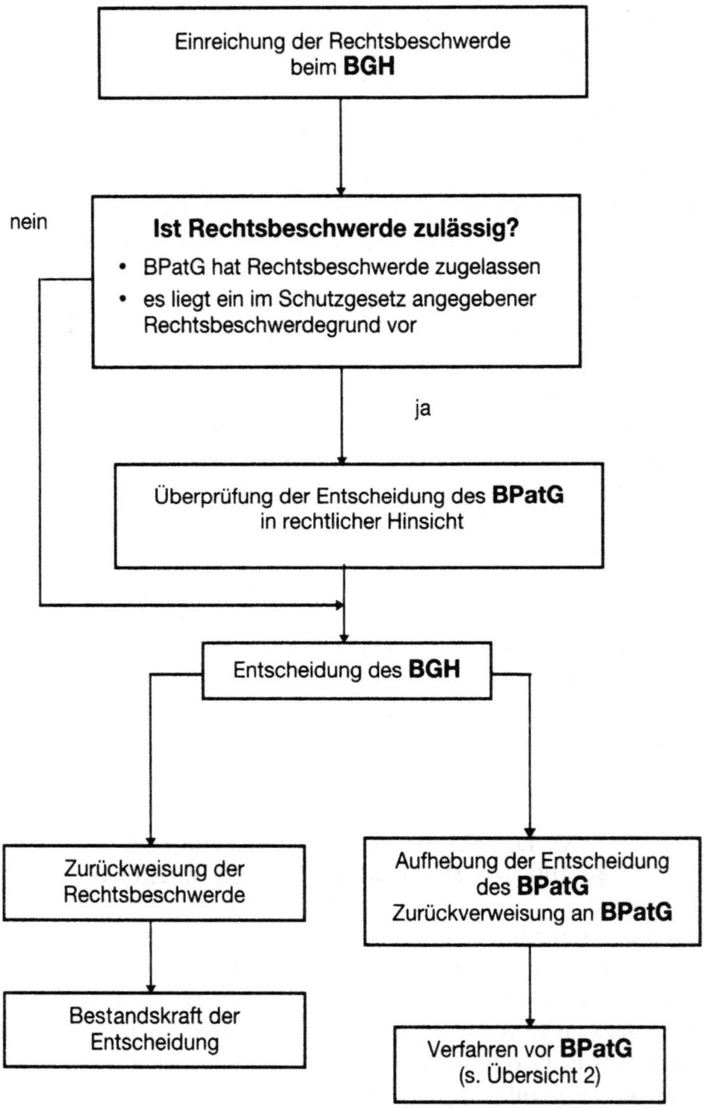

Die Kosten des BGH werden nach dem Gerichtskostengesetz berechnet. Die Gerichtskosten und die Kosten der Beteiligten werden im Verfahren mit mehreren Beteiligten nach billigem Ermessen des Gerichtes aufgeteilt.

VI. Gemeinsame Vorschriften für alle Verfahren

1. Wiedereinsetzung in den vorigen Stand, § 123 PatG oder § 91 MarkenG 70

Wer ohne Verschulden eine gegenüber dem DPMA oder BPatG einzuhaltende Frist versäumt hat, deren Versäumnis kraft Gesetzes einen Rechtsnachteil zur Folge hat, kann Antrag auf Wiedereinsetzung stellen. Der Antrag muss innerhalb einer Frist von zwei Monaten nach Wegfall des Hindernisses gestellt werden, spätestens ein Jahr nach Ablauf der Frist. Der Antrag muss begründet werden und innerhalb der Frist muss die versäumte Handlung nachgeholt werden. Die Wiedereinsetzung ist unanfechtbar.

Allerdings kann in einige Fristen nicht wiedereingesetzt werden; diese sind in den Schutzgesetzen aufgeführt.

Ob Verschulden vorliegt oder nicht, richtet sich nach der Sorgfaltspflicht, die der die Frist Versäumende einzuhalten hat, also z.B. der Anmelder, Schutzrechtsinhaber oder dessen Anwalt.

Wenn durch Wiedereinsetzung ein wegen Versäumung einer Frist erloschenes Schutzrecht wieder auflebt, erwirbt ein während der Zeit zwischen Erlöschen und Wiederaufleben (Zwischenzeitraum) die Benutzung des Gegenstandes des Schutzrechts aufnehmender gutgläubiger Benutzer ein Benutzungsrecht, das diesen berechtigt, den Gegenstand für die Zwecke seines Betriebes weiter zu benutzen (Weiterbenutzungsrecht, BGH GRUR 93, 460 – Wandabstreifer). Gleiches gilt, wenn eine erloschene Anmeldung durch Wiedereinsetzung wieder auflebt.

Nach § 91 Abs. 8 MarkenG erwirbt ein gutgläubiger Benutzer kein Weiterbenutzungsrecht, die im Zwischenzeitraum getätigten Benutzungshandlungen lösen jedoch keine Verletzungsansprüche aus.

2. Weiterbehandlung einer Anmeldung, z.B. § 123a PatG, § 91a MarkenG, § 17 GeschmMG 71

Weist das DPMA nach Versäumung einer von ihm gesetzten Frist eine Anmeldung zurück, so wird der Beschluss wirkungslos, wenn der Anmelder innerhalb eines Monats nach Zustellung des Zurückweisungsbeschlusses die Weiterbehandlung der Anmeldung beantragt, die versäumte Handlung nachholt und zudem eine Gebühr nach dem PatKostG bezahlt.

72 3. Zustellungen, § 127 PatG oder § 94 MarkenG

Für Zustellungen im Verfahren vor dem DPMA gelten die Regelungen des Verwaltungszustellungsgesetzes, ergänzt durch die besonderen Vorschriften des § 127 PatG bzw. des § 94 MarkenG.

Im Verfahren vor dem BPatG sind für Zustellungen die Vorschriften der ZPO anzuwenden, § 94 MarkenG, § 127 PatG.

4. Sonstige Vorschriften

73 a) Wahrheitspflicht

Nach § 124 PatG oder § 92 MarkenG gilt für die Verfahren Wahrheitspflicht, d. h. die Beteiligten müssen ihre Erklärungen über Tatsachen vollständig und der Wahrheit gemäß abgeben.

74 b) Amtssprache

Amtssprache in den Verfahren vor dem DPMA und dem BPatG ist deutsch, § 126 PatG oder § 93 MarkenG.

VII. Vertretung durch einen Anwalt

75 In dem Verfahren vor dem DPMA und BPatG ist es in der Regel nicht erforderlich, einen Anwalt einzuschalten. Der Verfahrensbeteiligte kann seine Sache selbst vertreten.

Dies gilt jedoch nicht für Beteiligte am Verfahren, die im Inland weder Wohnsitz, Sitz noch Niederlassung haben. Diese müssen einen Rechtsanwalt oder Patentanwalt als Vertreter bestellen, z. B. § 25 PatG oder § 96 MarkenG, um am Verfahren teilnehmen zu können. Damit ist die Postulationsfähigkeit des Beteiligten nicht eingeschränkt da der Beteiligte nach Bestellung eines Anwaltes sämtliche Handlungen neben dem Anwalt vornehmen kann. Handlungen des Anwalts im Rahmen seiner Vollmacht sind jedoch gültig. Zustellungen erfolgen an den inländischen Anwalt.

Kapitel 2. Patentgesetz (PatG) 80

A. Allgemeines und Übersichtstabelle 81

I. Übersichtstabelle

Schutzgegenstand	**Technische Erfindung,** nämlich • Erzeugnis • Verfahren – Herstellungsverfahren – Arbeitsverfahren
Schutzvoraussetzungen (sachlich)	• **Neuheit** • **Erfinderische Tätigkeit** • **Gewerbliche Anwendbarkeit**
Rechtsinhaber	• **Erfinder** • **Rechtsnachfolger**
Verfahren zum Schutzrecht (formelle Schutzvoraussetzungen)	**Einreichung einer Anmeldung** beim **DPMA** aus • Antrag • Beschreibung • Ansprüchen • evtl. Zeichnungen **DPMA** prüft die formellen und auf Antrag die sachlichen Schutzvoraussetzungen und erteilt bei deren Vorliegen ein Patent
Bestand des Schutzrechtes	**Schutzrecht entsteht mit Bekanntmachung des Erteilungsbeschlusses im Patentblatt** **Schutzrecht endet ex nunc** • 20 Jahre maximale Schutzdauer (5 weitere Jahre bei ergänzenden Schutzzertifikat möglich) • Verzicht • Jahresgebühr nicht bezahlt **Schutzrecht erlischt ex tunc**: • bei erfolgreichem Einspruchsverfahren oder Nichtigkeitsverfahren
Wichtigste Wirkungen des Schutzrechtes (Verbotsrechte)	**Verbot von gewerblichem** • Herstellen • Anbieten • In Verkehr bringen • Gebrauchen *des geschützten Erzeugnisses* • Anwenden • Anbieten im Inland zur Anwendung im Inland *des geschützten Verfahrens;* zusätzlich bei *Herstellungsverfahren* • Anbieten, in Verkehr bringen, Gebrauchen des durch das Verfahren unmittelbar hergestellten Erzeugnisses

Zunächst werden die wichtigsten Rechtsquellen angegeben, dann die verschiedenen Wege aufgezeigt, über die ein Patent für DE erreicht werden kann, anschließend zur schnellen Information eine Kurzfassung des PatG gegeben und endlich ein Fall geschildert, der als Grundbeispiel bei der Erläuterung des PatG verwendet wird.

Eine Zusammenstellung der wichtigsten Vorschriften zum deutschen, europäischen und internationalen Patent-, Gebrauchsmuster- und Geschmacksmusterrecht enthält die dtv Textsammlung 5563 Patent- und Musterrecht.

II. Wichtigste Rechtsquellen

82 Die wichtigsten Rechtsquellen des Patentrechts, auf die im folgenden hingewiesen wird, sind:

- Das **Patentgesetz** (PatG); es enthält das sachliche Recht und das Verfahrensrecht zum deutschen Patentrecht.
- Die **Patentverordnung** (PatV); sie regelt den Aufbau und den Inhalt einer Patentanmeldung und ergänzt das PatG.
- **Patentkostengesetz (PatKostG)**, in dem die in den Verfahren anfallenden Gebühren und deren Höhe und die Folgen deren Nichtentrichtung enthalten sind.
- Das **Gesetz über Arbeitnehmererfindungen** (ArbEG), das Regelungen über die von Arbeitnehmern während der Dauer des Arbeitsvertrages gemachten Erfindungen enthält.
- Das **Europäische Patentübereinkommen** (EPÜ) und Ausführungsordnung (AO EPÜ) dazu; hier ist das europäische Patenterteilungsverfahren geregelt.
- Der **Patentzusammenarbeitsvertrag** (PCT) und Ausführungsordnung (AO PCT) dazu; dieser regelt das internationale Verfahren, mit dem mit einer Anmeldung für eine wählbare Anzahl von Mitgliedsstaaten eine nationale Anmeldung erreichbar ist.
- Das **Gesetz über internationale Patentübereinkommen** (IntPatÜG); dieses enthält die Vorschriften zur Anwendung von deutschem Recht auf Anmeldungen bzw. Patente, die nach dem EPÜ oder PCT angemeldet worden sind.
- Das **Erstreckungsgesetz** (ErstrG); es regelt, inwieweit Patentanmeldungen oder Patente nach der Wiedervereinigung auf das jeweils andere Vereinigungsgebiet in ihrer Wirkung erstreckt werden. Grundsätzlich entfalten Patentanmeldungen oder Patente (soweit sie Ausschließlichkeitsrechte sind) ihre Wirkung jeweils auch im anderen Vereinigungsgebiet, §§ 1, 4 ErstrG; bei Kollisionen zweier Patente

können deren Inhaber unabhängig vom Zeitrang keine Rechte gegeneinander geltend machen, § 26 ErstrG.
- Die **PVÜ,** insbesondere Art. 4, der das Prioritätsrecht regelt.
- **EG-Richtlinie 98/44/EG** über den rechtlichen Schutz **biotechnologischer Erfindungen,** die noch nicht in das nationale Recht übernommen worden ist und darum hier nicht erläutert wird.
- **TRIPS,** Art. 27–34.

Im folgenden wird in erster Linie auf das PatG eingegangen, jedoch **83** werden zur Information auch Vorschriften des EPÜ zitiert, da viele Vorschriften, die das sachliche Recht betreffen, mit denen des PatG übereinstimmen. Das EPÜ, der PCT werden kurz im Anhang dargestellt.

Zu beachten ist, dass das PatG insbesondere 1968, 1978 und 1981 ge- **84** ändert worden ist. Auf die frühere Rechtslage wird hier nicht eingegangen. Bei der Auswertung älterer Rechtsprechung ist dies aber zu beachten, insbesondere da das PatG 1981 neu paragraphiert worden ist. Bei Entscheidungen vor 1981 muss somit immer festgestellt werden, welche Vorschrift des heutigen PatG an die Stelle der früheren Vorschrift getreten ist. In den Kommentaren (z.B. Benkard) sind Konkordanzlisten enthalten. Dort sind auch Konkordanztabellen zwischen PatG und EPÜ angegeben.

III. Wege zum deutschen Patent

Eine Erfindung kann durch ein Patent geschützt werden. Es gibt drei **85** Wege, um für Deutschland einen Patentschutz zu erhalten:

→ Der erste Weg ist der nationale Weg über das deutsche Patentgesetz (PatG), der im folgenden erläutert wird.

→ Der zweite Weg ist der europäische Weg nach dem Europäischen Patentübereinkommen (EPÜ), über den für alle oder einen Teil der Mitgliedsstaaten des EPÜ, zu denen Deutschland gehört, ein europäisches Patent erworben werden kann. Nach der Patenterteilung (das möglicherweise ablaufende europäische Einspruchsverfahren ausgenommen) gilt für das europäische Patent nationales Recht, das für DE im IntPatÜG geregelt ist.

→ Der dritte Weg ist der internationale Weg nach dem Patentzusammenarbeitsvertrag (Patent Cooperation Treaty – PCT), über den wählbar für einen Teil oder alle Mitgliedsstaaten des PCT ein Patenterteilungsverfahren begonnen werden kann, das allerdings in die nationalen Verfahren oder regionalen Verfahren (z.B. EPÜ) mündet, das für DE wiederum im IntPatÜG geregelt ist.

86 IV. Kurzdarstellung des Patentrechts

87 1. Schutzgegenstand, § 1 PatG, und sachliche Schutzvoraussetzungen

a) Patentschutz ist möglich für eine technische Erfindung,
- die neu ist, § 3 PatG;
- die auf einer erfinderischen Tätigkeit beruht, § 4 PatG;
- die gewerblich anwendbar ist, § 5 PatG.

b) Keine Erfindungen nach § 1 PatG sind als solche
- Entdeckungen, wissenschaftliche Theorien und mathematische Methoden;
- ästhetische Formschöpfungen;
- Pläne, Regeln und Verfahren für gedankliche Tätigkeiten, für Spiele oder für geschäftliche Tätigkeiten sowie Programme für Datenverarbeitungsanlagen;
- die Wiedergabe von Informationen.

c) Nicht schützbar sind
- Erfindungen, die gegen die öffentliche Ordnung verstoßen oder sittenwidrig sind, § 2 PatG;
- Züchtungsverfahren biologischer Art, § 2 PatG;
- Tierarten, Pflanzensorten, § 2 PatG;
- Heil- und Diagnoseverfahren, § 5 PatG.

d) Die Erfindung kann eine Erzeugniserfindung oder eine Verfahrenserfindung sein.

88 2. Rechtsinhaber

a) Die Erfindung steht dem Erfinder oder dessen Rechtsnachfolger zu = Berechtigter.

b) Anspruch auf das Patent hat der Berechtigte, § 6 PatG.

c) Anspruch auf Erteilung des Patentes hat jedoch der Anmelder, § 7 PatG.

d) Bei Verschiedenheit von Berechtigtem und Anmelder kann der Berechtigte dies korrigieren lassen durch
- Einspruch, § 59, § 21, § 7 PatG;
- Vindikationsklage, § 8 PatG;
- Nichtigkeitsklage, § 81, § 22, § 21 PatG.

e) Bei Mehrheit von Erfindern steht das Recht allen gemeinschaftlich zu, § 6 PatG.

89 3. Formelle Schutzvoraussetzungen und Verfahren zum Patent

3.1. Verfahren vor DPMA

a) Anmeldung

Um Patentschutz zu erhalten, muss ein Patenterteilungsverfahren durchgeführt werden. Dazu muss eine die Erfindung enthaltende Patentanmeldung beim DPMA eingereicht werden (§ 34 PatG), die den Schutzrechtsgegenstand offenbart. Die Bestandteile der Anmeldung sind:

- Antrag und Name des Anmelders;
- Patentansprüche, die angeben, was unter Schutz gestellt werden soll;
- Beschreibung der Erfindung;
- evtl. Zeichnungen.

Weiterhin muss eine Zusammenfassung der Erfindung zur technischen Information (§ 36 PatG) und eine Erfinderbenennung (§ 37 PatG) eingereicht werden.

b) Verfahrensablauf

DPMA: Offensichtlichkeitsprüfung = Prüfung der Anmeldung auf offensichtliche Mängel, § 42 PatG;
DPMA: Veröffentlichung (Offenlegung) der Anmeldung 18 Monate nach Zeitrang;
DPMA: Recherche nach Stand der Technik, nur auf Antrag, § 43 PatG;
DPMA: Prüfung auf Patentfähigkeit, nur auf Antrag, § 44 PatG.

c) Abschluss des Verfahrens

Anmelder: Bei Nichtbeantragung der Prüfung gilt die Anmeldung 7 Jahre nach Anmeldetag als zurückgenommen;
Anmelder: Zurückziehung der Anmeldung;
DPMA: Zurückweisungsbeschluss bei mangelnder Patentfähigkeit, § 48 PatG;
DPMA: Erteilungsbeschluss bei Patentfähigkeit, § 49 PatG.
Mit Bekanntmachung des Erteilungsbeschlusses im Patentblatt treten die Wirkungen des Patentes ein, § 58 PatG.

3.2. Rechtsmittelverfahren

a) Beschwerdeverfahren vor Bundespatentgericht, §§ 73ff. PatG

Der vom Beschluss des DPMA Beschwerte kann eine zulässige Beschwerde erheben. Das BPatG überprüft den Beschluss des DPMA in sachlicher und rechtlicher Hinsicht. Die Entscheidung ist wiederum ein Beschluss.

b) Rechtsbeschwerdeverfahren, §§ 100ff. PatG

Gegen den Beschluss des BPatG kann unter den Voraussetzungen des § 100 PatG Rechtsbeschwerde beim BGH erhoben werden. Der BGH überprüft den Beschluss des BPatG in rechtlicher Hinsicht.

4. Bestand des Patentes 90

4.1. Erlöschen des Patentes für die Zukunft

a) Das Patent endet für die Zukunft durch
- Nichtbezahlung der Jahresgebühr, § 20 PatG;
- Ende der Schutzdauer, maximal 20 Jahre ab Anmeldetag, § 16 PatG, bzw. 5 weitere Jahre bei einem Schutzzertifikat möglich für Arzneimittel oder Pflanzenschutzmittel, § 16a PatG;
- Verzicht auf das Patent, § 20 PatG.

4.2. Einspruchsverfahren, §§ 59ff. PatG

Nach Patenterteilung haben Dritte die Möglichkeit, die Patentfähigkeit des Schutzrechtsgegenstandes zu bestreiten und überprüfen zu lassen, § 59, § 21 PatG.

a) Voraussetzung ist, dass innerhalb von drei Monaten nach Patenterteilung ein Einspruch beim DPMA eingelegt wird.

b) Verfahrensablauf: Das DPMA (von Anfang 2002 bis Ende 2005 das BPatG, § 147 PatG) überprüft, ob der Einspruch begründet ist.

c) Entscheidung (Beschluss):
- Widerruf des Patentes, Wirkung des Patentes entfällt von Anfang an, § 21 PatG.

- Teilwiderruf des Patentes, Wirkung des Patentes entfällt ex tunc im Umfang des Teilwiderrufs, § 21 PatG.
- Aufrechterhaltung des Patentes.

d) Rechtsmittelverfahren: siehe Punkt 3.2.

4.3. Nichtigkeitsverfahren

Das Patent kann rückwirkend ganz oder teilweise beseitigt werden über ein Nichtigkeitsverfahren vor dem BPatG, §§ 81 ff. PatG. Voraussetzung ist ein Nichtigkeitsurteil aufgrund einer Klage eines Dritten, in der ein Nichtigkeitsgrund nach §§ 22, 21 PatG geltend gemacht worden ist, also geltend gemacht worden ist, dass ein Patent nicht hätte erteilt werden dürfen.

4.4. Beschränkung des Patentes

Das Patent und zwar Ansprüche können auf Antrag des Patentinhabers eingeschränkt werden, § 64 PatG.

91 5. Wirkung der Anmeldung und des Patentes

a) Wirkung der Anmeldung, § 33 PatG

Der Anmelder kann nach Offenlegung von demjenigen, der schuldhaft den Anmeldungsgegenstand benutzt, eine angemessene Vergütung verlangen, § 33 PatG.

b) Wirkung des Patentes

aa) Unmittelbare Wirkung des Patentes, § 9 PatG

Der Patentinhaber kann einem unberechtigtem Dritten die Benutzung des patentierten Schutzrechtsgegenstandes verbieten, § 9 PatG. Eine Benutzung liegt vor, wenn die Ausführungsform des Dritten in den Schutzbereich des Patentes fällt, § 14 PatG.

bb) Mittelbare Wirkung des Patentes, § 10 PatG

Der Patentinhaber kann einem unberechtigten Dritten das Anbieten oder Liefern von wesentlichen Elementen der Erfindung entsprechend § 10 PatG verbieten.

V. Grundbeispiel

92 **Grundbeispiel** (nach einer Prüfungsaufgabe, die bei der Europäischen Eignungsprüfung gestellt worden ist):

1. Herrn Tüchtig stört es, dass sein Toastgerät beim morgendlichen Toasten Brot unterschiedlicher Bräunung auswirft, obwohl er die Einstellung am Toastgerät nicht geändert hat.
2. Er überlegt sich, wie er dies ändern kann; dabei kommt er auf die Idee, dass das Brot im Toastgerät während des Toastens dahingehend überprüft werden müsste, ob es den gewünschten Bräunungsgrad erreicht hat, um dann das Toasten zu beenden.
3. Als Realisierung schlägt er vor, Licht, das von einer Lichtquelle kommt, auf das Brot in der Röststation des Toastgerätes zu lenken und das am Brot reflektierte Licht zu messen, um daraus ein Messsignal zu erzeugen, das ein Maß für den Bräunungsgrad ist. Wenn dann das Messsignal mit dem am Toastgerät eingestellten Wert übereinstimmt, wird das Brot aus der Röststa-

tion ausgeworfen. Zur Messung des reflektierten Lichtes verwendet er eine optische Sensoranordnung, z. B. bestehend aus einer lichtempfindlichen Diode. Als Lichtquelle benutzt er eine Licht emittierende Diode. Das Messsignal wird in ein elektrisches Signal umgewandelt und in einer Vergleichsschaltung mit dem eingestellten Wert verglichen. Bei Gleichheit wird ein Motor eingeschaltet, der das Brot aus der Röststation transportiert.

4. Herr Tüchtig ist von seiner Idee begeistert; er möchte sie schützen lassen, so dass niemand außer ihm ein Toastgerät mit seiner Idee herstellen kann.

B. Der Schutzgegenstand

Nach § 1 Abs. 1 PatG (Art. 52 Abs. 1 EPÜ) sind Erfindungen patentierbar, die neu sind, auf erfinderischer Tätigkeit beruhen und die gewerblich anwendbar sind. In § 1 Abs. 2, 3 PatG (Art. 52 Abs. 2 und 3 EPÜ) sind Entwicklungen aufgezählt, die keine Erfindungen im Sinne von § 1 Abs. 1 PatG sind. **93**

Während die Neuheit in § 3 PatG, die erfinderische Tätigkeit in § 4 PatG und die gewerbliche Anwendbarkeit in § 5 PatG geregelt ist, fehlt im Gesetz eine Definition des Begriffes „Erfindung". Der Gesetzgeber hat die Ausfüllung dieses unbestimmten Rechtsbegriffes der Rechtsprechung und Rechtslehre überlassen.

I. Der Begriff „Erfindung" **94**

Eine Erfindung ist eine Lehre zum technischen Handeln, mit der ein technisches Problem (auch Aufgabe genannt) gelöst wird. Das technische Problem selbst gehört nicht zur Erfindung (BGH GRUR 85, 31 – Acrylfasern).

Grundbeispiel:

Das Problem besteht hier darin, Toastbrot gemäß der Einstellung zu erhalten. Die technische Lehre ist, den Bräunungsgrad des Brotes im Toastgerät zu messen und davon abhängig den Toastvorgang zu beenden.

Zwei Kategorien von Erfindungen werden nach § 9 PatG unterschieden: **95**

- Das **Erzeugnis:** eine Erzeugniserfindung gibt den Aufbau einer Vorrichtung, z. B. einer Maschine, eines Stoffes, z. B. eines chemischen Stoffes, eines Arzneimittels, einer Anordnung, z. B. einer elektrischen Schaltung, an.

Grundbeispiel:

Der Aufbau des Toastgerätes ist ein Erzeugnis

- Das **Verfahren:** eine Verfahrenserfindung kann ein Herstellungsverfahren, z. B. ein Verfahren zur Herstellung eines chemischen Stoffes, oder ein Arbeitsverfahren, z. B. die Arbeitsweise eines Rechners (Softwareerfindung), sein.

Grundbeispiel:

Verfahren zur Herstellung des Toastgerätes → Herstellungsverfahren
Verfahren zum Betrieb des Toastgerätes → Arbeitsverfahren

96 Eine patentierbare Lehre zum technischen Handeln liegt aber nur dann vor, wenn diese die Technik bereichert und von Nutzen für die Allgemeinheit ist. Dies ist nicht der Fall, wenn die Lehre:

97 • Nicht fertig ist; da die Lehre ohne zusätzliche erfinderische Leistung noch nicht verwendbar ist. Eine Erfindung ist fertig, wenn ihre Ausführbarkeit im Bereich des durchschnittlichen fachmännischen Könnens liegt (BGH GRUR 71, 210 – Wildverbissverhinderung).

98 • Nicht wiederholbar ist; da niemand mit dieser Lehre etwas anfangen kann (BGH GRUR 87, 231 – Tollwutvirus).

99 • Nicht ausführbar ist; dieser Fall liegt vor, wenn mit den bekannten Naturkräften die Lehre nicht realisierbar ist. (BGH GRUR 76, 213 – Brillengestelle, BGH PMZ 99, 311 – Flächenschleifmaschine). Wenn der Erfinder die Lehre in seiner Anmeldung nicht so offenbart hat, dass Fachleute sie ausführen können, liegt dagegen ein Mangel der Anmeldung vor, § 34 PatG.

100 • Nicht brauchbar oder sozial nützlich ist; da die Allgemeinheit von der Lehre keinen Nutzen hat.

Diese Erfordernisse an eine Erfindung können sich überschneiden, eine gegenseitige Abgrenzung ist auch nicht erforderlich, da bereits bei Fehlen eines Erfordernisses keine Erfindung vorliegt.

101 Die Frage, ob die Lehre technisch ist, ist oft schwierig zu beantworten. Sie hat zunehmend an Bedeutung gewonnen, seitdem die Patentfähigkeit von Softwareerfindungen zu beurteilen ist. Dabei ist im Gesetz nirgends geregelt, dass eine patentierbare Erfindung technisch sein muss. Dies ist jedoch immer verlangt worden, so dass heute von einem Gewohnheitsrecht gesprochen werden kann (vgl. BGH GRUR 77, 96 – Dispositionsprogramm). Aus TRIPS Art. 27 ergibt sich allerdings, dass Patente für Erfindungen auf allen Gebieten der Technik erhältlich sind.

II. Wann ist eine Lehre technisch (Frage der Technizität)?

102 Es gibt unterschiedliche Versuche einer Definition. Der BGH geht i. d. R. von der folgenden Definition aus:

Eine Lehre ist technisch, wenn sie sich zur Erreichung eines kausal übersehbaren Erfolges des Einsatzes beherrschbarer Naturkräfte außerhalb der menschlichen Verstandestätigkeit bedient; BGH GRUR 77, 96 – Dispositionsprogramm.

Aus dieser Definition ergibt sich, dass die Verstandestätigkeit des Menschen nicht der Technik zugeordnet wird. Außerdem muss der Einsatz der Naturkräfte kausal für die Lösung des technischen Problems sein. Allerdings ist zu beachten, dass der Technikbegriff nicht statisch ist, sondern der technologischen Entwicklung angepasst werden muss. Dabei kann sich ergeben, dass die technische Entwicklung eine Modifikation der obigen Definition erfordert, z.B. auf den unmittelbaren Einsatz von beherrschbaren Naturkräften verzichtet werden kann. Ein Beispiel ergibt sich aus BGH GRUR 00, 498 – Logikverifikation; dort enthält der Lösungsvorschlag einen Zwischenschritt im Herstellungsprozess eines Siliziumschips, der keinen Einsatz von Naturkräften vorsieht.

Problematisch ist es, wenn eine Lehre aus einer Mischung von technischen Merkmalen (der Einsatz von Naturkräften ist zwingend notwendig) und nichttechnischen Merkmalen (der Einsatz von Naturkräften ist nicht zwingend notwendig) besteht. Dann muss die Gesamtheit der Lehre beurteilt werden. Sind die technischen Merkmale unbedingt zur Lösung des Problems erforderlich, prägen sie die Lehre, dann ist die Lehre technisch (BGH GRUR 92, 430 – Tauchcomputer; BGH GRUR 00, 498 – Logikverifikation). Bei dieser Beurteilung sind die prägenden Merkmale nicht daraufhin zu untersuchen, ob sie neu sind oder auf erfinderischer Tätigkeit beruhen.

Fall P 1

III. Ausnahmen von der Patentierbarkeit

1. Ausnahmen nach § 1 Abs. 2, 3 PatG (Art. 52 Abs. 2, 3 EPÜ)

Nach § 1 Abs. 2, 3 PatG sind kraft Gesetzes folgende Lehren **als solche** vom Patentschutz ausgenommen (bei ihnen fehlt es in der Regel auch an der Technizität): 103

a) Entdeckungen, wissenschaftliche Theorien, mathematische Methoden 104

Hier liegt die geistige Leistung in der Erkenntnis.

- Eine **Entdeckung** liegt dann vor, wenn etwas Vorhandenes aufgefunden wird, z.B. ein Naturgesetz wird aufgefunden oder ein chemischer Stoff wird in der Natur aufgefunden.
- Eine **mathematische Methode** ist ein abstraktes Konzept, das vorschreibt, wie z.B. Zahlen zu behandeln sind, um ein numerisches Ergebnis zu liefern. Die mathematische Methode ist unabhängig von jeder Anwendung. Jedoch ist die Verwendung einer mathematischen Methode in einer Lehre, die zusätzliche Merkmale technischer Natur enthält, durchaus patentierbar (BGH GRUR 92, 430 – Tauchcomputer; EPA T 208/84, Mitt. 86, 193).

105 **b) Ästhetische Formschöpfungen**

Hier geht es um die ästhetische Wirkung, die ein Erzeugnis entfalten kann. Die die ästhetische Wirkung erzeugenden Merkmale können nicht patentiert werden, sie können als Geschmacksmuster nach dem Geschmacksmustergesetz geschützt werden, wenn die dort angegebenen Erfordernisse erfüllt sind (→ RdNr. 280ff.).

106 **c) Pläne, Regeln, Verfahren für geschäftliche, gedankliche Tätigkeiten oder für Spiele**

Derartige Verfahren sind Anweisungen an den menschlichen Geist (mental steps), d.h. Regeln für die geistige Tätigkeit eines Menschen. Der Benutzer der Regeln muss durch eigene Denktätigkeit den Erfolg herbeiführen. Diese Verfahren können nicht patentiert werden, da sonst die menschliche Verstandestätigkeit vom Patentschutz erfasst würde.

107 **d) Computerprogramme**

Für den Schutz eines Computerprogramms kommen das PatG und das UrhG in Frage.

108 aa) Patentschutz

Computerprogramme können nicht patentiert werden, wenn ihre Ausdrucksform (Folge von Anweisungen oder Befehlen) geschützt werden soll. Jedoch kann der im Programm enthaltene Algorithmus (der ein Arbeitsverfahren ist) geschützt werden, sofern er technisch ist. Als Algorithmus wird hier jedes aus Schritten bestehende Verfahren angesehen, das von einem programmierten Rechner ausgeführt werden kann, also nicht nur mathematische Algorithmen. Nach der Rechtsprechung können folgende Lehren, die Algorithmen enthalten, patentiert werden (BGH GRUR 00, 501 – Logikverifikation; BGH PMZ 00, 276 – Sprachanalyseeinrichtung; BGH GRUR 02, 143 – Suche fehlerhafter Zeichenketten; BGH GRUR 04, 667 – Elektronischer Zahlungsverkehr):

- Die Lehre betrifft den Aufbau eines Computers:
  → Kategorie = Erzeugnis; Technizität liegt vor.
- Die Lehre gibt eine neue Betriebsweise eines Rechners an:
  → Kategorie = Arbeitsverfahren; Technizität liegt vor.
- Die Lehre gibt eine neue Be-/Verarbeitung von Daten technischen Bezugs an, z.B. Bildverarbeitung mit Hilfe eines Rechners, Auswertung von Messdaten:
  → Kategorie = Arbeitsverfahren; Technizität liegt vor.
- Die Lehre betrifft mindestens einen mit einem Computer ausgeführten Schritt in der Herstellung eines Erzeugnisses, z.B. einen Teilschritt im Verfahren zur Erzeugung eines Chips. Die Lehre ist durch eine Erkenntnis geprägt, die auf technischen Überlegungen beruht:
  → Kategorie = Herstellungsverfahren; Technizität liegt vor.

- Die Lehre betrifft einen üblichen Computer, der einen programmierten Algorithmus ausführt:
  → Kategorie = Erzeugnis; Technizität liegt vor.
- Die Lehre betrifft einen Algorithmus, der programmiert auf einem üblichen Computer abläuft:
  → Kategorie = Arbeitsverfahren
  Dann ist folgende Untersuchung für die Frage der Technizität maßgebend:
  - Der Algorithmus liegt auf herkömmlichem technischen Gebiet (dazu gehören die Ingenieurwissenschaften, Physik, Chemie, Biologie): dann liegt Technizität vor.
  - Der Algorithmus liegt nicht auf herkömmlichen technischen Gebiet, jetzt muss untersucht werden, ob sich der Algorithmus durch eine Eigenheit auszeichnet, die unter Berücksichtigung der Zielsetzung patentrechtlichen Schutzes eine Patentierbarkeit rechtfertigt. Ist dies der Fall, liegt Technizität vor, sonst nicht.

Der BGH hat sich bisher noch nicht ausdrücklich geäußert, was unter einem Programm als solchem zu verstehen ist. Das BPatG (PMZ 00, 387 – Digitales Speichermedium) versteht darunter den Programmcode.

Fall P 2

bb) Urheberrechtsschutz **109**

Ein Urheberrechtsschutz für einen einzelnen Algorithmus ist nicht möglich, weil Ideen und Prinzipien nicht Gegenstand des Schutzes sein können, § 69a UrhG.

Ein Schutz der Ausdrucksform des Programms dagegen ist nur durch das Urheberrechtsgesetz möglich, § 69a UrhG. Ein Computerprogramm ist nach § 2 UrhG ein Sprachwerk, das dann geschützt ist, wenn zu seiner Schaffung eine persönliche, geistige Schöpfung erforderlich war. Diese liegt nach § 69a UrhG vor, wenn das Programm ein individuelles Werk ist, wobei die Anforderungen an die Individualität nicht zu hoch angesetzt werden dürfen. Weitere Bestimmungen zum Urheberschutz von Programmen sind in den §§ 69a–69g UrhG enthalten, die im Zusammenhang mit dem Urheberrechtsgesetz erläutert werden (→ RdNr. 566, 573).

e) Wiedergabe von Informationen **110**

Eine lediglich durch den Inhalt der Information gekennzeichnete Wiedergabe ist nicht patentierbar. Die Anordnung auf einem Informationsträger oder die Mittel der Wiedergabe können patentiert werden (EPA ABl. 92, 230 – Wiedergabe von Information).

f) Lehren nach a) bis e) als solche **111**

Die angegebenen Ausnahmefälle a) bis e) sind jeweils **als solche** vom Patentschutz ausgenommen. Sobald sie nur einen Teil einer Lehre ausmachen, muss untersucht werden, ob der Gegenstand der Lehre im wesentlichen aus einem Ausnahmefall nach a) bis e) besteht oder nicht. Im letzteren Fall kann ein Patentschutz möglich sein.

112 2. Weitere Ausnahmen von der Patentierbarkeit

a) Ausnahmen nach § 2 PatG (Art. 53 EPÜ)

Nicht patentierbar sind:

- Erfindungen, deren Veröffentlichung oder Verwertung gegen die öffentliche Ordnung oder gegen die guten Sitten verstoßen würden.
- Biologische Erfindungen, nämlich
  - im wesentlichen biologische Züchtungsverfahren von Tieren oder Pflanzen;
  - Pflanzensorten;
  - Tierarten, nicht jedoch Tiere (bestr.).

113 Davon ausgenommen sind mikrobiologische Verfahren und Mikroorganismen. Diese können patentiert werden. Die oft schwer beschreibbare Wiederholbarkeit der Erzeugung von Mikroorganismen kann durch dessen Hinterlegung bei einer amtlich zugelassenen Stelle ersetzt werden (BGH GRUR 87, 231 – Tollwutvirus).

114 b) Ausnahmen nach § 5 Abs. 2 PatG (Art. 52 Abs. 4 EPÜ)

Weiterhin sind Verfahren zur chirurgischen oder therapeutischen Behandlung des menschlichen oder tierischen Körpers (Heilverfahren) und Diagnostizierverfahren nicht patentierbar, da sie nicht als gewerblich anwendbar gelten. Damit soll verhindert werden, dass die Ausübung des Arztberufes durch Patente eingeschränkt wird. Wenn jedoch das Heil-, Diagnoseverfahren auch außerhalb des Heilzweckes anwendbar ist, z.B. zur Herrichtung der chemischen Substanz zur Behandlung einer Krankheit, ist es schützbar (BGH PMZ 01, 147 – Endprotheseneinsatz).

115 IV. Einige Beispiele von Erfindungen

Im folgenden werden einige Gattungen von Erfindungen angegeben und ihre speziellen Eigenschaften genannt.

116 • **Kombinationserfindung:** diese besteht aus mehreren Elementen oder Merkmalen, die zusammenwirken müssen, um ein Problem zu lösen. Die einzelnen Merkmale können für sich bekannt sein, notwendig ist jedoch, dass die Gesamtheit der zusammenwirkenden Merkmale neu und erfinderisch ist. Die Kombinationserfindung ist die häufigste Erfindungsgattung.

117 • **Auswahlerfindung:** aus einem größeren bekannten Bereich wird ein kleiner Bereich ausgewählt. Eine Auswahlerfindung ist nur ausnahms-

weise patentfähig (nicht als Erzeugnis), wenn der kleine Bereich überraschende Eigenschaften aufweist.

- **Übertragungserfindung:** hier wird eine auf einem ersten technischen Gebiet bekannte Lehre auf ein zweites technisches Gebiet übertragen. Nur ausnahmsweise liegt Patentfähigkeit vor; dies ist dann der Fall, wenn das erste technische Gebiet vom zweiten technischen Gebiet entfernt liegt, so dass ein Fachmann, der auf dem zweiten Gebiet tätig ist, keinen Anlass hat, sich im ersten technischen Gebiet zu informieren. **118**
- **Stofferfindung:** die Lehre gibt den Aufbau oder die Zusammensetzung eines chemischen Stoffes an. Ein Spezialfall eines Stoffes ist ein Arzneimittel. **119**
- **Zusatzerfindung:** hier handelt es sich um eine Erfindung, die eine andere Erfindung, die Haupterfindung, weiterentwickelt. Die Anmeldung einer Zusatzerfindung hat gebührenrechtliche Vorteile, § 17 PatG, sie muss aber spätestens 18 Monate nach dem Zeitrang der Haupterfindung angemeldet worden sein, § 16 PatG. Der Schutz eines Zusatzpatentes endet mit dem des Hauptpatentes. **120**

C. Sachliche Schutzvoraussetzungen

Nach § 1 PatG sind nur Erfindungen patentfähig, die neu sind, auf erfinderischer Tätigkeit beruhen und gewerblich anwendbar sind. Die Neuheit, die erfinderische Tätigkeit und die gewerbliche Anwendbarkeit sollen im folgenden dargestellt werden. **121**

I. Die Neuheit

Die Neuheit ist in § 3 PatG (Art. 54 EPÜ) definiert. Danach ist eine Erfindung neu, wenn sie nicht zum Stand der Technik gehört. Die Neuheit muss zum Zeitrang der Anmeldung vorliegen. **122**

1. Zeitpunkt für die Neuheitsprüfung des Anmeldungsgegenstandes **123**

Maßgebender Zeitpunkt ist der Zeitrang der Anmeldung, in der die Erfindung offenbart ist. Dies ist der Tag (kleinste zeitliche Einheit), an dem die Anmeldung beim DPMA oder einem Patentinformationszentrum eingereicht worden ist, wenn nach § 35 PatG die Voraussetzungen für die Zuerkennung eines Anmeldetages vorliegen, bzw. wenn eine Priorität in Anspruch genommen worden ist, der Prioritätstag. Die Priorität kann eine PVÜ-Priorität nach Art. 4 PVÜ sein oder eine sog. innere

Priorität nach § 40 PatG, bei der die Erstanmeldung in Deutschland eingereicht worden ist. Beiden ist gemeinsam, dass die Erfindung ein erstes Mal in einem PVÜ- Verbandsstaat bzw. in Deutschland angemeldet worden ist und die Nachanmeldung der Erfindung innerhalb von 12 Monaten nach dem Prioritätstag in Deutschland erfolgt ist.

Beispiel 1:

Eine Erfindung wird zum ersten Mal am 2. 1. 1993 in den USA angemeldet, dann kann diese Erfindung in Deutschland bis zum 2. 1. 1994 nachangemeldet werden, mit der Folge, dass der maßgebende Zeitrang für die Beurteilung der Patentfähigkeit der 2. 1. 1993 ist. Wenn die Erfindung ohne Inanspruchnahme der Priorität in Deutschland angemeldet worden wäre, wäre der Zeitrang der 2. 1. 1994.

Beispiel 2:

Eine Erfindung wird zum ersten Mal am 2. 1. 1993 in Deutschland angemeldet. Dann kann diese Erfindung innerhalb eines Jahres nach § 40 PatG, also bis zum 2. 1. 1994 in Deutschland nachangemeldet werden, mit der Folge, dass der maßgebende Zeitrang für die Beurteilung der Patentfähigkeit der 2. 1. 1993 ist (innere Priorität). Wenn zum Zeitpunkt der Inanspruchnahme der inneren Priorität die Prioritätspatentanmeldung noch anhängig ist, gilt diese als zurückgenommen (dies gilt nicht für die PVÜ-Priorität nach Beispiel 1). Ist dagegen bereits ein Patent auf die Prioritätsanmeldung erteilt worden oder ist die Prioritätsanmeldung eine Gebrauchsmusteranmeldung, dann hat die Nachanmeldung keinen Einfluss auf das Patent oder die Gebrauchsmusteranmeldung bzw. auf das Gebrauchsmuster.

Voraussetzung ist jedoch, dass der Anmelder die Priorität wirksam in Anspruch genommen hat, also die formellen Erfordernisse der §§ 40, 41 PatG erfüllt hat oder nach § 35 PatG ein Anmeldetag zuerkannt worden ist.

Hinzuweisen ist noch auf eine weitere selten auftretende Priorität, nämlich die sog. Entnahmepriorität, die unter RdNr. 189 erläutert wird.

2. Was ist Stand der Technik?

124 In § 3 PatG werden zwei Arten von Stand der Technik unterschieden, der vorveröffentlichte Stand der Technik und der nicht vorveröffentlichte Stand der Technik.

125 a) Vorveröffentlichter Stand der Technik, § 3 Abs. 1 PatG

Dazu zählen alle Kenntnisse, die vor dem Zeitrang der Anmeldung der Öffentlichkeit auf eine beliebige Art zugänglich gemacht worden sind.

In § 3 PatG sind einige Beispiele der Kenntnisvermittlung aufgezählt. Erwähnt werden Druckschriften als wichtigste Art einer Vorveröffentlichung, Vorträge und Vorbenutzungen. Auf diese Arten von Veröffentlichungen ist die Kenntnisvermittlung aber nicht beschränkt. Diese ist beliebig.

Der Ort, an dem die Kenntnisse der Öffentlichkeit zugänglich gemacht worden sind, ist unmaßgeblich. Auch dann, wenn der Erfinder von der

Veröffentlichung überhaupt nicht Kenntnis nehmen konnte, liegt eine Vorveröffentlichung vor.

Eine Kenntnis ist öffentlich geworden, wenn sie der Allgemeinheit zugänglich ist. Dazu genügt die nicht zu entfernte Möglichkeit der Kenntnisnahme durch die Allgemeinheit und damit auch durch Sachverständige. Dies kann dadurch geschehen, dass die Kenntnisse der Allgemeinheit unmittelbar zugänglich gemacht worden sind oder mittelbar dadurch, dass nicht zur Geheimhaltung verpflichtete Sachverständige so davon Kenntnis nehmen konnten, dass die Möglichkeit der Weitergabe der Kenntnis an beliebige Dritte besteht (BGH GRUR 66, 484 – Pfennigabsatz). Ein Problem in dieser Hinsicht tritt insbesondere bei der offenkundigen Vorbenutzung auf, wenn nur wenige von der Erfindung erfahren. Dann müssen für das „zugänglich machen" zwei Stufen erfüllt sein (BGH GRUR 97, 895 – Leiterplattennutzen): die Zugänglichkeit der Informationsquelle und die Zugänglichkeit der Informationen, die sich aus dieser Quelle gewinnen lassen, (BGH GRUR 01, 819 – Schaltungselement).

Öffentlichkeit liegt dann vor, wenn ein beliebiger, nicht abgegrenzter Personenkreis, Kenntnis nehmen kann (siehe z.B. § 15 Abs. 3 UrhG). Durch Vereinbarung von Vertraulichkeit kann das „öffentlich werden" ausgeschlossen werden. Allerdings führt ein Bruch der Vereinbarung dazu, dass die Kenntnisse öffentlich werden.

Der Neuheitsbegriff ist also absolut (eine Veröffentlichung irgendwo in der Welt genügt), er ist auch objektiv (auf die Kenntnis des Erfinders kommt es nicht an), BGH GRUR 66, 484 – Pfennigabsatz.

Fall P3, P4, P5

b) Nicht vorveröffentlichter Stand der Technik = ältere Patentanmeldungen bzw. Patente, § 3 Abs. 2 PatG 126

Zum Stand der Technik für die Neuheitsprüfung zählen weiterhin Patentanmeldungen mit im Vergleich zu der zu prüfenden (jüngeren) Patentanmeldung älteren Zeitrang, die an oder nach dem Zeitrang der jüngeren Patentanmeldung berechtigterweise veröffentlicht worden sind und die Wirkung in Deutschland haben. Eine berechtigte Veröffentlichung liegt vor, wenn die ältere Patentanmeldung zum Zeitpunkt der Veröffentlichung noch anhängig war, also noch nicht zurückgezogen war.

Ältere Patentanmeldungen in diesem Sinne sind

- ältere deutsche Patentanmeldungen;
- ältere europäische Patentanmeldungen unter der Voraussetzung, dass Deutschland wirksam benannt worden ist;
- ältere internationale Patentanmeldungen nach PCT bei Bestimmung Deutschlands.

Die älteren Patentanmeldungen werden mit dem gesamten Inhalt ihrer ursprünglich eingereichten Fassung Stand der Technik. Hintergrund dieser Regelung ist, dass nur der erste Anmelder der Erfindung ein Schutzrecht verdient.

Beispiel:

Die Patentanmeldung A1 hat den Zeitrang 2. 1. 1990, sie wird nach 18 Monaten offengelegt, z. B. am 15. 7. 1991. Die Patentanmeldung A2 hat den Zeitrang 2. 5. 1991, also ist A1 mit ihrem gesamten Inhalt Stand der Technik für A2.

127 3. Die Neuheitsprüfung

a) Die Vorgehensweise

Bei der Neuheitsprüfung wird ein Einzelvergleich durchgeführt, d. h. jede Veröffentlichung (in der Praxis Entgegenhaltung genannt) wird getrennt mit dem Gegenstand der zu prüfenden Patentanmeldung verglichen. Nur wenn sich der Anmeldungsgegenstand aus **einer** Entgegenhaltung ergibt, fehlt die Neuheit.

128 b) Inhalt der Entgegenhaltung

Maßgebend für den Inhalt einer Entgegenhaltung ist das, was ein Durchschnittsfachmann des technischen Gebietes, auf dem die Entgegenhaltung liegt, ihr zum Zeitpunkt des Zeitrangs des Anmeldungsgegenstandes entnehmen kann. Dieser liest die Entgegenhaltung mit seinem Fachwissen. Alles, was er erkennt, ist offenbart und gehört zum Stand der Technik. Die Ergänzung der Entgegenhaltung durch das Fachwissen ist nicht erlaubt.

129 4. Arzneimittel, § 3 Abs. 3 PatG

Besondere Verhältnisse gelten bei Arzneimitteln. Nach § 3 PatG ist ein Arzneimittel neu, wenn ein Stoff zum ersten Mal als Arzneimittel verwendet wird, auch wenn der als Arzneimittel verwendete Stoff bekannt ist. Jede weitere und neue Indikation eines Arzneimittels kann ebenfalls geschützt werden (zweite oder weitere Indikation), und zwar als Verfahren zur Verwendung des Stoffes zur Herstellung eines Arzneimittels (so EPA GrBK Gr 1/83 in GRUR 85, 273 oder ähnlich BGH GRUR 83, 729 – Hydropyridin).

5. Unschädliche Offenbarungen, § 3 Abs. 4 PatG, Art. 55 EPÜ

130 a) Missbrauchstatbestand

Eine Veröffentlichung der Erfindung wird nicht zum Stand der Technik für die Erfindung, wenn sie offensichtlich zum Nachteil des Erfinders oder dessen Rechtsnachfolgers erfolgt ist und die Erfindung innerhalb von 6 Monaten nach Veröffentlichung angemeldet wird.

b) Ausstellungsschutz 131

Eine Veröffentlichung der Erfindung auf einer internationalen Ausstellung (wird vom DPMA im PMZ bekannt gemacht) nach dem internationalen Ausstellungsgesetz ist unschädlich, wenn deren Anmeldung innerhalb von 6 Monaten nach Zurschaustellung der Ausstellung erfolgt.

II. Die erfinderische Tätigkeit, § 4 PatG (Art. 56 EPÜ)

Eine erfinderische Tätigkeit liegt vor, wenn sich die Erfindung für den 132
Durchschnittsfachmann nicht in naheliegender Weise aus dem Stand der Technik ergibt. Nicht jede neue Erfindung soll patentiert werden, sondern nur solche, die über das hinausgehen, was im Rahmen normaler Entwicklung liegt. Weiterentwicklungen, die nur handwerkliches Können erfordern, bedürfen keines Schutzes, durch sie wird das Gewerbewesen nicht ausreichend gefördert.

1. Zeitpunkt der Prüfung 133

Der maßgebende Zeitpunkt für die Prüfung ist wiederum der Zeitrang der Anmeldung.

2. Stand der Technik 134

Bei Beurteilung auf erfinderische Tätigkeit wird vom Stand der Technik nach § 3 Abs. 1 PatG, also vom vorveröffentlichten Stand der Technik ausgegangen, ältere Patentanmeldungen nach § 3 Abs. 2 PatG bleiben außer Betracht.

3. Vorgehensweise 135

Maßgebend für die Beurteilung ist der Durchschnittsfachmann, der auf dem technischen Gebiet tätig ist, auf dem das von der Erfindung gelöste Problem liegt. Jede Lösung des Problems, die er mit seinem Fachwissen finden kann, ist nicht patentfähig. Der Beurteilung zugrunde gelegt wird der gesamte Stand der Technik (Mosaikarbeit); zum Unterschied zur Neuheitsprüfung muss also kein Einzelvergleich durchgeführt werden, vielmehr dürfen die Entgegenhaltungen kombiniert werden. Die Entgegenhaltungen werden mit dem Wissen des Durchschnittsfachmanns zum Zeitpunkt des Zeitranges der Anmeldung ausgelegt. Wenn ausgehend vom gesamten Stand der Technik die Erfindung dem Durchschnittsfachmann nahe lag, fehlt die Patentfähigkeit. Dabei muss eine rückschauende Beurteilung vermieden werden, da zum Zeitpunkt der Beurteilung durch das DPMA die Erfindung schon bekannt ist. Vielmehr muss gefragt werden, ob der Durchschnittsfachmann für den Fall, dass ihm die Erfindung unbekannt ist und ihm das der Erfindung zu Grunde liegende Problem zur Lösung gestellt wird, ausgehend vom Stand der Technik, die Lehre ohne erfinderisches Bemühen auffinden konnte.

136 **4. Beweisanzeichen**

Im Einzelfall ist es oft nicht einfach, die erfinderische Tätigkeit zu beurteilen. Hilfreich ist es deshalb, von der Rechtsprechung entwickelte Überlegungen (sog. Beweisanzeichen) mit heranzuziehen. Einige Beispiele werden im folgenden genannt:

a) Bedürfnis

Wenn ein Problem schon längere Zeit bekannt ist und ein Bedürfnis für seine Lösung bestand, dann spricht es für erfinderische Tätigkeit, wenn eine Lösung gefunden wird.

b) Vorurteil

Wenn durch die Erfindung ein technisches Vorurteil überwunden wird, spricht dies für erfinderische Tätigkeit.

c) Mehrere Entgegenhaltungen

Wenn bei einer Kombinationserfindung mehrere Entgegenhaltungen, z.B. mehr als zwei, kombiniert werden müssen, um zum Anmeldungsgegenstand zu kommen, ist dies ein Anzeichen für erfinderische Tätigkeit.

d) Mehrfacherfindung

Wenn dasselbe Problem innerhalb eines kurzen Zeitraums mehrfach gelöst worden ist, spricht dies gegen erfinderische Tätigkeit.

Eine Zusammenstellung solcher Anzeichen, die für die Beurteilung der erfinderischen Tätigkeit einsetzbar sind, finden sich in den Kommentaren (Benkard, Schulte).

137 **III. Die gewerbliche Anwendbarkeit, § 5 PatG (Art. 57 EPÜ)**

Eine Erfindung gilt als gewerblich anwendbar, wenn sie auf irgend einem gewerblichen Gebiet einschließlich der Landwirtschaft hergestellt oder benutzt werden kann. Der Begriff „Gewerbe“ entspricht der üblichen Definition in der Rechtsprechung, ist also eine fortgesetzte, selbständige, erlaubte, auf Gewinn ausgerichtete Tätigkeit, einschließlich der Urproduktion, z.B. BGH GRUR 68, 142 – Glatzenoperation.

Als gewerblich nicht anwendbar gelten Heilverfahren und Diagnoseverfahren, so dass Erfindungen, die ausschließlich aus einem solchen Verfahren bestehen, nicht patentfähig sind (RdNr. 114).

D. Rechtsinhaber

Man unterscheidet das Recht an der Erfindung, das Recht auf das Patent, das Recht auf Erteilung eines Patentes und das Recht aus dem Patent. **138**

I. Das Recht an der Erfindung und das Recht auf das Patent, § 6 PatG (Art. 60 EPÜ)

Das Recht an der Erfindung und das Recht auf das Patent steht zunächst dem Erfinder zu, also der natürlichen Person, die die Erfindung gemacht hat. Haben mehrere natürliche Personen gemeinsam die Erfindung gemacht, dann steht diesen das Recht gemeinsam zu. Liegt ein Fall der Doppelerfindung vor, d.h. haben mehrere natürliche Personen die Erfindung unabhängig voneinander gemacht, dann steht das Recht an der Erfindung jedem Erfinder zu. Allerdings hat das Recht auf das Patent derjenige, der zuerst die Erfindung beim DPMA angemeldet hat. **139**

1. Wie entsteht das Recht? **140**

Mit Beendigung des Schöpfungvorganges der Erfindung und deren Verlautbarung ist das Recht entstanden. Der Schöpfungsvorgang ist ein Realakt, so dass jede natürliche Person, gleich welchen Alters, Erfinder und damit Inhaber des Rechts sein kann. Erfindungen von nicht natürlichen Personen, z.B. Betriebserfindungen oder Computererfindungen, gibt es nach deutschem Recht nicht.

Das Recht auf das Patent endet mit der Veröffentlichung der Erfindung, wenn sie noch nicht zum Patent angemeldet worden ist, spätestens mit der Patenterteilung.

2. Natur des Rechtes **141**

Das Recht an der Erfindung und auf das Patent wird als absolutes Recht, genauer als quasi absolutes Recht angesehen, da es kein Verbotsrecht gewährt (OLG Frankfurt GRUR 87, 886 – Gasanalysator).

Beispiel:

Der Erfinder A hat seine Erfindung am 1. 1. 1993 gemacht. Er erfährt, dass B unabhängig davon in Kenntnis der Erfindung ist und ein Produkt mit der Erfindung auf den Markt bringen will. A möchte dies untersagen.
A hat das Recht an der Erfindung erworben, da dies aber kein Verbotsrecht enthält, kann er nicht gegen B vorgehen.

Das Recht ist von Doppelnatur, es beinhaltet eine vermögensrechtliche Komponente und eine persönlichkeitsrechtliche Komponente:

- Die **persönlichkeitsrechtliche Komponente** hat ihre Grundlage im Erfinderpersönlichkeitsrecht, das sich darin äußert, dass gegenüber dem DPMA der Erfinder benannt werden muss und der Erfinder auf der Patentschrift genannt wird, es sei denn, dass er seine Nichtnennung beantragt, § 63 PatG. Das Erfinderpersönlichkeitsrecht kann nur vom Erfinder persönlich geltend gemacht werden (BGH GRUR 78, 583 – Motorkettensäge). Nach § 63 PatG kann der Erfinder Berichtigung der Erfindernennung vom Anmelder und dem zu Unrecht Benannten verlangen.
- Für die Behandlung der **vermögensrechtlichen Komponente** im Rechtsverkehr gibt es außer § 15 PatG für das Recht auf das Patent im PatG keine Spezialvorschriften, vielmehr ist BGB-Recht anwendbar (BGH GRUR 78, 583 – Motorkettensäge).

Beispiel:

A erfährt vertraulich vom Erfinder die Erfindung, er veröffentlicht unerlaubt die Erfindung, bevor eine Patentanmeldung eingereicht worden ist. Was kann der Erfinder tun?

Der Erfinder kann nach § 823 BGB Schadensersatz von A verlangen und er könnte eine drohende Veröffentlichung nach § 1004 BGB untersagen lassen. Wenn allerdings A bereits die Erfindung veröffentlicht hat, kann jeder Dritte die Erfindung benutzen, ohne dass der Erfinder dagegen etwas unternehmen kann.

3. Sonderfall: Erfindungen von Arbeitnehmern

142 Für von Arbeitnehmern im privaten oder öffentlichen Dienst während der Dauer des Arbeitsverhältnisses gemachte Erfindungen gilt das Gesetz über Arbeitnehmererfindungen (ArbEG). Das ArbEG wird derzeit überarbeitet, nur auf die derzeit gültige Fassung wird eingegangen. Einige Grundsätze dieses Gesetzes sollen dargestellt werden.

143 a) Anwendungsbereich

Das ArbEG ist auf technische Erfindungen anwendbar, die patentfähig oder gebrauchsmusterfähig sind und die während der rechtlichen Dauer des Arbeitsverhältnisses oder Dienstverhältnisses gemacht worden sind.

Diese Erfindungen werden eingeteilt in Diensterfindungen und freie Erfindungen. Diensterfindungen sind solche, die aufgrund der dem Arbeitnehmer obliegenden Tätigkeit (Obliegenheitserfindung) entstanden sind oder maßgeblich auf Erfahrungen des Betriebes (Erfahrungserfindung) beruhen. Alle anderen Erfindungen sind freie Erfindungen, § 4 ArbEG.

144 b) Die Behandlung von Diensterfindungen

Der Erfinder muss Diensterfindungen seinem Arbeitgeber schriftlich, unverzüglich, gesondert melden (Erfindungsmeldung), § 5 ArbEG.

Der Arbeitgeber kann innerhalb einer Frist von 4 Monaten nach Eingang der Erfindungsmeldung die Erfindung beschränkt oder unbeschränkt in Anspruch nehmen, § 6 ArbEG. Durch die unbeschränkte Inanspruchnahme, und zwar mit dem Zugang der Inanspruchnahmeerklärung, gehen die Rechte an der Erfindung auf den Arbeitgeber über (gesetzliche Rechtsnachfolge, § 7 ArbEG). Durch die beschränkte Inanspruchnahme erwirbt der Arbeitgeber nur ein einfaches Nutzungsrecht, vergleichbar einer einfachen Lizenz. Als Gegenleistung steht dem Arbeitnehmer bei unbeschränkter oder beschränkter Inanspruchnahme ein Anspruch auf angemessene Vergütung (§§ 9, 10 ArbEG) zu, der fällig wird, wenn die Erfindung vom Arbeitgeber benutzt wird, bei einer unbeschränkten Inanspruchnahme spätestens drei Monate nach Erteilung eines Schutzrechtes (§ 12 ArbEG). Die Höhe der Vergütung wird zweiseitig durch Vertrag zwischen Arbeitgeber und Arbeitnehmer festgestellt oder, wenn keine Einigung zustande kommt, vom Arbeitgeber einseitig festgesetzt. Für die Berechnung der Höhe der Vergütung gibt es vom Bundesarbeitsministerium herausgegebene Richtlinien, die allerdings nicht verbindlich sind, aber zweckmäßigerweise angewendet werden.

Der Arbeitgeber muss weiterhin die Erfindung unverzüglich im Inland anmelden, § 13 ArbEG, in erster Linie als Patent. Er hat weiterhin bei unbeschränkter Inanspruchnahme das Recht, im Ausland korrespondierende Anmeldungen einzureichen, § 14 ArbEG. Für alle Staaten, für die er keine Auslandsanmeldung einreichen will, muss er die Erfindung seinem Arbeitnehmer freigeben, wobei er sich ein einfaches Nutzungsrecht an der Erfindung gegen angemessene Vergütung vorbehalten kann.

Wenn der Arbeitgeber ein Schutzrecht aufgeben will, muss er dies dem Arbeitnehmererfinder mitteilen und diesem auf dessen Verlangen das Schutzrecht übertragen, wobei er sich ein einfaches Nutzungsrecht gegen angemessene Vergütung vorbehalten kann, § 16 ArbEG.

Eine unbeschränkt in Anspruch genommene Diensterfindung kann durch den Arbeitgeber auch zum Betriebsgeheimnis erklärt werden und muss dann nicht angemeldet werden. Dem Arbeitnehmer steht auch in diesem Fall eine Erfindervergütung zu, § 17 ArbEG.

Eine Diensterfindung, die nicht in Anspruch genommen wird, die nur beschränkt in Anspruch genommen wird oder vom Arbeitgeber freigegeben wird, wird frei und kann vom Arbeitnehmer verwertet werden, § 8 ArbEG.

c) Behandlung von freien Erfindungen 145

Von den frei gewordenen Erfindungen nach § 8 ArbEG sind die freien Erfindungen nach § 4 ArbEG zu unterscheiden. Diese müssen dem Arbeitgeber nach § 18 ArbEG mitgeteilt werden, so dass dieser beurteilen kann, ob eine freie Erfindung oder eine Diensterfindung vorliegt. Der Arbeitnehmer muss seinem Arbeitgeber ein einfaches Nutzungsrecht gegen angemessene Vergütung anbieten, wenn er die freie Erfindung während der Dauer des Arbeitsverhältnisses anderweitig verwerten will, § 19 ArbEG.

146 **d) Sonstige Regelungen**

Die oben geschilderten Erklärungen sind alle formgebunden (Schriftform). Allerdings ist es möglich, die Regelungen nach Meldung der Erfindung (§ 5 ArbEG) abzudingen, und zwar auch zuungunsten des Arbeitnehmers, § 22 ArbEG.

Es muss weiter darauf hingewiesen werden, dass neben dem ArbEG die Verpflichtungen aus dem Arbeitsvertrag weiter gelten.

Zu erwähnen ist auch, dass das ArbEG nicht auf von Arbeitnehmern geschaffenen Immaterialgütern nichttechnischer Art entsprechend anwendbar ist.

147 **e) Streitigkeiten zwischen Arbeitgeber und Arbeitnehmer**

Streitigkeiten während der Dauer des Arbeitsverhältnisses, z. B. über die Höhe der Erfindervergütung, werden zunächst vor einer beim DPMA eingerichteten Schiedsstelle verhandelt, §§ 28ff. ArbEG. Die Schiedsstelle macht einen Einigungsvorschlag, § 34 ArbEG, der nicht bindend ist. Nehmen die Beteiligten den Vorschlag nicht an, können sie beim ordentlichen Gericht Klage einreichen und dort den Sachverhalt entscheiden lassen, § 37 ArbEG.

II. Das Recht auf Erteilung des Patentes

148 Dieses steht dem Anmelder zu (Anmeldeprinzip, § 7 PatG, Art. 60 EPÜ), wobei Anmelder der Erfinder, dessen Rechtsnachfolger oder ein beliebiger Dritter sein kann. Das Recht entsteht mit der Einreichung der Patentanmeldung beim DPMA und endet mit der Patenterteilung.

III. Das Recht aus dem Patent, §§ 9, 10 PatG

149 Das Recht aus dem Patent entsteht mit der Veröffentlichung der Patenterteilung im Patentblatt, § 58 PatG und endet mit Erlöschen des Patentes (§ 20 PatG), z. B. mit Ende der Schutzdauer von 20 Jahren, § 16 PatG. Das Recht steht dem Patentinhaber zu.

IV. Rechtsgeschäfte über die Rechte

1. Übertragung durch Rechtsgeschäft

150 Das Recht, und zwar die vermögensrechtliche Komponente, ist durch Rechtsgeschäft übertragbar. Dies ist § 15 PatG entnehmbar. Die dabei zu berücksichtigenden Vorschriften ergeben sich aus dem BGB. Unterschieden wird wie üblich zwischen dem Verpflichtungsgeschäft, z. B. einem

Rechtskauf §§ 453, 433 BGB, und dem Verfügungsgeschäft, für das die §§ 413, 398ff. BGB gelten, siehe auch RdNr. 767.

Die persönlichkeitsrechtliche Komponente ist dagegen nicht übertragbar und auch nicht vererbbar.

2. Nutzungsverträge über die Rechte 151

Nach § 15 PatG können auch Nutzungsverträge (Lizenzverträge) über das Recht abgeschlossen werden. Es gelten die unter RdNr. 774ff. erläuterten Regeln für Lizenzverträge.

V. Nichtberechtigter Anmelder

Die Inhaber des Rechtes auf das Patent und des Rechtes auf Erteilung eines Patentes bzw. des Rechtes aus dem Patent können unterschiedliche Personen sein. Ersterer ist der sachlich Berechtigte, der zweite der verfahrensmäßig Berechtigte. Zur Lösung dieses Konfliktes gibt das Gesetz drei Möglichkeiten, nämlich 152

- die erfinderrechtliche Vindikation, § 8 PatG;
- den Einspruch, §§ 59, 21 PatG;
- die Nichtigkeitsklage, §§ 81, 22, 21 PatG.

Von diesen Möglichkeiten wird hier nur die erfinderrechtliche Vindikation behandelt, die beiden anderen werden unter RdNr. 185, 196 besprochen. 153

Nach § 8 PatG kann der Berechtigte oder der durch widerrechtliche Entnahme Verletzte vom Inhaber der Patentanmeldung bzw. des Patentes die Übertragung des Anspruchs auf Erteilung eines Patentes bzw. die Übertragung des Patents verlangen.

Der Begriff widerrechtliche Entnahme ist in § 21 PatG definiert. Diese liegt vor, wenn der Anmelder die Kenntnis der Erfindung (auch Erfindungsbesitz genannt) unmittelbar oder mittelbar über Wissensvermittler vom Erfinder oder dessen Rechtsnachfolger ableitet und die Erfindung ohne Erlaubnis angemeldet hat. Eine widerrechtliche Entnahme muss nicht vorliegen, § 8 PatG ist auch gegeben, wenn der sachlich Berechtigte die Anmeldung ursprünglich gestattet hat, jedoch die Erfindung nicht übertragen hat. Dann ist der Anmelder oder Patentinhaber Nichtberechtigter (BGH GRUR 82, 95 – pneumatische Einrichtung). 154

Die erfinderrechtliche Vindikation wird durch Klage vor einem ordentlichen Gericht geltend gemacht. Kläger ist der Erfinder oder dessen Rechtsnachfolger, Beklagter der sachlich Nichtberechtigte. Die Klage muss innerhalb einer Ausschlussfrist (bei Versäumung der Frist ist keine Wiedereinsetzung möglich) von 2 Jahren nach der Veröffentlichung der Patenterteilung erhoben werden; wenn eine widerrechtliche Entnahme gegeben ist und deswegen Einspruch eingelegt worden ist, kann die Klage innerhalb eines Jahres ab rechtskräftigem Abschluss des Einspruchsverfahrens erhoben werden. Keine Ausschlussfrist läuft, wenn der Patentinhaber beim Erwerb des Patentes nicht im guten Glauben war.

Das Urteil lautet bei Erfolg der Klage auf Abtretung des Anspruchs auf Erteilung eines Patentes, wenn noch kein Patent erteilt worden ist, sonst auf Übertragung des Patentes.

VI. Mehrheit von Erfindern

155 Haben mehrere natürliche Personen eine Erfindung gemeinsam gemacht, liegt Miterfinderschaft vor. Dies ist der Fall, wenn jeder einen schöpferischen Beitrag geleistet hat, der jedoch nicht erfinderische Qualität erreichen muss. Jemand, der nur Hilfsdienste geleistet hat, ist nicht Miterfinder (BGH GRUR 79, 540 – Biedermeiermanschetten, BGH GRUR 04, 51 – Verkranzungsverfahren).

Wenn das rechtliche Verhältnis der Erfinder untereinander nicht besonders geregelt ist, gilt BGB-Recht. In der Regel wird eine Bruchteilsgemeinschaft nach §§ 741 ff. BGB gegeben sein (BGH GRUR 01, 226 – Rollenantriebseinheit), nur ausnahmsweise eine BGB-Gesellschaft nach §§ 705 ff. BGB, wenn Gesellschaftszweck die Schaffung von Erfindungen ist (BGH GRUR 78, 583 – Motorkettensäge).

Fall P6, P7, P8

156

E. Formelle Schutzvoraussetzungen – Verfahren zum Patent

I. Allgemeines

Im Patenterteilungsverfahren wird überprüft, ob eine Erfindung gemäß den §§ 1–5 PatG patentfähig ist und die formellen Voraussetzungen des PatG und der PatV erfüllt sind.

II. Verfahren vor dem DPMA – Erteilungsverfahren

1. Allgemeines

157 Das Patenterteilungsverfahren dient dazu, zu überprüfen, ob eine Erfindung patentfähig ist oder nicht. Voraussetzung ist, dass für die Erfindung eine Patentanmeldung in beliebiger Sprache, § 35 PatG, formuliert worden ist und diese beim DPMA oder einem Patentinformationszentrum eingereicht worden ist, § 34 PatG. Die Patentanmeldung muss dabei formelle Anforderungen erfüllen, die im wesentlichen in der Patentverordnung geregelt sind. Das Patenterteilungsverfahren selbst ergibt sich aus den §§ 34–58 PatG. Es folgt dem Grundsatz der verschobenen Prüfung, d.h. eine Prüfung des Gegenstandes der Anmeldung auf Patentfähigkeit erfolgt nur, wenn ein Prüfungsantrag unter Bezahlung einer Prüfungsantragsgebühr gestellt worden ist. Dieser Antrag kann bis zum Ablauf von 7 Jahren ab dem Anmeldetag eingereicht werden, sonst gilt die Anmeldung als zurückgenommen.

2. Die Patentanmeldung, § 34 PatG (Art. 78 EPÜ)

Nach § 34 PatG muss für jede Erfindung eine Patentanmeldung beim DPMA oder einem zugelassenen Patentinformationszentrum eingereicht werden. In einer Anmeldung können zwar mehrere Lösungen (Lehren) enthalten sein, diese müssen aber einheitlich zueinander sein, § 34 Abs. 5 PatG, Art 82 EPÜ. Damit soll verhindert werden, dass in einer Anmeldung, z.B. zur Einsparung von Gebühren, mehrere Erfindungen zusammengefasst werden, die nichts miteinander zu tun haben. Nach der Rechtsprechung, die zurückgeht auf das Reichspatentamt, liegt Einheitlichkeit vor, wenn folgende Bedingungen erfüllt sind: **158**

- Eine Erfindung, also eine Lösung, ist einheitlich, wenn das ihr zugrunde liegende Problem einheitlich ist und alle Lösungsmerkmale zur Problemlösung notwendig sind oder auch nur geeignet sind, diese zu fördern.
- Ist das Problem neu oder bekannt, aber noch nie gelöst worden, so können mehrere Lösungen in einer Anmeldung zusammengefasst werden. Ist das Problem schon einmal gelöst worden, dann müssen die in einer Anmeldung enthaltenen Lösungen auf demselben Lösungsprinzip beruhen. Für jede Lösung muss jedoch die erste Bedingung erfüllt sein.
- Nach § 34 Abs. 5 PatG ist eine Gruppe von Erfindungen zueinander einheitlich, wenn sie untereinander in der Weise verbunden sind, dass sie eine einzige allgemeine erfinderische Idee verwirklichen (ebenso Art. 82 EPÜ).

2.1. Die Bestandteile einer Anmeldung (Anmeldeunterlagen), § 34 PatG (Art. 78ff. EPÜ)

Die Patentanmeldung muss folgende Bestandteile aufweisen: **159**

- Name des Anmelders;
- einen Antrag auf Erteilung eines Patentes, in dem die Erfindung kurz, aber genau bezeichnet ist;
- einen oder mehrere Patentansprüche, in denen angegeben ist, was unter Patentschutz gestellt werden soll;

- eine Beschreibung der Erfindung.
- zusätzlich Zeichnungen, wenn in der Beschreibung oder in den Patentansprüchen darauf hingewiesen worden ist.

Der Aufbau der Bestandteile der Anmeldung ist ins einzelne gehend in der Patentverordnung geregelt. Im folgenden sollen nur einige wesentliche Vorschriften zu den Bestandteilen der Patentanmeldung erwähnt werden. Allerdings müssen die Regelungen der Patentverordnung bei der Anmeldung erfüllt sein, diese werden im Erteilungsverfahren überprüft und bei Nichterfüllung wird die Anmeldung zurückgewiesen. In der AO EPÜ sind die entsprechenden Anmeldebestimmungen unter den Regeln 26–36 zu finden.

160 **a) Der Antrag, § 4 PatV, Regel 26 AO EPÜ**

Neben der bereits erwähnten Bezeichnung der Erfindung muss dem Antrag der Anmelder entnehmbar sein, selbstverständlich auch, dass ein Patent beantragt ist. Für den Antrag stellt das DPMA ein Formular zur Verfügung, das gegebenenfalls auch noch nachträglich auszufüllen ist.

161 **b) Die Beschreibung, § 10 PatV, Regel 27 AO EPÜ**

Die Beschreibung ist in erster Linie der Ort der Offenbarung der Erfindung, sie sollte enthalten die Angabe

- des technischen Hintergrundes der Erfindung;
- des dem Anmelder bekannten Standes der Technik;
- des der Erfindung zugrunde liegenden technischen Problems (auch Aufgabe genannt);
- der Lösung des Problems im allgemeinen, möglichst mit Nennung der damit erreichten Vorteile;
- wenigsten ein Weg zur Ausführung der Erfindung im einzelnen, möglichst unter Bezugnahme auf Zeichnungen.

162 **c) Die Patentansprüche, § 9 PatV, Regel 29 AO EPÜ**

Die Formulierung der Patentansprüche ist von größter Bedeutung, da durch sie der Schutzrechtsgegenstand festgelegt wird, § 14 PatG. Mindestens ein Anspruch ist erforderlich. Man unterscheidet unabhängige und abhängige Ansprüche (auch Unteransprüche genannt). Abhängige Ansprüche weisen einen Bezug auf einen unabhängigen oder abhängigen Anspruch auf, ihr Inhalt besteht aus dem abhängigen Anspruch und dem Anspruch/den Ansprüchen, auf die der Anspruch zurückbezogen ist.

163 **Grundbeispiel:**

Zwei Ansprüche könnten lauten:

1. Anordnung zum Rösten von Brotscheiben,
   a) bei der zwei Wärmestrahleinrichtungen vorgesehen sind, die eine Röststation für die Brotscheiben bilden;
   b) bei der ein Schalter zur Einstellung des Bräunungsgrades der Brotscheiben vorgesehen ist;

c) bei der eine Regelungseinrichtung vorgesehen ist,

c1) die mit einer Messeinrichtung den Bräunungsgrad des Brotes in der Röststation misst und ein dem Bräunungsgrad entsprechendes Signal abgibt,

c2) die mit einer Vergleichsschaltung dieses Signal mit dem eingestellten Bräunungsgrad vergleicht und bei Gleichheit den Röstvorgang beendet.

2. Anordnung nach Anspruch 1,
bei der die Messeinrichtung eine Photosensoranordnung aufweist
   - mit einer Lichtquelle, deren Licht auf das Brot in der Röststation gelenkt wird,
   - mit einem Fotosensor, der das vom Brot reflektierte Licht misst und das Signal liefert.

Anspruch 1 ist ein unabhängiger Patentanspruch, Patentanspruch 2 ein von Patentanspruch 1 abhängiger Patentanspruch, d. h. Patentanspruch 2 besteht in Wirklichkeit aus Patentanspruch 1 und Patentanspruch 2.
Beide Patentansprüche sind Erzeugnisansprüche.

Die Vorgehensweise bei der Formulierung der Ansprüche ist folgende: **164**
Zunächst wird die Erfindung in allgemeinst möglicher Fassung (im Vergleich zum Stand der Technik) im Patentanspruch 1 durch ein Merkmal oder mehrere Merkmale der Lösung, somit der Erfindung, definiert. Weiterentwicklungen der einzelnen Merkmale, z. B. eine Spezifizierung eines Merkmals, werden in die abhängigen Ansprüche aufgenommen.

Grundbeispiel:

Patentanspruch 1 besteht aus drei Merkmalen. Alle Merkmale zusammen bilden die Erfindung. In Patentanspruch 2 ist die in Merkmal c) von Patentanspruch 1 angegebene Messeinrichtung näher beschrieben.

In einer Anmeldung können mehrere unabhängige Ansprüche enthalten sein, wenn deren Gegenstände zueinander einheitlich sind.

Aus der Formulierung muss weiterhin ersichtlich sein, welcher Kategorie (Erzeugnis oder Verfahren) die zu schützende Erfindung angehört.

Grundbeispiel:

Hier könnte auch ein Verfahrensanspruch formuliert werden, der z. B. folgendermaßen lautet:
Verfahren zum Betrieb eines Toasters, der zwei Wärmestrahleinrichtungen zur Bildung einer Röststation zum Rösten von Brot und einen Schalter zur Einstellung des gewünschten Bräunungsgrades aufweist,

a) bei dem mit einer Lichtquelle Licht erzeugt wird, das auf das Brot in der Röststation gelenkt wird,

b) bei dem das vom Brot reflektierte Licht einem optischen Sensor zugeführt wird, der ein dem Bräunungsgrad des Brotes entsprechendes Signal abgibt,

c) bei dem das Signal mit dem eingestellten Bräunungsgrad verglichen wird und bei Gleichheit der Röstvorgang beendet wird.

Eine Mehrzahl solcher unabhängiger (nebengeordneter) Patentansprüche können bei Einheitlichkeit in einer Patentanmeldung enthalten sein. Z. B. ist neben einem Erzeugnisanspruch ein Verfahrensanspruch, der eine Arbeitsweise des Erzeugnisses angibt, möglich; Voraussetzung ist, dass diese Arbeitsweise eine von mehreren ist. Für einen Verfahrensanspruch fehlt jedoch das Rechtsschutzbedürfnis, wenn dieser sich in einer Bedienungsanleitung des vom Erzeugnisanspruch erfassten Erzeugnisses erschöpft (BGH GRUR 98, 130 – Handhabungsgerät).

165 Ein Patentanspruch besteht aus einem Satz, der in einzelne Merkmale (Merkmale a) bis c) im Beispiel) gegliedert ist, die nebengeordnet zueinander sind. Damit wird zum Ausdruck gebracht, dass alle aufgeführten Merkmale zur Lösung des Problems notwendig sind.

Im Aufbau unterscheidet man die einteilige und die zweiteilige Fassung. Bei der einteiligen Fassung sind die Merkmale in sinnvoller Reihenfolge aneinander gereiht. Bei der zweiteiligen Fassung werden die Merkmale entweder dem Oberbegriff oder dem Kennzeichen zugeordnet. Die Merkmale, die aus **einer** Entgegenhaltung bereits bekannt sind, kommen in den Oberbegriff, die neuen Merkmale in das Kennzeichen; die Trennung erfolgt mit den Worten „dadurch gekennzeichnet, dass" oder „gekennzeichnet durch".

Grundbeispiel:

Die obigen Patentansprüche sind einteilig formuliert. Eine zweiteilige Fassung von Patentanspruch 1 könnte lauten:

Anordnung zum Rösten von Brotscheiben,

a) bei der zwei Wärmestrahleinrichtungen vorgesehen sind, die eine Röststation für die Brotscheiben bilden,

b) bei der ein Schalter zur Einstellung des gewünschten Bräunungsgrades der Brotscheiben vorgesehen ist,
dadurch gekennzeichnet, dass

c) eine Regelungseinrichtung vorgesehen ist, die mit einer Messeinrichtung den Bräunungsgrad des Brotes in der Röststation misst und ein dem Bräunungsgrad entsprechendes Signal abgibt und die mit einer Vergleichsschaltung dieses Signal mit dem eingestellten Bräunungsgrad vergleicht und bei Gleichheit den Röstvorgang beendet.

Hier bilden die Merkmale a) und b) den Oberbegriff und das Merkmal c) das Kennzeichen. Die Merkmale des Oberbegriffs sind aus einer Entgegenhaltung bekannt, das Merkmal c) ist gegenüber dem Inhalt der Entgegenhaltung neu (BGH GRUR 86, 237 – Hüftgelenkprothese).

166 d) Form der Anmeldeunterlagen, § 6 PatV, Regel 32, Regel 35 AO EPÜ

Die Formvorschriften für die Beschreibung, die Ansprüche und evtl. Zeichnungen sind in der PatV genau festgelegt. Diese müssen eingehalten werden.

2.2. Die Offenbarung der Erfindung, § 34 Abs. 4 PatG (Art. 83 EPÜ)

167 In der Anmeldung muss die Erfindung so offenbart sein, dass ein Fachmann sie ausführen kann. Die Angabe einer wissenschaftlichen Begründung für das Funktionieren der Erfindung ist nicht erforderlich. Der Ort der Offenbarung kann jeder der angegebenen Bestandteile sein, in der Regel wird es die Beschreibung sein. Wichtig ist, dass die Offenbarung nach Einreichung der Anmeldung beim DPMA nicht mehr erweitert werden kann, nur was ursprünglich als Erfindung offenbart worden ist, wird im Erteilungsverfahren berücksichtigt.

Maßgebend für die Feststellung des Inhaltes einer Anmeldung ist, was der Fachmann des technischen Gebiets, auf dem der Anmeldungsgegenstand liegt, der Anmeldung entnehmen kann. Die Anmeldung offenbart nur, was in ihr beschrieben ist, gelesen vom Fachmann mit allgemeinen Fachwissen. Die Offenbarung muss so umfassend sein, dass der Fachmann die Erfindung ohne erfinderisches Bemühen ausführen kann. Wenn dazu noch Versuche erforderlich sind, ist dies noch kein Mangel der Offenbarung, BGH GRUR 98, 1005 – Leuchtstoff. Wenn trotzdem die beschriebene Lehre nicht ausführbar ist, dann liegt entweder keine Erfindung vor oder die Offenbarung ist mangelhaft. In beiden Fällen muss die Anmeldung zurückgewiesen werden (BGH GRUR 68, 311 – Garmachverfahren; BGH PMZ 94, 281 – Muffelofen).

2.3. Beispiel einer Anmeldung – Grundbeispiel 168

An Hand des Grundbeispiels wird eine gekürzte Fassung einer Beschreibung und von Ansprüchen nachfolgend gezeigt:

2.3.1 Beschreibung

Bezeichnung

Anordnung zum Rösten von Brotscheiben.

Technischer Hintergrund der Erfindung

Toastgeräte dienen zum Rösten von Brot. Dazu weisen sie eine Röststation aus Wärmestrahleinrichtungen auf, die das Brot entsprechend der Einstellung des Benutzers rösten.

Dem Anmelder bekannter Stand der Technik mit Wertung

Aus dem Dokument I ist ein Toastgerät bekannt, mit dem Brot geröstet werden kann. Dieses besteht aus ... Das bekannte Toastgerät hat den Nachteil, dass sich der Bräunungsgrad des Brotes abhängig von der Betriebsdauer unerwünscht ändert.

Das Problem (die Aufgabe), das durch die Erfindung gelöst wird

Das der Erfindung zugrunde liegende Problem besteht darin, eine Anordnung zum Rösten von Brotscheiben zu schaffen, die zuverlässig nur den eingestellten Bräunungsgrad liefert.

Lösung des Problems mit Angabe deren Vorteile

Dieses Problem wird gemäß den Merkmalen des Patentanspruchs 1 gelöst. Somit wird der Bräunungsgrad in der Röststation gemessen und das Brot ausgeworfen, wenn der eingestellte Bräunungsgrad erreicht ist. Ein solches Toastgerät liefert unabhängig von der Betriebsdauer und der Brotsorte gleichmäßig gebräuntes Brot.

Weiterbildungen der Erfindung unter Angabe deren Vorteile

Weiterbildungen der Erfindung ergeben sich aus den abhängigen Ansprüchen.

Die Messung des Bräunungsgrades in der Röststation erfolgt demnach mit einer optischen Einrichtung, die Lichtstrahlen auf das Brot in der Röststation lenkt, das vom Brot reflektierte Licht misst und das Meßergebnis mit dem eingestellten Wert vergleicht. Bei Gleichheit wird das Brot ausgeworfen. Somit ist gewährleistet, dass das Brot exakt den eingestellten Bräunungsgrad erreicht.

Spezieller Beschreibungsteil (mindestens ein Ausführungsbeispiel), dazu in der Regel

→ **das Zitat von Zeichnungen, wenn auf diese Bezug genommen worden ist**
Figur 1 zeigt den Aufbau des erfindungsgemäßen Toastgerätes,
Figur 2 zeigt eine Realisierung der optischen Einrichtung

→ **eine ausführliche Erläuterung der Zeichnungen**
Nach Figur 1 besteht das Toastgerät aus ...

2.3.2 Patentansprüche

1. Anordnung zum Rösten von Brotscheiben,
   a) bei der zwei Wärmestrahleinrichtungen vorgesehen sind, die eine Röststation für die Brotscheiben bilden;
   b) bei der ein Schalter zur Einstellung des Bräunungsgrades der Brotscheiben vorgesehen ist;
   c) bei der eine Regelungseinrichtung vorgesehen ist,
      c1) die mit einer Messeinrichtung den Bräunungsgrad des Brotes in der Röststation misst und ein dem Bräunungsgrad entsprechendes Signal abgibt,
      c2) die mit einer Vergleichsschaltung dieses Signal mit dem eingestellten Bräunungsgrad vergleicht und bei Gleichheit den Röstvorgang beendet.
2. Anordnung nach Anspruch 1,
   bei der die Messeinrichtung eine Photosensoranordnung aufweist
   - mit einer Lichtquelle, deren Licht auf das Brot in der Röststation gelenkt wird,
   - mit einem Fotosensor, der das vom Brot reflektierte Licht misst und das Signal liefert.

169 2.4. Der Anmeldetag, § 35 Abs. 2 PatG (Art. 80 EPÜ)

Wenn die obigen Anforderungen an die Offenbarung und den Antrag in der Anmeldung erfüllt sind, erhält die Anmeldung den Tag des Eingangs beim DPMA als Anmeldetag mit der Folge, dass der Anmeldungsgegenstand definiert ist und spätere Ereignisse keinen Einfluss auf die Patentfähigkeit mehr haben können. Bei einer Erstanmeldung entsteht zudem am Anmeldetag das Prioritätsrecht nach Art. 4 PVÜ oder § 40 PatG.

2.5. Weitere vom Anmelder einzureichende Schriftstücke und Erklärungen

170 a) Die Zusammenfassung, § 36 PatG und § 13 PatV (Art. 85 EPÜ und Regel 33 AO EPÜ)

Die Zusammenfassung ist der Anmeldung beizufügen, ist also nicht Bestandteil der Anmeldung. Sie dient ausschließlich der technischen Information und hat keine rechtliche Bedeutung. Sie soll kurz sein (maximal 150 Worte) und informativ, so dass nur mit Hilfe der Zusammenfassung erkennbar ist, welchen technischen Inhalt die Anmeldung hat.

Die Zusammenfassung muss innerhalb von 15 Monaten vom Zeitrang der Anmeldung an gerechnet eingereicht werden, sonst wird die Anmeldung zurückgewiesen. Die Zusammenfassung wird entweder mit der Offenlegungsschrift oder Patentschrift veröffentlicht.

b) Die Erfinderbenennung, § 37 PatG, § 7 PatV (Art. 81 EPÜ) 171

Der Anmelder muss innerhalb von 15 Monaten gerechnet ab dem Zeitrang der Anmeldung den/die Erfinder benennen und angeben, wie das Recht an der Erfindung auf ihn übergegangen ist, wenn er nicht Erfinder ist.

Die Frist von 15 Monaten kann vom DPMA verlängert werden, wenn außergewöhnliche Umstände vorliegen, die eine Benennung unmöglich machen.

Aufgrund der Erfinderbenennung nennt das DPMA den/die Erfinder auf der Offenlegungsschrift und Patentschrift, es sei denn, der Erfinder stellt einen Antrag auf Nichtnennung. Die Erfinderbenennung kann bis zur Offenlegung geändert werden, nach der Offenlegung ist eine Änderung nur mit Zustimmung des bisher Benannten und des Anmelders möglich. Der Erfinder kann die Zustimmung von Anmelder und bisher Benannten vor einem ordentlichen Gericht einklagen, § 63 PatG.

c) Die Inanspruchnahme einer Priorität, §§ 40, 41 PatG (Art. 87, 88 EPÜ) 172

aa) Die Prioritätserklärung

Im Antrag kann die Priorität (PVÜ – Priorität nach Art. 4 PVÜ oder innere Priorität nach § 40 PatG) durch eine Prioritätserklärung beansprucht werden, die Zeit, Land, das Aktenzeichen und eine Abschrift der Prioritätsanmeldung enthält. Die Inanspruchnahme der Priorität muss innerhalb der in §§ 40, 41 PatG angegebenen Fristen abgegeben werden.

bb) Die Wirkung der Inanspruchnahme der Priorität

Mit der erfolgreichen Inanspruchnahme der Priorität wird der Zeitrang der Nachanmeldung auf den Anmeldetag der Prioritätsanmeldung vorverlegt, allerdings nur insoweit als der Gegenstand der Anmeldung in der Prioritätsanmeldung als Erfindung offenbart war (BGH GRUR 04, 135 – Elektronische Funktionseinheit). Die Nachanmeldung kann nämlich zusätzlich zum Gegenstand der Prioritätsanmeldung neue Offenbarung enthalten oder die Priorität mehrerer Prioritätsanmeldungen in Anspruch nehmen. Dann ist bezüglich der Patentansprüche genau zu untersuchen, wann deren Inhalt zum ersten Mal in einer einzigen Anmeldung offenbart worden ist, da dieser Zeitpunkt den Zeitrang des Patentanspruches festlegt.

Beispiel:

Die Nachanmeldung N enthält drei Offenbarungsteile:

- Offenbarungsteil T1 ist in der Prioritätsanmeldung P1 enthalten (Anmeldedatum: 1. 3. 1993).
- Offenbarungsteil T2 ist in der Prioritätsanmeldung P2 enthalten (Anmeldedatum: 3. 6. 1993).
- Offenbarungsteil T3 ist zum ersten Mal in der Nachanmeldung N enthalten (Anmeldedatum: 1. 3. 1994).

Dann kommen den Patentansprüchen von N unterschiedliche Zeitränge zu, je nachdem, auf welchen Offenbarungsteil sie zurückgehen.
Enthält

- ein Anspruch nur T1, dann ist sein Zeitrang der 1. 3. 1993;
- ein Anspruch nur T2, dann ist sein Zeitrang der 3. 6. 1993;
- ein Anspruch nur T3, dann ist sein Zeitrang der 1. 3. 1994;
- ein Anspruch die Kombination von T1 und T2, dann ist sein Zeitrang der 1. 3. 1994, da die Kombination von T1 und T2 zu diesem Zeitpunkt zum ersten Mal offenbart wurde (BGH GRUR 02, 146-Luftverteiler).

173 3. Der Ablauf des Patenterteilungsverfahrens

a) Allgemeines

Das Patenterteilungsverfahren wird durch Einreichung der Patentanmeldung begonnen. Zudem muss eine Gebühr für die Kosten des Verfahrens entrichtet werden, deren Höhe sich aus dem Patentkostengesetz ergibt. Wird die Gebühr nicht bezahlt, gilt die Anmeldung als zurückgenommen, § 6 PatKostG.

Für Erfindungen, die ein Staatsgeheimnis darstellen, gelten die Vorschriften der §§ 50–56 PatG, auf die nicht eingegangen wird.

174 b) Rechtsnatur der Anmeldung

Mit der Einreichung der Anmeldung entsteht der Anspruch auf Erteilung des Patentes, § 7 PatG, und das Erteilungsverfahren beginnt. Die Anmeldung hat somit eine Doppelnatur, sie hat eine sachlich rechtliche Seite und eine verfahrensrechtliche Seite. Dies muss bezüglich aller Erklärungen des Anmelders zu der Anmeldung beachtet werden. Immer dann, wenn eine Erklärung des Anmelders auch die sachlich rechtliche Seite der Anmeldung beeinflusst, z.B. den Gegenstand der Anmeldung verändert oder die Anmeldung zurücknimmt, unterliegen diese nicht nur Verfahrensrecht, sondern auch sachlichem Recht, z.B. den Vorschriften des BGB zu Willenserklärungen, §§ 116ff. BGB (BGH GRUR 85, 919 – Caprolactam; BGH GRUR 77, 780 – Metalloxyd).

Fall P9

175 c) Ablauf des Verfahrens

Den Ablauf des Erteilungsverfahrens zeigt Übersicht 4.

Übersicht 4: Patenterteilungsverfahren (§§ 34–58 PatG)

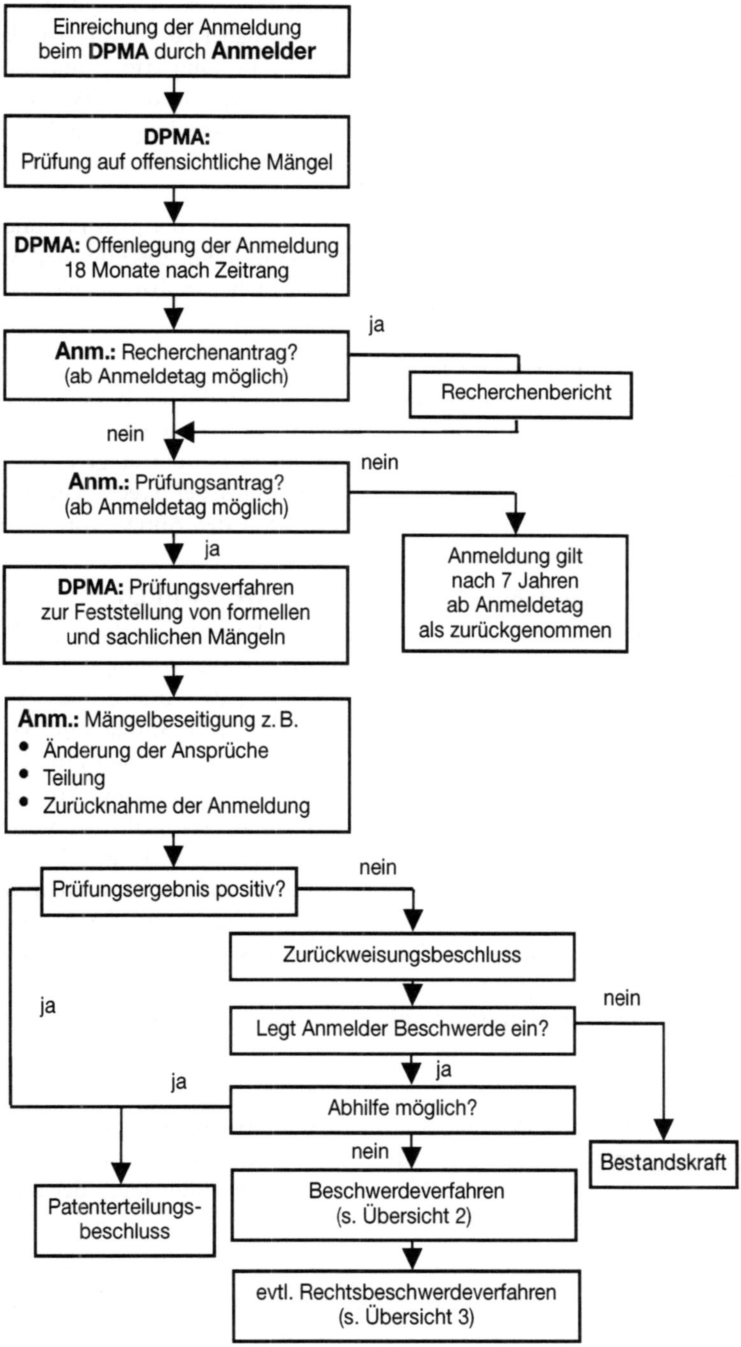

176 **d) Die Offensichtlichkeitsprüfung, § 42 PatG (Art. 90 EPÜ)**

Die Offensichtlichkeitsprüfung dient dazu, die Veröffentlichung (Offenlegung) der Anmeldung vorzubereiten und dabei zu verhindern, dass diese mit zu großen Mängeln behaftet ist. Die Prüfung erfolgt nur summarisch. Sie wird in bezug auf die §§ 34–38 PatG und die PatV durchgeführt sowie darauf, ob der Gegenstand der Anmeldung dem Wesen nach keine Erfindung darstellt, gewerblich nicht anwendbar ist oder keine Zusatzerfindung ist.

Bei Mängeln teilt das DPMA diese dem Anmelder in einem Prüfungsbescheid mit, zu dem der Anmelder sich äußern kann. Beseitigt der Anmelder die Mängel nicht bzw. sind diese nicht beseitigbar, so weist das DPMA die Anmeldung zurück.

e) Die Recherche, § 43 PatG (Art. 92 EPÜ)

177 Auf Antrag des Anmelders oder eines Dritten und nach Bezahlung einer Gebühr, § 6 PatKostG, führt das DPMA eine Recherche nach Stand der Technik durch. Wird der Antrag von einem Dritten eingereicht, ist dieser nicht am Verfahren beteiligt. Das Ergebnis der Recherche wird dem Anmelder mitgeteilt und für den Fall, dass der Antrag von einem Dritten gestellt worden ist, auch dem Dritten.

178 **f) Das Prüfungsverfahren, §§ 44ff. PatG (Art. 94 EPÜ)**

Eine Prüfung auf Patentfähigkeit wird vom DPMA nur durchgeführt, wenn ein Prüfungsantrag gestellt worden ist und die Prüfungsantragsgebühr innerhalb von drei Monaten nach Stellung des Antrags nach dem PatKostG bezahlt worden ist (§ 44 Abs. 2 PatG). Der Antrag kann vom Anmelder oder einem Dritten, der allerdings dadurch nicht am Prüfungsverfahren beteiligt ist, gestellt werden. Er muss innerhalb einer Frist von sieben Jahren ab Anmeldetag eingereicht werden, sonst gilt die Anmeldung als zurückgenommen. Ist der Prüfungsantrag wirksam gestellt worden, dann wird das Prüfungsverfahren auch dann durchgeführt, wenn der Antrag wieder zurückgenommen wird. (Ausnahme von der Dispositionsmaxime). Wenn der Anmelder das Prüfungsverfahren beenden will, muss er die Anmeldung zurückziehen.

Das Prüfungsverfahren ist schriftlich und läuft in der Regel folgendermaßen ab:

179 aa) Prüfungsbescheid

Das DPMA gibt in Prüfungsbescheiden seine Beurteilung zur Patentfähigkeit des Anmeldungsgegenstandes ab, überprüft also, ob die Anforderungen der §§ 1–5, 34, 37, 38 PatG und der PatV erfüllt sind oder nicht, § 45 PatG.

180 bb) Reaktion des Anmelders

Der Anmelder kann zu den Prüfungsbescheiden Stellung nehmen, wobei er verschiedene Reaktionsmöglichkeiten hat:

- Der Anmelder tut nichts; bei Vorliegen von Mängeln wird die Anmeldung zurückgewiesen.
- Der Anmelder kann die Anmeldung zurückziehen. Die Rücknahme kann als Prozesshandlung nicht widerrufen werden, da sie aber die sachlich rechtliche Seite der Anmeldung beeinflusst, kann sie angefochten werden (BGH GRUR 85, 919 – Caprolactam).
- Der Anmelder kann die Anmeldung nach § 39 PatG teilen; dies kann er jederzeit tun ohne Aufforderung durch das DPMA. Damit entsteht aus einer ursprünglichen Anmeldung, der Stammanmeldung, mindestens zusätzlich eine Teilanmeldung mit dem Zeitrang der Stammanmeldung, aus der geteilt worden ist. Notwendig ist, dass in der Stammanmeldung ein Rest zurück bleibt (BGH GRUR 98, 458 – Textdatenwiedergabe). Für jede Teilanmeldung müssen dann die erforderlichen Unterlagen eingereicht werden und die Gebühren bezahlt werden, die für die Stammanmeldung zu entrichten waren. Wird dies nicht getan, gilt die Teilung als nicht erfolgt, und die Teilanmeldungen fallen in die Stammanmeldung zurück.
- Es ist auch möglich, mehrere Anmeldungen miteinander zu einer Anmeldung zu verbinden. Dies geschieht auf Antrag des Anmelders durch das DPMA oder das BPatG entsprechend den Vorschriften über die Prozessverbindung, § 147 ZPO. Voraussetzung ist, dass die Anmeldungen in demselben Verfahrensstand sind und denselben Anmeldetag haben.
- Wenn der Gegenstand der Anmeldung uneinheitlich ist, fordert das DPMA den Anmelder auf, den uneinheitlichen Teil aus der Anmeldung zu entfernen (auszuscheiden). Dann muss der Anmelder den uneinheitlichen Teil aus der Anmeldung ausscheiden und als selbständige Anmeldung weiterführen oder diesen Teil streichen. Der Anmelder muss der Aufforderung des DPMA nachkommen, wenn er die Zurückweisung vermeiden will. Die Ausscheidung folgt nicht der Vorschrift des § 39 PatG über die Teilung (beim EPÜ ist dies der Fall), da sie als ein Mangel der Patentanmeldung angesehen wird, der nach Aufforderung des DPMA zu beseitigen ist. Da bei Einreichung der Ausscheidungsanmeldung eine unabhängige Anmeldung entsteht, müssen die Unterlagen einer Anmeldung nachgebracht und die üblichen Gebühren einer Anmeldung bezahlt werden. Die Beseitigung der Uneinheitlichkeit wird nur im Erteilungsverfahren verlangt, später nicht mehr.
- Der Anmelder ändert den Schutzgegenstand durch Umformulierung der Patentansprüche. Dies ist der häufigste Fall und wird insbesondere dann auftreten, wenn das DPMA relevanten Stand der Technik genannt hat. Der Anmelder kann geänderte oder völlig neue Ansprüche einreichen, deren Inhalt jedoch in den ursprünglichen Anmeldeunterlagen als Erfindung offenbart sein muss.

Eine Änderung der Patentansprüche im Erteilungsverfahren ist unproblematisch, da deren Formulierung als Versuch angesehen wird mit dem Ziel, gemeinsam mit dem DPMA eine optimale Fassung der Patentansprüche zu erreichen.

Allerdings kann in der Änderung der Patentansprüche auch ein Verzicht des Anmelders zu sehen sein, dies gilt insbesondere dann, wenn der Anmelder aufgrund von Stand der Technik die Patentansprüche einschränkt, aber auch dann, wenn der Anmelder ausdrücklich auf einen Teil des Anmeldungsgegenstandes verzichtet. Ein Verzicht muss immer zweifelsfrei erkennbar sein. Er hat die Folge, dass auf den verzichteten Teil der Anmeldung nicht mehr zurückgegriffen werden kann. Da er eine den Anmeldungsgegenstand ändernde Wirkung hat, also eine Willenserklärung ist, kann er angefochten werden (BGH GRUR 87, 510 – Mittelohrprothese).

Gehen die neuen Patentansprüche über die Offenbarung der Erfindung in den ursprünglich eingereichten Anmeldeunterlagen hinaus, dann liegt eine unzulässige Änderung (auch unzulässige Erweiterung genannt) vor, die nach § 38 PatG wieder beseitigt werden muss. Aus einer Erweiterung können keine Rechte hergeleitet werden, sie ist ersatzlos zu streichen.

Geändert werden können auch die sonstigen Anmeldeunterlagen sowie die Zusammenfassung.

- Der Anmelder kann den Anmeldungsgegenstand auch verteidigen und versuchen, das DPMA zu überzeugen, dass die im Prüfungsbescheid aufgeführten Mängel nicht vorliegen.
- Der Anmelder kann eine mündliche Verhandlung (Anhörung genannt) nach § 46 PatG beantragen, die das DPMA bei Sachdienlichkeit gewähren wird; das DPMA kann auch von sich aus eine Anhörung anberaumen.

Fall P10

181 g) Entscheidung – Zurückweisung oder Patenterteilung, § 47 PatG

Wenn die Angelegenheit entscheidungsreif ist, erlässt das DPMA einen Beschluss, § 47 PatG, durch den die Anmeldung entweder zurückgewiesen wird, § 48 PatG, oder ein Patent erteilt wird, § 49 PatG. Der Erteilungsbeschluss ist ein begünstigender Verwaltungsakt.

Der Beschluss, § 47 PatG, muss eine Rechtsmittelbelehrung enthalten, und er muss bei einer Zurückweisung der Anmeldung begründet sein. Er beendet das Verfahren in der ersten Instanz vor dem DPMA. Wirksam wird der Beschluss mit der Zustellung, ausnahmsweise bei einer Anhörung bei Verkündung, sofern eine solche erfolgt. Änderbar durch das DPMA ist ein Beschluss bis zur Übergabe an die Postabfertigungsstelle.

Bei Patenterteilung hat der Beschluss eine Zäsurwirkung, da ab jetzt der Gegenstand des Patentes, der Schutzrechtsgegenstand, festliegt. Die Wirkung des Patentes, § 9 PatG, entsteht dagegen mit Veröffentlichung eines Hinweises auf die Patenterteilung im Patentblatt (§ 58 Abs. 1 PatG); gleichzeitig wird eine Patentschrift herausgegeben, die allerdings keine rechtliche Bedeutung hat, sie dient nur der Unterrichtung der Öffentlichkeit. Maßgebend für den Umfang des erteilten Patentes ist der Patenterteilungsbeschluss.

h) Das Beschwerdeverfahren und Rechtsbeschwerdeverfahren

Gegen die Beschlüsse des DPMA ist als Rechtsmittel die Beschwerde **182** vorgesehen. Diese führt in der Regel zum BPatG, das den Beschluss in tatsächlicher und rechtlicher Hinsicht überprüft. Gegen die Beschlüsse des BPatG ist die Rechtsbeschwerde möglich. Weitere Einzelheiten ergeben sich aus den Ausführungen zu RdNr. 68, 69.

F. Bestand des Patentes **183**

I. Allgemeines

Ein Patent kann maximal 20 Jahre, gerechnet ab dem Anmeldetag, bestehen. Diese Schutzdauer kann vom Patentinhaber aber abgekürzt werden. Außerdem kann der Patentinhaber den Gegenstand seines Patentes einschränken. Jeder Dritte hat zudem die Möglichkeit, das Patent aufgrund eines Einspruchsverfahrens bzw. eines Nichtigkeitsverfahrens rückwirkend beseitigen zu lassen, wenn ein Patent nicht hätte erteilt werden dürfen. Diese Punkte sollen im folgenden erläutert werden.

II. Die Beschränkung des Patentes, § 64 PatG

Der Patentinhaber kann beantragen, durch Änderung der Patentan- **184** sprüche den Gegenstand des Patentes einzuschränken, z.B. wenn ihm neuer Stand der Technik bekannt geworden ist. Der Antrag ist schriftlich beim DPMA einzureichen; zudem ist eine Gebühr, deren Höhe im Patentkostengesetz geregelt ist, zu bezahlen, sonst gilt der Antrag als zurückgenommen, § 6 PatKostG. Über den Antrag entscheidet die Patentabteilung. Der Zweck des Beschränkungsverfahrens besteht z.B. darin, ein Nichtigkeitsverfahren zu vermeiden.

185 III. Das Einspruchsverfahren, §§ 59ff. PatG (Art. 99 EPÜ)

1. Allgemeines

Mit dem Einspruchsverfahren wird der Allgemeinheit die Möglichkeit gegeben, das Patent noch einmal überprüfen zu lassen. Bei Erfolg wird das Patent ganz oder teilweise widerrufen, ex tunc entfallen dessen Wirkungen insoweit. Allerdings muss der Einspruch auf mindestens einen der in § 21 PatG aufgeführten Einspruchsgründe (oder Widerrufsgründe) gestützt werden. Jeder Dritte kann Einspruch erheben mit Ausnahme der Geltendmachung des Einspruchsgrundes der widerrechtlichen Entnahme, den nur der durch die widerrechtliche Entnahme Verletzte geltend machen kann. Weiterhin muss der Einsprechende kein Rechtsschutzinteresse glaubhaft machen, er handelt gewissermaßen im Interesse der Allgemeinheit. Sollte jedoch das Patent während des Einspruchsverfahrens erlöschen, wird das Verfahren nur weitergeführt, wenn der Einsprechende ein Rechtsschutzbedürfnis geltend machen kann (BGH GRUR 97, 615 – Vornapf).

Wenn mehrere Einspruch erheben, dann werden die Einsprüche in einem Verfahren zusammengefasst. Das Verfahren läuft zwischen den Beteiligten (Einsprechenden und Patentinhaber) und dem DPMA ab.

Das Einspruchsverfahren schließt an die Patenterteilung an. Innerhalb von drei Monaten nach Veröffentlichung des Hinweises auf die Patenterteilung im Patentblatt muss Einspruch eingelegt werden, nach Ablauf dieser Frist ist ein Einspruch unzulässig, in die Versäumung der Frist ist keine Wiedereinsetzung möglich, § 123 PatG.

186 2. Die Einspruchsgründe, § 21 PatG (Art. 100 EPÜ)

Die Einspruchsgründe sind in § 21 PatG abschließend aufgezählt. Die vier folgenden Einspruchsgründe gibt es:

187 a) Fehlende Patentfähigkeit nach §§ 1–5 PatG

Dies ist der häufigste Einspruchsgrund. Er wird geltend gemacht, wenn der Einsprechende z.B. neuen Stand der Technik gefunden hat und diesen in das Verfahren einführt. Dann muss überprüft werden, ob aufgrund dieses neuen Standes der Technik ein Patent hätte erteilt werden dürfen. Jedoch kann ein Einspruch auch mit dem im Erteilungsverfahren bereits abgehandelten Stand der Technik begründet werden.

188 b) Unzureichende Offenbarung nach § 34 PatG

Diese liegt dann vor, wenn ein Fachmann die Erfindung, so wie sie im Patent beschrieben ist, nicht ausführen kann. Der Grund kann darin liegen, dass die Erfindung überhaupt nicht ausführbar ist oder dass die Erfindung in der Anmeldung zu schlecht offenbart war, also bei ausreichender

Erläuterung ausführbar wäre. Unabhängig von der Ursache der mangelnden Offenbarung führt dies bei deren Vorliegen zum Widerruf des Patentes.

c) Widerrechtliche Entnahme 189

Sie liegt vor, wenn der Anmelder seinen Erfindungsbesitz vom Einsprechenden (dieser ist der Erfinder oder dessen Rechtsnachfolger) unmittelbar oder mittelbar ableitet und die Anmeldung ohne dessen Zustimmung erfolgt ist. Nur der Verletzte kann den Einspruch einlegen. Wenn der Einspruch zum Widerruf des Patentes wegen widerrechtlicher Entnahme führt, kann der Einsprechende seinerseits dieselbe Erfindung zum Patent anmelden und den Zeitrang des widerrufenen Patentes in Anspruch nehmen, § 7 PatG, sog. Entnahmepriorität, BGH GRUR 97, 890 – Drahtbiegemaschine. Wenn nur ein Teil des Patentes widerrechtlich entnommen ist, kommt es darauf an, ob die patentierte Erfindung teilbar ist. Ist dies der Fall, dann wird für den entnommenen Teil widerrufen, der Rest wird aufrechterhalten, wenn er noch erfinderisch ist; bei Unteilbarkeit kommt kein Widerruf in Frage, der Verletzte muss nach § 8 PatG vorgehen und auf Einräumung der Mitinhaberschaft klagen.

d) Unzulässige Änderung nach § 38 PatG während des Erteilungsverfahrens 190

Der Einspruchsgrund liegt vor, wenn der Gegenstand des Patentes über den ursprünglichen Inhalt der beim DPMA eingereichten Fassung der Anmeldung hinausgeht, also eine unzulässige Änderung nach § 38 PatG gegeben ist. Der Einspruchsgrund liegt auch vor, wenn der Gegenstand des Patentes auf einer Teilanmeldung beruht oder auf einer nach § 7 PatG neu eingereichten Anmeldung, wenn diese gegenüber der ursprünglich eingereichten Anmeldung erweitert worden ist. Eine solche unzulässige Änderung muss rückgängig gemacht werden und insoweit muss widerrufen werden. Dies darf allerdings nicht dazu führen, dass durch die Beseitigung der unzulässigen Änderung eine Erweiterung gegenüber der erteilten Fassung entsteht (Erweiterung des Schutzbereiches), da sonst ein Nichtigkeitsgrund, § 22 PatG, entstehen würde. Wie vorzugehen ist, wenn die Streichung der unzulässigen Änderung zu einer Schutzbereichserweiterung führen würde, wird unterschiedlich beurteilt. Nach dem BPatG wird die unzulässige Änderung im Anspruch belassen und im Patent darauf verwiesen, dass aus der Änderung keine Rechte hergeleitet werden dürfen bzw. die unzulässige Änderung gestrichen, nach dem EPA muss das Patent widerrufen werden.

3. Das Verfahren bis zur Entscheidung 191

a) Ablauf des Verfahrens

Der Ablauf des Verfahrens ist in Übersicht 5 dargestellt.

192 **b) Einlegung des Einspruchs, § 59 PatG**

Der Einspruch wird beim DPMA eingelegt und von der Patentabteilung behandelt (nach § 147 PatG vom 1. 1. 2002 bis 31. 12. 2005 vom BPatG, insoweit tritt das BPatG an die Stelle des DPMA) Zusätzlich ist eine Gebühr nach dem PatKostG zu bezahlen. Das Verfahren ist schriftlich. Für einen zulässigen Einspruch ist erforderlich, dass der Einspruchsgrund erkennbar ist und die Tatsachen angegeben sind, auf die sich der Einspruch stützt. Die Tatsachen müssen im einzelnen angegeben sein und zwar so, dass unter der Voraussetzung, sie seien gegeben, der Einspruch erfolgreich wäre. Deshalb müssen zu allen Merkmalen des angegriffenen Patentanspruchs Tatsachen vorgebracht werden. Wenn ein Patent mehrere nebengeordnete Ansprüche enthält, genügt es, wenn ein nebengeordneter Anspruch angegriffen wird, BGH GRUR 03, 695 – Automatisches Fahrzeuggetriebe. Die Tatsachen müssen innerhalb der Einspruchsfrist ins Verfahren eingebracht werden, sonst müssen diese vom DPMA nach dem Amtsermittlungsprinzip von Amts wegen nur aufgegriffen und in der Entscheidung berücksichtigt werden, wenn es sich nach Meinung des DPMA um relevantes Material handelt.

Nach Einlegung eines Einspruchs kann ein Dritter, der nachweist, dass gegen ihn Klage wegen Verletzung oder von ihm eine Klage auf Feststellung der Nichtverletzung nach einer Verwarnung durch den Patentinhaber eingelegt worden ist, auch nach Ablauf der Einspruchsfrist dem Einspruchsverfahren als Einsprechender beitreten, § 59 Abs. 2 PatG.

193 **c) Verfahren**

Der Patentinhaber kann sein Patent durch Änderung der Patentansprüche einschränken, er kann auch das Patent teilen, § 60 PatG. Teilt der Patentinhaber, so fällt der abgetrennte Teil ins Erteilungsverfahren zurück, wobei der Patentinhaber bei der Formulierung im Umfang der Teilanmeldung auf die ursprüngliche Offenbarung in der Stammanmeldung zurückgreifen kann, soweit keine Verzichte im Erteilungsverfahren vorliegen (BGH GRUR 92, 38 – Straßenkehrmaschine; BGH GRUR 96, 753 – Informationssignal; BGH PMZ 99, 192 – Kupplungsvorrichtung).

Nimmt der Einsprechende seinen Einspruch zurück, wird das Verfahren ohne ihn fortgesetzt, § 61 PatG.

Das DPMA ist nicht auf die Prüfung des vom Einsprechenden geltend gemachten Einspruchsgrundes beschränkt, es kann von sich aus auch andere Einspruchsgründe aufgreifen. Dagegen kann das BPatG im Einspruchsbeschwerdeverfahren von Amts wegen keinen Einspruchsgrund, der nicht Gegenstand des Verfahrens vor dem DPMA war, heranziehen. Sollte der Patentinhaber jedoch neue Ansprüche einreichen, dürfen diese in jeder Richtung vom BPatG geprüft werden (BGH GRUR 98, 901 – Polymermasse).

Übersicht 5: Einspruchsverfahren (§§ 59–62, 21 PatG)

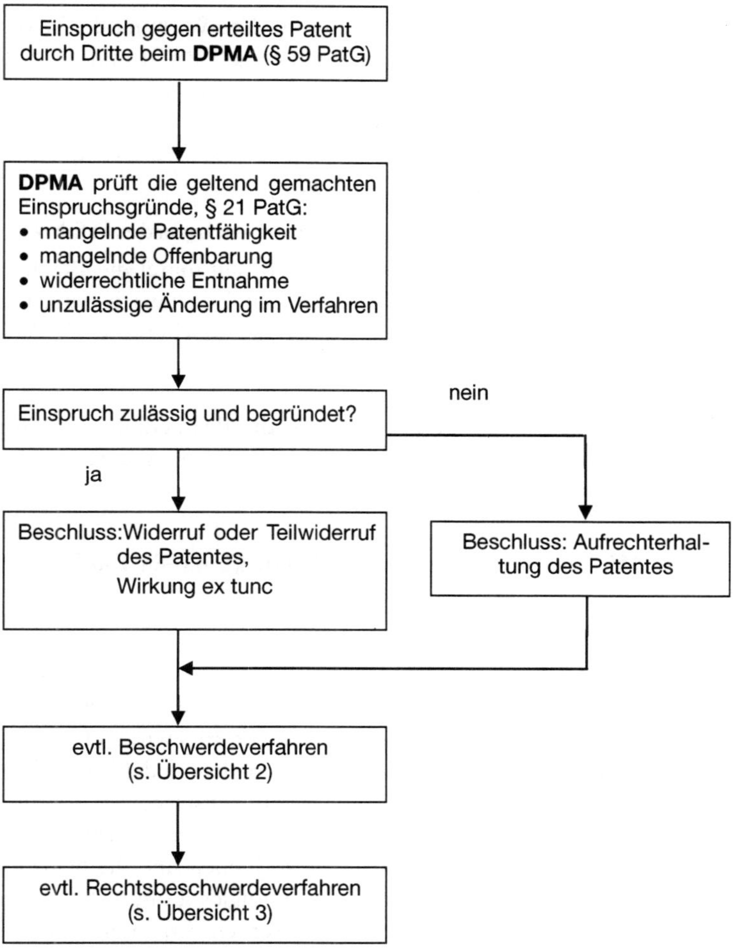

d) Entscheidung, § 61 PatG

194 Die Entscheidung ist ein Beschluss, in dem das Patent ganz oder teilweise aufrechterhalten oder widerrufen wird. Die Wirkung des Widerrufs ist ex tunc, d.h. die Wirkungen des Patentes (§ 9 PatG) und der Patentanmeldung (§ 33 PatG) entfallen rückwirkend, § 21 PatG.

In der Entscheidung kann nach billigem Ermessen bestimmt werden, inwieweit einem der Beteiligten die Kosten einer Anhörung oder Beweisaufnahme auferlegt werden, § 62 PatG.

195 e) Das Beschwerdeverfahren und Rechtsbeschwerdeverfahren

Gegen die Beschlüsse des DPMA ist als Rechtsmittel die Beschwerde vorgesehen. Diese führt zum BPatG, das den Beschluss in tatsächlicher und rechtlicher Hinsicht überprüft. Gegen die Beschlüsse des BPatG ist die Rechtsbeschwerde möglich. Weitere Einzelheiten ergeben sich aus den Ausführungen RdNr. 68, 69.

Solange das BPatG nach § 147 PatG für die Bearbeitung des Einspruches zuständig ist, ist als Rechtsmittel nur die Einlegung einer Rechtsbeschwerde möglich.

196 IV. Das Nichtigkeitsverfahren, §§ 81–84 PatG

1. Allgemeines

Vergleichbar dem Einspruchsverfahren kann jeder Dritte, bei widerrechtlicher Entnahme nur der durch die Entnahme Verletzte, Nichtigkeitsklage erheben, mit dem Ziel, das Patent rückwirkend wieder zu beseitigen. Aus diesem Grunde sollen Einspruchs- und Nichtigkeitsverfahren nicht gleichzeitig laufen. Die Nichtigkeitsklage ist deshalb erst dann möglich, wenn kein Einspruch mehr eingelegt werden kann bzw. kein Einspruchsverfahren mehr anhängig ist. Jedoch sind die beiden Verfahren getrennte Verfahren, so dass ein erfolglos Einsprechender auch Nichtigkeitsklage, selbst mit den im Einspruchsverfahren behandelten Tatsachen, erheben kann. Die Klage ist eine Gestaltungsklage. Da der Nichtigkeitskläger die Interessen der Allgemeinheit wahrnimmt, muss er kein Rechtsschutzinteresse haben. Anders ist die Lage, wenn das Patent erloschen ist. Jetzt muss ein Rechtsschutzinteresse glaubhaft gemacht werden, das z.B. darin bestehen kann, dass der Kläger für die Vergangenheit Schadensersatz bezahlen soll. Die Klage ist dann Feststellungsklage.

197 2. Verfahren in der ersten Instanz vor dem Patentgericht, §§ 81–84 PatG

Den Ablauf des Nichtigkeitsverfahrens zeigt die Übersicht 6.

Es wird durch Klage, § 81 PatG, eingeleitet, sie ist gegen den im Patentregister Eingetragenen zu richten und wird beim BPatG eingereicht.

Übersicht 6: Nichtigkeitsverfahren

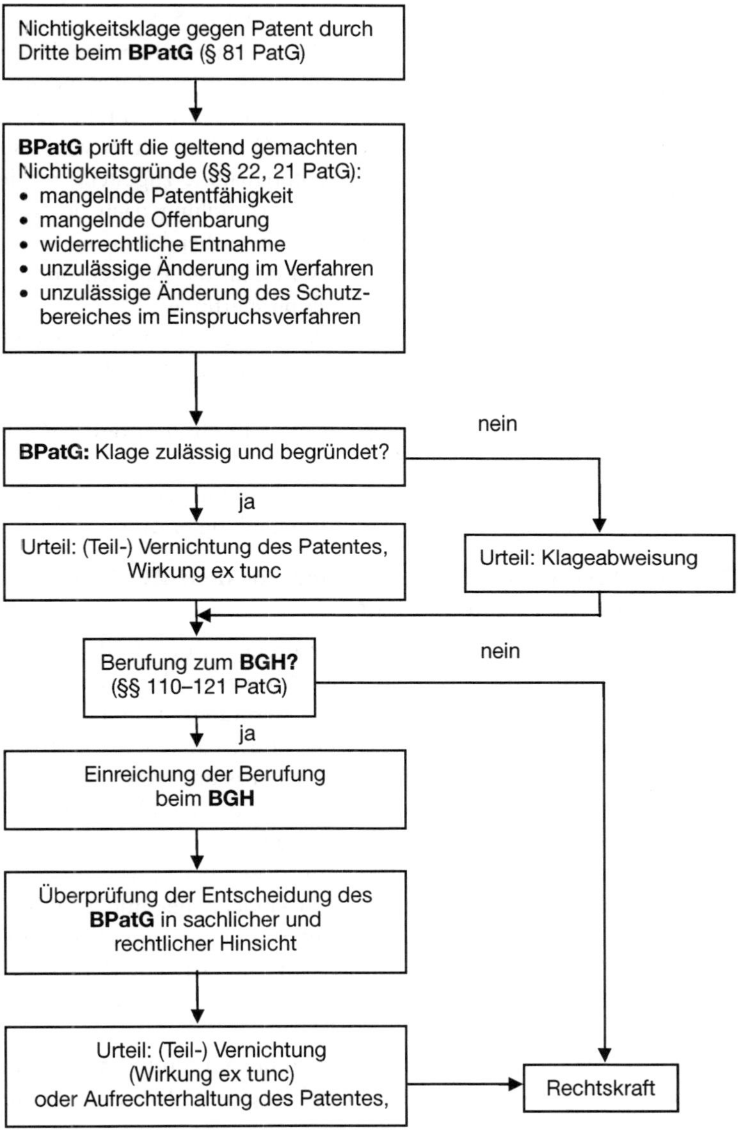

Für das Nichtigkeitsverfahren richten sich die Gebühren nach dem Streitwert, näheres § 2 PatKostG und § 84 PatG

Die Klage kann nur auf einen oder mehrere der in § 22 PatG genannten Nichtigkeitsgründe gestützt werden. Diese entsprechen den Widerrufsgründen nach § 21 PatG bis auf den Nichtigkeitsgrund der unzulässigen Erweiterung des Schutzbereiches im Einspruchsverfahren; auf die Ausführungen zu § 21 PatG oben (RdNr. 186) wird deshalb verwiesen. Die Klage wird dem Patentinhaber zur Stellungnahme zugestellt, reagiert dieser nicht, kann sofort ohne mündliche Verhandlung nach der Klage entschieden werden. Widerspricht der Patentinhaber, dann wird eine mündliche Verhandlung durchgeführt, es sei denn, die Parteien sind einverstanden, dass keine mündliche Verhandlung stattfindet.

Die Klage wird durch Urteil entschieden; es lautet auf Nichtigerklärung, Teilnichtigerklärung oder Abweisung der Klage. Die Wirkung der Nichtigerklärung ist ex tunc.

Für das Verfahren im einzelnen gelten die Vorschriften des PatG, ergänzend dazu die ZPO.

Nach § 84 PatG ergeht eine Kostenentscheidung nach den §§ 91 ff. ZPO, sofern die Billigkeit keine andere Entscheidung erfordert.

198 3. Das Verfahren in der zweiten Instanz vor dem BGH: Berufungsverfahren, §§ 110–121 PatG

Gegen die Urteile des BPatG ist die Berufung an den BGH möglich. Die Berufungsklage muss innerhalb eines Monats nach Zustellung des Urteils beim BGH eingereicht werden. Der Berufungsschriftsatz muss die Anträge und die neuen Tatsachen und Beweismittel angeben. Dabei kann der Patentinhaber das Patent in der geltenden Fassung verteidigen, auch wenn er es vor dem BPatG nur eingeschränkt verteidigt hat, BGH GRUR 04, 138. Der BGH stellt den Berufungsschriftsatz dem Berufungsbeklagten zu, evtl. mit der Aufforderung, Stellung zu nehmen.

Der BGH untersucht den Sachverhalt in tatsächlicher und rechtlicher Hinsicht, § 115 PatG. Das Urteil ergeht aufgrund einer mündlichen Verhandlung, es sei denn, die Parteien haben darauf verzichtet. Es besteht Vertretungspflicht durch einen Rechtsanwalt oder Patentanwalt, § 111 Abs. 4 PatG.

Im Urteil ist auch über die Kosten zu entscheiden, und zwar nach den §§ 91 bis 101 ZPO, soweit nicht die Billigkeit eine andere Entscheidung erfordert, § 121 PatG.

199 V. Erlöschen des Patentes, §§ 16, 17, 20 PatG

200 1. Verzicht, § 20 PatG

Ein Patent erlischt durch schriftlichen Verzicht durch den Patentinhaber gegenüber dem DPMA. Mit Eingang der Verzichtserklärung beim

DPMA erlischt das Patent für die Zukunft. Da der Verzicht eine Willenserklärung ist, gelten auch die entsprechenden Vorschriften des BGB.

2. Fehlende Erfinderbenennung, § 20 PatG 201

Wenn innerhalb der in § 37 PatG angegebenen Frist keine Erfinderbenennung beim DPMA eingereicht worden ist, erlischt ein bereits erteiltes Patent für die Zukunft ab der in § 37 Abs. 2 PatG genannten Frist.

3. Nichtbezahlung der Jahresgebühr, § 20 PatG 202

Zur Aufrechterhaltung einer Patentanmeldung (bis auf eine Zusatzanmeldung bzw. ein Zusatzpatent, für die keine Jahresgebühren bezahlt werden müssen) bzw. eines Patentes müssen für das dritte Jahr ab dem Anmeldetag und für jedes weitere Jahr Jahresgebühren mit steigendem Betrag bezahlt werden, § 17 PatG, deren Höhen sich aus dem Patentkostengesetz ergeben, ebenso die Zahlungsfristen, § 7 PatKostG, und Folgen der Nichtzahlung. Bei Nichtzahlung der Jahresgebühren gilt die Anmeldung als zurückgenommen, wenn noch eine Anmeldung läuft, bzw. das Patent erlischt für die Zukunft. Durch die Bezahlung der Jahresgebühren hat es der Anmelder bzw. Patentinhaber in der Hand, die Schutzdauer zu bestimmen.

4. Schutzdauer des Patentes, § 16, § 16 a PatG 203

Wenn der Patentinhaber die Jahresgebühr immer bezahlt, läuft das Patent 20 Jahre für alle Anmeldungen, die nach dem 1. 1. 1978 eingereicht worden sind. Für Arzneimittel und Pflanzenschutzmittel kann nach der EG-Verordnung Nr. 1768/92 bzw. 1610/96 ein ergänzendes Schutzzertifikat beantragt werden, das maximal 5 Jahre läuft und sich an das Ende der Schutzdauer des Patentes anschließt, § 16 a PatG; zu den Voraussetzungen siehe BGH GRUR 04, 929 – Polifeprosan.

5. Verbot des Doppelschutzes bei Vorliegen eines EP-Patentes mit Wirkung DE, Art. II § 8 IntPatÜG 204

Ein DE-Patent verliert seine Wirkung, wenn es dieselbe Erfindung wie das EP-Patent schützt. Voraussetzung ist, dass das DE-Patent und das EP-Patent denselben Zeitrang haben und für dieselben Erfinder oder Rechtsnachfolger erteilt worden ist. Die Wirkung des DE-Patentes erlischt zu dem Zeitpunkt, an dem

a) die Frist zur Erhebung des Einspruchs gegen das EP-Patent ohne Einlegung eines Einspruchs abgelaufen ist,
b) ein Einspruchsverfahren unter Aufrechterhaltung des EP-Patentes rechtskräftig abgeschlossen worden ist,
c) das DE-Patent erteilt wird, wenn dieser Zeitpunkt nach den unter a) oder b) genannten Zeitpunkten liegt.

205 G. Wirkung der Patentanmeldung und des Patentes

I. Allgemeines

Mit dem Begriff ‚Wirkung' werden die Benutzungshandlungen bezeichnet, die dem Rechtsinhaber aufgrund seines Schutzrechts zustehen. Daraus können die Ansprüche abgeleitet werden, die der Schutzrechtsinhaber geltend machen kann. Ansprüche entstehen erst mit der Offenlegung der Anmeldung, insbesondere aber mit der Patenterteilung.

206 II. Die Wirkung der Patentanmeldung

207 1. Bis zur Offenlegung

Bis zur Veröffentlichung des Hinweises auf die Möglichkeit der Akteneinsicht im Patentblatt, § 31 PatG, können keine Ansprüche gegen Dritte, die den Gegenstand der Anmeldung benutzen, erhoben werden.

208 2. Ab Offenlegung bis Patenterteilung

Nach § 33 PatG steht dem Anmelder ein Anspruch auf angemessene Entschädigung zu, jedoch kein Verbotsrecht, da die Benutzung nicht rechtswidrig ist. Der Entschädigungsanspruch ist gegeben, wenn die folgenden Voraussetzungen erfüllt sind:

- Der Dritte muss den Anmeldungsgegenstand benutzen. Eine Benutzung liegt dann vor, wenn die in § 9 PatG angegebenen Handlungen vom Dritten ausgeführt werden, RdNr. 213ff.
- Der Dritte weiß oder hätte wissen müssen, dass er den Anmeldungsgegenstand benutzt.
- Der Anmeldungsgegenstand ist nicht offensichtlich nicht patentfähig.

Der Entschädigungsanspruch kann nicht durchgesetzt werden, wenn der Dritte ein Benutzungsrecht hat, sei es, dass ein Vorbenutzungsrecht nach § 12 PatG oder ein Weiterbenutzungsrecht nach § 123 PatG besteht oder er auf Grund eines Vertrages benutzen darf.

Der Entschädigungsanspruch wird nach der Lizenzanalogie (RdNr. 721) berechnet. Er entfällt rückwirkend, wenn kein Patent erteilt wird oder ein erteiltes Patent im Einspruchsverfahren widerrufen bzw. im Nichtigkeitsverfahren vernichtet wird. Eine bereits bezahlte Entschädigung kann dann nach § 812 BGB zurückverlangt werden.

Fall P15

Für eine europäische Anmeldung mit Benennung Deutschland ergibt sich aus Art. II, § 1a IntPatÜG eine identische Regelung. Wenn allerdings die europäische Anmeldung nicht in deutsch veröffentlicht wurde, da Verfahrenssprache im Verfahren vor dem EPA englisch oder französisch war, entsteht der Entschädigungsanspruch erst dann, wenn das DPMA eine deutsche Übersetzung der Patentansprüche, die nach Art. 69 EPÜ für den Schutzbereich maßgebend sind, veröffentlicht hat oder der Anmelder dem Dritten eine solche Übersetzung übermittelt hat.

III. Die Wirkung des Patentes

1. Allgemeines 209

Die Wirkung des Patentes kann unmittelbar oder mittelbar sein. Die unmittelbare Wirkung des Patentes ist in § 9 PatG geregelt, die mittelbare in § 10 PatG. Nur die in den §§ 9, 10 PatG angegebenen Handlungen sind dem Patentinhaber vorbehalten, sie legen den Inhalt oder spezifischen Gegenstand des Patentes fest. Die Wirkung des Patentes entsteht mit der Veröffentlichung des Hinweises auf die Patenterteilung im Patentblatt, § 58 PatG. Maßgebend für den Gegenstand des Patentes ist dabei die erteilte Fassung und nicht die Patentschrift. Nur, was aus dem Patent erkennbar ist, kann bei der Festlegung des Gegenstandes des Patentes berücksichtigt werden. Auf Vorgänge im Erteilungsverfahren, die im Patent keinen Niederschlag gefunden haben, kommt es grundsätzlich nicht an, BGH GRUR 02, 511 – Kunststoffrohrteil.

Europäische deutsche Patente entfalten nach Art. 64 EPÜ dieselbe Wirkung wie ein nationales Patent, die Verletzung wird nach nationalem Recht behandelt. Wenn allerdings das europäische Patent nicht in deutscher Sprache erteilt worden ist, tritt die Wirkung des Patentes nur ein, wenn eine Übersetzung der Patentschrift in deutscher Sprache beim DPMA innerhalb von drei Monaten nach Veröffentlichung eines Hinweises auf die Erteilung des europäischen Patentes im europäischen Patentblatt unter Bezahlung einer Gebühr eingereicht worden ist. Wird das Patent im Einspruchsverfahren vor dem EPA geändert, muss eine Übersetzung der geänderten Fassung beim DPMA innerhalb von drei Monaten nach Veröffentlichung des Hinweises auf die Entscheidung eingereicht werden (Art. II, § 3 IntPatÜG). Ist die Übersetzung der europäischen Patentschrift fehlerhaft, so darf derjenige, der den Patentgegenstand im guten Glauben in Benutzung genommen hat, nach Veröffentlichung der berichtigten Übersetzung die Benutzung für die Bedürfnisse seines Betriebes unentgeltlich fortsetzen, wenn die Benutzung keine Verletzung des Patentes in fehlerhafter Fassung darstellen würde.

Der Umfang der Wirkung, der Schutzumfang, wird nach § 14 PatG (Art. 69 EPÜ) durch den Inhalt der Patentansprüche festgelegt, wobei die

Beschreibung und die Zeichnungen zur Auslegung der Patentansprüche herangezogen werden können.

Die Wirkung des Patentes ist territorial auf das Inland begrenzt. Handlungen, die vom Ausland in das Inland ausstrahlen, können aber unter die Wirkung fallen, ebenso Handlungen, die vom Inland ausgehen und sich im Ausland auswirken, z.B. das Anbieten im Inland zum Erwerb eines Erzeugnisses im Ausland.

210 2. Die unmittelbare Wirkung des Patentes, § 9 PatG

Die unmittelbare Wirkung des Patentes ergibt sich aus § 9 PatG. Das Patent ist von absoluter Natur, es gibt seinem Inhaber ein positives Benutzungsrecht und ein Verbotsrecht gegen Dritte, die unberechtigt in das Patent eingreifen. Die in § 9 PatG aufgeführten einzelnen Benutzungshandlungen sind selbständig und unabhängig voneinander. Die wichtigsten Benutzungshandlungen beim Erzeugnispatent sind das Herstellen, Anbieten, Inverkehrbringen und das Gebrauchen des Patentgegenstandes. Beim Verfahrenspatent fällt das Anwenden des Verfahrens und das Anbieten unter den weiteren Voraussetzungen des § 9 Nr. 2 PatG unter die Wirkung. Handelt es sich um ein Herstellungsverfahren, dann erfasst der Patentschutz auch die durch das Verfahren unmittelbar hergestellten Erzeugnisse, § 9 Nr. 3 PatG.

211 a) Die Erschöpfung des Patentrechtes

Die Wirkung des Patentes kann nicht mehr durchgesetzt werden, wenn der Patentinhaber oder mit seiner Zustimmung ein anderer den Patentgegenstand in Verkehr gebracht hat. Dann ist für diesen in Verkehr gebrachten Gegenstand das Patentrecht erschöpft. Der Grund liegt darin, dass durch das berechtigte Inverkehrbringen der Patentinhaber seinen ihm zustehenden Lohn erhalten hat (BGH GRUR 97, 116 – Prospekthalter). Voraussetzung ist, dass in der EU oder im EWR in Verkehr gebracht worden ist, erfolgt dies außerhalb dieses Raumes, so tritt keine Erschöpfung ein.

Fall P12

Von der Erschöpfung wird jedoch das Herstellungsrecht des Patentinhabers nicht erfasst. Dieses bleibt ihm weiterhin vorbehalten.

212 b) Vorbereitungshandlungen

Vorbereitungshandlungen bleiben außerhalb des Patentschutzes. Erst wenn mit dem Herstellen begonnen worden ist, greift der Patentschutz ein. Zu den Vorbereitungshandlungen gehören z.B. das Erstellen von Werkstattzeichnungen oder der Einkauf von Einrichtungen, die zur Herstellung des Patentgegenstandes notwendig sind. Jedoch wird der Begriff ‚Herstellen' sehr weit ausgelegt.

c) Die Benutzungshandlungen beim Erzeugnispatent 213

aa) Das Herstellen 214

Das Herstellen umfasst die gesamte Tätigkeit des Herstellens von ihrem Beginn an und beschränkt sich nicht auf den letzten die Vollendung unmittelbar herbei führenden Tätigkeitsakt (BGH GRUR 51, 456 – Mülltonne). Bereits dann, wenn Teile des Erzeugnisses, die ein Merkmal der Erfindung realisieren, hergestellt werden, liegt „Herstellen" vor. Die Herstellung von neutralen Teilen wird jedoch nicht vom Schutz erfasst.

Unter das Herstellen wird nicht subsumiert das Reparieren eines geschützten Erzeugnisses, da es nur den Gebrauch des Erzeugnisses aufrecht erhält, aber kein neues Erzeugnis entstehen lässt. Allerdings kann ein dem Patentinhaber vorbehaltenes Herstellen vorliegen, wenn ein Umbau erfolgt, der einem Neuherstellen entspricht; z. B. kann ein Herstellen vorliegen, wenn noch brauchbare Teile von geschützten Erzeugnissen oder neue Teile, die ein wesentliches Element der Erfindung bilden, ausgebaut werden und daraus das Erzeugnis wieder zusammengebaut wird (BGH GRUR 04, 762– Flügelradzähler).

Fall P11, P12

bb) Das Anbieten 215

Das Anbieten, früher Feilhalten genannt, geht dem Inverkehrbringen voraus und liegt dann vor, wenn anderen bewusst gemacht werden soll, dass diese das angebotene Erzeugnis erwerben können, so dass sie die Verfügungsgewalt über das Erzeugnis erhalten. Der Begriff ist in wirtschaftlichem Sinn zu verstehen, nicht nur im Sinne eines Vertragsangebots; z. B. kann das Verteilen von Werbeprospekten genügen, in dem das Erzeugnis dargestellt ist, das den Patentgegenstand enthält, (BGH GRUR 03, 1031 – Kupplung für optische Geräte). Das Erzeugnis braucht noch nicht hergestellt zu sein, es genügt, dass es alsbald herstellbar ist (BGH GRUR 70, 359 – Heißläuferdetektor). Dabei ist es unerheblich, wo sich das angebotene Erzeugnis befindet, dies kann sich z. B. im Ausland befinden; das Anbieten muss allerdings im Inland erfolgen (BGH GRUR 60, 423 – Kreuzbodenventilsäcke).

Fall P11

cc) Das Inverkehrbringen 216

Jede Handlung, die einen Übergang der tatsächlichen Verfügungsgewalt am Erzeugnis auf einen anderen zur Folge hat, ist ein Inverkehrbringen. Die Handlung kann also ein Verkauf sein, eine Vermietung, ein Verleihen usw. Das Inverkehrbringen muss im Inland erfolgen, auch wenn anschließend exportiert wird; die Durchfuhr fällt nicht darunter.

Maßgebend ist der Ort der Veräußerungshandlung des Veräußerers, BGH GRUR 87, 626 – Rundfunkübertragungssystem.

217 dd) Das Gebrauchen

Gebraucht wird ein Erzeugnis, wenn es bestimmungsgemäß verwendet wird. Zum „Gebrauchen" gehören alle üblichen Maßnahmen zur Inbetriebnahme, zum Inbetriebhalten und zur Pflege des Erzeugnisses. Hierzu rechnen auch alle Ausbesserungen soweit sie nicht unter den Begriff „Neuherstellen" fallen (BGH GRUR 04, 762 – Flügelradzähler)

218 ee) Das Besitzen oder Einführen

Auch das Besitzen oder Einführen des Erzeugnisses zu den obengenannten Zwecken greift in die Wirkung des Patentes ein. Der Patentinhaber kann somit verhindern, dass eine Benutzungshandlung nach bb) bis dd) begangen werden kann. Dabei ist der Begriff ‚Besitzen' weit auszulegen, es genügt, dass die tatsächliche Verfügungsgewalt über das Erzeugnis besteht.

Fall P13

219 **d) Die Benutzungshandlung beim Verfahrenspatent**

§ 9 PatG umfasst alle Arten von patentierten Verfahren. Zunächst das Herstellungsverfahren, dessen Ziel es ist, ein Erzeugnis herzustellen, dann das Arbeitsverfahren, das die Arbeitsweise eines Erzeugnisses angibt, ohne das Erzeugnis zu ändern und auch das Verwendungspatent, das die Verwendung eines Erzeugnisses schützt. Zwei Arten von Benutzungshandlungen werden erfasst, nämlich:

220 aa) Das Anwenden des Verfahrens

Darunter ist das bestimmungsgemäße Durchführen des Verfahrens zu verstehen. Die Anwendung muss im Inland erfolgen.

221 bb) Das Anbieten des Verfahrens

Hier müssen die folgenden Merkmale erfüllt sein:

- Das Verfahren muss zur Benutzung im Inland angeboten werden. Wenn das Verfahren im Ausland angewendet werden soll, liegt keine Benutzung des Verfahrens vor.
- Der Dritte muss wissen oder es muss offensichtlich sein, dass die Benutzung des Verfahrens ohne Zustimmung des Patentinhabers verboten ist. Da das Wissen des Dritten nicht leicht beweisbar sein wird, genügt zur Beweiserleichterung die Offensichtlichkeit, dass das Anwenden des Verfahrens nicht erlaubt ist. Sollte dem Anwender die Benutzung des Verfahrens erlaubt sein, dann fällt das Anbieten nicht unter § 9 PatG.

e) Das Herstellen von Erzeugnissen 222

Bei einem patentierten Herstellungsverfahren werden unmittelbar durch das Verfahren hergestellte Erzeugnisse von der Wirkung des Verfahrenspatentes erfasst; diese dürfen weder angeboten, in Verkehr gebracht, gebraucht oder zu diesen Zwecken eingeführt oder besessen werden. Dies gilt aber nur für die durch das Verfahren unmittelbar hergestellten Erzeugnisse; werden diese mit einem anderen Verfahren hergestellt, dann fallen sie nicht unter das Verfahrenspatent.

Zur Beweiserleichterung für den Inhaber des Verfahrenspatents wird nach § 139 PatG vermutet, dass ein neues Erzeugnis nach dem Verfahrenspatent hergestellt worden ist. Durch einen Gegenbeweis kann diese Vermutung entkräftet werden.

f) Einwendungen des Dritten 223

Wenn der Patentinhaber Ansprüche aus seinem Patent geltend macht, können vom Dritten Einwendungen erhoben werden, insbesondere:

aa) Geltendmachung eines eigenen Benutzungsrechtes

Dieses ist gegeben:

- Wenn ein **Lizenzvertrag** nach § 15 PatG vorliegt; darin kann dem Dritten die Benutzung erlaubt sein. 224
- Wenn ein **Vorbenutzungsrecht** nach § 12 PatG vorliegt. 225
  Voraussetzung ist (BGH GRUR 64, 673 – Kasten für Fußabtrittsroste),
  - dass der Dritte vor dem Zeitrang des Patentes im Erfindungsbesitz war, so dass er die Erfindung ausüben konnte, ohne dass es darauf ankäme, dass er wußte, dass der Gegenstand patentfähig war;
  - dass der Dritte den Erfindungsbesitz vor dem Zeitrang ausgeübt hat, sei es, dass er den Patentgegenstand bereits benutzt hat, sei es, dass er Vorbereitungen zur Benutzungsaufnahme aufgenommen hat (Veranstaltungen getroffen hat);
  - dass die Ausübung des Erfindungsbesitzes nicht dauerhaft unterbrochen worden war;
  - dass der Dritte beim Erwerb des Erfindungsbesitzes und bei dessen Ausübung nicht bösgläubig gewesen ist.

  Wenn diese Voraussetzungen erfüllt sind, dann erwirbt der Dritte für seinen Betrieb das Vorbenutzungsrecht im Umfang der Benutzung, so dass seine Benutzungshandlungen nicht rechtswidrig sind. Das Vorbenutzungsrecht ist an den Betrieb gebunden und kann nur mit dem Betrieb übertragen werden.

  Wenn der Dritte seinen Erfindungsbesitz vom Patentinhaber oder dessen Rechtsvorgänger ableitet und dieser bei der Mitteilung sich seine Rechte für den Fall der Patenterteilung vorbehalten hat, kann kein Vorbenutzungsrecht entstehen, wenn der Patentinhaber oder Rechtsvorgänger innerhalb eines halben Jahres nach der Mitteilung eine Anmeldung auf die Erfindung einreicht.

226 • Wenn ein **Weiterbenutzungsrecht** vorliegt; dieses kann entstehen, wenn das Patentrecht erloschen ist, und es aufgrund Wiedereinsetzung in den vorigen Stand nach § 123 PatG wieder auflebt. Weitere Voraussetzungen entsprechen denen des Vorbenutzungsrechts. Ein vergleichbares Recht ergibt sich aus Art. II, § 3 Abs. 5 IntPatÜG, wenn eine fehlerhaft übersetzte Patentschrift eingereicht worden ist und der Benutzer diese gutgläubig benutzt hat.

Fall P15, P14

227 bb) Stand der Technik

Diese Einwendung ist zu berücksichtigen, wenn der Schutzbereich auf Äquivalente ausgedehnt wird, siehe RdNr. 241 (BGH GRUR 86, 803 – Formstein; BGH PMZ 99, 405 – Kontaktfederblock).

228 cc) Sonstige sich aus BGB ergebende Rechte

Wie z.B. Verwirkung (BGH Mit 94, 181 – Zerlegevorrichtung für Baumstämme).

229 dd) Ausnahmen von der Wirkung des Patentes nach § 11 PatG

Von den dort aufgeführten Fällen sind die wichtigsten die folgenden:

- Benutzung des Patentgegenstandes im privaten Bereich zu nicht gewerblichen Zwecken. Die freien Berufe fallen nicht unter diese Ausnahme, sie handeln nicht im privaten Bereich.
- Handlungen zu Versuchszwecken; die Abgrenzung zwischen Handlungen zu Versuchszwecken und dem Beginn des Herstellens ist im Einzelfall schwierig. Ein Handeln zu Versuchszwecken liegt dann vor, wenn der Patentgegenstand nur untersucht wird, um sein Funktionieren oder seine Verwertungsmöglichkeiten festzustellen; BGH GRUR 96, 109 bzw. 97, 253 – Klinische Versuche I bzw. II.

230 ee) Sonderfall: Abhängiges Patent

Dieses liegt vor, wenn ein jüngerer Patentgegenstand ganz oder teilweise in den Schutzbereich eines älteren Patentes fällt; dann kann der Inhaber des jüngeren Patentes nur Verbotsrechte geltend machen; dagegen kann er nur mit Zustimmung des Inhabers des älteren Patentes den Gegenstand des jüngeren Patentes benutzen. Dies gilt auch für den Inhaber des älteren Patentes, wenn dieser den Gegenstand des jüngeren Patentes verwerten will.

231 **g) keine Einwendung: Vernichtbarkeit des Patentes**

Jedoch kann nicht der Einwand der Vernichtbarkeit des Patents geltend gemacht werden. Alle Einwände, die sich auf die Vernichtbarkeit des Patentes (§§ 22, 21 PatG) beziehen, können im Verletzungsverfahren nicht berücksichtigt werden, sie können nur im Nichtigkeitsverfahren durchgesetzt werden. Verletzungsverfahren und Nichtigkeitsverfahren können parallel laufen, evtl. kann das Verletzungsverfahren auszusetzen sein.

3. Die mittelbare Wirkung des Patentes, § 10 PatG 232

Bei § 10 PatG handelt es sich um einen einstufigen Tatbestand, er setzt keine unmittelbare Patentverletzung voraus, wie dies bei vor dem 1. 1. 1978 eingereichten Patenten der Fall war. Es handelt sich bei § 10 PatG um einen Gefährdungstatbestand, mit dem die unberechtigte Benutzung der geschützten Erfindung bereites im Vorfeld verhindert werden kann; BGH GRUR 04, 848 – Drehzahlermittlung. Es muss jedoch bereits die Gefahr einer unberechtigten Benutzung der geschützten Erfindung als solcher d. h. mit allen ihren Merkmalen gegeben sein. Dabei ist die in § 10 PatG angesprochene patentierte Erfindung die nach § 14 PatG geschützte Erfindung (BGH GRUR 92, 40 – Beheizbarer Atemluftschlauch; BGH GRUR 01, 228 – Luftheizgerät). § 10 ist nicht anwendbar, wenn auf die Erfindung noch kein Patent erteilt worden ist, BGH GRUR 04, 848.

Folgende in § 10 PatG angegebene Tatbestandsmerkmale müssen vor- **233**
liegen:

- Das Anbieten oder Liefern von Mitteln, die sich auf ein wesentliches Element der Erfindung beziehen. Ein wesentliches Element der Erfindung ist gegeben, wenn es für die Realisierung des Patentgegenstandes erforderlich ist, also auf den Patentgegenstand abgestimmt ist und kein neutrales Teil ist. Das Element muss geeignet sein, mit einem oder mehreren Merkmalen des Patentanspruchs bei Verwirklichung der Erfindung funktional zusammenzuwirken, BGH GRUR 04, 758 – Flügelradzähler. Die Begriffe ‚Anbieten' oder ‚Liefern' entsprechen den Begriffen ‚Anbieten' bzw. ‚Inverkehrbringen' in § 9 PatG.
- Das Anbieten oder Liefern muss zur Benutzung des Patentgegenstandes im Inland erfolgen; damit können wesentliche Elemente der Erfindung ins Ausland angeboten oder geliefert werden.
- Das Anbieten oder Liefern muss an Personen erfolgen, die nicht zur Benutzung der Erfindung berechtigt sind. Somit liegt keine mittelbare Verletzung vor, wenn der Empfänger des Angebots oder der Lieferung den Patentgegenstand benutzen darf, z.B. wegen eines Vorbenutzungsrechtes. Zur Benutzung der Erfindung in diesem Sinne sind die in § 11 PatG aufgeführten Personen jedoch nicht berechtigt.
- Der Dritte muss wissen oder es muss offensichtlich sein, dass das Mittel zur Benutzung der Erfindung geeignet ist. Die Eignung ist objektiv festzustellen.
- Der Dritte muss wissen oder es muss offensichtlich sein, dass das Mittel zur Benutzung der Erfindung bestimmt ist. Ob das Mittel zur Benutzung der Erfindung bestimmt ist, hängt vom Empfänger des Angebots oder der Lieferung ab. Der Dritte muss die Bestimmung durch den

Abnehmer kennen und wollen, er muss vorsätzlich handeln; BGH GRUR 01, 231 – Luftheizgerät.

234 Keine Mittel in diesem Sinne sind Mittel, die im Handel allgemein erhältlich sind, es sei denn, der Dritte veranlasst den unmittelbaren Verletzer bewusst zur Verletzung.

Fall P13

235 4. Teilnahme an der Patentverletzung

Da das Patent ein absolutes Recht ist, ist § 830 BGB entsprechend anzuwenden, so dass neben § 10 PatG Anstiftung und Beihilfe zur unmittelbaren Patentverletzung über § 830 BGB verfolgbar sind; entsprechendes gilt bei Mittäterschaft; BGH GRUR 04, 848 – Drehzahlermittlung.

236 5. Der Umfang der Wirkung eines Patentes – Schutzbereich, § 14 PatG (Art. 69 EPÜ)

a) Allgemeines

Wenn festgestellt werden soll, was unter das Patent fällt, muss die Grenze des Bereiches abgesteckt werden, der vom Recht erfasst wird. Dieser Bereich wird Schutzbereich genannt. Er wird nach § 14 PatG durch den Inhalt der Patentansprüche festgelegt. Der Inhalt eines Patentanspruches ist jedoch auslegungsfähig. Um im Bereich des EPÜ eine einheitliche Auslegung zu erreichen, wurde zu Art. 69 EPÜ, der den Schutzbereich eines europäischen Patentes regelt, ein Protokoll über die Auslegung des Art. 69 EPÜ beschlossen mit folgendem Wortlaut:

> Artikel 69 ist nicht in der Weise auszulegen, dass unter dem Schutzbereich des europäischen Patentes der Schutzbereich zu verstehen ist, der sich aus dem genauen Wortlaut der Patentansprüche ergibt, und dass die Beschreibung sowie die Zeichnungen nur zur Behebung etwaiger Unklarheiten in den Patentansprüchen anzuwenden sind. Ebensowenig ist Art. 69 dahingehend auszulegen, dass die Patentansprüche lediglich als Richtlinie dienen und der Schutzbereich sich auch auf das erstreckt, was sich dem Fachmann nach Prüfung der Beschreibung und der Zeichnungen als Schutzbegehren des Patentinhabers darstellt. Die Auslegung soll vielmehr zwischen diesen extremen Auffassungen liegen und einen angemessenen Schutz für den Patentinhaber mit ausreichender Rechtssicherheit für Dritte verbinden.

Nach der amtlichen Begründung zu § 14 PatG wird sich dessen Auslegung an der Auslegungsregel zu orientieren haben, um dem mit der Einfügung von § 14 PatG angestrebten Ziel, eine möglichst einheitliche Bestimmung des Schutzbereichs von Patenten in der EU zu erreichen, zu genügen (BGH Mitt. 94, 181 – Zerlegevorrichtung für Baumstämme).

Mit der neuen Regelung konnte für Patente, die nach dem 1. 1. 1978 angemeldet wurden, nicht mehr die weite Auslegung zugunsten des Patentinhabers aufrechterhalten werden, die vor 1978 von der Rechtsprechung gewährt wurde. Damals war der Patentanspruch nur Ausgangspunkt zur Bestimmung des Schutzbereiches, dieser wurde definiert durch die gesamte erfindungsgemäße Offenbarung im Patent.

b) Die Bedeutung der Patentansprüche 237

Man unterscheidet unabhängige und abhängige Patentansprüche. Alle Patentansprüche haben ihren eigenen Schutzbereich. Bei den unabhängigen Patentansprüchen wird dieser allein durch den Inhalt dieses Patentanspruchs festgelegt, bei abhängigen Patentansprüchen ist dagegen zu berücksichtigen, dass diese auf vorhergehende Patentansprüche zurückbezogen sind; ihr Schutzbereich wird festgelegt durch den Inhalt des abhängigen Patentanspruchs plus den Inhalt der Patentansprüche, auf die eine Rückbeziehung besteht.

Die Art der Anspruchsformulierung spielt dabei keine Rolle; es ist also unbeachtlich, ob der Patentanspruch einteilig oder zweiteilig formuliert ist. Alle Merkmale eines Patentanspruches sind beachtlich, gleichgültig, ob sie beim zweiteiligen Patentanspruch im Oberbegriff oder im Kennzeichen stehen (BGH PMZ 94, 281 – Muffelofen). Nur solche Merkmale im Patentanspruch können evtl. unberücksichtigt bleiben, die nichts zur Lösung des Problems beitragen. Dann bedarf es allerdings einer eingehenden Begründung, warum es auf dieses Merkmal nicht ankommen soll und warum dies mit dem Grundsatz der Rechtssicherheit vereinbar sei; BGH GRUR 99, 981 – Räumschild.

Bei Erzeugnisansprüchen wird das beanspruchte Erzeugnis und alle seine Verwendungen vom Schutz erfasst, wobei gleichgültig ist, auf welche Weise das Erzeugnis hergestellt worden ist. Wirkungsangaben oder Funktionsangaben in den Patentansprüchen engen den Schutzbereich in der Regel nicht ein. Erzeugnisse eines Dritten, die die Merkmale des Patentgegenstandes aufweisen, fallen in den Schutzbereich, solange sie konstruktiv gleich ausgeführt sind.

Bei Verfahrensansprüchen werden die einzelnen Lösungsschritte, die im Patentanspruch enthalten sind, vom Schutz erfasst. Jeder Dritte, der ein Verfahren mit diesen Schritten anwendet oder entsprechend § 9 PatG anbietet, greift in den Schutzbereich ein.

c) Die Auslegung der Patentansprüche 238

Auszugehen ist vom Inhalt des Patentanspruchs; dessen Inhalt wird unter Verwendung der Beschreibung und der Zeichnungen ausgelegt. Dies ist dann erforderlich, wenn der Patentanspruch für sich allein nicht ausreichend den Patentgegenstand erkennen läßt, z.B. weil Begriffe verwendet werden, die nicht der allgemeinen Fachsprache angehören und deshalb in der Beschreibung definiert sind.

d) Die Festlegung des Schutzbereiches 239

Der Schutzbereich wird im Vergleich mit der Ausführungsform des Dritten bestimmt (BGH GRUR 02, 511 – Kunststoffrohrteil):

240 aa) 1. Schritt

Zunächst wird untersucht, ob die Ausführungsform des Dritten unter den Wortsinn (auch Sinngehalt genannt) des Patentanspruches fällt. Unter Wortsinn ist das zu verstehen, was ein Fachmann mit seinem Fachwissen unter Berücksichtigung der Beschreibung und der Zeichnungen dem Patentanspruch entnimmt; BGH GRUR 04, 848 – Drehzahlermittlung. Der Wortsinn ist also nicht mit dem Wortlaut gleich zu setzen, er geht darüber hinaus. Fällt die Ausführungsform des Dritten unter diesen Wortsinn, dann liegt eine Verletzung vor.

241 bb) 2. Schritt

Ist Ergebnis dieser Prüfung, dass die Ausführungsform des Dritten nicht unter den Wortsinn des Patentanspruches fällt, erfolgt die Prüfung, ob die Ausführungsform des Dritten vom Patentgegenstand in äquivalenter Weise Gebrauch macht. Dabei wird für jedes Lösungsmerkmal des Patentanspruches untersucht, ob es bei der Ausführungsform des Dritten wortsinngemäß oder äquivalent verwendet wird.

Eine äquivalente Lösung liegt vor, wenn mindestens ein Lösungsmerkmal bei der Ausführungsform des Dritten durch ein anderes Merkmal ersetzt ist, das jedoch sinngemäß gleichwirkend ist. Dazu muss festgestellt werden, welches Teilproblem innerhalb des Gesamtproblems dieses Lösungsmerkmal löst und ob das Merkmal bei der Ausführungsform des Dritten ebenfalls dieses Teilproblem löst. Weiter muss noch untersucht werden, ob der Fachmann ausgehend vom Patentanspruch dieses gleichwirkende Merkmal mit seinem Fachwissen, also ohne erfinderisches Bemühen, auffinden konnte. Nur dann, wenn diese zweite Bedingung erfüllt ist, liegt Äquivalenz vor. Aus dem Patentanspruch kann sich jedoch ergeben, dass ein Merkmal nur wortsinngemäß zu interpretieren ist, dies gilt i. d. R. für Zahlen- und Maßangaben, BGH GRUR 02, 512 – Kunststoffrohrteil.

Diese Untersuchung muss für alle Lösungsmerkmale des Patentanspruches durchgeführt werden. Dabei wird nur untersucht, ob die Lösungsmerkmale wortsinngemäß oder äquivalent bei der Ausführungsform des Dritten vorkommen. Zusätzliche Merkmale bei der Ausführungsform des Dritten, die beim Patentgegenstand nicht vorhanden sind, werden nicht berücksichtigt.

Wenn bei einem Kombinationspatent mehrere Lösungsmerkmale in äquivalenter Weise realisiert sind, muss noch untersucht werden, ob die Ausführungsform des Dritten die vom Patentgegenstand erzielte Kombinationswirkung erfüllt, BGH GRUR 83, 497 – Absetzvorrichtung; BGH GRUR 00, 1005 – Bratgeschirr.

Nach BGH (z. B. GRUR 04, 415 – Geflügelkörperhalterung) müssen ausgehend vom Patentanspruch zusammenfassend folgende Punkte untersucht werden:

(1.) die Ausführungsform des Dritten löst das der Erfindung zugrunde liegende Problem mit abgewandelten, aber objektiv gleich wirkenden Mitteln;
(2.) die Fähigkeiten des Fachmanns befähigen diesen die abgewandelten Mittel als gleichwirkend aufzufinden;
(3.) die Überlegungen, die der Fachmann anstellen muss, müssen derart am Sinngehalt der im Patentanspruch unter Schutz gestellten Lehre orientiert sein, dass der Fachmann die abweichende Ausführung mit ihren abgewandelten Mitteln als der gegenständlichen gleichwertigen Lösung in Betracht zieht.

Wenn die Benutzung des Patentgegenstandes in äquivalenter Form erfolgt, dann steht dem Dritten der Einwand des Standes der Technik zu; der Dritte kann also Stand der Technik im Verfahren nennen und behaupten, dass seine Ausführungsform gegenüber diesem Stand der Technik nicht neu ist oder keine erfinderische Tätigkeit aufweist. Ist dies der Fall, so liegt keine Verletzung vor, z.B. BGH GRUR 86, 803 – Formstein oder BGH Mitt. 94, 181 – Zerlegevorrichtung für Baumstämme.

Fall P16

Kapitel 3. Gebrauchsmustergesetz (GebrMG)

250

A. Allgemeines und Übersichtstabelle

251

I. Übersichtstabelle

Schutzgegenstand	**Technische Erfindung,** aber nur eine Kategorie nämlich **Erzeugnisse**
Schutzvoraussetzung (sachlich)	• **Neuheit** gegenüber einem eingeschränkten Stand der Technik • **Erfinderischer Schritt** • **Gewerbliche Anwendbarkeit**
Rechtsinhaber	• **Erfinder** • **Rechtsnachfolger** des Erfinders
Verfahren zum Schutzrecht (formelle Voraussetzungen)	**Einreichung einer Anmeldung beim DPMA** aus • Name des Anmelders • Antrag auf Eintragung • Beschreibung der Erfindung • einem oder mehreren Ansprüchen • evtl. Zeichnungen **DPMA** prüft die **formellen Voraussetzungen der Schutzfähigkeit** und registriert bei deren Vorliegen
Bestand des Schutzrechtes	**Schutzrecht entsteht mit Eintragung in das Register** **Schutzrecht endet ex nunc:** • 10 Jahre maximal • Verzicht • Aufrechterhaltungsgebühr nicht bezahlt **Schutzrecht endet ex tunc** • bei erfolgreichem Löschungsverfahren
Wichtigste Wirkungen des Schutzrechtes (Verbotsrechte)	**Verbot von gewerblichem** • Herstellen • Anbieten • Inverkehrbringen • Gebrauchen des geschützten Erzeugnisses

II. Allgemeines 252

Das Gebrauchsmustergesetz (GebrMG) hat ebenso wie das PatG als Schutzgegenstand eine technische Erfindung. Diese kann darum unter der Voraussetzung, dass die Schutzvoraussetzungen vorliegen, sowohl durch ein Patent als auch durch ein Gebrauchsmuster geschützt werden. Patent und Gebrauchsmuster können nebeneinander bestehen.

Mit dem Gebrauchsmustergesetz wollte der Gesetzgeber ein gegenüber dem Patent schneller erwerbbares und billigeres Recht zum Schutz von Erfindungen zur Verfügung stellen, um z.B. auch Betrieben, die keinen großen Aufwand treiben wollten, eine Schutzmöglichkeit für ihre Erfindungen zu gewähren.

Das Gebrauchsmustergesetz regelt nur die Besonderheiten des Gebrauchsmusters, verweist sonst auf das Patentgesetz. Aus diesem Grunde werden hier nur die wesentlichen Unterschiede zum PatG herausgehoben.

III. Rechtsquellen 253

Die Grundlage des Gebrauchsmusterschutzes ist das GebrMG. Dieses wird ergänzt durch:

- Die Gebrauchsmusterverordnung (GebrMV), in der im wesentlichen der formelle Aufbau der Gebrauchsmusteranmeldung geregelt ist.
- Das PatG, auf das häufig verwiesen wird.
- Die PVÜ, deren Bedeutung unter RdNr. 47 dargestellt worden ist.
- Das PatKostG, im dem die Gebühren geregelt sind.

Das GebrMG ist in den letzten Jahren mehrmals geändert worden, nur die jetzt geltende Fassung wird erläutert. Allerdings soll auf eine wesentliche Änderung hingewiesen werden:

Bis 1. 7. 1990 konnten nur Erzeugnisse geschützt werden, die eine bestimmte Raumform hatten; z.B. elektrische Schaltungen waren somit vom Schutz ausgeschlossen; in älteren Entscheidungen spielte die Frage, ob eine Raumform vorliegt, oft eine große Rolle. Insoweit sind diese Entscheidungen heute bedeutungslos.

B. Schutzgegenstand 254

Nach § 1 GebrMG sind schützbar Erfindungen, die

- neu sind;
- auf einem erfinderischen Schritt beruhen;
- gewerblich anwendbar sind

und für die eine Gebrauchsmusteranmeldung beim DPMA eingereicht worden ist.

Der Begriff „Erfindung“ ist genauso definiert wie beim Patent, darauf wird verwiesen (RdNr. 47). Allerdings kann durch das Gebrauchsmusterrecht nur eine Kategorie von Erfindungen, nämlich Erzeugnisse, geschützt werden. Verfahren können nicht Gegenstand eines Gebrauchsmusters sein, § 2 Nr. 3 GebrMG.

C. Sachliche Schutzvoraussetzungen

255 Nach § 1 GebrMG sind nur Erfindungen durch das Gebrauchsmuster schützbar, die neu sind, auf einem erfinderischen Schritt beruhen und gewerblich anwendbar sind. Maßgebender Zeitpunkt ist wieder der Zeitrang der Anmeldung, also der Anmeldetag oder Prioritätstag bei wirksamer Inanspruchnahme einer Priorität (s. RdNr 47). Bei der Neuheit und beim erfinderischen Schritt gibt es Unterschiede zum PatG, bei der gewerblichen Anwendbarkeit jedoch keine. Nur auf die Neuheit und den erfinderischen Schritt wird eingegangen.

256 I. Neuheit, § 3 GebrMG

Neuheit der Erfindung muss bestehen gegenüber einem vor dem Zeitrang liegenden Stand der Technik, der nur gebildet wird durch

- öffentliche schriftliche Beschreibungen;
- öffentliche Benutzung im Inland, (offenkundige Vorbenutzung im Inland).

Der Begriff des Standes der Technik ist objektiv (auf das Wissen des Erfinders kommt es nicht an), aber relativ. Nur schriftliche Beschreibungen und eine offenkundige Benutzung im Inland zählt zum Stand der Technik. Alle sonstigen Veröffentlichungen sind nicht zu berücksichtigen.

Die schriftliche Beschreibung umfasst alles, was schriftlich niedergelegt worden ist, gleichgültig, ob dies druckschriftlich oder handschriftlich erfolgt ist. Notwendig ist nur, dass eine schriftliche Fixierung vorliegt, BGH GRUR 97, 360 – Profilkrümmer.

Im übrigen wird auf das PatG verwiesen, da die dort erläuterten Begriffe, wie Öffentlichkeit, Vorbenutzung, Ablauf der Neuheitsprüfung auch für das GebrMG gelten; RdNr. 122ff.

Eine Besonderheit des Gebrauchsmusterrechtes ist die Neuheitsschonfrist und die Ausstellungspriorität.

257 Bei der **Neuheitsschonfrist** (§ 3 Abs. 1) bleibt eine Veröffentlichung der Erfindung bei der Prüfung einer Anmeldung, die diese Erfindung enthält, außer Betracht, wenn sie auf der Ausarbeitung des Anmelders oder dessen Rechtsvorgängers beruht, und der Zeitrang der Anmeldung höchstens ein halbes Jahr nach dem Veröffentlichungstag liegt.

Nach § 6a GebrMG begründet eine **Ausstellung** der Erfindung auf einer im Bundesgesetzblatt veröffentlichten Ausstellung ein Prioritätsrecht für den Gegenstand einer Anmeldung unter der Voraussetzung, dass die Anmeldung innerhalb von 6 Monaten seit der erstmaligen Zurschaustellung beim DPMA eingereicht worden ist. Der Nachweis der Zurschaustellung muss innerhalb der Frist des § 6a GebrMG beim DPMA eingereicht werden. Die Ausstellungspriorität verlängert die PVÜ-Prioritätsfrist nicht. 258

II. Erfinderischer Schritt 259

Aus dem Gebrauchsmustergesetz ergibt sich keine Regelung des erfinderischen Schrittes. Durch den Begriff „erfinderischer Schritt" wird zum Ausdruck gebracht, dass die Anforderungen an das Erfordernis der geistigen Leistung zur Schaffung der Erfindung (erfinderischen Leistung) im Gebrauchsmusterrecht niedriger liegen können als im Patentrecht. Trotzdem wird eine, wenn auch geringe, Leistung verlangt, die über die übliche, durchschnittliche Leistung hinausgeht.

Die Prüfung auf das Vorliegen eines erfinderischen Schrittes erfolgt wie es beim Patentgesetz für die erfinderische Tätigkeit geschildert worden ist (s. RdNr. 132).

III. Kollision Patent – Gebrauchsmuster 260

Da eine technische Erfindung sowohl durch ein Patent als auch durch ein Gebrauchsmuster geschützt werden kann, ist zu klären, wie eine Kollision von Patent und Gebrauchsmuster zu lösen ist. Zwei Fälle sind zu unterscheiden:

1. Verhältnis älteres Gebrauchsmuster zu jüngerem Patent, § 14 GebrMG 261

Das jüngere Patent kann nicht ohne Erlaubnis des Gebrauchsmusterinhabers ausgeübt werden, solange das Gebrauchsmuster in Kraft ist. Später kann das Patent nicht gegen den Inhaber des abgelaufenen Gebrauchsmusters geltend gemacht werden, wenn der Gebrauchsmusterinhaber vor Ablauf seines Gebrauchsmusters die Benutzung aufgenommen hat (Vorbenutzungsrecht).

2. Verhältnis älteres Patent zu jüngerem Gebrauchsmuster, § 15 GebrMG 262

Das Gebrauchsmuster ist im Umfang des Patentgegenstandes löschungsreif. Um Doppelschutz zu vermeiden, wird ein Schutzbereichsvergleich durchgeführt. Insoweit sich Patentgegenstand und Gebrauchsmustergegenstand decken, ist das Gebrauchsmuster auf Antrag zu löschen.

263
D. Rechtsinhaber

Nach § 13 Abs. 3 GebrMG gelten die Vorschriften des PatG, also die §§ 6, 7 Abs. 1 und 8 PatG. Zudem sind auch die Vorschriften des ArbEG auf Erfindungen, die gebrauchsmusterfähig sind, anwendbar. Auf die Ausführungen zum PatG wird verwiesen, RdNr. 138ff.

264
E. Formelle Schutzvoraussetzungen – Verfahren zum Gebrauchsmuster

I. Allgemeines

Zum Entstehen des Gebrauchsmusters muss eine Gebrauchsmusteranmeldung eingereicht werden, die im Eintragungsverfahren nur auf das Vorliegen von formellen Mängeln und auf das Vorliegen eines Tatbestandes nach § 1 Abs. 2, 3 und § 2 GebrMG geprüft wird, es erfolgt dagegen keine sachliche Prüfung auf Neuheit, erfinderischen Schritt oder gewerbliche Anwendbarkeit, § 8 Abs. 1 GebrMG. Wenn keine formellen Mängel vorliegen und die erforderlichen Gebühren bezahlt worden sind, verfügt das DPMA die Eintragung des Gebrauchsmusters in das Register, § 8 GebrMG, wodurch das Schutzrecht entsteht (§ 11 GebrMG), es sei denn, das Gebrauchsmuster ist löschungsreif, § 13 GebrMG. Die Eintragungen werden im Patentblatt veröffentlicht.

265
II. Eintragungsverfahren

1. Verfahren vor dem DPMA

Voraussetzung des Verfahrens ist, dass für die Erfindung in beliebiger Sprache eine Gebrauchsmusteranmeldung formuliert ist, diese beim DPMA oder einem zugelassenen Patentinformationszentrum eingereicht worden ist und eine Gebühr nach dem PatKostG bezahlt worden ist.

266 Die Anmeldung muss nach § 4 GebrMG folgende Bestandteile aufweisen:

- Name des Anmelders;
- einen Antrag auf Eintragung eines Gebrauchsmusters, in dem der Gegenstand des Gebrauchsmusters kurz, aber genau bezeichnet werden muss;

- einen oder mehrere Schutzansprüche, in denen angegeben ist, was unter Gebrauchsmusterschutz gestellt werden soll;
- eine Beschreibung des Gegenstandes des Gebrauchsmusters;
- Zeichnungen, auf die sich die Schutzansprüche oder die Beschreibung beziehen.

Der Aufbau der Bestandteile der Anmeldung ist ins einzelne gehend in der Gebrauchsmusterverordnung geregelt, auf die verwiesen wird. Im übrigen gilt bezüglich der Formulierung der Ansprüche, hier Schutzansprüche genannt, der Beschreibung, der Offenbarung der Erfindung, der Einheitlichkeit, der Inanspruchnahme einer inneren oder PVÜ-Priorität und deren Folgen, der Voraussetzungen für die Zuerkennung eines Anmeldetages und der Frist zur Einreichung einer Übersetzung das zur Patentanmeldung gesagte entsprechend (§ 4a GebrMG), auf das ebenfalls verwiesen wird (RdNr. 159ff.). **267**

Bis zur Verfügung der Eintragung des Gebrauchsmusters kann die Anmeldung geändert werden, sofern der Gegenstand der Anmeldung nicht erweitert wird, § 4 Abs. 6 GebrMG.

Eine Eigenheit des Gebrauchmusterrechtes ist die Möglichkeit der **Abzweigung** eines Gebrauchsmusters aus einer Patentanmeldung, mit der Wirkung, dass der Zeitrang der Patentanmeldung gilt. Abzweigung heißt, dass der Anmelder eine mit der Patentanmeldung identische Gebrauchsmusteranmeldung einreicht, die Patentanmeldung kann weiter laufen. Die weiteren Erfordernisse ergeben sich aus § 5 GebrMG. **268**

Hingewiesen werden muss noch darauf, dass keine Zusammenfassung und keine Erfinderbenennung eingereicht werden muss.

2. Rechtsmittelverfahren **269**

Gegen den Beschluss des Patentamts ist die Beschwerde an das BPatG möglich, § 18 GebrMG. Die Beschwerde muss innerhalb eines Monats nach Zustellung des Beschlusses beim BPatG eingereicht werden, innerhalb der Frist muss eine Gebühr nach dem Patentkostengesetz bezahlt werden, sonst gilt die Beschwerde als nicht eingelegt. Gegen den Beschluss des BPatG gibt es ausnahmsweise unter den Voraussetzungen des § 100 PatG die Möglichkeit einer Rechtsbeschwerde, § 18 Abs. 4 GebrMG.

F. Bestand des Gebrauchsmusters **270**

I. Allgemeines

Ein Gebrauchsmuster kann maximal 10 Jahre gerechnet ab dem Anmeldetag bestehen, § 23 GebrMG. Diese Schutzdauer kann vom Inhaber aber abgekürzt werden. Jeder Dritte hat zudem die Möglichkeit, das

Gebrauchsmuster löschen zu lassen, wenn die Voraussetzungen des Schutzes nicht vorgelegen haben.

271 Eine **Beschränkung** des **Gebrauchsmusters,** vergleichbar § 64 PatG, gibt es im Gebrauchsmusterrecht nicht. Um die Möglichkeit einer Einschränkung dem Inhaber zu geben, wird es zugelassen, dass der Inhaber neue Ansprüche zu den Gebrauchsmusterakten einreicht und die Erklärung abgibt, dass er für die Vergangenheit und Zukunft keine über diese Ansprüche hinausgehenden Rechte aus dem Gebrauchsmuster geltend machen wird, BGH Mitt. 98, 98 – Scherbeneis. Diese Erklärung wird als schuldrechtliche Verpflichtung des Inhabers an die Allgemeinheit gewertet, an die er insbesondere im Verletzungsverfahren gebunden ist. Auf diese Weise kann z.B. ein Löschungsverfahren vermieden werden. Jedoch kann der Gebrauchsmusterinhaber im Verletzungsverfahren sein Gebrauchsmuster beschränkt geltend machen, auch wenn keine entsprechenden Schutzansprüche beim DPMA eingegangen sind (BGH GRUR 03, 867 – Momentanpol).

272 II. Das Löschungsverfahren, § 17 GebrMG

1. Allgemeines

Jeder Dritte, bei widerrechtlicher Entnahme nur der durch die Entnahme Verletzte, kann Löschungsantrag stellen, mit dem Ziel, das Gebrauchsmuster löschen zu lassen. Da der Löschungsantragssteller die Interessen der Allgemeinheit wahrnimmt, muss er kein Rechtsschutzinteresse nachweisen. Anders ist die Lage, wenn das Gebrauchsmuster erloschen ist, jetzt muss ein Rechtsschutzinteresse glaubhaft gemacht werden, das z.B. darin bestehen kann, dass der Antragsteller für die Vergangenheit Schadenersatz bezahlen soll.

273 2. Verfahren in der ersten Instanz vor dem DPMA

Das Löschungsverfahren wird durch Antrag beim DPMA, § 16 GebrMG, eingeleitet, es ist gegen den im Register Eingetragenen zu richten. Mit dem Antrag ist eine Gebühr nach dem Patentkostengesetz zu entrichten; wird dies nicht getan, so gilt der Antrag als nicht gestellt.

Der Antrag kann nur auf einen oder mehrere der in § 15 GebrMG genannten Löschungsgründe gestützt werden, nämlich

- mangelnde Schutzfähigkeit nach den §§ 1–3 GebrMG;
- der Gegenstand des Gebrauchsmusters ist bereits auf Grund einer älteren Patent- oder Gebrauchsmusteranmeldung geschützt;
- unzulässige Änderung des Anmeldungsgegenstandes während des Verfahrens;
- widerrechtliche Entnahme, § 13 GebrMG; die Definition der widerrechtlichen Entnahme ergibt sich aus § 13 Abs. 2 GebrMG.

Der Antrag wird dem Gebrauchsmusterinhaber zur Stellungnahme zugestellt, § 17 GebrMG, reagiert dieser nicht innerhalb eines Monats, wird das Gebrauchsmuster sofort gelöscht. Widerspricht der Gebrauchsmusterinhaber, dann wird eine mündliche Verhandlung durchgeführt. Hat der Inhaber neue Schutzansprüche zu den Akten eingereicht, wird dies als vorweggenommener Verzicht auf einen Widerspruch in einem über die neuen Schutzansprüche hinausgehenden Umfang gewertet, BGH Mitt. 98, 98 – Scherbeneis. Der Antrag wird durch Beschluss entschieden; er lautet auf Löschung, Teillöschung oder Abweisung des Antrags. Die Wirkung des Löschungsbeschlusses ist ex tunc.

Eine Kostenentscheidung ist nach § 17 GebrMG erforderlich. Um unnötige Kosten zu vermeiden, ist es üblich, vor Beantragung des Löschungsverfahrens an den Gebrauchsmusterinhaber eine Löschungsaufforderung mir Angabe des Löschungsgrundes zu senden. Bei begründetem Löschungsgrund kann der Gebrauchsmusterinhaber z.B. auf das Gebrauchsmuster verzichten.

3. Rechtsmittelverfahren 274

Es gilt § 18 GebrMG, nach dem Beschwerde eingelegt werden kann, die zum BPatG führt; Gegen dessen Beschluss ist Rechtsbeschwerde an den BGH möglich, wenn die Voraussetzungen von § 100 PatG erfüllt sind.

III. Erlöschen des Gebrauchsmusters 275

1. Verzicht 276

Ein Gebrauchsmuster erlischt durch schriftlichen Verzicht gegenüber dem DPMA, § 23 Abs. 3 Nr. 1 GebrMG. Mit Eingang der Verzichtserklärung beim DPMA ist das Gebrauchsmuster für die Zukunft erloschen. Da der Verzicht eine Willenserklärung ist, gelten die Vorschriften des BGB über Willenserklärungen. Es kann nur auf das ganze Gebrauchsmuster verzichtet werden.

2. Aufrechterhaltungsgebühr 277

Zur Aufrechterhaltung des Gebrauchsmusters müssen Aufrechtserhaltungsgebühren bezahlt werden, deren Höhe sich aus dem Patentkostengesetz ergibt. Bei Nichtzahlung der Aufrechtserhaltungsgebühren erlischt das Gebrauchsmuster für die Zukunft, nähere Einzelheiten sind § 23 GebrMG zu entnehmen. Die maximale Schutzdauer beträgt 10 Jahre.

278 G. Wirkung des Gebrauchsmusters

Ab Eintragung des Gebrauchsmusters in das Register treten dessen Wirkungen ein, § 11 GebrMG, es sei denn, es besteht für jedermann ein Löschungsanspruch, § 13 GebrMG. Ebenso tritt gegenüber dem durch widerrechtliche Entnahme Verletzten die Wirkung des Gebrauchsmusters nicht ein, wenn eine widerrechtliche Entnahme vorliegt, § 13 Abs. 2 GebrMG.

Die Wirkung des Gebrauchsmusters kann unmittelbar oder mittelbar sein. Die unmittelbare Wirkung des Gebrauchsmusters ist in § 11 Abs. 1 GebrMG geregelt, die mittelbare in § 11 Abs. 2 GebrMG; § 11 GebrMG entspricht § 9 Nr. 1 und § 10 PatG. Nur die in § 11 GebrMG angegebenen Handlungen sind dem Inhaber vorbehalten, sie legen den spezifischen Gegenstand des Gebrauchsmusters fest. Für den Schutzbereich gilt § 12a GebrMG, der § 14 PatG entspricht. Auf die Ausführungen unter RdNr. 209ff. wird verwiesen.

Kapitel 4. Geschmacksmustergesetz 280

A. Allgemein und Übersichtstabelle

I. Übersichtstabelle 281

Schutzgegenstand	**Zwei- oder dreidimensionale Erscheinungsformen eines Erzeugnisses oder eines Teiles davon**
Schutzvoraussetzung (sachlich)	• **Neuheit** • **Eigenart** • **Gewerbliche Anwendbarkeit**
Rechtsinhaber	• **Entwerfer** • **Rechtsnachfolger**
Verfahren zum Schutzrecht (formelle Schutzvoraussetzung)	**Einreichung** einer **Anmeldung** beim **DPMA** aus • Antrag auf Eintragung • Anmelderangabe • Wiedergabe des Musters • Angabe des Erzeugnisses, für die das Muster verwendet werden soll **DPMA** prüft die formellen Voraussetzungen und registriert bei deren Vorliegen
Bestand des Schutzrechtes	**Schutz entsteht mit Eintragung ins Register** **Schutzrecht endet ex nunc** • nach Ablauf von 25 Jahren (maximale Schutzdauer) • Verzicht • Aufrechterhaltungsgebühr nicht bezahlt • bei erfolgreichem Löschungsverfahren **Schutzrecht erlischt ex tunc** • bei erfolgreichem Nichtigkeitsverfahren
Wichtigste Wirkungen des Schutzrechtes	**Verbot von gewerblichem** • Herstellen • Anbieten • Inverkehrbringen • Gebrauchen eines Erzeugnisses, bei dem das Geschmacksmuster aufgenommen ist

II. Allgemeines

282 Das neue Geschmacksmustergesetz (GeschmMG) ist am 1. 6. 2004 in Kraft getreten, es ist in wesentlichen Teilen an die EG-Richtlinie 98/71/EG über den rechtlichen Schutz von Mustern und Modellen angepasst worden. Für die Auslegung der sachlichen Schutzvoraussetzungen ist somit nicht nur die deutsche Rechtsprechung maßgebend, sondern auch die des EuGH.

Das neue Gesetz gilt grundsätzlich für alle nach dem 1. 7. 1988 eingereichten Anmeldungen, soweit sich aus § 66 GeschmMG nichts anderes ergibt. Aus diesem Grunde wird hier nur auf das neue Geschmacksmustergesetz eingegangen.

Mit dem Geschmacksmustergesetz können auf das Auge wirkende Gestaltungen (Erscheinungsform, Design) von Erzeugnissen geschützt werden. Beispiele sind alle Konsumartikel. Voraussetzung ist, dass eine Musteranmeldung beim DPMA eingereicht wird. Erzeugnisse, die musterschutzfähig sind, können auch als Werke der angewandten Kunst durch das Urheberrecht geschützt sein, allerdings sind die Anforderungen an die schöpferische Leistung beim Urheberrecht höher als im Geschmacksmusterrecht, BGH GRUR 95, 581 – Silberdistel.

Gemeinschaftsgeschmacksmuster nach der Gemeinschaftsmusterverordnung müssen beim HABM angemeldet werden, Art. 35. Daneben gibt es nach Art. 1 noch das nicht eingetragene Gemeinschaftsgeschmacksmuster, das mit Veröffentlichung des Geschmacksmustergegenstandes entsteht und eine Schutzdauer von 3 Jahren beginnend mit dem Tag der Veröffentlichung hat, Art. 11. Ein vergleichbares Geschmacksmuster sieht das GeschmMG nicht vor.

Im folgenden wird von Muster gesprochen, wenn noch kein Schutz besteht, sonst von Geschmacksmuster.

III. Rechtsquellen

283 Gesetzliche Grundlage ist das GeschmMG vom 12. 3. 2004, in Kraft getreten am 1. 6. 2004, dieses wird ergänzt durch:

- Die Geschmacksmusterverordnung (GeschmMV), in der Formvorschriften für die Musteranmeldung enthalten sind.
- Das Patentkostengesetz.
- Die PVÜ, insbesondere Art. 4 (Prioritätsrecht).
- Das Haager Musterabkommen (HMA), das eine internationale Registrierung von Mustern ermöglicht, ergänzt durch eine Ausführungsordnung (HMA AusfO).
- Die Richtlinie 98/71/EG über den rechtlichen Schutz von Mustern und Modellen.

- Die Verordnung (EG) Nr. 6/2002 des Rates über das Gemeinschaftsgeschmacksmuster vom 12. 12. 2001, veröffentl. im ABl. v. 5. 1. 2002.
- TRIPS, Art. 25, 26.

B. Schutzgegenstand 284

Nach § 1 GeschmMG sind zweidimensionale oder dreidimensionale Erscheinungsformen eines ganzen Erzeugnisses oder eines Teiles davon schützbar. Solche Erscheinungsformen enthalten z. B. Merkmale aus Linien, Konturen, Farben, Oberflächenstrukturen. Ein Erzeugnis ist dabei jeder industrielle oder handwerkliche Gegenstand, einschließlich Verpackung, Ausstattung, grafische Symbole, typografische Schriftzeichen sowie von Einzelteilen, die zu einem komplexen Erzeugnis (ein aus mehreren Bauelementen bestehendes Erzeugnis, die sich ersetzen lassen) zusammengebaut werden sollen.

Nach bisheriger Rechtsprechung muss die Gestaltung (Erscheinungsform) bestimmt und geeignet sein, eine ästhetische Wirkung zu entfalten. Nach der EG-Richtlinie 98/71/EG muss ein Muster keinen ästhetischen Gehalt aufweisen.

C. Sachliche Schutzvoraussetzungen 285

Weitere Voraussetzung ist, dass das Muster neu ist und Eigenart aufweist. Dazu erfolgt ein Vergleich mit dem bekannten Formenschatz. Zu diesem gehören nach § 5 GeschmMG alle vor dem Zeitrang des Geschmacksmusters der Öffentlichkeit zugänglich gemachten Muster, die den in der Gemeinschaft tätigen Fachkreisen des betreffenden Sektors im normalen Geschäftsverlauf bekannt sein konnten. Ein Muster, das einem Dritten unter der ausdrücklichen oder stillschweigenden Bedingung der Vertraulichkeit bekannt gemacht wurde, gilt als nicht offenbart.

Ein Bauelement, das bei einem komplexen Erzeugnis benutzt wird oder in dieses eingefügt wird, gilt nur dann als neu und hat Eigenart, wenn das Bauelement bei der bestimmungsgemäßen Benutzung des Erzeugnisses sichtbar bleibt und die sichtbaren Merkmale die Voraussetzungen der Neuheit und Eigenart erfüllen, § 4 GeschmMG.

1. Neuheit, § 2 Abs. 2 GeschmMG 286

Neu ist ein Muster dann, wenn es zum Zeitrang der Anmeldung kein identisches bekanntes Muster gibt, also wenn sich dessen Merkmale nur in nicht unwesentlichen Einzelheiten unterscheiden. Bei der Neuheitsprüfung wird ein Einzelvergleich zwischen dem zu prüfendem Muster und jedem bekannten Muster durchgeführt.

287 **2. Eigenart, § 2 Abs. 3 GeschmMG**

Eigenart weist ein Muster auf, wenn sich der Gesamteindruck, den es beim informierten Benutzer hervorruft, von dem Gesamteindruck unterscheidet, den ein anderes Muster bei diesem Benutzer hervorruft, das vor dem Zeitrang der Anmeldung der Öffentlichkeit zugänglich gemacht worden ist. Dabei wird der Grad der Gestaltungsfreiheit des Entwerfers bei der Entwicklung des Musters berücksichtigt.

Bei der Prüfung wird ein Vergleich mit dem vorbestehenden Formensschatz durchgeführt, wobei keine hohen Anforderungen an die bei der Schaffung des Geschmacksmusters aufgebrachte geistige Leistung (bisher Gestaltungshöhe genannt) verlangt wird.

287 a **3. Ausschluss des Geschmacksmusterschutzes**

Vom Geschmacksmusterschutz sind nach § 3 GeschmMG ausgenommen:

- Ausschließlich technisch bedingte Erscheinungsmerkmale eines Erzeugnisses, da durch das Geschmacksmuster nicht die technische Funktion geschützt werden soll.
- Erscheinungsmerkmale von Erzeugnissen, die zwangsläufig in ihrer genauen Form und ihren genauen Abmessungen nachgebildet werden müssen, damit diese mit einem anderen Erzeugnis verbunden werden können. Damit soll die Interoperabilität von Erzeugnissen sichergestellt werden (must fit-Klausel). Davon ausgenommen sind nach Abs. 2 Teile, die dem Zweck dienen, den Zusammenbau oder die Verbindung einer Vielzahl von untereinander austauschbaren Teilen eines Bauteilesystems zu ermöglichen; must match- Teile. Dies sind Teile, die zur Herstellung eines Erscheinungsbildes eines komplexen Erzeugnisses in einer bestimmtem Form gefertigt werden müssen (z. B. Kotflügel eines PKW), bei denen aber die Gesamtgestaltung nicht zwangsläufig vorgegeben ist. Dass in der Praxis zur Erhaltung des ursprünglichen Erscheinungsbildes (PKW) es nicht üblich ist, das Teil (Kotflügel) in anderer Form als der ursprünglichen in das komplexe Erzeugnis (PKW) einzusetzen, ändert nichts daran, dass das Teil durch Geschmacksmuster geschützt werden kann. Diese Ersatzteilproblematik ist noch nicht endgültig geregelt, § 67 GeschmMG, es wird eine gemeinschaftsweite Regelung angestrebt, bis diese nicht vorliegt, gilt die Praxis nach dem alten GeschmMG.
- Gegen die öffentliche Ordnung oder die guten Sitten verstoßende Muster; BGH GRUR 03, 705 – Euro – Billy.

- Muster, die eine missbräuchliche Benutzung eines der in Art. 6ter PVÜ aufgeführten Zeichen von öffentlichen Interesse darstellen.
- Computerprogramme, § 1 GeschmMG.

4. Neuheitsschonfrist 288

Bei der Prüfung auf Neuheit und Eigenart bleibt eine Veröffentlichung des Musters durch den Entwerfer oder dessen Rechtsnachfolger oder einen Dritten, der die Kenntnis vom Entwerfer oder Rechtsnachfolger ableitet, außer Betracht, wenn der Anmeldetag des Musters innerhalb eines Jahres nach Veröffentlichung liegt (Neuheitsschonfrist), § 6 GeschmMG. Dasselbe gilt, wenn das Muster als Folge einer missbräuchlichen Handlung gegen den Entwerfer oder dessen Rechtsnachfolger offenbart wurde.

5. PVÜ-Priorität 289

Der Zeitrang eines Geschmacksmusters wird durch den Prioritätstag festgelegt, wenn innerhalb der Prioritätsfrist von 6 Monaten nach der Erstanmeldung die Musteranmeldung beim DPMA eingereicht wird. Die Priorität muss innerhalb dieser Frist nach § 14 GeschmMG in Anspruch genommen werden und eine Prioritätserklärung innerhalb der in § 14 GeschmMG geregelten Fristen abgegeben werden.

6. Ausstellungspriorität 290

Nach § 15 GeschmMG begründet eine Ausstellung des Musters auf einer im Bundesgesetzblatt veröffentlichten Ausstellung ein Prioritätsrecht für den Gegenstand einer Musteranmeldung unter der Voraussetzung, dass die Anmeldung innerhalb von 6 Monaten seit der erstmaligen Zurschaustellung beim DPMA eingereicht worden ist. Der Nachweis der Zurschaustellung muss innerhalb der Frist des § 15 GeschmMG beim DPMA eingereicht werden.

Die Ausstellungspriorität verlängert die PVÜ- Prioritätsfrist nach § 14 GeschmMG nicht.

D. Rechtsinhaber 291

1. Sachliche Berechtigung, § 7 GeschmMG

Das Recht auf das Geschmacksmuster entsteht in der Person des Entwerfers. Haben mehrere Personen das Muster gemeinsam entworfen, steht ihnen das Recht gemeinsam zu.

Wenn das Recht auf das Muster auf einen Rechtsnachfolger übertragen wird, steht diesem das Recht zu.

Hat der Entwerfer als Arbeitnehmer in Erfüllung seiner Pflichten aus seinem Arbeitsvertrag das Muster geschaffen, dann steht das Recht dem Arbeitgeber zu, es sei denn, es gibt eine andere vertragliche Regelung.

291a 2. Formelle Berechtigung, § 8 GeschmMG

Im Verfahren vor dem DPMA gelten der Anmelder und der Rechtsinhaber als berechtigt und verpflichtet.

291b 3. Nichtberechtigter Anmelder oder Rechtsinhaber, § 9 GeschmMG

Ist ein Geschmacksmuster auf den Namen eines nach § 7 GeschmMG Nichtberechtigten eingetragen, kann der Berechtigte die Übertragung oder die Löschung des Geschmacksmusters verlangen, § 9 Abs. 1 GeschmMG. Wer von mehreren Berechtigten nicht als Rechtsinhaber in das Register eingetragen ist, kann die Einräumung einer Mitinhaberschaft verlangen.

Die Ansprüche nach Absatz 1 müssen im Wege der Klage innerhalb einer Ausschlussfrist von drei Jahren nach der Bekanntmachung des Geschmacksmusters geltend gemacht werden, es sei denn, der nicht berechtigte Rechtsinhaber war bei der Anmeldung des Geschmacksmusters oder der Übertragung des Geschmacksmusters bösgläubig.

Mit dem Wechsel der Rechtsinhaberschaft nach Absatz 1 erlöschen mit der Eintragung des Berechtigten in das Register Lizenzen oder sonstige Rechte. Zum Schutz eines gutgläubigen früheren Rechtsinhabers oder Lizenznehmers ist vorgesehen, dass diese die Verwertung fortsetzen können, wenn sie bereits verwerten oder tatsächliche und ernsthafte Anstalten zur Verwertung getroffen haben und zu diesem Zeitpunkt noch gutgläubig waren. Voraussetzung ist, dass sie beim neuen Rechtsinhaber innerhalb eines Monats nach dessen Eintragung eine einfache Lizenz beantragen. Der neue Rechtsinhaber muss dann eine Lizenz zu angemessenen Bedingungen und für einen angemessenen Zeitraum gewähren.

291c 4. Entwerferbenennung, § 10 GeschmMG

Jeder Entwerfer kann vom Berechtigten verlangen, dass er gegenüber dem DPMA als Entwerfer benannt wird und ins Register eingetragen wird.

292 E. Formelle Schutzvoraussetzungen – Verfahren zum Geschmacksmuster

293 I. Geschmacksmusteranmeldung

Das Entstehen eines Geschmacksmusterrechts erfordert eine Anmeldung des Geschmacksmusters beim DPMA. Die zwingenden Erfordernisse einer Anmeldung ergeben sich aus § 11 Abs. 2 GeschmMG. Weitere formelle Erfordernisse werden durch die GeschmMV festgelegt. Zusätzliche Erfordernisse sind in § 11 Abs. 4 GeschmMG geregelt.

1. Zwingende Erfordernisse der Anmeldung, § 11 Abs. 2 und 3 GeschmMG 293 a

Nach § 11 GeschmMG muss eine Anmeldung enthalten

- Einen Antrag auf Eintragung des Musters in das Register.
- Angaben zur Feststellung der Identität des Anmelders.
- Eine Wiedergabe des Musters, die zur Bekanntmachung des Musters geeignet ist. Wird ein Antrag auf Aufschiebung der Bekanntmachung um 30 Monate ab dem Anmeldetag nach § 21 GeschmMG gestellt, kann die Wiedergabe des Musters durch einen flächenmäßigen Musterabschnitt ersetzt werden; wenn aber die Schutzdauer auf die normale Schutzdauer (25 Jahre) erstreckt wird, muss eine Wiedergabe des Musters eingereicht werden, sofern dies noch nicht geschehen ist.
- Eine Angabe der Erzeugnisse, in die das Muster aufgenommen oder bei denen es verwendet werden soll. Diese Angabe hat keinen Einfluss auf den Schutzumfang des Geschmacksmusters.
- Die Anmeldeerfordernisse nach der GeschmMV.

Die Wiedergabe des Musters muss alle Merkmale, die geschützt sein sollen, deutlich erkennen lassen, da nur das geschützt ist, was der Wiedergabe entnehmbar ist, § 37 Abs. 1 GeschmMG. Einzelheiten zu der Form der Wiedergabe sind § 6 GeschmMV zu entnehmen.

2. Zusätzliche Erfordernisse, § 11 Abs. 4 GeschmMG 293 b

Folgende Unterlagen können der Anmeldung beigefügt werden:

- Der Wiedergabe kann eine Beschreibung beigefügt sein, die die Wiedergabe erläutert.
- Einen Antrag auf Aufschiebung der Bildbekanntmachung.
- Weiterhin kann ein Klassenverzeichnis beigefügt werden. Dieses beschränkt den Schutz nicht auf die angegebenen Waren, § 11 Abs. 5 GeschmMG.
- Die Angabe des Entwerfers oder der Entwerfer.
- Evtl. die Angabe eines Vertreters.

3. Sammelanmeldung

Bis zu 100 Muster können in einer Sammelanmeldung zusammengefasst werden, § 12 GeschmMG, wenn sie derselben Warenklasse angehören. Vorteil ist eine Gebührenermäßigung. Die Sammelanmeldung kann geteilt werden, ohne dass der Anmeldtag davon berührt wird. 294

295 II. Verfahren

Die Anmeldung wird beim DPMA oder einem zugelassenen Patentinformationszentrum eingereicht; mit der Anmeldung ist eine Anmeldegebühr zu bezahlen, deren Höhe im Patentkostengesetz geregelt ist. Die Prüfung der Anmeldung durch das DPMA umfasst die folgenden Punkte:

295 a 1. Anmeldetag, § 13 GeschmMG

Der Anmeldetag wird festgelegt durch den Eingang der Unterlagen nach § 11 Abs. 2 GeschmMG beim DPMA. Wenn die Unterlagen mangelhaft sind, verschiebt sich der Anmeldetag auf den Tag, an dem mangelfreie Unterlagen beim DPMA eingereicht worden sind, § 16 Abs. 5 GeschmMG.

Der Anmeldetag ist maßgebend für den Zeitrang des Geschmacksmusters, es sei denn, es wird eine Priorität (§§ 14, 15 GeschmMG) in Anspruch genommen; dann bestimmt diese den Zeitrang.

295 b 2. Prüfung von formellen Erfordernissen, § 16 GeschmMG

Das DPMA prüft,

- ob die Anmeldegebühren bezahlt worden sind;
- ob ein Anmeldtag zuerkannt werden kann;
- ob die Erfordernisse nach der GeschmMV erfüllt sind.

Wenn die Anmeldgebühren nicht bezahlt werden, gilt die Anmeldung als zurückgenommen, § 6 Abs. 2 PatKostG. Sollte der Auslagenvorschuss für die Bekanntmachung des Geschmacksmusters nicht bezahlt werden, weist das DPMA die Anmeldung zurück.

Bei Vorliegen von Mängeln fordert das DPMA den Anmelder auf, diese zu beseitigen. Betreffen die Mängel die Voraussetzungen des Anmeldetages oder die Erfordernisse nach der GeschmMV und werden diese nicht beseitigt, weist das DPMA die Anmeldung durch Beschluss zurück.

295 c 3. Weitere Eintragungshindernisse

Nach § 18 GeschmMG muss das DPMA auch überprüfen, ob der Gegenstand der Anmeldung überhaupt ein Geschmacksmuster nach § 1 GeschmMG sein kann und ob das Muster gegen die öffentliche Ordnung oder gegen die guten Sitten verstößt oder eine missbräuchliche Benutzung nach Art. 6bis PVÜ darstellt. Liegt einer dieser Fälle vor, weist das DPMA die Anmeldung zurück.

295 d 4. Bekanntmachung

Erfüllt die Musteranmeldung die in § 16 und 18 aufgezählten Erfordernisse, beschließt das DPMA die Eintragung des Geschmacksmusters ins

Register und macht die Eintragung mit einer Wiedergabe des Geschmacksmusters bekannt, § 20 GeschmMG. Die Kosten der Bekanntmachung werden als Auslagen erhoben. Die Bekanntmachung kann nach § 21 GeschmMG um 30 Monate ab Anmeldetag verschoben werden; in diesem Fall beschränkt sich die Bekanntmachung auf die Eintragung ins Register.

In das Register werden nach § 19 GeschmMG und § 13 GeschmMV weitere den Anmelder betreffende Angaben eingetragen, ohne dass deren Richtigkeit geprüft wird. Die Einsicht in das Register steht jedermann frei.

III. Rechtsmittel 296

Die Entscheidung des DPMA ist ein Beschluss, der mit einer Beschwerde beim BPatG angefochten werden kann, § 23 GeschmMG. Gegen eine Entscheidung des BPatG ist eine Rechtsbeschwerde zum BGH möglich, wenn diese zugelassen ist oder ein Fall des § 100 PatG vorliegt.

F. Bestand des Geschmacksmusterrechts 297

I. Dauer und Beendigung des Geschmacksmusterschutzes 298

Der Geschmacksmusterschutz entsteht mit der Eintragung ins Register, § 27 GeschmMG.

Der Geschmacksmusterschutz endet ex nunc:

- Nach Ablauf der Schutzdauer; die Schutzdauer beträgt maximal 25 Jahre, unter der Voraussetzung, dass die Aufrechterhaltungsgebühren, deren Höhen sich aus dem Patentkostengesetz ergeben, bezahlt worden sind, § 27, 28 GeschmMG.
- Durch Verzicht, § 36 GeschmMG.

II. Verfahren zur Beendigung des Geschmacksmusterschutzes 299

1. Nichtigkeit des Geschmacksmusters, § 33 GeschmMG

Ein Geschmacksmuster ist nichtig, wenn

- es nach § 1 GeschmMG kein Geschmacksmuster ist;
- es nicht neu ist oder keine Eigenart aufweist, § 2 GeschmMG;
- es nach § 3 GeschmMG vom Geschmacksmusterschutz ausgeschlossen ist.

Die Nichtigkeit muss durch Urteil festgestellt werden, die Klage kann jedermann einreichen. Bei rechtkräftigem Nichtigkeitsurteil gelten die Wirkungen des Geschmacksmusters als von Anfang als nicht eingetreten. Die Feststellung der Nichtigkeit kann auch noch nach Ablauf der Schutzdauer oder nach Verzicht auf das Muster erfolgen.

299a 2. Kollision mit anderen Schutzrechten (ältere Rechte), § 34 GeschmMG

Die Einwilligung in die Löschung eines Geschmacksmusters kann verlangt werden, wenn

- es ein Zeichen mit Unterscheidungskraft verwendet und der Zeicheninhaber berechtigt ist, die Verwendung zu untersagen;
- es eine unerlaubte Benutzung eines durch das Urheberrecht geschützten Werkes darstellt;
- es in den Schutzbereich eines älteren Geschmacksmusters fällt, auch wenn das ältere Geschmacksmuster zum Anmeldtag des jüngeren Geschmacksmusters noch nicht offenbart wurde.

Der Anspruch auf Löschung kann nur vom Inhaber des älteren Rechtes geltend gemacht werden.

299b 3. Löschung des Musters im Register

Nach § 36 GeschmMG wird eine Eintragung im Register gelöscht,

- wenn die Schutzdauer abgelaufen ist;
- bei Verzicht auf Antrag des Rechtsinhabers; sollte ein Verfahren nach § 9 GeschmMG durchgeführt worden sein, ist die Zustimmung des Klägers erforderlich;
- bei Antrag eines Dritten, wenn dieser eine öffentliche oder öffentlich beglaubigte Urkunde vorlegt, aus der sich ergibt, dass der Musterinhaber verzichtet hat;
- wenn das Geschmacksmuster nach § 9 oder § 34 GeschmMG zu löschen ist;
- wegen Nichtigkeit bei Vorlage eines rechtskräftigen Urteils.

Bei teilweisem Verzicht auf das Geschmacksmuster oder teilweiser Löschbarkeit des Geschmacksmusters erfolgt statt der Löschung eine entsprechende Eintragung ins Register.

300 G. Wirkung des Schutzrechts

Nach § 37 GeschmMG erstreckt sich der Schutz auf diejenigen Merkmale der Erscheinungsform eines Geschmacksmusters, die in der Anmeldung sichtbar wieder gegeben werden. Daraus folgt die Bedeutung der Wiedergabe des zu schützenden Musters in der Musteranmeldung.

Das Geschmacksmuster gewährt seinem Inhaber das ausschließliche Recht, es zu benutzen und Dritten zu verbieten, es ohne seine Zustimmung zu benutzen. Weiterhin sind in § 38 GeschmMG die wichtigsten Benutzungshandlungen aufgeführt, die der Rechtsinhaber Dritten verbieten kann. Schließlich ergeben sich aus §§ 40, 41 GeschmMG Beschränkungen des Rechtes am Geschmacksmuster.

I. Benutzungshandlungen 301

Nach § 38 Abs. 1 GeschmMG sind dem Geschmacksmusterinhaber insbesondere die folgenden Verwertungshandlungen vorbehalten, die er einem Dritten verbieten kann:

- das Herstellen,
- das Anbieten,
- das in Verkehr bringen,
- das Gebrauchen,
- die Einfuhr,
- die Ausfuhr

eines Erzeugnisses, in das das Geschmacksmuster aufgenommen worden ist oder bei dem es verwendet wird. Weiterhin kann der Besitz eines solchen Erzeugnisses zu den oben genannten Zwecken verboten werden.

Wird nach § 21 GeschmMG ein Antrag auf Aufschiebung der Bekanntmachung eines Geschmacksmusters gestellt, ist während der Aufschiebungszeit das Geschmacksmuster nur gegen Nachahmung durch Dritte geschützt.

II. Schutzbereich (Schutzumfang), § 38 Abs. 2 GeschmMG 302

Der Schutzumfang eines Geschmacksmuster erstreckt sich auf jedes Muster, das beim informierten Benutzer keinen anderen Gesamteindruck erweckt. Dabei wird der Grad der Gestaltungsfreiheit des Entwerfers bei der Entwicklung des Geschmacksmusters berücksichtigt.

Der informierte Benutzer ist ein mit einem gewissen Maß an Kenntnissen und Designbewusstsein ausgestatteter Durchschnittsbetrachter, nicht aber ein Designexperte.

III. Beschränkungen der Rechte aus dem Geschmacksmuster 303

1. Beschränkungen nach § 40 GeschmMG

Rechte aus einem Geschmacksmuster können nicht geltend gemacht werden gegenüber

- Handlungen im privaten Bereich zu nicht gewerblichen Zwecken;
- Handlungen zu Versuchszwecken;
- Wiedergaben zum Zwecke der Zitierung oder der Lehre, wenn die Wiedergabe den Gepflogenheiten des redlichen Geschäfteverkehrs entspricht, die normale Verwertung des Geschmacksmusters nicht über Gebühr beeinträchtigt wird und die Quelle angegeben wird;
- Einrichtungen in Schiffen und Luftfahrzeugen, die nur vorübergehend in das Inland gelangen;
- der Einfuhr von Ersatzteilen und von Zubehör für die Reparatur sowie für die Durchführung von Reparaturen an Schiffen und Luftfahrzeugen, die nur vorübergehend ins Inland gelangen.

303 a **2. Vorbenutzungsrecht, § 41 GeschmMG**

Verwertungsechte aus einem Geschmacksmuster können nicht geltend gemacht werden gegenüber einem Dritten, der vor dem Anmeldetag

- im Inland ein identisches Muster in Benutzung genommen hat oder dazu wirkliche und ernsthafte Anstalten getroffen hat;
- unabhängig vom Geschmacksmuster sein Muster entwickelt hat;
- sein Muster gutgläubig in Benutzung genommen hat oder ernsthafte und wirkliche Anstalten dazu getroffen hat.

Der Dritte darf dann sein Muster verwerten, aber keine Lizenzen erteilen. Die Übertragung kann nur mit dem Unternehmensteil erfolgen, in dessen Rahmen die Benutzung erfolgte oder die Veranstaltungen getroffen worden sind.

303 b **3. Erschöpfung, § 48 GeschmMG**

Ein Recht aus dem Geschmacksmuster kann nicht geltend gemacht werden, wenn das das Geschmacksmuster enthaltende Erzeugnis vom Geschmacksmusterinhaber selbst oder mit dessen Genehmigung in einem Mitgliedsstaat der EU oder in einem Vertragsstaat des Europäischen Wirtschaftsraums in Verkehr gebracht worden ist.

304

IV. Verletzungsverfahren – Besonderheiten

Im Verletzungsverfahren kann geltend gemacht werden, dass das Geschmacksmuster nicht schutzfähig ist. Nach § 39 GeschmMG ist dabei zunächst davon auszugehen, dass die an die Rechtsgültigkeit des Geschmacksmusters zu stellenden Anforderungen erfüllt sind.

Kapitel 5. Gesetz über den Schutz von Marken und sonstigen Kennzeichen (MarkenG) 310

Gegenstand des Kapitels 5 ist das Markengesetz, das nach § 1 MarkenG 311 neben dem Schutz von Marken auch den Schutz von geschäftlichen Bezeichnungen und geografischen Herkunftsangaben regelt (zusammenfassend Kennzeichen genannt). Dementsprechend wird das Kapitel eingeteilt in Abschnitte, von denen

- Abschnitt 1 das Anwendungsgebiet des MarkenG behandelt;
- Abschnitt 2 das Markenrecht darstellt;
- Abschnitt 3 das Recht der geschäftlichen Bezeichnung erläutert;
- Abschnitt 4 das Recht der geografischen Herkunftsangabe bespricht;
- Abschnitt 5 sich mit der Benutzung der geschützten Kennzeichen durch Dritte (Verletzungsrecht) beschäftigt.

Abschnitt 1. Anwendungsgebiet des MarkenG 312

In Abschnitt 1 werden Gemeinsamkeiten des Kennzeichenrechtes, Gesetze und Vorschriften des Kennzeichenrechts, der Anwendungsbereich des Markengesetzes, die Kollision von Kennzeichenrechten und Grundbegriffe des Kennzeichenrechtes dargestellt.

A. Allgemeines zum Kennzeichenrecht

Zum Kennzeichenrecht werden gesetzliche Bestimmungen gerechnet, 313 die sich mit dem Schutz von zur Kennzeichnung von natürlichen oder juristischen Personen, von Unternehmen oder Geschäftsbetrieben, aber auch von Waren oder Dienstleistungen verwendeten Bezeichnungen beschäftigen.

Zu diesen Bestimmungen gehören

→ das Namensrecht, § 12 BGB; der Name dient zur Unterscheidung von Personen;

→ die Vorschriften über die Firma, §§ 17 ff. HGB, die zur Unterscheidung von Kaufleuten dient;

→ die Vorschriften des Markengesetzes, diese regeln

- das **Recht der Marke:** die Marke dient zur Unterscheidung von Waren/Dienstleistungen eines Unternehmens von denen anderer Unternehmen, § 3 MarkenG;
- das **Recht der geschäftlichen Bezeichnung:** diese dient zur Kennzeichnung von Unternehmen oder Werken, § 5 MarkenG;
- das **Recht der geografischen Herkunftsangabe:** sie dient zur Kennzeichnung der geografischen Herkunft von Waren/Dienstleistungen, § 126 MarkenG.

314 B. Das Markengesetz

315 Im folgenden wird in erster Linie auf das Markengesetz eingegangen.

Zu beachten ist, dass das Markengesetz am 1. 1. 1995 in der jetzigen Fassung in Kraft getreten ist. Vor diesem Zeitpunkt war das Recht der Marken im Warenzeichengesetz geregelt, das Recht der geschäftlichen Bezeichnungen in § 16 a. F. UWG, das Recht der geografischen Herkunftsangabe in § 3 a. F. UWG, die unlautere Rufausbeutung und Rufschädigung einer bekannten Bezeichnung in § 1 a. F. UWG; Ansprüche zur Verhinderung der Verwässerung einer bekannten Bezeichnung wurden nach § 12 BGB oder § 1 a. F. UWG bzw. § 823 BGB behandelt. Diese Änderungen der Gesetze sind zu beachten, wenn Entscheidungen vor 1995 herangezogen werden.

Die Übergangsvorschriften des Markengesetzes ergeben sich aus den §§ 152–164 MarkenG. Danach gilt grundsätzlich, dass das Markengesetz

- auf Marken anwendbar ist, die vor dem 1. 1. 1995 angemeldet oder eingetragen worden sind;
- auf Marken anwendbar ist, die durch Benutzung im geschäftlichen Verkehr erworben worden sind;
- auf geschäftliche Bezeichnungen anwendbar ist, die vor dem 1. 1. 1995 geschützt waren.

Ausnahmen von diesem Grundsatz sind den §§ 153–164 MarkenG zu entnehmen.

Da die materiellen Vorschriften des Markenrechtes (nicht der geschäftlichen Bezeichnung und der geografischen Herkunftsangabe) auf Regelungen der Markenrechtsrichtlinie 89/104/EWG beruhen, ist bei der Auslegung des materiellen Markenrechtes auf die Markenrechtsrichtlinie Rücksicht zu nehmen, insbesondere auf die Rechtsprechung des EuGH zur Markenrechtsrichtlinie.

316 Neben den Vorschriften des Markengesetzes bleiben jedoch Vorschriften anderer Gesetze, die ebenfalls den Schutz von Kennzeichen zum Gegenstand haben, weiterhin anwendbar, sofern die Sachverhalte nicht von den Spezialvorschriften des MarkenG erfasst werden (BGH GRUR 99,

992 – BIG PACK). Beispiele sind § 12 BGB, § 242 BGB (Verwirkung eines Anspruchs) oder §§ 3, 5 UWG, vgl. § 2 MarkenG.

In der folgenden Tabelle 2 sind die unterschiedlichen Arten von Kennzeichen des MarkenG aufgelistet und angegeben, welche Voraussetzungen für das Entstehen des Schutzes erfüllt sein müssen. 317

Zeichen wird im geschäftlichen Verkehr verwendet zu Kennzeichnung	**Kennzeichenart**	**Schutzvoraussetzung**
Von Waren oder Dienstleistungen	Marke	• Verfahren bei eingetragener Marke • Kein Verfahren bei Benutzungsmarke, aber Verkehrsgeltung erforderlich
Von Unternehmen oder deren Teile	Geschäftliche Bezeichnung • Unternehmenskennzeichen	• Kein Verfahren • Benutzungsaufnahme • Verkehrsgeltung bei mangelnder Unterscheidungskraft
Von Werken	Geschäftliche Bezeichnung • Werktitel	• Kein Verfahren • Benutzungsaufnahme • Verkehrsgeltung bei mangelnder Unterscheidungskraft
Der geografischen Herkunft von Waren oder Dienstleistungen	Geografische Herkunftsangabe	• Kein Verfahren • Registrierung bei der EG für Agrarerzeugnisse und Lebensmittel

Tabelle 2

Zeichen, die außerhalb des geschäftlichen Verkehrs verwendet werden, können nur nach § 12 BGB geschützt sein. Auf § 12 BGB wird nur am Rande eingegangen.

C. Erläuterung von Grundbegriffen

1. Bezeichnung oder Zeichen 318

Darunter werden alle Wort-, Bildzeichen, Kombinationen davon oder sonstige Zeichen verstanden, die zur Bezeichnung von Personen, Geschäftsbetrieben, Werken oder Waren/Dienstleistungen verwendet werden, unabhängig davon, ob sie geschützt sind.

2. Kennzeichen (formelle – sachliche) 319

Kennzeichen sind Bezeichnungen, die geeignet und bestimmt sind, Personen, Geschäftsbetriebe, Werke oder Waren/Dienstleistungen zu kennzeichnen oder zu individualisieren. Die Kennzeichen können in formelle Kennzeichenrechte und sachliche eingeteilt werden. Formelle Kennzeichenrechte entstehen nach Durchführung eines Verfahrens, Beispiel ist die eingetragene Marke. Sachliche Kennzeichenrechte entstehen i.d.R. durch Aufnahme der Benutzung des Kennzeichens, bei nicht unterscheidungskräftigen Bezeichnungen durch Erlangung der Verkehrsgeltung.

320 3. Im geschäftlichen Verkehr

Der Begriff wird weit ausgelegt. Darunter fällt jede geschäftliche Betätigung, auch die Tätigkeit der freien Berufe. Dabei kommt es auf die erkennbar nach außen tretende Zielrichtung des Handelnden an. Der Erwerber eines Gegenstandes in einer Internetaktion mit dem Ziel, diesen mit Gewinn weiterzuveräußern, handelt im geschäftlichen Verkehr, BGH GRUR 04, 863 – Internetversteigerung. Dient das Verhalten nicht der Förderung der eigenen oder einer fremden erwerbswirtschaftlichen oder sonstigen beruflichen Tätigkeit, scheidet ein Handeln im geschäftlichen Tätigkeit aus, BGH GRUR 02, 624 – shell.de. Der Gegensatz dazu ist die private Betätigung (BGH GRUR 87, 440 – Handtuchspender).

321 4. Benutzung

Die Benutzung einer Bezeichnung spielt im Kennzeichenrecht eine große Rolle. Das Kennzeichenrecht kann durch Benutzung entstehen und kann durch Nichtbenutzung wieder untergehen.

In § 26 MarkenG ist die Benutzung einer eingetragenen Marke definiert. Danach liegt eine Benutzung vor, wenn sie vom Markeninhaber ernsthaft für die Waren oder Dienstleistungen, für die sie eingetragen ist, benutzt worden ist. Dazu ist erforderlich, dass der Verkehr objektiv das Kennzeichen als einen zeichenmäßigen Hinweis auf die Herkunft der so bezeichneten Waren/Dienstleistungen aus einem bestimmten Unternehmen ansieht, BGH GRUR 95, 583 – Montana. Für die Frage der rechtserhaltenden Benutzung ist auf die im Verkehr übliche und wirtschaftlich sinnvolle Verwendung des Zeichens abzustellen, BGH PMZ 99, 367 – Honka.

Eine ausreichende Benutzung einer eingetragenen Marke erfordert nach § 26 MarkenG, dass

- sie als Marke verwendet wird, z.B. auf der Ware oder deren Aufmachung, in der Werbung;
- sie grundsätzlich in der eingetragenen Form benutzt wird. Eine Benutzung liegt auch dann vor, wenn die Marke in einer Form verwendet wird, die von der eingetragenen Form abweicht, soweit die Abweichungen den kennzeichnenden Charakter der Marke nicht verändern, BGH GRUR 97, 744 – ECCO; dies gilt auch dann, wenn die abweichende Form selbst als Marke eingetragen ist, BGH PMZ 01, 392 – Bit/Bud; BGH GRUR 00, 1038 – Kornkammer;
- sie für die eingetragenen Waren/Dienstleistungen verwendet wird;
- sie im Inland benutzt wird;
- sie ernsthaft benutzt wird, BGH PMZ 99, 367 – Honka; eine ernsthafte Benutzung erfordert, dass sie nicht allein zum Zweck der Wahrung der durch die Marke verliehenen Rechte erfolgt. Die Benutzung muss der Hauptfunktion der Marke entsprechen, dem Verbraucher oder Endabnehmer die Ursprungsidentität einer Ware oder Dienstleistung zu garantieren, indem ihm ermöglicht wird, diese ohne Verwechslungsgefahr von Waren oder Dienstleistungen anderer Unternehmen zu unterscheiden, EuGH GRUR 03, 425 – Ansul/Ajax;
- sie vom Inhaber oder mit dessen Zustimmung verwendet wird.

Eine Nichtbenutzung ist unschädlich, wenn sie gerechtfertigt ist, z.B. bei Arzneimitteln wegen der Länge des Zulassungsverfahrens (BGH PMZ 00, 318 – IMMUNE/IMUKIN), Unzumutbarkeit der Benutzung liegt aber dann nicht vor, wenn der Markeninhaber wegen einer Vereinbarung mit einem Dritten seine Marke nicht benutzen darf; BGH GRUR 97, 747 – Cirkulin.

Inwieweit die Benutzung der Marke für eine Ware/Dienstleistung auch weitere unter denselben Oberbegriff fallende Waren/Dienstleistungen erfasst, ist umstritten. Der BGH sieht weitere Waren/Dienstleistungen als benutzt an, die nach Auffassung des Verkehrs gemeinhin als zum gleichen Warenbereich/Dienstleistungsbereich gehörend angesehen werden (BGH GRUR 02, 62 – ISCO).

5. Unterscheidungskraft 322

Unterscheidungskraft einer Bezeichnung liegt vor, wenn diese geeignet ist, als kennzeichenmäßiger Hinweis auf die damit bezeichneten Waren/Dienstleistungen, Unternehmen, Werke im Verkehr aufgefasst zu werden, z.B. BGH PMZ 95, 193 – PROTECH.

6. Verwechslungsgefahr 323

Die Verwechslungsgefahr zwischen zwei Kennzeichen spielt im Kennzeichenrecht eine große Rolle. Sie liegt vor,

- wenn die von den Kennzeichen angesprochenen Verkehrskreise sie nicht auseinanderhalten können;
- wenn die Verkehrskreise die Kennzeichen zwar unterscheiden können, jedoch wegen der Ähnlichkeit der Kennzeichen glauben, sie seien demselben Unternehmen zugeordnet;
- wenn die Verkehrskreise wegen der Ähnlichkeit der Kennzeichen glauben, sie seien organisatorisch oder wirtschaftlich zusammenarbeitenden Unternehmen zugeordnet; diese Art der Verwechslungsgefahr ist nur bei geschäftlichen Bezeichnungen anzuwenden.

Näheres zur Verwechslungsgefahr ist unter RdNr. 502ff. zu finden.

7. Ähnlichkeit von Waren/Dienstleistungen 324

Der Begriff „Ähnlichkeit von Waren/Dienstleistungen" ist im Markenrecht an die Stelle des früheren Begriffes „Gleichartigkeit der Waren/Dienstleistungen" getreten. Diese Änderung im Markengesetz hat zur Folge, dass die Ähnlichkeit der Waren/Dienstleistungen eine Teilfrage neben dem Gesamteindruck und der Kennzeichnungskraft der Marke bei der Prüfung auf Verwechslungsgefahr ist; BGH Mitt. 95, 110 – Oxygenol II. Zur Feststellung der Ähnlichkeit von Waren/Dienstleistungen wird die Art der Waren/Dienstleistungen, ihr Verwendungszweck und ihre Nutzung sowie ihre Eigenart als miteinander konkurrierende oder einander ergänzende Waren/Dienstleistungen berücksichtigt (BGH PMZ 99, 324 – Canon II; BGH PMZ 99, 114 – Libero; BGH PMZ 99, 192 – Tiffany; BGH GRUR 04, 594 – Ferrari-Pferd). Weiterhin kann untersucht werden, ob die Waren aus demselben Herstellerbetrieb stammen, denselben Vertriebsweg nehmen, in den Verkaufsstätten aufeinandertreffen, sich an denselben Kundenkreis richten. Die reichhaltige Rechtsprechung und Praxis zur Warengleichartigkeit kann zwar als Hilfe für diese Untersuchung herangezogen werden, sie kann jedoch nicht übernommen werden, BGH GRUR 98, 925 – Bisothermstein.

Dabei kann auch eine Ähnlichkeit zwischen Waren und Dienstleistungen gegeben sein, wenn der Verkehr der Fehlvorstellung unterliegt, der Hersteller der Waren tritt auch mit Dienstleistungen im Zusammenhang mit den Waren auf (BGH PMZ 00, 22 – PAPPAGALLO; BGH GRUR 02, 546 – Bank 24).

325 **8. Verkehrsgeltung – Verkehrsdurchsetzung**

Ein sachliches Kennzeichenrecht entsteht entweder, wenn das Zeichen unterscheidungskräftig ist, durch Benutzungsaufnahme, sonst wenn das Zeichen Verkehrsgeltung erreicht hat. Die absoluten Schutzhindernisse nach § 8 Abs. 2 Nr. 1–3 MarkenG, die der Eintragung eines Zeichens als Marke entgegenstehen, können überwunden werden, wenn sich das Zeichen als Kennzeichen für Waren/Dienstleistungen durchgesetzt hat. Die Feststellung der Verkehrsgeltung bzw. Verkehrsdurchsetzung hängt vom jeweiligen Einzelfall ab. Jedoch ist der Bekanntheitsgrad für die Verkehrsdurchsetzung höher anzusetzen (da ein Schutzhindernis zu überwinden ist) als bei der Verkehrsgeltung. Maßgebend ist der Bekanntheitsgrad in den Verkehrskreisen, an die sich das Zeichen wendet (Anhaltspunkt für Verkehrsgeltung: ca. > 20%; für Verkehrsdurchsetzung: ca. > 50%, BGH GRUR 01, 1043 – Reich und Schön; BGH GRUR 04, 151 – Farbmarkenverletzung I).

326

D. Kollision von Kennzeichen

Wenn mehrere Kennzeichen (§§ 3, 5, 13 MarkenG) aufeinander treffen, dann bestimmt sich der Vorrang der Rechte in der Regel entsprechend § 6 MarkenG nach dem Zeitrang der Kennzeichen. Das Kennzeichen mit dem ältesten Zeitrang dringt im Kollisionsgebiet durch. Der Zeitrang wird bestimmt durch

- den Anmeldetag oder Prioritätstag bei eingetragenen Marken;
- den Zeitpunkt des Erwerbs des Rechtes, also den Zeitpunkt der Benutzungsaufnahme bei unterscheidungskräftigen Bezeichnungen, sonst den Zeitpunkt des Erreichens der Verkehrsgeltung.

Bei Kennzeichen von gleichem Zeitrang entstehen gleichrangige Rechte, und es können keine Ansprüche gegeneinander geltend gemacht werden. Dabei ist der Tag die kleinste Zeiteinheit, § 6 MarkenG.

Da der Erwerb des Rechtes bei geschäftlichen Bezeichnungen oder nicht eingetragenen Marken von der Benutzungsaufnahme oder Verkehrsgeltung abhängt, die zunächst räumlich beschränkt sein kann, die Verwendung dieses Kennzeichens räumlich aber ausgedehnt werden kann, ist es möglich, dass ein prioritätsälteres Kennzeichen mit einem prioritätsjüngeren Kennzeichen kollidiert in einem Bereich, in dem bisher nur das prioritätsjüngere Kennzeichen bestand. In diesem Fall dringt in diesem Bereich das prioritätsjüngere Kennzeichen durch (BGH GRUR 93, 923 – Pic Nic).

Beispiel:

A benutzt seinen Firmennamen F1 seit 1980 bisher ausschließlich in Bayern. Ab 1994 tritt er unter seinem Firmennamen auch in Bremen auf. Dort ist der B unter seinem mit F1 verwechselbaren Firmennamen F2 seit 1990 tätig. B hat zwar das prioritätsjüngere Kennzeichen, nicht jedoch für Bremen und Umgebung. Dort hat er sein Kennzeichenrecht F2 früher erworben als A. Hier zeigt sich ein Vorteil der eingetragenen Marke, deren Schutz immer im ganzen Inland besteht, unabhängig davon, ob sie zunächst benutzt wird oder nicht (allerdings wird die eingetragene Marke bei mangelnder Benutzung löschungsreif).

Wird ein Kennzeichen im Laufe seiner Benutzung geändert, z.B. modernisiert, kann das dazu führen, dass der ursprüngliche Zeitrang verloren geht und ein neuer Zeitrang entsteht, mit der Folge, dass ein zwischen dem alten und dem neuen Zeitrang entstandenes Kennzeichenrecht eines anderen Unternehmens prioritätsälter ist, BGH GRUR 73, 661 – Metrix. **327**

Zu beachten ist bei der Kollision von Kennzeichen, dass bei Zwangsnamen (bürgerlicher Name) und Namensgleichheit die geschilderten Verhältnisse nicht gelten. Die Benutzung des Zwangsnamens ist erlaubt, auch wenn dadurch ein Konflikt mit einem älteren Kennzeichen entsteht. Allerdings muss für diesen Fall die später den Geschäftsbetrieb unter dem Namen aufnehmende Person durch zumutbare Zusätze zum Namen die Verwechslungsgefahr verringern (Recht der Gleichnamigen). Gleiche Verhältnisse gelten für geschäftliche Bezeichnungen, die vor der Teilung demselben Unternehmen, nach der Teilung unterschiedlichen Unternehmen zustanden und die sich nach der Wiedervereinigung gemäß dem ErstrG auf das ganze Bundesgebiet erstrecken. Dieser Kollisionsfall ist nach den zum Recht der Gleichnamigen entwickelten Grundsätzen zu lösen; BGH GRUR 95, 754 – Altenburger Spielkartenfabrik. **328**

Abschnitt 2. Recht der Marke **329**

A. Allgemeines und Übersichtstabelle

In Abschnitt 2 wird das Recht der Marke behandelt, wobei die eingetragene Marke im Mittelpunkt steht, jedoch wird auch die nicht eingetragene Marke und die bekannte Marke behandelt. In der folgenden Übersichtstabelle ist jedoch nur die eingetragene Marke aufgenommen.

I. Übersichtstabelle

330

Schutzgegenstand	**Zeichen, das zur Unterscheidung von Waren/Dienstleistungen eines Unternehmens von denen eines anderen Unternehmens geeignet ist**
Schutzvoraussetzung (Sachlich)	• **Unterscheidungskraft** • **Fehlen der absoluten Schutzhindernisse**
Rechtsinhaber	• **Anmelder** der Marke • **Rechtsnachfolger**
Verfahren zum Schutzrecht (formelle Schutzvoraussetzungen)	**Einreichung** einer **Anmeldung** aus • Angabe des Anmelders • Wiedergabe des zu schützenden Zeichens • Verzeichnis der Waren/Dienstleistungen **DPMA** prüft die formellen und sachlichen Schutzvoraussetzungen und trägt bei deren Vorliegen das Zeichen in das Register ein
Bestand des Schutzrechtes	**Schutz entsteht mit Eintragung der Marke in das Markenregister.** **Schutz endet ex nunc** • bei Verzicht • bei Nichtentrichtung der Verlängerungsgebühren • bei erfolgreichem Verfallsverfahren **Schutzrecht erlischt ex tunc** bei erfolgreichem • Widerspruchsverfahren • Nichtigkeitsverfahren
Wichtigste Wirkungen des Schutzrechtes	**Verbot im geschäftlichen Verkehr** der Benutzung • von identischen Drittzeichen für identische Waren/Dienstleistungen • von identischen oder ähnlichen Drittzeichen für identische oder ähnliche Waren/Dienstleistungen bei Vorliegen von Verwechslungsgefahr • bei bekannter Marke von Drittzeichen, die die Wertschätzung oder Unterscheidungskraft der Marke auf unlautere Weise beeinträchtigen oder ausnutzen

II. Rechtsquellen 331

Die wichtigsten Rechtsquellen sind:

1. National 332

- Das Markengesetz, genauer das Gesetz zur Reform des Markenrechts und zur Umsetzung der ersten Richtlinie 89/104/EWG des Rates vom 21. Dezember 1988 zur Angleichung der Rechtsvorschriften der Mitgliedsstaaten über die Marken (Markenrechtsreformgesetz).
- Die Verordnung zur Ausführung des Markengesetzes (MarkenV).
- Die EG-Richtlinie 89/104/EWG (Markenrechtsrichtlinie); sie war die Grundlage der Gestaltung des sachlichen Rechtes der Marke im Markengesetz. Bei der Auslegung des sachlichen Rechtes sind somit die Richtlinie und deren Erwägungsgründe zu beachten. Da Ziel der Richtlinie die Angleichung der Rechtsvorschriften in der EU ist, um eine Behinderung des freien Warenverkehrs und Dienstleistungsverkehrs zu vermeiden, sind Auslegungsprobleme letztlich vom EuGH zu klären.
- Die Verordnung Nr. 2081/92 des Rates zum Schutz von geografischen Angaben und Ursprungsbezeichnungen für Agrarerzeugnisse und Lebensmittel.
- Das Erstreckungsgesetz (ErstrG); es regelt in den §§ 1, 4 ErstrG grundsätzlich, dass Marken eines Vereinigungsgebietes sich in das jeweilige andere Vereinigungsgebiet erstrecken. Bei Kollision zweier Marken oder von Marken mit sonstigen Kennzeichenrechten, darf die Marke in dem Gebiet, auf das sie erstreckt worden ist, nur mit Zustimmung des Inhabers des Kennzeichenrechtes des jeweiligen anderen Vereinigungsgebietes benutzt werden, § 30 ErstrG.
- Patentkostengesetz, (§ 64a MarkenG), dieses enthält die im Verfahren anfallenden Gebühren.
- TRIPS, Art. 15–21.

2. International 333

- Die PVÜ (siehe RdNr. 47). Neben dem Prioritätsrecht (Art. 4 PVÜ) sind in der PVÜ in den Art. 6–10 noch weitere Regelungen enthalten, die von den Verbandsländern zu beachten sind.
- Das Madrider Markenabkommen (MMA) und das Protokoll zum Madrider Markenabkommen (PMMA), nach denen mit einer einzigen Anmeldung bei der WIPO eine Registrierung einer Marke in einer Mehrzahl von Staaten erreicht werden kann (siehe Anhang RdNr. 915).
- Verordnung (EG) Nr. 40/94 des Rates über die Gemeinschaftsmarke (GMVO), siehe Anhang RdNr. 920.
- Verordnung (EG) Nr. 2868/95 der Kommission zur Durchführung der Verordnung Nr. 40/94 (GM-DVO).

333 a
III. Aufgabe des Markenrechtes

Nach EuGH GRUR 03, 57 – Arsenal FC ist das Markenrecht ein wesentlicher Bestandteil des Systems des unverfälschten Wettbewerbs, das der EG-Vertrag schaffen und erhalten will. Die Unternehmen müssen in diesem System in der Lage sein, die Kunden durch die Qualität ihrer Waren oder Dienstleistungen an sich zu binden, was Kennzeichen voraussetzt, mit denen sich diese identifizieren lassen. Die Hauptfunktion der Marke besteht deshalb darin, dem Verbraucher die Ursprungsidentität der durch die Marke gekennzeichneten Waren oder Dienstleistungen zu garantieren (Herkunftsgarantie). Dem Verbraucher muss es möglich sein, diese Waren oder Dienstleistungen ohne Verwechslungsgefahr von denen anderer Herkunft (Unternehmen) zu unterscheiden. Die Marke muss die Gewähr bieten, dass die Waren oder Dienstleistungen, die sie kennzeichnet, unter der Kontrolle eines einzigen Unternehmens hergestellt oder erbracht worden sind, das für ihre Qualität verantwortlich gemacht werden kann.

Der Markeninhaber muss vor Konkurrenten geschützt werden, die unter Missbrauch der Stellung und des guten Rufs der Marke widerrechtlich mit dieser Marke versehene Waren veräußern. Umgekehrt muss die Ausübung des Markenrechtes auf Fälle beschränkt bleiben, in denen die Benutzung des Zeichens durch einen Dritten die Funktionen der Marke, insbesondere die Herkunftsfunktion, beeinträchtigt oder beeinträchtigen könnte. Dies wäre z.B. nicht der Fall, wenn das Marke zu rein beschreibenden Zwecken verwendet würde.

IV. Die unterschiedlichen Markenarten

334
1. Die Markenarten des MarkenG

Das MarkenG enthält das Recht der eingetragenen, der nicht eingetragenen und der bekannten Marke. Diese unterscheiden sich insbesondere durch die Voraussetzungen des Entstehens des Schutzes und den territorialen Bereich der Wirkung des Schutzes.

335
2. Die eingetragene und nicht eingetragene Marke

a) Entstehen des Schutzes

Der Schutz entsteht nach § 4 MarkenG

- durch Eintragung des Zeichens in das Markenregister (= eingetragene Marke), die durch das DPMA nur erfolgt, wenn die Voraussetzungen des Schutzes, insbesondere nach den §§ 3, 7, 8 MarkenG, vorliegen;
- bei Benutzung des Zeichens zu dem Zeitpunkt, an dem das Zeichen innerhalb beteiligter Verkehrskreise als Marke (zur Unterscheidung von

Waren/Dienstleistungen) Verkehrsgeltung erlangt hat (= nicht eingetragene Marke oder Benutzungsmarke); BGH GRUR 04, 151- Farbmarkenverletzung I;

- bei notorischer Bekanntheit des Zeichens entsprechend Art. 6bis Abs. 1 PVÜ zu dem Zeitpunkt, zu dem das Zeichen nach allgemeiner Kenntnis der beteiligten inländischen Verkehrskreise als Marke für Waren oder Dienstleistungen benutzt wird.

b) Wirkung des Schutzes **336**

Der Schutz kann geltend gemacht werden gegen Benutzung eines mit der geschützten Marke identischen oder ähnlichen Zeichens für identische oder ähnliche Waren oder Dienstleistungen, sofern Verwechslungsgefahr besteht, § 14 Abs. 2 Nr. 1 und 2 MarkenG. Der territoriale Bereich der Wirkung ist bei der eingetragenen Marke das ganze Inland, bei der nicht eingetragenen Marke der Bereich, in dem das Zeichen Verkehrsgeltung erreicht hat.

3. Bekannte Marke **337**

Die eingetragene und nicht eingetragene Marke kann eine im Inland bekannte Marke sein, dann kann der Schutz geltend gemacht werden gegen die Benutzung eines identischen oder ähnlichen Zeichens für Waren oder Dienstleistungen, ohne dass Verwechslungsgefahr besteht, wenn die Unterscheidungskraft oder Wertschätzung der Marke auf unlautere Weise ausgenutzt oder beeinträchtigt wird, § 14 Abs. 2 Nr. 3 (EuGH GRUR 03, 240 – Davidoff/Gofkid).Weitere Ausführungen sind unter RdNr. 512 zu finden.

V. Das Recht der eingetragenen Marke

Die eingetragene Marke ist ein förmliches Recht, das im Kennzei- **338**
chenrecht eine große Rolle spielt, da hier der Schutz für das ganze Inland bereits mit der Eintragung der Marke in das Markenregister entsteht. Voraussetzung ist die Einreichung einer Markenanmeldung beim DPMA, die die Anforderungen des Markengesetzes erfüllt. Nicht erforderlich ist dagegen, dass die Benutzung des Zeichens bereits aufgenommen worden ist oder ein Geschäftsbetrieb besteht (im Gegensatz zu früherem Recht vor dem 1. 5. 1992, bei dem das Zeichen an einen Geschäftsbetrieb gebunden war). Es ist somit möglich, Marken auf Vorrat zu erlangen, die später verkauft, lizenziert oder auch selbst verwendet werden können. Ein Benutzungswille ist jedoch erforderlich, es handelt sich dabei um eine allgemeine Schutzvoraussetzung für das Entstehen des Markenrechtes, die sich aus dem Wesen der Marke als eines Unterscheidungszeichens ergibt (BGH PMZ 01, 100 – Classe E), so dass eine bösgläubig eingereichte Anmel-

dung, die nur getätigt wird, um einen Unterlassungsanspruch oder Schadensanspruch gegen Dritte durchzusetzen, nicht eingetragen werden darf bzw. wenn sie eingetragen wurde, wieder gelöscht werden kann. Wird die Benutzung nicht aufgenommen, ist die Marke nach Ablauf einer Frist der Nichtbenutzung von fünf Jahren nach Eintragung bzw. nach Abschluss eines evtl. Widerspruchsverfahrens löschbar (Benutzungszwang).

339 Das MarkenG beschäftigt sich in einem großen Teil seiner Vorschriften mit dem Recht der angemeldeten und eingetragenen Marke, insbesondere sind geregelt

- → die Schutzvoraussetzungen, die ein Zeichen erfüllen muss, um eingetragen werden zu können, §§ 3, 7, 8 MarkenG;
- → die Voraussetzungen der Eintragung für Kollektivmarken, §§ 97–106 MarkenG;
- → das Eintragungsverfahren vor dem DPMA, in dem das Zeichen auf Eintragbarkeit, insbesondere die Schutzvoraussetzungen §§ 3, 7, 8 MarkenG, geprüft wird, §§ 32–41 MarkenG;
- → die Behandlung von eingetragenen Marken, §§ 45–47 MarkenG;
- → die Voraussetzungen und Folgen der Kollision einer eingetragenen Marke mit anderen Kennzeichenrechten und sonstigen älteren Rechten, §§ 9–13 MarkenG;
- → das Widerspruchsverfahren, in dem geprüft wird, ob eine Kollision zweier eingetragener Marken vorliegt und ob eine Marke weichen muss; diese Überprüfung erfolgt nur auf Antrag, §§ 42–44 MarkenG;
- → das Löschungsverfahren, in dem eine bereits eingetragene Marke insbesondere daraufhin überprüft wird, ob die Schutzvoraussetzungen oder kollidierende ältere Rechte anderer vorliegen und in Abhängigkeit des Prüfungsergebnisses die Marke gelöscht werden muss; dieses Verfahren wird in der Regel nur auf Antrag eines Dritten durchgeführt, §§ 48–55 MarkenG;
- → die Vorschriften für die Durchführung des Verfahrens vor dem DPMA, BPatG und BGH, §§ 56–96 MarkenG;
- → der Schutz von Marken nach dem Madrider Markenabkommen und nach dem Protokoll zum Madrider Markenabkommen, §§ 107–125 MarkenG;
- → die nationale Behandlung von Gemeinschaftsmarken, §§ 125a–125h.

340 VI. Kurzdarstellung des Rechts der eingetragenen Marke

341 1. Schutzgegenstand, § 3 MarkenG

Eintragbar sind Zeichen jeglicher Art, die geeignet sind, Waren oder Dienstleistungen eines Unternehmens von denen anderer Unternehmen zu unterscheiden und die grafisch darstellbar sind, §§ 3, 8 MarkenG.

2. Sachliche Schutzvoraussetzungen 342

a) Absolute Schutzhindernisse

Zeichen sind von der Eintragung in das Markenregister ausgeschlossen, wenn eines der folgenden absoluten Schutzhindernisse vorliegt, § 8 MarkenG:

- Das Zeichen ist grafisch nicht darstellbar, § 8 Abs. 1 MarkenG.
- Fehlen jeglicher Unterscheidungskraft, § 8 Abs. 2 Nr. 1 MarkenG, überwindbar durch Verkehrsdurchsetzung, § 8 Abs. 3 MarkenG.
- Zur Bezeichnung der Merkmale und Eigenschaften von Waren oder Dienstleistungen erforderliche Zeichen, § 8 Abs. 2 Nr. 2 MarkenG; überwindbar durch Verkehrsdurchsetzung, § 8 Abs. 3 MarkenG.
- Gattungsbezeichnungen für Waren oder Dienstleistungen, § 8 Abs. 2 Nr. 3 MarkenG; überwindbar durch Verkehrsdurchsetzung, § 8 Abs. 3 MarkenG.
- Täuschungsgefahr über Merkmale oder Eigenschaften der Waren oder Dienstleistungen, § 8 Abs. 2 Nr. 4 MarkenG.
- Verstoss gegen die öffentliche Ordnung oder gegen die guten Sitten, § 8 Abs. 2 Nr. 5 MarkenG.
- Staatswappen, Staatsflaggen, staatliche Hoheitszeichen, Wappen von öffentlichen Körperschaften, § 8 Abs. 2 Nr. 6 MarkenG, es sei denn, die Führung des Zeichens ist befugt, § 8 Abs. 4 MarkenG.
- Amtliche Prüf- oder Gewährzeichen, die von der Eintragung ausgeschlossen sind, § 8 Abs. 2 Nr. 7 MarkenG; es sei denn, die Führung des Zeichens ist befugt, § 8 Abs. 4 MarkenG.
- Wappen, Flaggen, Siegel, Bezeichnungen von internationalen Organisationen, die von der Eintragung ausgeschlossen sind, § 8 Abs. 2 Nr. 8 MarkenG, es sei denn, die Führung des Zeichens ist befugt, § 8 Abs. 4 MarkenG.
- Zeichen, deren Benutzung im öffentlichen Interesse untersagt werden kann, § 8 Abs. 2 Nr. 9 MarkenG.
- Bösgläubig angemeldete Zeichen, § 8 Nr. 10 MarkenG.

b) Relative Schutzhindernisse 343

Eine Marke ist zu löschen, wenn ein relatives Schutzhindernis vorliegt. Dieses wird nur geprüft, wenn ein Dritter es geltend macht; relative Schutzhindernisse für eine eingetragene Marke sind:

- Eine identische Marke mit älterem Zeitrang, die für identische Waren/Dienstleistungen eingetragen ist, § 9 Abs. 1 Nr. 1 MarkenG.
- Eine identische oder ähnliche Marke mit älterem Zeitrang, die für identische oder ähnliche Waren oder Dienstleistungen registriert ist, sofern Verwechslungsgefahr besteht, § 9 Abs. 1 Nr. 2 MarkenG.
- Eine notorisch bekannte identische oder ähnliche Marke mit älterem Zeitrang, sofern Verwechslungsgefahr besteht, § 10 MarkenG.
- Wenn sie eine Agentenmarke ist, § 11 MarkenG.
- Eine identische oder ähnliche nicht eingetragene Marke oder geschäftliche Bezeichnung mit älterem Zeitrang, wenn diese berechtigt, die Benutzung der Marke im gesamten Inland zu untersagen, § 12 MarkenG.
- Ein sonstiges Recht mit älterem Zeitrang, § 13 MarkenG, wenn dieses berechtigt, die Benutzung der Marke im gesamten Inland zu untersagen.
- Eine identische oder ähnliche Marke mit älterem Zeitrang, wenn die ältere Marke eine im Inland bekannte Marke ist und die Benutzung der jüngeren Marke die Unterscheidungskraft oder Wertschätzung der bekannten Marke in unlauterer Weise ausnutzt oder beeinträchtigt, § 9 Abs. 1 Nr. 3 MarkenG.

344 **3. Rechtsinhaber**

Inhaber einer eingetragenen Marke kann sein, § 7 MarkenG

- eine natürliche Person;
- eine juristische Person;
- eine Personengesellschaft, die Rechte erwerben und Verbindlichkeiten eingehen kann.

345 **4. Formelle Schutzvoraussetzungen – Verfahren zur Marke**

a) Eintragungsverfahren

aa) Es muss eine Markenanmeldung beim DPMA eingereicht werden, § 32 MarkenG.

bb) Das DPMA prüft die Markenanmeldung auf formelle Mängel und absolute Schutzhindernisse, §§ 33–41 MarkenG.

cc) Entscheidung des DPMA

- Eintragung ins Markenregister, § 41 MarkenG;
- Zurückweisung der Anmeldung nach § 37 MarkenG.

b) Rechtsmittelverfahren

aa) Überprüfung des Beschlusses des DPMA durch BPatG in sachlicher und rechtlicher Hinsicht, §§ 66–82 MarkenG.

bb) Überprüfung des Beschlusses des BPatG in rechtlicher Hinsicht durch BGH bei zulässiger Einlegung der Rechtsbeschwerde, §§ 83–90 MarkenG.

346 **5. Bestand des Rechtes**

Das Markenrecht entsteht mit Eintragung ins Markenregister, § 4 MarkenG.
Das Markenrecht erlischt:

a) durch Nichtzahlung der Aufrechterhaltungsgebühr ex nunc, § 47 MarkenG;

b) durch Verzicht ex nunc, § 48 MarkenG;

c) auf Grund eines erfolgreichen Widerspruchsverfahrens ex tunc.
Widerspruchsgründe sind § 9 Abs. 1 Nr. 1 und 2 MarkenG; §§ 10, 11 MarkenG.

d) durch Verfall ab Erhebung der Löschungsklage oder evtl. ab Vorliegen des Verfallsgrundes ex nunc, § 52 MarkenG.
Verfallsgründe sind nach § 49 MarkenG:
- mangelnde Benutzung;
- Entwicklung der Marke zur Gattungsbezeichnung;
- Entstehen von Täuschungsgefahr;
- Wegfall der Rechtsinhaberschaft nach § 7 MarkenG.

e) durch Nichtigerklärung ex tunc, § 52 MarkenG
Nichtigkeitsgründe sind nach §§ 50, 51 MarkenG:
- mangelnde Markeneigenschaft nach § 3 MarkenG;
- mangelnde Rechtsinhaberschaft nach § 7 MarkenG;
- absolute Schutzhindernisse nach § 8 MarkenG;
- Bestehen älterer Rechte nach § 51 MarkenG.

347 **6. Wirkung der Markeneintragung**

Die Marke ist ein ausschließliches Recht, § 14 MarkenG, und berechtigt zur Untersagung der Benutzung im geschäftlichen Verkehr

- von mit der Marke identischen Zeichen für identische Waren/Dienstleistungen;
- von mit der Marke identischen oder ähnlichen Zeichen für identische oder ähnliche Waren oder Dienstleistungen bei Verwechslungsgefahr;
- bei im Inland bekannter Marke von mit der Marke identischen oder ähnlichen Zeichen bei Gefährdung der Unterscheidungskraft oder Wertschätzung der bekannten Marke in unlauterer Weise.

B. Schutzgegenstand 348

Marken sind Zeichen jeglicher Art, die geeignet sind, Waren oder Dienstleistungen eines Unternehmens von denjenigen anderer Unternehmen zu unterscheiden, § 3 MarkenG (zum Warenbegriff BGH GRUR 01, 732 – Baumeisterhaus). Diese sog. abstrakte Unterscheidungskraft ist unabhängig von den Waren/Dienstleistungen zu beurteilen, für die das Zeichen verwendet wird (BGH GRUR 04, 503 – Gabelstapler II). Weiterhin ist sie auch ohne Berücksichtigung der Person des Anmelders und Markeninhabers zu beurteilen. Maßgebend für die abstrakte Unterscheidungskraft ist die Auffassung des Verkehrs, der das Zeichen so aufnimmt, wie es ihm entgegentritt und es keiner analysierenden Betrachtung unterzieht und keine rechtlichen Erwägungen anstellt (BGH PMZ 01, 96 – SWISS ARMY). In § 3 MarkenG sind beispielhaft als markenfähige Zeichen aufgezählt: 349

- Wortzeichen, Buchstaben, Zahlen;
- Mehrwortzeichen;
- Bildzeichen z. B. Autofelge (BGH GRUR 97, 527 – Autofelge), Farben (BGH PMZ 99, 156 – Farbmarke gelb/schwarz);
- Kombinationszeichen aus Wort- und Bildbestandteilen;
- Dreidimensionale Gestaltungen;
- Hörzeichen.

Nicht als Marke geschützt sind Zeichen, die ausschließlich bestehen aus: 350

- Der Form, die durch die Art der Ware selbst bestimmt ist.
- Der Form, die zur Erreichung einer technischen Wirkung erforderlich ist; ein Zeichen, das ausschließlich aus der Form der Ware besteht, ist nicht eintragungsfähig, wenn nachgewiesen wird, dass die wesentlichen funktionellen Merkmale der Form nur der technischen Wirkung zuzuschreiben sind, EuGH GRUR 02 804 – Philips.
- Der Form, die der Ware einen wesentlichen Wert verleiht.

Bei diesen Zeichen würden, wenn ein Markenschutz möglich wäre, die angegebenen Eigenschaften der Waren mitgeschützt werden, z. B. würde die die technische Wirkung verursachende Form geschützt werden, für deren evtl. Schutz das Patentgesetz mit einer begrenzten Schutzdauer vorgesehen ist. Voraussetzung ist, dass nur eine Form technisch vorgegeben ist und die Mitbewerber keinen Gestaltungsspielraum mehr haben; BPatG Mitt. 98, 305 – Schutzfähigkeit eines Glasbehälters. Die Marke darf kein funktionell notwendiger Bestandteil der Ware sein. Sie muss über die technisch bedingte Grundform hinausreichende nicht technische Elemente aufweisen, die zumindest gedanklich von der Ware abstrahierbar sind und die die Identifizierungsform erfüllen können (BGH GRUR 04, 503 – Gabelstapler II)

351 Nach § 8 Abs. 1 MarkenG sind Zeichen dann eintragbar, wenn sie sich grafisch darstellen lassen und sie zur Unterscheidung der Herkunft von Waren oder Dienstleistungen geeignet sind. Der Schutzgegenstand wird in der Markenanmeldung definiert, die das Zeichen, aber auch ein Verzeichnis der Waren oder Dienstleistungen, für die das Zeichen eingetragen werden soll, enthält.

352 Für die nicht eingetragene Marke gelten ebenfalls die Voraussetzungen des § 3 MarkenG, für den Schutz hinzu kommen muss noch die Verkehrsgeltung innerhalb der Verkehrskreise, an die sich das Zeichen wendet.

353 Einen Sonderfall bilden die Kollektivmarken (früher Verbandszeichen) nach den §§ 97–106 MarkenG, die für rechtsfähige Verbände und juristische Personen des öffentlichen Rechtes eingetragen werden können.

Nach der Rechtsprechung und Rechtslehre muss eine Marke folgende Eigenschaften erfüllen:

354 • **Unterscheidungsfunktion, Herkunftsfunktion;** die Marke muss geeignet sein, Waren/Dienstleistungen eines Unternehmens von denen eines anderen Unternehmens zu unterscheiden, § 3 MarkenG.

355 • Nach der Markenrechtsrichtlinie soll insbesondere die Herkunftsfunktion der Marke gewährleistet werden (Richtlinie des Rates der EG Nr. 89/104 – Erwägungsgrund 10). Das Zeichen muss somit geeignet sein, auf einen Geschäftsbetrieb hinzuweisen (EuGH GRUR 03, 57 – Arsenal FC; EuGH GRUR 03, 145 – Sieckmann).

356 • **Selbständigkeit;** die Marke muss gegenüber der Ware, für die sie verwendet wird, selbständig sein; sie darf nicht die Ware selbst sein, BGH PMZ 99, 157 – Farbmarke gelb/schwarz; BGH GRUR 97, 527 – Autofelge.

357 • **Einheitlichkeit;** die Marke muss einen einheitlichen Charakter aufweisen; wenn ein Zeichen aus mehreren Bestandteilen besteht, müssen die Bestandteile als zusammengehörig erkennbar sein.

358 • **Garantiefunktion;** Die Marke muss die Gewähr bieten, dass die mit ihr versehenen Waren/Dienstleistungen unter der Kontrolle eines einzigen Unternehmens hergestellt oder erbracht worden sind, das für ihre Qualität verantwortlich gemacht werden kann, BGH PMZ 01, 97 – SWISS ARMY; EuGH GRUR 03, 57 – Arsenal FC.

C. Sachliche Schutzvoraussetzungen (eingetragene Marke) 359

I. Allgemeines

Ein Zeichen kann in das Markenregister durch das DPMA nur eingetragen werden, wenn der Anmelder berechtigt ist, nach § 7 MarkenG Inhaber einer Marke zu sein, und wenn keine absoluten Schutzhindernisse nach § 8 MarkenG vorliegen.

Die absoluten Schutzhindernisse können auch in einem Löschungsverfahren verfolgt werden, das vor dem DPMA beginnt.

Da die Schutzhindernisse von großer Bedeutung im Markenrecht sind, wird im folgenden auf sie ausführlicher eingegangen.

II. Die absoluten Schutzhindernisse, § 8 MarkenG

Die absoluten Schutzhindernisse werden von Amts wegen berücksichtigt, demzufolge sind Zeichen nicht eintragbar, oder, wenn sie eingetragen sind, löschbar, wenn eines der Schutzhindernisse vorliegt. Die Schutzhindernisse sind unabhängig voneinander zu beurteilen; EuGH GRUR 04, 944 – SAT. 2. Bei der Interpretation der Schutzhindernisse ist zu berücksichtigen, dass sie, weil sie die Verweigerung eines an sich gegebenen Rechts zulassen, grundsätzlich eng auszulegen sind, BGH GRUR 98, 467 – Bonus. Folgende absolute Schutzhindernisse sind § 8 MarkenG zu entnehmen: 360

1. Fehlende grafische Darstellbarkeit, § 8 Abs. 1 MarkenG 361

In das Markenrregister können nur Zeichen eingetragen werden, die grafisch darstellbar sind. Inhalt und Bedeutung dieses Erfordernisses ergeben sich aus dem angestrebten Zweck, im Eintragungsverfahren der Beurteilung der Marke eine festgelegte Form zu Grunde legen zu können, um die Eintragung ins Markenregister und die Veröffentlichung überhaupt zu ermöglichen. Hierzu bedarf es nicht der unmittelbaren grafischen Wiedergabe, z.B. einer Farbe, selbst, es genügt die Umschreibung der Marke mit hinreichend eindeutigen Symbolen (BGH GRUR 01, 1154 – Farbmarke violettfarben). Die vom DPMA verlangten Anforderungen an die grafische Darstellbarkeit sind in der MarkenV enthalten.

Ein Zeichen kann nur eine eingetragene Marke sein, wenn es insbesondere mit Hilfe von Figuren, Linien oder Schriftzeichen grafisch dargestellt werden kann und die Darstellung klar, eindeutig, in sich abgeschlossen, leicht zugänglich, verständlich, dauerhaft und objektiv ist, EuGH GRUR 03, 145 – Sieckmann; EuGH GRUR 04, 859 – Heidelberger Bauchemie GmbH.

362 2. Fehlende Unterscheidungskraft, § 8 Abs. 2 Nr. 1 MarkenG

363 2.1. Auslegung des Begriffes „Unterscheidungskraft“

Mangelnde Unterscheidungskraft liegt dann vor, wenn dem Zeichen **jegliche** Unterscheidungskraft fehlt. Mit „jeglicher“ soll zum Ausdruck gebracht werden, dass schon ein geringes Maß an Unterscheidungskraft ausreichend ist (BGH NJW 95, 1752 – quattro II; BGH NJW 95, 1754 – TURBO). Nur in eindeutigen Fällen ist die Unterscheidungskraft zu verneinen, z. B. wenn ein Zeichen keine über die technische Gestaltung hinausgehende Elemente aufweist, BGH GRUR 97, 527 – Autofelge.

Nach BGH (z. B. GRUR 01, 1155 – Farbmarke violettfarben) gilt:

> Unterscheidungskraft eines Zeichens i. S. des § 8 MarkenG ist die einer Marke innewohnende (konkrete) Eignung, vom Verkehr als Unterscheidungsmittel für die angemeldeten Waren/Dienstleistungen eines Unternehmens gegenüber solchen anderer Unternehmen aufgefasst zu werden. Denn die Hauptfunktion der Marke ist es, die Ursprungsidentität der mit ihr gekennzeichneten Waren oder Dienstleistungen zu gewährleisten. Dabei ist grundsätzlich von einem großzügigen Maßstab auszugehen, d. h. jede auch noch so geringe Unterscheidungskraft reicht aus, um das Schutzhindernis zu überwinden.
> Der Verkehr nimmt ein als Marke verwendetes Zeichen in aller Regel so auf, wie es ihm entgegentritt, und unterzieht es keiner analysierenden Betrachtungsweise.

Diese Auslegung ist auf alle bezüglich der Unterscheidungskraft zu untersuchenden Zeichen anzuwenden. Besonderheiten bei den einzelnen Arten von Marken werden im folgenden aufgeführt.

364 a) Aus einem Einzelzeichen, z. B. einem Buchstabe oder einer Ziffer, bestehende Marke

Ein aus einem Einzelzeichen bestehendes Zeichen ist nach den oben angegebenen Kriterien zu prüfen. Die Annahme, einem Einzelzeichen, z. B. einem Einzelbuchstaben, fehle regelmäßig die Unterscheidungskraft, widerspricht § 3 MarkenG. Es ist somit zu untersuchen, ob der Verkehr das Einzelzeichen z. B. für bestimmte Waren nicht als Herkunftskennzeichnung versteht, z. B. weil das Zeichen als Typen-, Serien-, Modellbezeichnung verwendet wird (BGH PMZ 01, 56 – Buchstabe „K“; BGH GRUR 02, 970 – Zahl „1“).

365 b) Wortzeichen

Zusätzlich zu den oben angegebenen Kriterien können hier noch die folgenden für die Untersuchung auf Unterscheidungskraft herangezogen werden:

> Kann danach einer Wortmarke kein für die in Frage stehenden Waren im Vordergrund stehender beschreibender Begriffsinhalt zugeordnet werden und handelt sich auch sonst nicht um ein so gebräuchliches Wort der deutschen Sprache, dass es vom Verkehr stets nur als solches und nicht als Unterscheidungsmittel verstanden wird, so gibt es keinen tatsächlichen Anhalt dafür, dass einem als Marke verwendeten Wortzeichen die vorerwähnte Unterscheidungseignung und damit jegliche Unterscheidungskraft fehlt (BGH PMZ 00, 163 – Partner with the Best).

c) Mehrwortzeichen 366

Ausgangspunkt der Prüfung sind wieder die oben angegebenen Kriterien. Es ist weiterhin zu prüfen, ob die Wortfolge einen ausschließlich Produkt beschreibenden Inhalt hat. Von mangelnder Unterscheidungskraft ist dann auszugehen, wenn es sich bei der Wortfolge lediglich um beschreibende Angaben oder Werbeaussagen allgemeiner Art oder um längere Wortfolgen handelt. Indizien für Unterscheidungskraft sind: Kürze, Originalität, Prägnanz, Mehrdeutigkeit, Interpretationsbedürftigkeit der Wortfolge (BGH GRUR 01, 1043 – Gute Zeiten – Schlechte Zeiten).

d) Farbzeichen, Farbzusammenstellung 367

Die obigen Kriterien gelten auch für eine Farbmarke, z. B. eine konturlose Farbmarke. Es sind an sie somit keine strengeren Anforderungen an die Unterscheidungskraft im Vergleich zu anderen Markenformen zu stellen, z. B. unter Hinweis auf ein evtl. Freihaltebedürfnis anderer Unternehmen. Das Interesse an einer generellen Freihaltung von Farben darf im Rahmen der Prüfung der konkreten Unterscheidungskraft keine Rolle spielen, weil dieses Kriterium bei der Beurteilung dieses Schutzhindernisses systemfremd ist (BGH GRUR 01, 1155 – Farbmarke violettfarben; BGH GRUR 02, 538 – grün eingefärbte Prozessorengehäuse).

Nach EuGH ist bei einer konturlosen Farbmarke bei der Beurteilung der Unterscheidungskraft insbesondere das Allgemeininteresse zu berücksichtigen, das darin besteht, dass die Verfügbarkeit der Farben für die anderen Wirtschaftsteilnehmer, die Waren oder Dienstleistungen der von der Anmeldung erfassten Art anbieten, nicht ungerechtfertigt beschränkt wird, EuGH GRUR 03, 604 – Libertel. Nach EuGH 04, 860 kommen Farben nicht von vornherein Unterscheidungskraft zu, sie können diese evtl. infolge Benutzung erwerben.

e) Bildzeichen 368

Einer Bildmarke fehlt nur dann jegliche Unterscheidungskraft, wenn es sich bei dem Bild um eine Waren/Dienstleistung beschreibende Angabe handelt. Dies ist der Fall, wenn es sich um eine naturgetreue, wenn auch nicht fotografisch oder maßstabsgetreue Wiedergabe der Ware handelt. Dies gilt jedoch nicht, wenn die Marke über die Darstellung der Ware hinaus gehende charakteristische Merkmale aufweist, in denen der Verkehr einen Hinweis auf die betriebliche Herkunft der Ware sieht. Es ist somit nicht erforderlich, dass die Bildmarke eine gestalterische (grafische) Eigentümlichkeit oder originelle Wirkung aufweist (z. B. BGH PMZ 01, 150 – Stabtaschenlampe); EuGH GRUR 04, 945 – SAT. 2.

f) Dreidimensionales Zeichen 369

Dreidimensionale Zeichen können z. B. aus der Form einer Ware bestehen oder aus der Verpackung einer Ware. Die obigen Kriterien gelten auch hier. Für die Unterscheidungskraft ist es somit allein maßgebend, dass der angesprochene Verkehr in dem Zeichen einen Herkunftshinweis erblickt; dabei müssen die durch die technische Funktion bestimmten Gestaltungselemente außer Betracht bleiben (z. B. BGH PMZ 01, 218 – Swatch).

Willkürliche Ergänzungen zur Form der Ware, wie Verzierungen, sind nicht erforderlich, um das Zeichen unterscheidungskräftig zu machen. Vielmehr ist für die Beurteilung der Unterscheidungskraft maßgebend die Wahrnehmung des durchschnittlich informierten, aufmerksamen und verständigen Durchschnittsverbrauchers der Waren des Warenverzeichnisses. Mit einer solchen Marke muss es möglich sein, die damit gekennzeichneten Waren ohne analysierende und vergleichende Betrachtungsweise sowie ohne besondere Aufmerksamkeit von denen anderer Unternehmen zu unterscheiden, EuGH GRUR 04, 428 – Henkel.

370 **2.2. Feststellung der Unterscheidungskraft**

Dabei sind folgende Punkte zu beachten:

- Die Auffassung der vom Zeichen angesprochenen Verkehrskreise insbesondere der Endabnehmer oder Verbraucher. Dabei handelt es sich um die mutmaßliche Wahrnehmung eines durchschnittlich informierten, aufmerksamen verständigen Durchschnittsverbrauchers der fraglichen Waren oder Dienstleistungen, EuGH GRUR 04, 431 – Henkel; EuGH GRUR 04, 944 – SAT. 2.
- Ob das Zeichen Waren oder Dienstleistungen nach ihrer Herkunft, nicht nach ihrer Gattung unterscheiden kann.
- Bei geteilter Verkehrsauffassung liegt Unterscheidungskraft nicht vor, wenn ein nicht unerheblicher Teil der Verkehrskreise dem Zeichen keine Hinweisfunktion zuordnet, BGH Mitt. 94, 304 – Trilopirox. Bei dieser Beurteilung muss berücksichtigt werden, in welchem Maße die Allgemeinheit ein Interesse hat, das Zeichen für die beanspruchten Waren/Dienstleistungen freizuhalten. Je geringer ein solches Interesse ist, um so eher kann ein verbleibender Teil des Verkehrs, der das Zeichen nicht als Herkunftshinweis auffasst, vernachlässigt werden; BGH GRUR Int. 91, 134 – NEW MAN.
- An das Vorliegen der Unterscheidungskraft darf nicht wegen eines Freihalteinteresses der Mitbewerber ein strengerer Maßstab angelegt werden. Ist das Schutzhindernis nach § 8 Abs. 2 Nr. 2 MarkenG gegeben, besteht kein Grund erhöhte Anforderungen an die Unterscheidungskraft zu stellen. Liegt dieses Schutzhindernis dagegen nicht vor, lässt es der Eintragungsanspruch nach § 33 MarkenG nicht zu, von erhöhten Anforderungen an die Unterscheidungskraft auszugehen (BGH GRUR 01, 1045 – Gute Zeiten – Schlechte Zeiten).

371 **2.3. Verkehrsdurchsetzung, § 8 Abs. 3 MarkenG**

Mangelnde Unterscheidungskraft kann durch Verkehrsdurchsetzung überwunden werden. Verkehrsdurchsetzung ist zu unterscheiden von der

Verkehrsgeltung. Verkehrsdurchsetzung muss im ganzen Inland, für das die eingetragene Marke ja wirksam ist, vorliegen, während Verkehrsgeltung nach § 4 Nr. 2 MarkenG auch auf einen Teil des Inlands beschränkt sein kann.

Maßgebend für das Vorliegen der Verkehrsdurchsetzung ist die Ansicht der beteiligten Verkehrskreise, an die sich die Marke wendet. Alle maßgeblichen Einzelumstände des zu beurteilenden Falles sind zu berücksichtigen. Dazu gehören der Marktanteil der Waren, die Umsätze mit der Ware, die Intensität, geografische Verbreitung und die Dauer der Benutzung, der Umfang der Werbeaufwendungen für die Ware und die erreichte Markpräsenz, BGH GRUR 04, 332 – Westie-Kopf. Das Ausmaß der Verkehrsdurchsetzung beurteilt sich nach dem Einzelfall. Feste Prozentsätze hat die Rechtsprechung immer abgelehnt (RdNr. 325).

Die Verkehrsdurchsetzung muss spätestens zum Zeitpunkt der Entscheidung über die Schutzfähigkeit der Marke vorliegen; der Zeitpunkt ist maßgebend für den Zeitrang der Marke. Tritt sie erst im Eintragungsverfahren ein, verschiebt sich der Zeitrang auf diesen Zeitpunkt, sofern der Anmelder mit dieser Verschiebung einverstanden ist, sonst wird die Anmeldung zurückgewiesen, § 37 MarkenG.

Fall M7, M8, M9

3. Freihaltebedürfnis, § 8 Abs. 2 Nr. 2 MarkenG 372

Freihaltebedürftig sind Zeichen, die **ausschließlich** aus Angaben oder Zeichen bestehen, die der Verkehr zur Bezeichnung von Merkmalen und Eigenschaften von Waren oder Dienstleistungen des Verzeichnisses benötigt. In § 8 Abs. 2 Nr. 2 MarkenG werden als Beispiele aufgeführt Angaben

- zur Art der Ware oder Dienstleistung;
- zur Art der Herstellung;
- zum Ort der Herstellung, z.B. Erdteile oder sonstige geografische Angaben, wenn sie als Herkunftsangabe in Frage kommen;
- zur Zeit der Herstellung, z.B. Jahreszeiten, Monatsnamen;
- zur Beschaffenheit der Ware oder Dienstleistung;
- zur Bestimmung der Ware oder Dienstleistung, z.B. Zeit des Gebrauchs;
- zur Menge der Ware oder Dienstleistung, BGH NJW 95, 1752 – quattro II;
- zum Gewicht der Ware, z.B. Pfund.

Mit dem Schutzhindernis soll verhindert werden, dass als Marke Zei- 373
chen oder Angaben eingetragen werden, die wegen ihrer Übereinstimmung mit der üblichen Art und Weise, die betroffenen Waren oder

Dienstleistungen oder ihre Merkmale zu bezeichnen, die Funktion, das sie vertreibende Unternehmen zu identifizieren, nicht erfüllen könnten. Unter das Schutzhindernis fallen somit Zeichen, die im normalen Sprachgebrauch nach dem Verständnis des Verbrauchers die angemeldeten Waren/Dienstleistungen entweder unmittelbar oder durch Hinweis auf eines ihrer wesentlichen Merkmale bezeichnen können. Eine Marke, die dieser Definition entsprechende Angaben enthält, kann aber nur dann von der Eintragung ausgeschlossen werden, wenn sie nicht noch weitere Zeichen oder Angaben enthält und wenn ferner die in ihr enthaltenen ausschließlich beschreibenden Zeichen oder Angaben nicht in einer Weise wiedergegeben oder angeordnet sind, die das Gesamtzeichen von der üblichen Art und Weise, die fraglichen Waren oder Dienstleistungen oder ihre wesentlichen Merkmale zu bezeichnen, unterscheidet (so EuGH GRUR 01, 1147 – Baby-dry).

374 Ein Freihaltebedürfnis liegt also nur vor, wenn die Angaben **ausschließlich** solcher Art sind, d.h. schon geringe Abwandlungen gegenüber der freizuhaltenden Angabe sind ausreichend, um nicht mehr unter dieses Hindernis zu fallen Bei der Beurteilung ist zu berücksichtigen, dass nach § 23 MarkenG die Benutzung von Namen und beschreibenden Angaben immer möglich bleibt, es sei denn, die Benutzung verstößt gegen die guten Sitten. § 23 MarkenG wird nicht im Eintragungsverfahren berücksichtigt, sondern im Verletzungsverfahren. Das Freihaltebedürfnis muss zudem für die im Warenverzeichnis oder Dienstleistungsverzeichnis angegebenen Waren oder Dienstleistungen gegeben sein und es muss im Einzelfall tatsächlich bestehen (aktuelles Freihaltebedürfnis) oder in Zukunft gegeben sein. Für den letzteren Fall müssen konkrete Anhaltspunkte für eine Entwicklung in dieser Richtung vorliegen; BGH PMZ 95, 194 – PROTECH; BGH PMZ 99, 410 – For You.; EuGH GRUR 04, 146 – Doublemint.

Auch dieses Schutzhindernis kann durch Verkehrsdurchsetzung überwunden werden, § 8 Abs. 3 MarkenG (s. unter 2.3.).

375 4. Gattungsbezeichnungen, § 8 Abs. 2 Nr. 3 MarkenG

Darunter sind Marken zu verstehen, die ausschließlich aus Zeichen bestehen, die üblicher Weise zur Bezeichnung der Waren oder Dienstleistungen des Waren- oder Dienstleistungsverzeichnisses verwendet werden; BGH PMZ 99, 407 – Absolut. Nur allgemein sprachübliche oder verkehrsübliche Bezeichnungen für Waren oder Dienstleistungen des Verzeichnisses sind von der Eintragung ausgeschlossen, die von mehreren Unternehmen zur Bezeichnung bestimmter Waren verwendet werden, BGH GRUR 98, 467 – BONUS. Dabei handelt es sich einerseits um ursprünglich unterscheidungskräftige Freizeichen, die von mehreren Unternehmen zur Bezeichnung bestimmter Waren verwendet wurden und deshalb vom Verkehr nicht mehr als kennzeichnend verstanden werden und andererseits um Gattungsbezeichnungen, die angesichts ihres beschreibenden Inhalts von der Eintragung als Marke ausgeschlossen sind (BGH PMZ 00, 164 – Partner with the Best). Für andere Waren oder Dienstleistungen ist ein solches Zeichen durchaus als Marke einsetzbar.

Nach EuGH GRUR 01, 1148 – Bravo liegt das Schutzhindernis vor, **376**
wenn die Zeichen oder Angaben, aus denen die Marke ausschließlich besteht, im allgemeinen Sprachgebrauch oder in den redlichen und ständigen Verkehrsgepflogenheiten zur Bezeichnung der Waren oder Dienstleistungen, für die diese Marke angemeldet wurde, üblich geworden sind. Für die Anwendung dieser Vorschrift ist es ohne Bedeutung, ob die in Rede stehenden Zeichen oder Angaben die Eigenschaften oder Merkmale dieser Waren oder Dienstleistungen beschreiben.

Dieses Hindernis ist ebenfalls durch Verkehrsdurchsetzung überwindbar, § 8 Abs. 3 MarkenG (s. unter 2. 3.).

5. Täuschende Zeichen, § 8 Abs. 2 Nr. 4 MarkenG **377**

Hierunter fallen Zeichen, die geeignet sind, das Publikum zu täuschen, z. B. über die

- Beschaffenheit,
- Art,
- Zusammensetzung und Wirkung,
- geografische Herkunft (BGH GRUR 94, 120 – EUROCONSULT) der Waren oder Dienstleistungen des Verzeichnisses.

Für die Beurteilung der Täuschungsgefahr ist die Auffassung des Durchschnittskäufers maßgebend (BGH GRUR 02, 540 – OMEPAZOK).

Beispiele:

Euro-Zeichen für Waren, die nur national vertrieben werden.

Dieses Hindernis wird im Eintragungsverfahren nur berücksichtigt, wenn die Eignung zur Täuschung ersichtlich ist, § 37 MarkenG, im Löschungsverfahren jedoch immer.

6. Sonstige Hindernisse im öffentlichen Interesse, § 8 Abs. 2 Nr. 5–9 MarkenG **378**

Davon werden erfasst

- Zeichen, die gegen die öffentliche Ordnung oder gegen die guten Sitten verstoßen; darunter sind auch die ärgerniserregenden Zeichen zu rechnen, § 8 Abs. 2 Nr. 5 MarkenG, BPatG PMZ 03, 217 – Dalailama;
- staatliche Hoheitszeichen, § 8 Abs. 2 Nr. 6 MarkenG;

- Prüf- und Gewährzeichen, § 8 Abs. 2 Nr. 7 MarkenG;
- Wappen, Flaggen, Bezeichnungen internationaler zwischenstaatlicher Organisationen, § 8 Abs. 2 Nr. 8 MarkenG; EuG GRUR 04, 773 – Bildmarke ECA;
- Zeichen, die bei Benutzung ersichtlich gegen das öffentliche Interesse verstoßen und deswegen untersagt werden können, z. B. bei Verstoß gegen eine öffentlich-rechtliche Bestimmung (z. B. BGH GRUR 96, 270 – MADEIRA; BGH GRUR 02, 540 – OMEPRAZOK).

Weitere Einzelheiten sind in § 8 Abs. 4 MarkenG geregelt.

378 a **7. Bösgläubig angemeldete Zeichen, § 8 Abs. 2 Nr. 10 MarkenG**

Dieses Schutzhindernis ist gegeben, wenn der Anmelder Schutz für ein Zeichen anstrebt, nur um Unterlassungsansprüche oder Schadensersatzansprüche gegen Dritte geltend machen zu können (Hinterhaltsmarken); BGH GRUR 04, 510 – S 100. Bei der Prüfung führt das Schutzhindernis nur zur Zurückweisung der Anmeldung, wenn eindeutige Hinweise auf eine bösgläubige Anmeldung vorliegen, § 37 MarkenG. Die Löschung der Marke kann auch im Nichtigkeitsverfahren nach § 50 MarkenG verfolgt werden.

379

D. Rechtsinhaber

Inhaber einer Marke können nach § 7 MarkenG sein

- natürliche Personen;
- juristische Personen;
- Personengesellschaften, die Rechte erwerben und Verbindlichkeiten eingehen können, z. B. OHG, KG.

Der Rechtsinhaber muss nicht Inhaber eines Geschäftsbetriebes sein, wie dies vor dem 1. 5. 1992 der Fall war; § 47 ErstrG.

§ 7 MarkenG ist eine Schutzvoraussetzung und wird deshalb im Eintragungsverfahren vom DPMA überprüft, § 36 MarkenG, ebenso im Nichtigkeitsverfahren, § 50 MarkenG, ein späterer Wegfall ist ein Verfallsgrund nach § 49 MarkenG.

Der Inhaber einer Marke hat das in § 14 MarkenG geregelte ausschließliche Recht, die Marke zur Kennzeichnung seiner Waren oder Dienstleistungen entsprechend dem Waren- oder Dienstleistungsverzeichnis zu verwenden. Ein Persönlichkeitsrecht ist mit dem Markenrecht nicht verbunden, dies könnte nur aus § 12 BGB hergeleitet werden.

E. Formelle Schutzvoraussetzungen – Eintragungsverfahren 380

I. Allgemeines

Im Eintragungsverfahren werden vom DPMA die Anmeldungserfordernisse, § 36 MarkenG, und die absoluten Schutzhindernisse, §§ 3, 8 oder 10 MarkenG, geprüft, § 37 MarkenG.

Die Entscheidungen des DPMA in diesem Verfahren sind Beschlüsse, die vom BPatG in sachlicher und rechtlicher Hinsicht überprüft werden, wenn ein am Verfahren Beteiligter Beschwerde nach § 66 MarkenG einlegt. Gegen die Entscheidung des BPatG, ebenfalls ein Beschluss, kann unter den Voraussetzungen von § 83 MarkenG Rechtsbeschwerde zum BGH erhoben werden, um eine Überprüfung der Entscheidung des BPatG in rechtlicher Hinsicht zu erreichen.

II. Eintragungsverfahren

Das Eintragungsverfahren wird durch Einreichung einer Anmeldung **381**
beim DPMA oder einem Patentinformationszentrum begonnen, § 32 MarkenG. Die Anmeldung muss die im MarkenG und in der Markenverordnung enthaltenen formellen Vorschriften erfüllen und der Anmelder muss die Gebühren nach dem Patentkostengesetz bezahlen.

1. Erfordernisse der Anmeldung, § 32 MarkenG **382**

Die Anmeldung muss angeben, für welches Zeichen und in bezug auf welche Waren oder Dienstleistungen Schutz begehrt wird. Die Waren oder Dienstleistungen werden in Klassen eingeordnet. Ein Verzeichnis der Klassen mit Angabe der Waren und Dienstleistungen wird vom DPMA als Anhang zur MarkenV herausgegeben.

Nach § 32 Abs. 2 MarkenG muss die Anmeldung somit enthalten:

- Angaben, die es erlauben, die Identität des Anmelders festzustellen.
- Eine Wiedergabe der Marke; die Wiedergabe muss die angemeldete Marke so klar und deutlich darstellen, dass nachträgliche Änderungen zweifelsfrei ausgeschlossen sind, BGH GRUR 04, 501 – Gabelstapler I.
- Ein Verzeichnis der Waren oder Dienstleistungen, für die die Eintragung beantragt wird; die Waren oder Dienstleistungen sind nach Klassen geordnet in der Reihenfolge der Klasseneinteilung anzugeben, § 20 MarkenV.

Die Anmeldung muss zudem den in der MarkenV enthaltenen Anmeldeerfordernissen entsprechen.

383 Wenn die Erfordernisse nach § 32 Abs. 2 MarkenG erfüllt sind, wird der Anmeldung der Marke als Anmeldetag der Tag des Eingangs der Anmeldung beim DPMA oder einem Patentinformationszentrum zuerkannt und ein Anspruch auf Eintragung begründet, dem stattzugeben ist, wenn die Anmeldeerfordernisse erfüllt sind und keine absoluten Schutzhindernisse vorliegen, § 33 MarkenG. Zudem wird die Anmeldung veröffentlicht.

Mit der Anmeldung muss eine Grundgebühr bezahlt werden. Mit dieser Gebühr werden Waren oder Dienstleistungen von drei Klassen abgedeckt. Für Waren oder Dienstleistungen, die in weitere Klassen fallen, muss für jede zusätzliche Klasse eine Klassengebühr entrichtet werden. Die Höhe der Gebühren ergeben sich aus dem PatKostG.

384 2. Beispiele von Marken (Markenformen)

385 • **Wortmarken** (§ 7 MarkenV) bestehend aus einem Wort oder mehreren Wörtern, z.B. FE, Z-TECH. Sie bestehen aus Schriftzeichen, also Buchstaben, Zahlen oder Sonderzeichen.

386 • **Bildmarken** (§ 8 MarkenV); hier ist die grafische Darstellung eines Zeichens Schutzgegenstand, der sich aus der Markenanmeldung ergeben muss.

387 • **Farbmarken** (§ 12 MarkenV); Schutzgegenstand sind eine oder mehrere Farben. Hier muss darauf geachtet werden, dass die Anmeldung hinreichend bestimmt ist, wozu z.B. die Angabe der RAL – Nummern der Farben genügt, siehe z.B. BGH PMZ 99, 157 – Farbmarke gelb/schwarz oder GRUR 02, 427 – Farbmarke gelb/grün. Bei einem konturlosen Farbzeichen genügt die bloße Wiedergabe der Farbe auf Papier nicht (EuGH GRUR 03, 604 – Libertel).

388 • **Dreidimensionale Marken** (§ 9 MarkenV); früher waren sie als sog. Ausstattung geschützt, allerdings nur, wenn sie Verkehrsgeltung erreicht hatten.

389 • **Kennfadenmarken** (§ 10 MarkenV); insbesondere zur Verwendung bei Kabeln.

390 • **Hörmarken** (§ 11 MarkenV); sie müssen grafisch darstellbar sein, z.B. in Notenschrift. Eine Notenfolge ohne weitere Erläuterung ist keine ausreichende grafische Darstellung, vielmehr muss die Notenfolge in Takte gegliedert sein, einen Notenschlüssel, evtl. Pausenzeichen enthalten und die Höhe und Dauer der Töne angeben, EuGH GRUR 04, 54 – Shield Mark/Kist.

391 • **Kombinationsmarken,** sie bestehen z.B. aus Wort- und Bildbestandteilen.

392 • **Kollektivmarken** (§ 97 MarkenG); hier handelt es sich um markenfähige Zeichen, deren Inhaber ein rechtsfähiger Verband ist, dessen Mitglieder die Marke benutzen. Sie dienen dazu, Waren oder Dienstleis-

tungen der Mitglieder des Inhabers der Kollektivmarke von denen anderer Unternehmen nach ihrer betrieblichen oder geografischen Herkunft, ihrer Art, Qualität oder sonstiger Eigenschaften zu unterscheiden, BGH GRUR 96, 270 – Madeira. Weitere Regelungen sind den §§ 97–106 MarkenG zu entnehmen.

- **Geruchsmarken** (sonstige Markenform, § 12 MarkenV); nach EuGH GRUR 03, 145 – Sieckmann können die Anforderungen an die grafische Darstellung weder durch eine chemische Formel noch durch eine Beschreibung in Worten, durch eine Hinterlegung einer Probe des Geruchs oder durch die Kombination dieser Elemente erfüllt werden. **392 a**
- **Notorisch bekannte Marken;** im Inland allgemein bekannte Zeichen nach Art. 6 bis PVÜ. **393**
- **Telle – quelle Marke,** Art. 6 quinquies PVÜ; eine im Ursprungsland eingetragene Marke soll so wie sie ist auch in den anderen Verbandsländern zur Eintragung zugelassen werden, es sei denn **394**

→ es besteht schon ein prioritätsälteres Kennzeichenrecht;
→ der Marke fehlt jede Unterscheidungskraft;
→ die Marke stellt eine freizuhaltende Angabe dar;
→ die Marke verstößt gegen die guten Sitten oder die öffentliche Ordnung oder ist geeignet, das Publikum zu täuschen.

Die BGH-Entscheidung GRUR 95, 732 – Füllkörper beschäftigt sich mit diesem sogenannten telle-quelle-Schutz.

3. Zeitrang der Marke **395**

Der Zeitrang der Marke, der nach § 6 MarkenG für die Priorität der Marke entscheidend ist, wird durch den Anmeldetag festgelegt, bzw. wenn eine Priorität in Anspruch genommen wird, durch den Prioritätstag. Folgende Prioritäten können gegeben sein:

- **PVÜ-Priorität,** § 34 MarkenG; nach Art. 4 PVÜ kann der Anmeldetag einer in einem Verbandsland eingereichten Anmeldung als Prioritätstag in Anspruch genommen werden, wenn nach dem Recht des Verbandsstaates eine gültige Anmeldung vorliegt und wenn die Anmeldung die erste Anmeldung der Marke ist. Die Prioritätsfrist beträgt sechs Monate gerechnet vom Anmeldetag im Verbandsland. **396**
- **Ausstellungspriorität** nach § 35 MarkenG; diese kann in Anspruch genommen werden, wenn der Anmelder der Marke Waren oder Dienstleistungen mit der Marke versehen hat und auf einer amtlich anerkannten Ausstellung (diese werden im Bundesgesetzblatt bekannt gemacht) zur Schau gestellt hat. Die Prioritätsfrist beträgt sechs Monate seit der erstmaligen Zurschaustellung. **397**

Um die Priorität in Anspruch zu nehmen, muss der Anmelder eine Prioritätserklärung abgeben; Einzelheiten ergeben sich aus §§ 34, 35 MarkenG.

398 4. Verfahrensablauf

Den grundsätzlichen Ablauf des Eintragungsverfahrens zeigt Übersicht 7.

399 5. Erläuterung der einzelnen Schritte

Das DPMA prüft nach §§ 36, 37 MarkenG, ob

- die Anmeldeerfordernisse nach § 32 MarkenG und der MarkenV erfüllt sind;
- die Erfordernisse für die Zuerkennung des Anmeldetages nach § 33 MarkenG vorliegen;
- die Gebühren bezahlt sind;
- der Anmelder nach § 7 MarkenG Inhaber einer Marke sein kann;
- die Marke nach den §§ 3, 8, 10 MarkenG von der Eintragung ausgeschlossen ist (Prüfung auf absolute Schutzhindernisse).

400 Liegen Mängel vor, so hat dies unterschiedliche Folgen in Abhängigkeit der Art des Mangels:

401 • Fehlen die Erfordernisse für die Zuerkennung des Anmeldetages, § 33 Abs. 2 MarkenG (die Anmeldung muss enthalten: Anmelder, Wiedergabe der Marke, Verzeichnis der Waren/Dienstleistungen), so wird der Zeitpunkt der Einreichung der mangelhaften Anmeldung nicht als Anmeldetag anerkannt. Behebt der Anmelder den Mangel, dann ist der Zeitpunkt der Behebung des Mangels der Anmeldetag, § 36 MarkenG, sonst gilt die Anmeldung als zurückgenommen.

402 • Unterbleibt die Bezahlung der Grundgebühr, so gilt die Anmeldung als zurückgenommen, § 6 PatKostG. Wird die Klassengebühr nicht in ausreichender Höhe bezahlt, dann führt dies dazu, dass Klassen gestrichen werden, § 36 Abs. 3 MarkenG.

403 • Kann der Anmelder nicht nach § 7 MarkenG Inhaber der Marke sein, weist das DPMA die Anmeldung zurück, § 36 MarkenG.

404 • Liegen sonstige Mängel nach § 32 MarkenG vor, gibt das DPMA dem Anmelder Gelegenheit, die Mängel zu beseitigen. Beseitigt der Anmelder die Mängel nicht, weist das DPMA die Anmeldung zurück.

405 • Liegt ein absolutes Schutzhindernis nach §§ 3, 8, 10 MarkenG vor, wird die Anmeldung zurückgewiesen. Vorher gibt das DPMA in einem Bescheid dem Anmelder Gelegenheit zur Stellungnahme, § 59 Abs. 2 MarkenG. Rügt das DPMA mangelnde Unterscheidungskraft des Zeichens, Freihaltebedürfnis, oder dass das Zeichen ein Gattungszeichen (§ 8 Abs. 2 Nr. 1, 2, 3 MarkenG) ist, kann der Anmelder einwenden, dass das Zeichen sich nach dem Anmeldetag im Verkehr durchgesetzt hat. Ist dies der Fall, verschiebt sich der Anmeldetag auf den Zeitpunkt, an dem Verkehrsdurchsetzung eingetreten ist, § 37 MarkenG, falls der Anmelder der Verschiebung des Anmeldungstages zustimmt, sonst wird die Anmeldung zurückgewiesen.

Übersicht 7: Markeneintragungsverfahren (§§ 32–41 MarkenG)

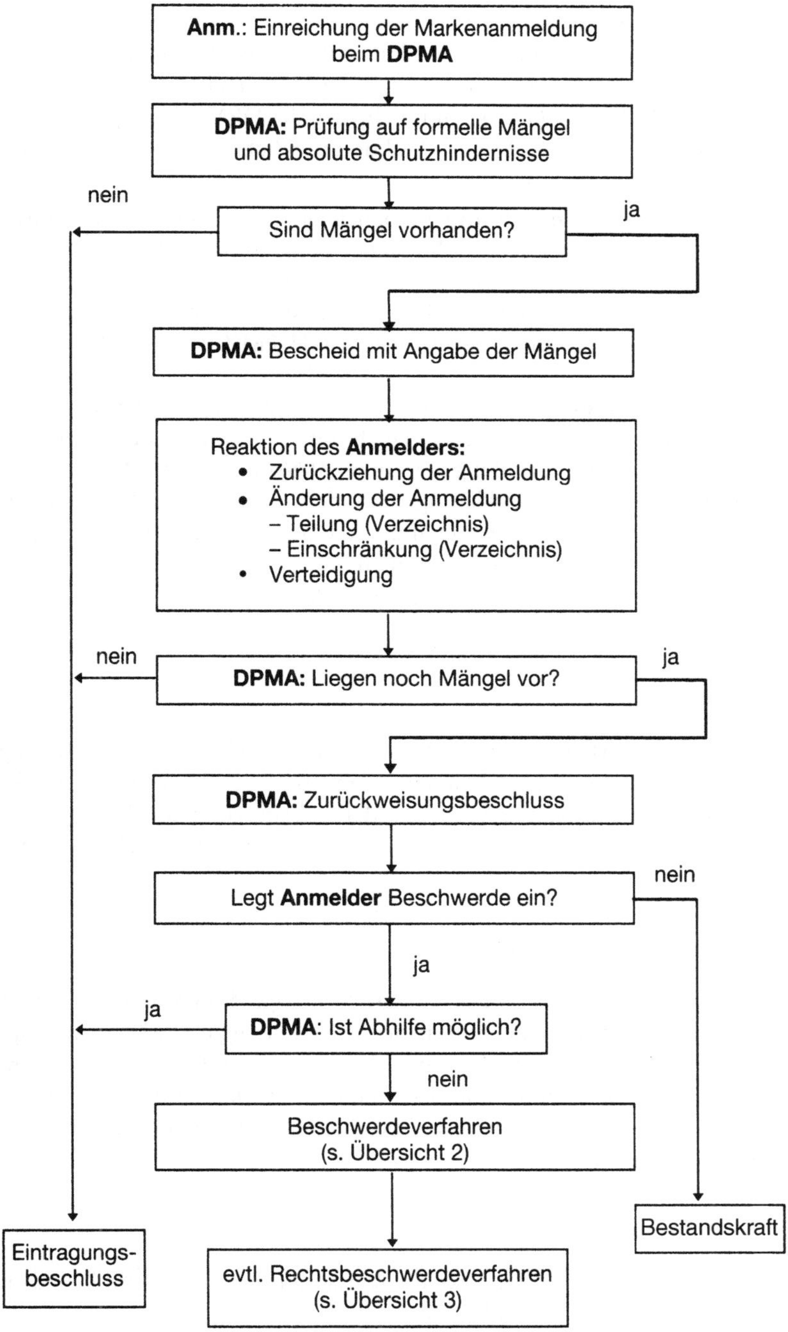

Bei § 8 Abs. 2 Nr. 4 bzw. Nr. 10 MarkenG wird die Anmeldung nur zurückgewiesen, wenn die Eignung zur Täuschung oder die Bösgläubigkeit ersichtlich ist.

Bevor das DPMA eine Entscheidung trifft, muss es dem Anmelder die zu Grunde liegenden Umstände in einem Bescheid unter Fristsetzung mitteilen, § 59 MarkenG. Zu den Bescheiden des DPMA kann der Anmelder Stellung nehmen. Folgende Reaktionsmöglichkeiten hat der Anmelder:

406 • **Änderung** der **Anmeldung** bezüglich des Verzeichnisses der Waren oder Dienstleistungen, § 39 MarkenG, also Einschränkung des Verzeichnisses, um z. B. ein sonst bestehendes Freihaltebedürfnis zu beseitigen. Eine Änderung des Zeichens selbst ist nicht möglich, hier wäre nur eine Neuanmeldung der Ausweg, BGH PMZ 01, 58 – Zahnpastastrang.

407 • **Teilung** der **Anmeldung,** § 40 MarkenG; diese ist nur bezüglich der Waren oder Dienstleistungen möglich. Dazu ist eine Teilungserklärung erforderlich unter Erfüllung der in § 40 MarkenG enthaltenen Vorschriften. Die Teilungserklärung kann nicht widerrufen werden. Dieser Weg ist dann sinnvoll, wenn nur für einen Teil der Waren/Dienstleistungen Schutzhindernisse bestehen.

408 • Zurücknahme der Anmeldung, § 39 MarkenG.

• Verteidigung.

409 6. Entscheidung

Wenn keine Mängel vorliegen, beschließt das DPMA die Eintragung in das Markenregister, § 41 MarkenG, sonst wird die Anmeldung zurückgewiesen. Die Eintragung wird im Markenblatt veröffentlicht. Mit der Eintragung der Marke in das Register entsteht das Schutzrecht nach § 4 MarkenG.

410 7. Beschleunigte Eintragung

Ein Sonderfall ist die beschleunigte Prüfung, § 38 MarkenG; sie ist dann sinnvoll, wenn eine internationale Hinterlegung (siehe Anhang) nach MMA geplant ist, da diese innerhalb von sechs Monaten nach dem Anmeldetag erfolgen muss und das Eintragungsverfahren bis dahin beendet sein muss. Für den Antrag auf beschleunigte Prüfung wird eine zusätzliche Gebühr verlangt.

411 8. Verfahrensvorschriften

Allgemeine Vorschriften über das Verfahren vor dem DPMA sind in den §§ 56–65 MarkenG enthalten.

9. Rechtsmittelverfahren

- Wenn der Beschluss des DPMA durch einen Beamten des gehobenen Dienstes erlassen worden ist, kann Erinnerung beim DPMA (vom 1. 1. 2002 bis 31. 12. 2004 auch Beschwerde, § 165 MarkenG) eingelegt werden, über die das DPMA (BPatG) durch Beschluss entscheidet, § 64 MarkenG. 412
- Gegen den Beschluss des DPMA ist Beschwerde zum BPatG möglich. Das Verfahren ist in seinen Grundzügen bereits oben erläutert worden, darauf wird verwiesen (siehe RdNr. 68). Die Vorschriften sind den §§ 66–82 MarkenG zu entnehmen.
- Gegen den Beschluss des BPatG kann unter den Voraussetzungen des § 83 MarkenG Rechtsbeschwerde zum BGH eingelegt werden; die Regelung des Verfahrens ist den §§ 83–90 MarkenG zu entnehmen.

F. Bestand der Marke 413

Die Benutzungsmarke geht mit Verlust der Verkehrsgeltung automatisch für die Zukunft unter.

Die eingetragene Marke kann durch Bezahlung von Verlängerungsgebühren beliebig verlängert werden. Allerdings gibt es eine Reihe von Löschungsgründen, Verfallsgründen und Nichtigkeitsgründen, deren Geltendmachung zur Löschung der eingetragenen Marke führen kann.

I. Schutzdauer der eingetragenen Marke 414

Die Schutzdauer einer Marke beginnt ab dem auf den Anmeldetag folgenden Tag und endet nach 10 Jahren am letzten Tag des Monats, der durch seine Benennung dem Monat entspricht, in den der Anmeldetag fällt. Sie kann um jeweils 10 Jahre durch Bezahlung einer Verlängerungsgebühr verlängert werden, § 47 MarkenG.

II. Teilung der eingetragenen Marke 415

Nach § 46 MarkenG kann eine Teilung der Eintragung bezüglich der Waren oder Dienstleistungen auf Antrag des Markeninhabers erklärt werden. Dann entstehen mehrere gleich lautende Marken mit unterschiedlichem Waren- oder Dienstleistungsverzeichnis. Die Teilung ist erst nach Ablauf der Widerspruchsfrist möglich. Ist Widerspruch gegen die Markeneintragung erhoben worden, dann ist eine Teilung nur zulässig, wenn sich dieser nach der Teilung ausschließlich gegen einen der Teile der ursprünglichen Eintragung richten würde. Entsprechendes gilt für das Löschungsverfahren. Für die Teilung muss eine Gebühr bezahlt werden; wird sie nicht entrichtet, gilt dies als Verzicht auf die abgetrennte Eintragung. Die Teilungserklärung kann nicht widerrufen werden.

416 III. Beendigung des Schutzes der eingetragenen Marke

417 1. Nichtverlängerung der Marke

Sie führt nach § 47 Abs. 6 MarkenG zum Erlöschen der Marke für die Zukunft mit Wirkung ab dem Ende der Schutzdauer.

418 2. Verzicht auf die Marke

Nach § 48 MarkenG kann jederzeit für alle oder einen Teil der Waren oder Dienstleistungen ein Verzicht ausgesprochen werden. Dieser hat zur Folge, dass die Eintragung im Register entsprechend dem Verzicht gelöscht wird. Ist im Register eine Person eingetragen, die ein Recht an der Marke hat, wird die Eintragung nur mit Zustimmung dieser Person gelöscht. Der Verzicht hat Wirkung ex nunc.

419 IV. Untergang der eingetragenen Marke durch Löschung

Dritten und Inhabern von älteren Rechten stehen folgende Verfahren zur Verfügung, um eine eingetragene Marke rückwirkend oder für die Zukunft wieder zu beseitigen:

- Widerspruchsverfahren wegen einer älteren eingetragenen Marke;
- Verfallsverfahren;
- Nichtigkeitsverfahren wegen älterer Rechte;
- Nichtigkeitsverfahren wegen Vorliegen von absoluten Schutzhindernissen.

Diese Verfahren werden entweder beim DPMA beantragt oder vor einem Landgericht durch Klage begonnen.

420 1. Löschungsgründe

In den Verfahren zur Beseitigung einer eingetragenen Marke können bezogen auf die Löschungsgründe drei Gruppen unterschieden werden:

421 1.1. Absolute Löschungsgründe = absolute Schutzhindernisse

Sie umfassen die absoluten Schutzhindernisse nach §§ 3, 7, 8 MarkenG, § 50 MarkenG.

1.2. Löschungsgründe, die erst nach Eintragung der Marke entstanden sind = Verfallsgründe 422

Verfallsgründe sind nach § 49 MarkenG

- **Fehlende Benutzung** (§ 26 MarkenG) innerhalb von fünf Jahren nach Eintragung der Marke, BGH GRUR 02, 59 – ISCO; durch Aufnahme der Benutzung entfällt der Verfallsgrund. Wenn allerdings die Benutzung in Kenntnis, dass ein Löschungsantrag gestellt werden könnte, innerhalb von drei Monaten vor Stellung des Löschungsantrags aufgenommen worden ist, bleibt diese unberücksichtigt, § 49 Abs. 1 MarkenG. 423
- **Täuschungsgefahr** infolge der Benutzung für die eingetragenen Waren oder Dienstleistungen durch den Markeninhaber selbst oder mit dessen Zustimmung, § 49 Abs. 2 Nr. 2 MarkenG. 424
- **Gattungsbezeichnung;** wenn die Marke sich infolge des Verhaltens oder der Untätigkeit des Markeninhabers zu einer Gattungsbezeichnung für die eingetragenen Waren oder Dienstleistungen entwickelt hat, § 49 Abs. 2 Nr. 1 MarkenG. 425
- **Wegfall der Inhaberschaft;** wenn der Inhaber der Marke die Voraussetzungen von § 7 MarkenG nicht mehr erfüllt, § 49 Abs. 2 Nr. 3 MarkenG. 426

1.3. Relative Löschungsgründe = relative Schutzhindernisse 427

Die relativen Schutzhindernisse werden i. d. R. nicht von Amts wegen berücksichtigt, sondern nur bei Geltendmachung durch den Inhaber eines prioritätsälteren Kennzeichens. Zu diesen Schutzhindernissen gehören:

a) Angemeldete oder eingetragene Marken, § 9 MarkenG 428

Dieses relative Schutzhindernis ist in § 9 MarkenG geregelt, es betrifft die Kollision einer eingetragenen Marke mit älterem Zeitrang (ältere Marke) mit einer eingetragenen Marke mit jüngerem Zeitrang (jüngere Marke). Bei Vorliegen einer Kollision ist die jüngere Marke i. d. R. zu löschen.

Folgende Tatbestände sind in § 9 MarkenG geregelt:

aa) 1. Tatbestand, § 9 Abs. 1 Nr. 1 MarkenG 429

Es liegt Identität der Marken und der Waren oder Dienstleistungen vor, für die die Marken eingetragen sind.

430

bb) 2. Tatbestand, § 9 Abs. 1 Nr. 2 MarkenG

Es liegt Identität oder Ähnlichkeit der Marken und Identität oder Ähnlichkeit der Waren/Dienstleistungen vor, für die die Marken eingetragen sind, so dass für das Publikum Verwechslungsgefahr besteht. Dazu gehört auch die Gefahr, dass die Marken gedanklich miteinander in Verbindung gebracht werden.

Verwechslungsgefahr kann auch für nur einen Teil der Waren oder Dienstleistungen bestehen.

Der Begriff der Verwechslungsgefahr wird unten behandelt (→ RdNr. 501). Die dort unter dem Stichwort „Verletzungsfälle" aufgeführten Beurteilungsgrundsätze gelten auch bei Anwendung des § 9 Abs. 1 Nr. 2 MarkenG

431 cc) 3. Tatbestand, § 9 Abs. 1 Nr. 3 MarkenG

Es handelt sich bei der älteren Marke um eine im Inland bekannte Marke und es liegt Identität oder Ähnlichkeit der beiden Marken vor. Weiterhin hat die Benutzung der jüngeren Marke zur Folge, dass die ältere Marke in ihrer Unterscheidungskraft oder Wertschätzung ohne rechtfertigenden Grund in unlauterer Weise ausgenutzt oder beeinträchtigt wird. Hierunter fallen die vor in Kraft treten des MarkenG über § 1 a. F. UWG entschiedenen Fälle der Rufausbeutung und Rufschädigung sowie der nach § 12 BGB oder § 823 BGB entschiedene Fall der Verwässerung einer berühmten Marke.

Bei der Prüfung, ob eine Marke bekannt ist, ist der Marktanteil der Marke, die geografische Ausdehnung, die Dauer der Benutzung, der Umfang der getätigten Investitionen von Bedeutung, BGH GRUR 02, 341 – Fabergé.

431 a dd) Weitere Regelungen

Die ältere Marke kann sich noch im Eintragungsverfahren befinden. Allerdings ist die ältere Marke nur ein Schutzhindernis, wenn sie eingetragen wird, § 9 Abs. 2 MarkenG.

§ 9 Abs. 1 Nr. 1 und 2 MarkenG kann im Widerspruchsverfahren nach § 42 MarkenG geltend gemacht werden; § 9 MarkenG in allen Tatbeständen im Löschungsverfahren nach § 51 MarkenG.

Fall M 10, M11, M12

432 **b) Notorisch bekannte Marken, § 10 MarkenG**

Eine jüngere Marke ist von der Eintragung ausgeschlossen, wenn eine ältere notorisch bekannte Marke mit dieser identisch oder ihr ähnlich ist und weiterhin die Voraussetzungen des § 9 MarkenG vorliegen. Die Notorietät einer älteren Marke kann im Widerspruchsverfahren bei Identität mit der jüngeren Marke oder Verwechslungsgefahr berücksichtigt werden (§ 42 MarkenG), sonst im Löschungsverfahren (§ 51 MarkenG) aber auch im Eintragungsverfahren (§ 37 Abs. 4 MarkenG), wenn sie amtsbekannt ist.

c) Durch Benutzung erworbene Marken (§ 4 Nr. 2 MarkenG) und geschäftliche Bezeichnungen (§ 5 MarkenG), § 12 MarkenG 433

Eine jüngere eingetragene Marke ist löschungsreif, wenn der Inhaber der älteren nicht eingetragenen Marke nach § 4 Nr. 2 MarkenG oder der älteren geschäftlichen Bezeichnung nach § 5 MarkenG die Benutzung der eingetragenen jüngeren Marke im ganzen Inland untersagen kann (nach den §§ 14, 15 MarkenG). Dieses Schutzhindernis kann im Löschungsverfahren nach § 51 MarkenG geltend gemacht werden.

d) Agentenmarken, § 11 MarkenG 434

Eine Marke ist löschungsreif, wenn sie ohne Zustimmung des Inhabers einer Marke in einem Verbandsland für dessen Agenten oder Vertreter (Agentenmarke) in DE eingetragen worden ist (entsprechend Art. $6^{septies}$ PVÜ).

§ 11 MarkenG ist ein Nichtigkeitsgrund nach § 51 MarkenG und kann nach § 42 MarkenG im Widerspruchsverfahren geltend gemacht werden.

e) Sonstige ältere Rechte, § 13 MarkenG 435

Die jüngere Marke ist schließlich löschungsreif, wenn ein älteres nicht in den §§ 9–12 MarkenG aufgeführtes Recht berechtigt, im ganzen Inland die Benutzung der jüngeren Marke zu verbieten.

Ältere Rechte sind z. B.

→ Namensrechte, § 12 BGB;
→ das Recht an der eigenen Abbildung, § 22 KunstUrhG;
→ Urheberrechte nach dem UrhG, z. B. Werktitel, grafische Darstellungen;
→ Sortenbezeichnungen nach § 7 SortenSchG;
→ geografische Herkunftsangaben, § 126 MarkenG;
→ sonstige gewerbliche Schutzrechte, z. B. Geschmacksmusterrechte.

Diese Rechte können im Löschungsverfahren nach § 51 MarkenG durchgesetzt werden.

f) Ältere Rechte, die nur in einem Teil des Inlandes wirksam sind 436

Sofern ein älteres Recht nicht im ganzen Inland wirksam ist, kann der Inhaber des älteren Rechtes die Benutzung der jüngeren Marke im Geltungsbereich des älteren Rechtes untersagen, z. B. über § 14 MarkenG bei der Benutzungsmarke oder § 15 MarkenG bei einer geschäftlichen Bezeichnung oder § 12 BGB bei einem Namen als älteres Recht, wenn der Bereich, in dem das ältere Recht, z. B. durch Verkehrsgeltung, besteht, nach Umfang und wirtschaftlicher Bedeutung eine Sperrung der verwechselfähigen Bezeichnung rechtfertigt, BGH GRUR 79, 470 – RBB/RBT.

437 **2. Löschungsverfahren**

438 **2.1. Widerspruchsverfahren**

Nach § 42 MarkenG kann der Inhaber einer prioritätsälteren Markenanmeldung oder eingetragenen Marke (ältere Marke) Widerspruch gegen die Eintragung einer Marke (jüngere Marke) erheben. Der Widerspruch muss innerhalb von drei Monaten nach dem Tag der Veröffentlichung der Eintragung der jüngeren Marke im Markenblatt beim DPMA eingereicht werden.

439 **a) Widerspruchsgründe**

Der Widerspruch kann auf folgende unter RdNr. 427ff. erläuterten Löschungsgründe gestützt werden:

- Ältere angemeldete oder eingetragene Marke, wenn einer der Fälle des § 9 Abs. 1 Nr. 1 oder Nr. 2 MarkenG vorliegt (kein Widerspruchsgrund ist § 9 Abs. 1 Nr. 3 MarkenG, dieser kann nur im Nichtigkeitsverfahren überprüft werden).
- Ältere notorisch bekannte Marke, § 10 MarkenG, in Verbindung mit § 9 Abs. 1 Nr. 1 oder Nr. 2 MarkenG;
- Agentenmarke nach § 11 MarkenG.

Innerhalb der Widerspruchsfrist ist eine Gebühr nach dem Patentkostengesetz zu bezahlen, sonst gilt der Widerspruch als nicht erhoben.

440 **b) Verfahren**

Der Ablauf des Widerspruchsverfahrens im Prinzip ist Übersicht 8 zu entnehmen.

441 **c) Erläuterung der einzelnen Schritte**

aa) Prüfung von § 9 MarkenG

Das DPMA überprüft beim Widerspruchsgrund § 9 Abs. 1 Nr. 1 und Nr. 2 (häufigster Grund) die jüngere Marke daraufhin, ob zwischen der älteren Marke und der jüngeren Marke

- Identität der Waren oder Dienstleistungen (für alle Waren oder Dienstleistungen oder einen Teil davon) nach den Verzeichnissen und Identität der Marken besteht,
- Identität oder Ähnlichkeit der Waren/Dienstleistungen und der Marken (für alle Waren oder Dienstleistungen oder einen Teil davon) und damit Verwechslungsgefahr besteht (näheres zur Verwechslungsgefahr bei RdNr. 501).

442 bb) Einrede der mangelnden Benutzung

In diesem Verfahren kann der Inhaber der jüngeren Marke die Einrede der mangelnden Benutzung der älteren Marke erheben, § 43 MarkenG;

BGH GRUR 95, 583 – Montana. Die Benutzung ist in § 26 MarkenG geregelt, s. dazu RdNr. 321.

Der Inhaber der älteren Marke hat dann glaubhaft zu machen,

- dass die ältere Marke innerhalb der letzten fünf Jahre vor Veröffentlichung der Eintragung der jüngeren Marke benutzt worden ist, sofern die ältere Marke bereits fünf Jahre eingetragen ist § 43 Abs. 1 Satz 1 MarkenG oder
- dass die ältere Marke innerhalb der letzten fünf Jahre vor Entscheidung über den Widerspruch benutzt worden ist, wenn der Zeitraum der Nichtbenutzung der älteren Marke nach Veröffentlichung der jüngeren Marke endet, § 43 Abs. 1 Satz 2 MarkenG.

Die Einrede kann nach BGH auch dann erhoben werden, wenn die ältere Marke vor Veröffentlichung der Eintragung der jüngeren Marke bereits 5 Jahre eingetragen war, also die Einrede nach Satz 1 erhoben werden konnte, die Frist von 5 Jahren der Nichtbenutzung aber während des Widerspruchsverfahrens endet, BGH PMZ 99, 32 – Holtkamp.

Bei der Entscheidung werden nur Waren/Dienstleistungen berücksichtigt, für die die Benutzung glaubhaft gemacht worden ist.

cc) Prüfung von §§ 10, 11 MarkenG **443**

Die Widerrufsgründe nach §§ 10, 11 MarkenG sind selten. Bei § 10 MarkenG wird entsprechend § 9 Abs. 1 Nr. 1 und 2 auf Verwechslungsgefahr geprüft.

d) Entscheidung, § 43 MarkenG **444**

Bei Vorliegen des Widerspruchsgrundes ganz bzw. teilweise erfolgt Löschung der jüngeren Marke ganz bzw. teilweise (bezogen auf die Waren oder Dienstleistungen des Verzeichnisses) durch einen Beschluss. Der Beschluss hat bei seiner Bestandskraft Wirkung ex tunc, § 52 Abs. 2 MarkenG.

Trotzdem werden durch die Löschung der Marke bisher ergangene rechtskräftige und vollstreckte Entscheidungen in Verletzungsverfahren bzw. vorher abgeschlossene und erfüllte Verträge nicht berührt. Dies gilt vorbehaltlich evtl. Bereicherungsansprüche oder Schadensersatzansprüche, die durch schuldhaftes Verhalten des Inhabers der jüngeren Marke verursacht worden sind, § 52 Abs. 3 MarkenG.

Ist der Widerspruch nicht zulässig oder begründet, wird der Widerspruch durch Beschluss zurückgewiesen.

e) Rechtsmittelverfahren **445**

Gegen den Beschluss des DPMA kann von den Beteiligten Beschwerde eingelegt werden, gegen die Entscheidung des BPatG Rechtsbeschwerde zum BGH, wenn diese zugelassen worden ist oder ein gesetzlicher Rechtsbeschwerdegrund vorliegt, § 83 MarkenG. Näheres unter RdNr. 67 ff.

446 **f) Eintragungsbewilligungsklage, § 44 MarkenG**

Wenn dem Inhaber der jüngeren Marke aus sonstigem Recht, z.B. Namensrecht, Firmenrecht, vertraglicher Regelung, ein Anspruch auf Eintragung gegen den Widersprechenden zusteht, muss er dies durch Klage vor einem ordentlichen Gericht geltend machen; die Frist zur Erhebung der Klage beträgt sechs Monate ab Unanfechtbarkeit der Widerspruchsentscheidung (BGH GRUR 02, 59 – ISCO). Bei positiver Entscheidung erfolgt die Eintragung der jüngeren Marke unter Wahrung des Zeitrangs.

2.2. Verfallsverfahren

447 Die Marke kann wegen Verfalls gelöscht werden. Der Antrag kann von jeder Person unter Geltendmachung eines der oben unter RdNr. 423ff. genannten Verfallsgründe gestellt werden.

448 **a) Verfahren**

Der Verfall der Marke kann von jeder Person zunächst beim DPMA, § 53 MarkenG, beantragt werden. Widerspricht der Markeninhaber dem Antrag nicht, wird die Marke gelöscht. Sonst muss Klage vor dem ordentlichen Gericht erhoben werden, § 55 MarkenG.

449 **b) Entscheidung**

Wenn ein Verfallsgrund für das ganze Verzeichnis der Waren/Dienstleistungen bzw. nur für einen Teil der Waren oder Dienstleistungen besteht, erfolgt die Löschung ganz bzw. nur für diesen Teil des Verzeichnisses.

Wird die Eintragung wegen Verfalls ganz oder teilweise gelöscht, dann gilt deren Wirkung ab Erhebung der Löschungsklage als nicht eingetreten, wobei auf Antrag einer Partei auch ein früherer Zeitpunkt, zu dem der Verfallsgrund eingetreten ist, festgelegt werden kann, § 52 Abs. 1 MarkenG.

2.3. Nichtigkeitsverfahren

450 Die Marke kann wegen Nichtigkeit gelöscht werden. Das Nichtigkeitsverfahren kann auf absolute oder relative Schutzhindernisse gestützt werden. Sie müssen entweder beim DPMA bei Geltendmachung von absoluten Schutzhindernissen, § 54 MarkenG, oder beim ordentlichen Gericht bei Geltendmachung von relativen Schutzhindernissen erhoben werden, § 55 MarkenG.

451 **2.3.1. Nichtigkeitsverfahren wegen absoluter Schutzhindernisse**

Der Antrag wegen Nichtigkeit der Eintragung stützt sich nach § 50 MarkenG auf die oben erläuterten absoluten Nichtigkeitsgründe

(s. RdNr. 421). Jedoch sind folgende Besonderheiten bei der Geltendmachung zu beachten:

Ist die Marke entgegen den §§ 3, 7, 8 Abs. 2 Nr. 1 bis 9 MarkenG eingetragen worden, muss der Nichtigkeitsgrund noch im Zeitpunkt der Entscheidung über den Nichtigkeitsgrund vorliegen. Ist die Marke entgegen § 8 Abs. 2 Nr. 1–3 MarkenG eingetragen worden, muss der Antrag auf Löschung innerhalb von 10 Jahren seit dem Eintragungstag gestellt werden. Bei Vorliegen der Schutzhindernisse von § 8 Abs. 2 Nr. 4–10 MarkenG kann von Amts wegen gelöscht werden, wobei die in § 50 Abs. 3 MarkenG enthaltene zusätzliche Regelung zu beachten ist.

Der Nichtigkeitsgrund § 8 Abs. 2 Nr. 10 (bösgläubiger Anmelder) kann dafür eingesetzt werden, um Sachverhalte zu entscheiden, die bisher nach § 1 a. F. UWG beurteilt worden sind, z. B. bei denen der Inhaber der Marke diese nur erwirbt, um ein Unternehmen an einer Nutzung eines Zeichens zu hindern, BGH GRUR 04, 510 – S 100; BGH PMZ 01, 97 – Classe E.

Der Antrag auf Löschung ist beim DPMA zu stellen, § 54 MarkenG. Er kann von jeder Person erhoben werden. Es ist eine Gebühr nach dem PatKostG zu bezahlen. Widerspricht der Markeninhaber, so wird das Löschungsverfahren durchgeführt; sonst wird die Marke gelöscht, § 54 MarkenG. Gegen den Beschluss des DPMA ist die Beschwerde zum BPatG gegeben, § 66 MarkenG.

2.3.2. Nichtigkeitsverfahren wegen relativer Schutzhindernisse 452

Die Eintragung einer Marke wird auf Klage wegen Vorliegens eines relativen Schutzhindernisses gemäß §§ 9 bis 13 MarkenG (s. RdNr. 427 ff.) gelöscht, § 51 MarkenG.

Der Nichtigkeitsgrund kann nach § 51 MarkenG nicht durchgesetzt werden, wenn

- Verwirkung des Nichtigkeitsgrundes wegen Duldung der Benutzung der jüngeren Marke durch den Inhaber des älteren Rechtes während fünf Jahren vorliegt, § 51 Abs. 2 MarkenG (dies gilt nur, wenn der Inhaber des älteren Rechtes Inhaber einer älteren Marke, geschäftlichen Bezeichnung oder Sortenbezeichnung ist), es sei denn, die Anmeldung der jüngeren Marke erfolgte bösgläubig;
- der Inhaber des älteren Rechtes seine Zustimmung zur Eintragung der jüngeren Marke vor Stellung des Antrags gegeben hat, § 51 Abs. 2 MarkenG;

Übersicht 8: Markenwiderspruchsverfahren (§§ 42, 43, 9 MarkenG)

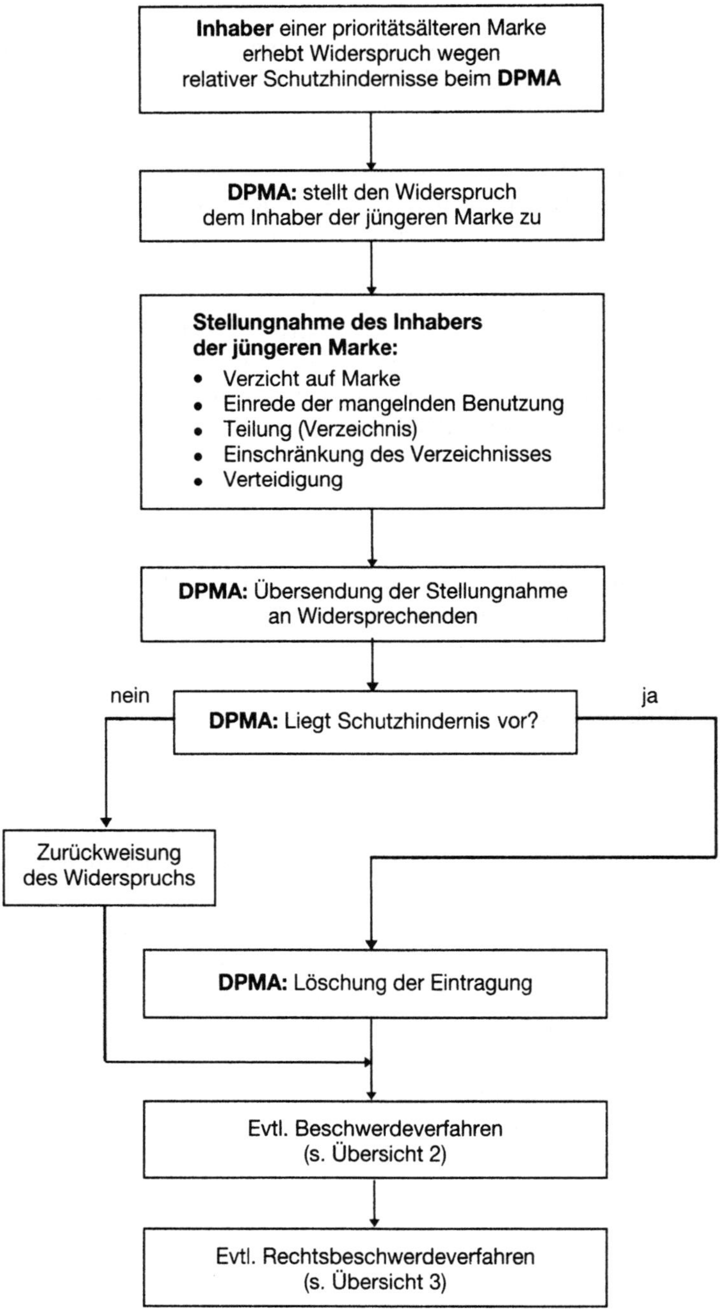

- bei Geltendmachung der Bekanntheit des älteren Kennzeichens (Marke, geschäftliche Bezeichnung) dieses zum Zeitrang der jüngeren Marke im Inland noch nicht bekannt war, § 51 Abs. 3 MarkenG;
- die ältere Marke zum Zeitpunkt der Veröffentlichung der Eintragung der jüngeren Marke wegen Verfalls (§ 49 MarkenG) oder wegen absoluter Schutzhindernisse (§ 50 MarkenG) löschungsreif war, § 51 Abs. 4 MarkenG.

Für das Verfahren ist nach § 55 MarkenG ein ordentliches Gericht zuständig. Es beginnt **453**

- wegen älterer Rechte nach §§ 9 bis 13 MarkenG auf Klage des Inhabers des älteren Rechtes, § 55 MarkenG;
- wegen Bestehens einer geografischen Herkunftsangabe auf Antrag der nach § 8 Abs. 3. UWG Berechtigten, § 55 Abs. 2 MarkenG.

Ist die Klage aufgrund einer älteren eingetragenen Marke erhoben worden, kann der Beklagte die Einrede der mangelnden Benutzung erheben § 55 Abs. 3 MarkenG, BGH GRUR 95, 583 – Montana:

- Der Kläger muss dann nachweisen, dass die ältere Marke innerhalb der letzten fünf Jahre vor Erhebung der Klage nach § 26 MarkenG (zur Benutzung s. RdNr. 321) benutzt worden ist, sofern sie zu diesem Zeitpunkt seit mindestens fünf Jahren eingetragen war.
- Endet der Zeitraum von fünf Jahren der Nichtbenutzung nach Erhebung der Klage, muss der Kläger eine Benutzung innerhalb von fünf Jahren vor Schluss der mündlichen Verhandlung nachweisen.
- War die ältere Marke zum Zeitpunkt der Veröffentlichung der Eintragung der jüngeren Marke mindestens fünf Jahre eingetragen, muss der Kläger auf Einrede des Beklagten nachweisen, dass die ältere Marke nicht nach § 49 Abs. 1 MarkenG (mangelnde Benutzung) hätte gelöscht werden können.

Bei der Entscheidung sind nur die Waren/Dienstleistungen zu berücksichtigen, für die die Benutzung nachgewiesen worden ist.

2.3.3. Wirkung der Löschung

Wird die Marke wegen eines Nichtigkeitsgrundes gelöscht, dann entfällt die Wirkung der Marke ex tunc im Umfang der Löschung, § 52 Abs. 2 MarkenG. **454**

Grundsätzlich bleiben aber Handlungen vor der Löschung, wie z.B. erfüllte Verträge oder vollstreckte Entscheidungen in Verletzungsverfahren, wirksam, § 52 Abs. 3 MarkenG, vorbehaltlich der Vorschriften über Schadensersatz bei schuldhaftem Verhalten des Inhabers der Marke oder über ungerechtfertigte Bereicherung.

455 **3. Übertragung der Marke während des Verfahrens wegen Verfalls oder Nichtigkeit**

Wird die angegriffene Marke vor oder nach Klageerhebung auf einen anderen übertragen, so ist die getroffene Entscheidung auch gegen den Rechtsnachfolger wirksam und vollstreckbar, § 55 Abs. 4 MarkenG. Für die Befugnis des Rechtsnachfolgers, in den Rechtsstreit einzutreten, gilt die ZPO entsprechend, § 55 Abs. 4 MarkenG.

G. Wirkung des Markenrechtes

456 Die Wirkung der Marke ergibt sich aus § 14 MarkenG unabhängig davon, ob es sich um eine eingetragene oder nicht eingetragene Marke (Benutzungsmarke) handelt. Zu berücksichtigen ist jedoch, dass bei der nicht eingetragenen Marke die Wirkung nur auf den territorialen Bereich beschränkt ist, in dem Verkehrsgeltung besteht.

Die Marke gewährt ihrem Inhaber ein ausschließliches Recht gegen Benutzung eines Zeichens durch einen Dritten (Drittzeichen), das in den Schutzbereich der Marke fällt, § 14 MarkenG.

Eine Verletzung liegt nur dann vor, wenn das Drittzeichen kennzeichenmäßig verwendet worden ist, BGH GRUR 04, 153 – Farbmarkenverletzung I. Dazu ist erforderlich, dass das Drittzeichen als Herkunftshinweis eingesetzt wird. Für diese Prüfung ist auf das Verständnis des angesprochenen durchschnittlich informierten, aufmerksamen und verständigen Durchschnittsverbrauchers (Publikum) abzustellen.

Zu beachten ist weiterhin, dass die Wirkung Schranken unterworfen ist, wobei insbesondere § 24 MarkenG (Erschöpfung) und § 23 MarkenG (Benutzung von Namen und beschreibenden Angaben) von Bedeutung ist. Die Schranken sind unter RdNr. 519ff. erläutert.

I. Die Wirkung der eingetragenen und der Benutzungsmarke, § 14 MarkenG

457 In folgenden Tatbeständen kann der Markeninhaber aufgrund seines ausschließlichen Rechtes Dritten im geschäftlichen Verkehr die Benutzung eines Drittzeichens untersagen:

457a **1. Tatbestand, § 14 Abs. 2 Nr. 1 MarkenG**

Das Drittzeichen ist mit der Marke identisch und wird für Waren oder Dienstleistungen verwendet, die mit denjenigen identisch sind, für die die Marke Schutz genießt.

Dieser Tatbestand ist eng auszulegen, so dass ein Drittzeichen nur mit einer Marke identisch ist, wenn es ohne Änderung oder Hinzufügung alle

Elemente wiedergibt, die die Marke bilden oder als Ganzes betrachtet nur solche geringfügigen Unterschiede gegenüber der Marke aufweist, dass sie einem Durchschnittsverbraucher entgehen, EuGH GRUR 03, 422 – Arthur/Arthur et Felicie. Bei einer Farbmarke liegt eine Identität nur bei völliger Farbidentität vor.

2. Tatbestand, § 14 Abs. 2 Nr. 2 MarkenG 457b

Das Drittzeichen ist mit der Marke identisch oder dieser ähnlich und wird für identische oder ähnliche Waren oder Dienstleistungen verwendet, für die die Marke Schutz genießt, so dass für das Publikum die Gefahr von Verwechslungen besteht, einschließlich der Gefahr, dass das Drittzeichen mit der Marke gedanklich in Verbindung gebracht wird (zur Verwechslungsgefahr siehe RdNr. 502 ff.).

3. Tatbestand, § 14 Abs. 2 Nr. 3 MarkenG 457c

Das Drittzeichen ist mit der im Inland bekannten Marke identisch oder dieser ähnlich, durch die Benutzung des Drittzeichens für Waren oder Dienstleistungenwird die Unterscheidungskraft (Verwässerung) oder Wertschätzung (Rufausbeutung, Rufschädigung) der Marke ohne rechtfertigenden Grund in unlauterer Weise ausgenutzt oder beeinträchtigt (BGH PMZ 99, 161 – Mac Dog, näheres siehe RdNr. 512).

II. Folgen der Wirkung – die Benutzungshandlungen 459

Liegt eine unerlaubte Benutzung nach § 14 Abs. 2 MarkenG vor, dann kann der Markeninhaber dem Dritten insbesondere untersagen, § 14 Abs. 3 MarkenG,

- Waren oder deren Aufmachung oder Verpackung mit dem Drittzeichen zu versehen;
- unter dem Drittzeichen Waren anzubieten, in den Verkehr zu bringen oder zu den genannten Zwecken zu besitzen;
- unter dem Drittzeichen Dienstleistungen anzubieten oder zu erbringen;
- unter dem Drittzeichen Waren einzuführen oder auszuführen;
- das Drittzeichen in der Werbung oder in Geschäftspapieren zu verwenden.

Die angegebenen Fälle stellen keine abschließende Aufzählung dar.

III. Weitere Wirkung der Marke – mittelbare Markenverletzung 460

Der Markeninhaber kann zudem untersagen (§ 14 Abs. 4 MarkenG),

- das Drittzeichen auf Aufmachungen, Verpackungen, Kennzeichnungsmitteln (wie z. B. Etiketten, Aufhängern, Aufnähern) anzubringen,

- diese nach dem Versehen mit dem Drittzeichen anzubieten, in Verkehr zu bringen, zu den genannten Zwecken zu besitzen oder einzuführen oder auszuführen,

wenn die Gefahr besteht, dass diese zur Verpackung, Aufmachung oder Kennzeichnung von Waren oder Dienstleistungen benutzt werden, für die dem Dritten die Benutzung des Zeichens nach § 14 Abs. 2 und 3 MarkenG untersagt wäre.

Das MarkenG regelt darüber hinaus die mittelbare Markenverletzung nicht. Sollte trotzdem eine mittelbare Markenverletzung möglich sein, handelt es sich um eine Form der Teilnahme, die ein vorsätzliches Verhalten des Dritten voraussetzt (BGH GRUR 01, 1039 – ambiente.de).

461 IV. Räumlicher Bereich der Wirkung

Bei der eingetragenen Marke erstreckt sich die Wirkung der Marke auf das gesamte Inland; bei der nicht eingetragenen Marke (§ 4 MarkenG) erstreckt sich deren Wirkung auf den räumlichen Geltungsbereich, der durch die Verkehrsgeltung festgelegt ist.

462 Abschnitt 3. Die geschäftliche Bezeichnung

Die geschäftliche Bezeichnung ist ein sachliches Recht, das ohne Durchführung eines Verfahrens durch Aufnahme der Benutzung bei unterscheidungskräftigen Zeichen oder Erreichen der Verkehrsgeltung bei nicht unterscheidungskräftigen Zeichen entsteht. Nach § 5 MarkenG sind als geschäftliche Bezeichnung Unternehmenskennzeichen und Werktitel geschützt.

A. Allgemeines und Übersichtstabelle

463 I. Übersichtstabelle

Schutzgegenstand	**Kennzeichen** für • Unternehmen • Werke
Schutzvoraussetzungen (sachlich)	• **Unterscheidungskraft** und Benutzung, sonst • **Verkehrsgeltung**
Rechtsinhaber	• Inhaber des Unternehmens • Herausgeber
Verfahren zum Schutzrecht	Kein Verfahren

Bestand des Schutzrechtes	**Schutzrecht entsteht** • mit Aufnahme der Benutzung oder • mit Verkehrsgeltung **Schutzrecht endet ex nunc** • mit endgültiger Beendigung der Benutzung
Wichtigste Wirkungen des Schutzrechtes	**Verbot der Benutzung von** • Identischen Zeichen • Verwechselbaren Zeichen **Bei bekanntem Zeichen** • Verbot von Zeichen, die die Wertschätzung oder Unterscheidungskraft des bekannten Zeichens auf unlautere Weise beeinträchtigen

II. Rechtsquellen

Das Recht der geschäftlichen Bezeichnung war früher durch § 16 UWG a.F. geregelt, es ist in das MarkenG übernommen worden. Die einschlägigen Vorschriften im MarkenG sind: **464**

- § 5 MarkenG, Definition der geschäftlichen Bezeichnung;
- § 12 MarkenG, ältere geschäftliche Bezeichnung als Löschungsgrund für eine Marke;
- § 15 MarkenG, Wirkung der geschäftlichen Bezeichnung;
- §§ 18, 19 MarkenG, Ansprüche bei Verletzung;
- §§ 20–24 MarkenG, Schranken der Wirkung.

B. Unternehmenskennzeichen **465**

In diesem Abschnitt werden die „Stichworte" Schutzgegenstand, Schutzvoraussetzungen, Bestand des Schutzrechtes gemeinsam behandelt.

Zu den geschäftlichen Bezeichnungen werden Unternehmenskennzeichen und Werktitel gerechnet, § 5 MarkenG.

I. Allgemeines

Im folgenden wird in erster Linie § 5 MarkenG behandelt, also die Verwendung von Unternehmenskennzeichen im geschäftlichen Verkehr. Dabei wird auch § 12 BGB erwähnt, soweit diese Vorschrift für den Schutz von Unternehmenskennzeichen von Bedeutung ist. **466**

Die Unternehmenskennzeichen können eingeteilt werden in:

→ Bezeichnungen mit Unterscheidungskraft von Hause aus, dazu gehören Name, Firma und besondere Geschäftsbezeichnung.

→ Bezeichnungen, die kraft Verkehrsgeltung Unterscheidungskraft haben.
→ Geschäftsabzeichen und sonstige zur Unterscheidung von Geschäftsbetrieben bestimmte Bezeichnungen, die nur kraft Verkehrsgeltung geschützt sind.

467 II. Unternehmenskennzeichen im geschäftlichen Verkehr, § 5 MarkenG

Zu den Unternehmenskennzeichen werden der Name, die Firma und die besondere Geschäftsbezeichnung eines Geschäftsbetriebs oder eine Unternehmens gerechnet. Der besonderen Bezeichnung eines Geschäftsbetriebes stehen Geschäftsabzeichen und andere zur Unterscheidung von Geschäftsbetrieben bestimmte Zeichen gleich, die innerhalb beteiligter Verkehrskreise als Kennzeichen des Geschäftsbetriebes gelten.

468 1. Voraussetzungen des Schutzes bei Firma, Name, besondere Geschäftsbezeichnung

1.1 Handeln im geschäftlichen Verkehr

Für das Handeln im geschäftlichen Verkehr kommt es auf die nach außen tretende Zielrichtung des Handelnden an. Dient das Handeln der Förderung der eigenen oder einer fremden erwerbswirtschaftlichen oder sonstigen beruflichen Tätigkeit, liegt Handeln im geschäftlichen Verkehr vor. Dem privaten Bereich wird ein Handeln außerhalb von Berufsausübung und Erwerb zugerechnet (BGH GRUR 02, 624 – shell.de).

469 1.2 Name, Firma, besondere Geschäftsbezeichnung

Diese sind nach § 5 MarkenG geschützt, wenn sie unterscheidungskräftig sind. Dabei ist ohne Bedeutung, ob der Name aussprechbar ist oder nicht (BGH GRUR 01, 344 – DB Immobilienfonds, unter Aufgabe der bisherigen Rechtsprechung zu nicht aussprechbaren Unternehmensnamen). Voraussetzung des Schutzes ist weiterhin, dass der Gebrauch des Kennzeichens befugt ist, BGH GRUR 02, 707 – vossius.de.

470 a) Firma

Die Firma ist der Name des Kaufmanns und ist aus diesem Grunde geschützt. Nach § 5 MarkenG ist jedoch nicht nur der ganze Firmenname geschützt, geschützt sein kann auch ein Teil des Firmennamens oder eine Abkürzung des Firmennamens. Dies deswegen, weil der Verkehr dazu neigt, zumindest längere Firmennamen abzukürzen oder einen einprägsamen Bestandteil des Firmennamens zu verwenden. Der Schutz ist gegeben, wenn es sich um einen unterscheidungskräftigen Firmenbestandteil handelt, der seiner Art nach im Vergleich zu den übrigen Firmenbestandteilen geeignet erscheint, sich im Verkehr als schlagwortartigen Hinweis auf das Unternehmen durchzusetzen (BGH PMZ 01, 210 – Windsurfing Chiemsee).

Folgende weitere Besonderheiten sind dabei zu beachten:

- **Firmenbestandteil:** Ein Bestandteil eines Firmennamen ist geschützt, wenn er vom Verkehr als Name des Unternehmens angesehen wird, BGH GRUR 93, 923 – Pic Nic. Ist der Firmenbestandteil seiner Art nach im Vergleich zu den übrigen Firmenbestandteilen geeignet, sich im Verkehr als schlagwortartigen Hinweis auf das Unternehmen durchzusetzen, dann entsteht der Schutz mit Aufnahme der Benutzung, BGH GRUR 04, 515 – Telekom; ist der Firmenbestandteil dagegen nicht unterscheidungskräftig, ist für den Schutz Verkehrsgeltung erforderlich. **471**
- **Firmenabkürzung:** Im geschäftlichen Verkehr ist es nicht unüblich, längere Firmenamen abzukürzen und die Abkürzung als namensmäßigen Hinweis auf das Unternehmen zu sehen. Für die Entstehung des Schutzes gelten die oben unter Firmenbestandteil angegebenen Voraussetzungen des Schutzes. **472**

Von Firma, Firmenbestandteil, Firmenabkürzung kann das **Firmenschlagwort unterschieden werden.** Ein Zeichen, das weder Firmenbestandteil, Firmenabkürzung oder besondere Geschäftsbezeichnung ist, kann als Firmenschlagwort geschützt sein, wenn es unabhängig von einer evtl. gegebenen Unterscheidungskraft Verkehrsgeltung erreicht hat, somit ein nicht unerheblicher Teil des Verkehrs in ihm die Bezeichnung eines bestimmten Unternehmens erblickt, BGH GRUR 92, 329 – AjS-Schriftenreihe. **473**

c) Besondere Geschäftsbezeichnung **474**

Eine Bezeichnung, die weder Name noch Firma ist, kann als besondere Geschäftsbezeichnung geschützt sein. Voraussetzung des Schutzes ist, dass die Bezeichnung unterscheidungskräftig ist, BGH GRUR 95, 507 – City-Hotel. Fehlende Unterscheidungskraft kann durch Verkehrsgeltung überwunden werden.

Zu den besonderen Geschäftsbezeichnungen zählen z.B. Bezeichnungen von Betrieben als Teil eines Unternehmens, Hotels, Gaststätten.

Die aufgeführten Unternehmenskennzeichen sind meistens Wortzeichen. Allerdings können auch Nichtwortzeichen ein Unternehmen kennzeichnen, wie z.B. Siegel, Wappen (BGH GRUR 93, 153 – Universitätsemblem).

Fall M1, M2

475 **d) Entstehen des Schutzes und Bestand des Schutzes**

Schutz entsteht

- durch Aufnahme der Benutzung im Inland bei Bezeichnungen, die von Hause aus Unterscheidungskraft haben (BGH GRUR 67, 199 – Napoleon II);
- bei Bezeichnungen, die von Hause aus keine Unterscheidungskraft aufweisen, mit Erreichen der Verkehrsgeltung (BGH GRUR 57, 550 – Tabu II).

Der Schutz endet mit endgültiger Beendigung der Benutzung (BGH GRUR 73, 661 – Metrix). Eine vorübergehende Benutzungseinstellung schadet dagegen nicht (BGH GRUR 02, 967 – Hotel Adlon).

476 **e) Räumlicher Geltungsbereich des Schutzes**

Dieser umfasst

- den räumlichen Bereich, in dem bei von Hause aus unterscheidungskräftigen Bezeichnungen die Benutzung aufgenommen worden ist, sonst den räumlichen Bereich, in dem die Bezeichnung Verkehrsgeltung erreicht hat;
- zusätzlich den Bereich, auf den die Tätigkeit des Inhabers des Kennzeichens ausstrahlt;
- bei auf Ausdehnung angelegten Unternehmen das Gebiet, auf das eine Ausdehnung möglich erscheint.

(BGH GRUR 91, 155 – Rialto; BGH GRUR 93, 923 – Pic Nic).

Fall M3

477 **2. Geschäftsabzeichen und sonstige zur Unterscheidung von Geschäftsbetrieben verwendete Zeichen**

Geschäftsabzeichen oder sonstige zur Unterscheidung von Geschäftsbetrieben verwendete Zeichen sind beliebige Zeichen, wie z.B. Worte, Bilder, Kombinationen davon, Farben, Betriebsmittel wie Kleidung.

Sie sind nur geschützt, wenn sie sich im Verkehr als Kennzeichen eines Geschäftsbetriebes durchgesetzt haben. Haben sie Verkehrsgeltung erreicht, sind sie von diesem Zeitpunkt an nach §§ 5, 15 MarkenG geschützt.

477a **III. Unternehmenskennzeichen außerhalb des geschäftlichen Verkehrs = Namensschutz nach § 12 BGB**

Wird ein Unternehmensnamen außerhalb des geschäftlichen Verkehrs verwendet, ist die Anwendung von § 12 BGB möglich. Die Benutzung eines Unternehmenskennzeichens kann im nicht geschäftlichen Verkehr ein unbefugter Namensgebrauch nach § 12 B BGB sein, dies kann z.B. dann gelten, wenn ein nicht berechtigter Dritter das Unternehmenskennzeichen als Domain-Name eintragen lässt. Darin kann eine Namensanmaßung liegen; BGH GRUR 02, 624 – shell.de.

Ein Sonderfall liegt vor, wenn sich der Dritte in redlicher Weise unter seinem bürgerlichen Namen betätigt. Hier ist nach dem Recht der Gleichnamigen demjenigen, der die Betätigung später aufnimmt (Prioritätsprinzip) zuzumuten, dass er Zusätze insoweit seinem Namen hinzufügt, dass keine Zuordnungsverwirrung bei Verkehrsteilnehmern auftritt; z.B. BGH GRUR 02, 624 – shell.de.

§ 12 BGB ist jedoch nur dann einsetzbar, wenn § 5 MarkenG nicht vorliegt. Der kennzeichenrechtliche Schutz nach § 5 MarkenG geht in seinem Anwendungsbereich dem Namensschutz aus § 12 BGB grundsätzlich vor, BGH GRUR 02, 622 – shell.de.

C. Werktitel 478

Nach § 5 MarkenG sind auch Titel von Werken, z.B. Druckschriften, Filme, Computerprogramme (BGH Mitt. 97, 399 – Power Point) geschützt, wenn sie unterscheidungskräftig sind oder Verkehrsgeltung erreicht haben. An die Unterscheidungskraft werden i.d.R. nur geringe Anforderungen gestellt, dies gilt insbesondere bei Zeitschriftentitel und Titel von Rundfunksendungen (BGH GRUR 01, 1050 – Tagesschau; BGH GRUR 02, 176 – Auto Magazin).

Beim Titelschutz geht es nicht darum, ob eine Bezeichnung als solche oder auch in Zusammenhang mit Werken bekannt ist, sondern ob der Verkehr sie als Titel für ein Werk versteht, der bestimmt und geeignet ist, dieses Werk von anderen Werken zu unterscheiden (so BGH GRUR 93, 488 – Verschenktexte II; BGH PMZ 99, 189 – Max). Jedoch ist es möglich, dass der Verkehr mit bekannten Werktiteln auch die Vorstellung einer bestimmten betrieblichen Herkunft verbindet. Dieser Fall wird dann wie ein Unternehmenskennzeichen behandelt (BGH GRUR 00, 504 – FACTS).

Das Titelrecht entsteht mit der tatsächlichen Benutzungsaufnahme, 479
wenn der Titel unterscheidungskräftig ist, sonst mit Erreichen der Verkehrsgeltung. Bei Druckschriften erfolgt die Benutzungsaufnahme mit dem Erscheinen des Werkes. Ausnahmsweise kann hier eine Vorverlegung des Schutzes in Betracht kommen. Für die Entstehung des Titelschutzes ist die Ankündigung des Werkes unter seinem Titel der tatsächlichen Benutzungsaufnahme durch Erscheinen gleichzustellen, wenn das Werk unter dem Titel in angemessener Frist erscheint (BGH GRUR 89, 760 – Titelschutzanzeige; BGH GRUR 98, 1010 – WINCAD).

Der Schutz des Werktitels nach § 15 MarkenG umfasst allerdings nur die unmittelbare Verwechslungsgefahr im engeren Sinne (BGH GRUR 01, 1050 – Tagesschau). Eine Verwechslungsgefahr im weiteren Sinne wäre nur dann möglich, wenn der Verkehr in dem Werktitel auch einen Hinweis auf das Unternehmen sieht, BGH GRUR 00, 70 – SZENE.

G. Wirkung des Schutzes, § 15 MarkenG

480 Die geschäftliche Bezeichnung ist nach § 15 Abs. 1 MarkenG ein ausschließliches Recht, das dessen Inhaber zusteht.

481 I. Wirkung des Schutzes nach § 15 Abs. 2 MarkenG

Der Inhaber der geschützten geschäftlichen Bezeichnung kann nach § 15 MarkenG verbieten, dass sie unbefugt von einem Dritten im geschäftlichen Verkehr verwendet wird.

Dieser Sachverhalt liegt vor, wenn

- der Dritte ein zu der geschäftlichen Bezeichnung identisches oder ähnliches Zeichen zur Kennzeichnung von Unternehmen, Geschäftsbetrieben oder Werken so verwendet, dass Verwechslungen mit der geschäftlichen Bezeichnung hervorgerufen werden (RdNr. 501);
- der Gebrauch unbefugt ist; was z.B. nicht der Fall ist, wenn der Dritte seinen bürgerlichen Namen benutzt und Gleichnamigkeit vorliegt; hier muss durch Zusätze die Verwechslungsgefahr so gut wie möglich vermindert werden (BGH GRUR 93, 579 – Römer; BGH GRUR 93, 574 – Decker; BGH GRUR 95, 754 – Altenburger Spielkartenfabrik);
- das Recht des Dritten die jüngere Priorität hat, § 6 MarkenG.

482 II. Wirkung des Schutzes nach § 15 Abs. 3 MarkenG

Bei einer bekannten geschäftlichen Bezeichnung kann der Berechtigte gegen den Dritten vorgehen,

- wenn der Dritte ein zur geschäftlichen Bezeichnung identisches oder ähnliches Zeichen im geschäftlichen Verkehr verwendet;
- wenn keine Verwechslungsgefahr besteht;
- wenn eine unlautere Beeinträchtigung der Wertschätzung vorliegt bzw.
- wenn eine unlautere Beeinträchtigung der Unterscheidungskraft der geschäftlichen Bezeichnung vorliegt (Verwässerungsgefahr).

Auf die Verhältnisse bei der bekannten geschäftlichen Bezeichnung wird unter RdNr. 512 noch einmal eingegangen.

Bisher wurde der Schutz eines berühmten Namens über § 12 BGB erreicht bzw. § 823 BGB, da ein solcher Name als Bestandteil des Rechtes am eingerichteten und ausgeübten Gewerbebetrieb angesehen wurde. Dieser Sachverhalt wird jetzt ausschließlich von § 15 MarkenG erfasst, BGH GRUR 01, 1050 – Tagesschau; BGH GRUR 00, 73 – SZENE.

III. Wirkung des Schutzes nach § 12 BGB 483

§ 12 BGB kann ergänzend zu § 15 MarkenG angewendet werden, wenn ein Eingriffstatbestand vorliegt, der nicht bereits von den spezielleren Normen des MarkenG erfasst oder freigestellt wird; BGH GRUR 98, 697 – Rolex – Uhr mit Diamanten. Da § 12 BGB keinen geschäftlichen Verkehr und keine Verwechslungsgefahr voraussetzt, kann § 12 BGB somit für Sachverhalte eingesetzt werden, die nicht unter § 15 MarkenG fallen.

Bei einem geschützten Namen kann § 12 BGB geltend gemacht werden, wenn ein schutzwürdiges Interesse des Namensträgers verletzt wird. Neben der Verwechslungsgefahr wird hier jede Handlung erfasst, die eine Zuordnungsverwirrung hervorruft oder individuelle Interessen des Namensträgers berührt. Dieser Fall liegt z.B. dann vor, wenn der Namensträger zu bestimmten Einrichtungen, Gütern in Beziehung gesetzt wird, mit denen er nichts zu tun hat. Hierfür genügt es, dass im Verkehr der Eindruck entsteht, der Namensträger habe dem Benutzer ein Recht zur Verwendung des Namens erteilt, BGH GRUR 93, 153 – Universitätsemblem.

IV. Schranken der Wirkung 485

Das ausschließliche Recht des Rechtsinhabers ist Schranken unterworfen, die unter RdNr. 519ff. erläutert werden; darauf wird verwiesen. Hier sollen die Schranken lediglich aufgezählt werden. Danach sind folgende Schranken zu beachten:

1. Verjährung, § 20 MarkenG.
2. Verwirkung von Ansprüchen, § 21 MarkenG.
3. Ausschluss der Wirkung der geschäftlichen Bezeichnung bei Benutzung von Namen oder beschreibenden Angaben, § 23 MarkenG.
4. Erschöpfung, § 24 MarkenG.
5. Ausschluss von Ansprüchen bei Bestandskraft der Eintragung einer Marke mit jüngeren Zeitrang, § 22 MarkenG.

Fall M4

Abschnitt 4. Geografische Herkunftsangaben

486

A. Allgemeines und Rechtsquellen

Vor Inkrafttreten des MarkenG gab es keine speziellen Vorschriften, die sich mit dem Schutz von geografischen Herkunftsangaben beschäftigten. Angewendet wurden §§ 1, 3 a.F. UWG. Jetzt ergeben sich aus dem MarkenG folgende Regelungen:

§§ 126–129 MarkenG: Schutz der geografischen Herkunftsangabe,

§§ 130–136 MarkenG: Schutz von Herkunftsangaben für Agrarerzeugnisse und Lebensmittel durch die Verordnung Nr. 2081/92 EWG.

Verordnung Nr. 2081/92 EWG: Die Verordnung erfasst Herkunftsangaben, bei denen sich ein unmittelbarer Zusammenhang zwischen Qualität, Ansehen oder einer Eigenschaft des Erzeugnisses und seinem spezifischen geografischen Ursprung ergibt.

487

B. Schutzgegenstand

Geografische Herkunftsangaben sind Angaben oder Zeichen, die im geschäftlichen Verkehr zur Kennzeichnung der geografischen Herkunft von Waren oder Dienstleistungen benutzt werden, § 126 MarkenG. Maßgebend dafür, ob eine geografische Herkunftsangabe vorliegt, sind die Verkehrskreise, an die sich das Zeichen wendet. Sie ist nicht betriebsbezogen, d.h. sie kann von allen Unternehmen für Waren oder Dienstleistungen verwendet werden, die aus dem angegebenen Gebiet stammen.

488

C. Sachliche Schutzvoraussetzungen

Der Schutz besteht für Bezeichnungen, die für Waren oder Dienstleistungen verwendet werden, die aus dem Herkunftsgebiet stammen. Der Schutz der Bezeichnung setzt nicht voraus, dass sie dem Verkehr als geografische Herkunftsangabe bekannt ist. Er erfordert lediglich, dass das angegebene Gebiet (Ort) nicht aufgrund der Eigenart oder Besonderheit der Ware als Produktionsstätte ausscheidet (BGH GRUR Int. 99, 70 – Warsteiner I).

489 Eine geografische Herkunftsangabe kann sich allerdings zur Gattungsbezeichnung von Waren oder Dienstleistungen entwickeln. Dies ist dann

der Fall, wenn die beteiligten Verkehrskreise bei ihrer Verwendung keinen Hinweis mehr auf die geografische Herkunft der Ware oder Dienstleistung sehen, also, wenn der Verkehr in der Bezeichnung nahezu einheitlich eine Gattungsbezeichnung sieht; allenfalls ein ganz unerheblicher Teil der maßgebenden Verkehrskreise dürfte sie als eine geografische Herkunftsangabe auffassen (BGH GRUR 89, 440 – Dresdner Stollen, BGH PMZ 01, 244 – SPA).

Eine Rückentwicklung der Gattungsbezeichnung in eine geografische Herkunftsangabe ist jedoch möglich und liegt dann vor, wenn der überwiegende Teil der in Betracht kommenden Verkehrskreise die Bezeichnung als geografische Herkunftsangabe auffasst (BGH GRUR 89, 440 – Dresdner Stollen). **490**

D. Wirkung des Schutzes, § 127 MarkenG **492**

§ 127 MarkenG regelt folgende Sachverhalte:

- Herkunftsangaben dürfen im geschäftlichen Verkehr zur Vermeidung einer Irreführungsgefahr nicht für Waren oder Dienstleistungen verwendet werden, die nicht aus dem bezeichneten Gebiet stammen. Von einer solchen Irreführungsgefahr ist auszugehen, wenn die Bezeichnung bei einem nicht unwesentlichen Teil der Verkehrskreise eine unrichtige Vorstellung über die geografische Herkunft der Produkte hervorruft (BGH PMZ 01, 244 – SPA). **493**
- Wird mit der Herkunftsangabe eine besondere Eigenschaft oder Qualität verbunden, so darf sie nur für Waren oder Dienstleistungen dieser Herkunft mit entsprechender Qualität oder Eigenschaft benutzt werden. **494**
- Genießt die geografische Herkunftsangabe einen besonderen Ruf, darf sie für Waren oder Dienstleistungen anderer Herkunft nicht verwendet werden, wenn keine Gefahr der Irreführung besteht, sofern die Benutzung für Waren oder Dienstleistungen anderer Herkunft geeignet ist, den Ruf oder die Unterscheidungskraft der Herkunftsangabe in unlauterer Weise auszunutzen oder zu beeinträchtigen (BGH GRUR 02, 426 – Champagner bekommen – Sekt bezahlen). **495**
- Der Schutz kann auch gegen die zu der Herkunftsangabe ähnlichen Angaben oder Zeichen geltend gemacht werden, wenn trotz der Abweichungen Irreführungsgefahr besteht oder der besondere Ruf oder die Unterscheidungskraft auf unlautere Weise ausgenutzt oder beeinträchtigt wird. **496**

Nach § 128 MarkenG können bei Verletzung von § 127 MarkenG im geschäftlichen Verkehr Unterlassungsansprüche und bei Vorliegen von Verschulden auch Schadensersatzansprüche von den nach § 8 Abs. 3. UWG zur Geltendmachung von Ansprüchen Berechtigten erhoben wer- **497** den, also z.B. von Gewerbetreibenden, die Waren oder gewerbliche Leistungen gleicher oder verwandter Art auf demselben Markt vertreiben. Die sich gegenüber stehenden Waren müssen sich so nahe stehen, dass der Absatz der Ware des einen Mitbewerbers durch irgendein wettbewerbswidriges Verhalten des anderen beeinträchtigt werden kann. Vorausgesetzt ist ein abstraktes Wettbewerbsverhältnis, für das eine nicht gänzlich unbedeutende (potentielle) Beeinträchtigung mit einer gewissen, wenn auch nur geringen Wahrscheinlichkeit genügt (BGH PMZ 01, 244 – SPA)

Abschnitt 5. Die einzelnen Verletzungsfälle nach §§ 14, 15 MarkenG

498 In Tabelle 3 sind die unterschiedlichen Verletzungsfälle des Kennzeichenrechtes, die im MarkenG geregelt sind, aufgelistet. In der ersten Spalte der Tabelle 3 ist der zu beschreibende Sachverhalt, in der zweiten Spalte sind die zu prüfenden Anspruchsgrundlagen (AGL) und in der dritten Spalte die Voraussetzungen der Verletzung angegeben.

Dabei besteht der Sachverhalt darin, dass der Dritte im Vergleich zum geschützten Zeichen ein identisches oder ähnliches Zeichen verwendet; bei der Aufstellung wird immer davon ausgegangen, dass im geschäftlichen Verkehr gehandelt wird.

Auf die Verletzungsfälle des § 127 MarkenG wird hier nicht näher eingegangen, es wird auf die RdNr. 492 verwiesen.

Bei der Diskussion der einzelnen Fälle ist zu berücksichtigen, dass neben der Identität oder Ähnlichkeit der sich gegenüberstehenden Zeichen (dem geschützten Kennzeichen und dem Drittzeichen) auch von Bedeutung ist, ob die Waren/Dienstleistungen oder die Branchen identisch, ähnlich oder unähnlich sind, für die sie verwendet werden. Damit spielt die Verwechslungsgefahr eine zentrale Rolle im Verletzungsrecht.

Weiterhin ist von Bedeutung, dass infolge der allen Kennzeichenrechten gemeinsamen Herkunftsfunktion der firmenmäßige und markenmäßige Gebrauch ineinander übergehen. Eine Unternehmensbezeichnung kann auch dadurch verletzt werden, dass ein Dritter sie als Marke verwendet, ebenso kann eine Marke verletzt werden, dass ein Dritter sie als Unternehmensbezeichnung einsetzt (BGH GRUR 04, 512 – Leysieffer).

Ebenso kann eine Verwechslungsgefahr zwischen einer Wortmarke und einer geografischen Herkunftsangabe bestehen. Dann kann der Markeninhaber die Benutzung der geografischen Herkunftsangabe nur verbieten, wenn diese nicht den anständigen Gepflogenheiten in Gewerbe und Handel entspricht, also den berechtigten Interessen des Markeninhabers in unlauterer Weise zuwider gehandelt wird; EuGH GRUR 04, 234 – Gerolsteiner/Putsch.

499

Sachverhalt: Dritter verwendet sein Zeichen an:	AGL	Voraussetzungen der Verletzung des Kennzeichens
Zur Kennzeichnung der Herkunft von Waren/ Dienstleistungen	§ 14 Abs. 2 Nr. 1 und 2 MarkenG	• geschützte Marke • Identität oder Ähnlichkeit der Waren/Dienstleistungen • Identität oder Ähnlichkeit der Zeichen • VWG
Zur Kennzeichnung von Unternehmen	§ 15 MarkenG	• geschützte geschäftliche Bezeichnung • Identität oder Ähnlichkeit der Branchen • Identität oder Ähnlichkeit der Zeichen • VWG
Zur Kennzeichnung von Werken	§ 15 MarkenG	• Geschützter Werktitel • Identität oder Ähnlichkeit der Zeichen • VWG
Zur Kennzeichnung von Waren oder Dienstleistungen, ohne dass VWG besteht	§ 14 MarkenG	• Im Inland bekannte Marke • Ausnutzung bzw. Beeinträchtigung der Wertschätzung oder Unterscheidungskraft der Marke • Unlauterkeit • kein rechtfertigender Grund
Zur Kennzeichnung von Unternehmen oder Werken, ohne dass VWG besteht	§ 15 MarkenG	• im Inland bekannte geschäftliche Bezeichnung • Ausnutzung bzw. Beeinträchtigung der Wertschätzung oder Unterscheidungskraft der geschäftlichen Bezeichnung • Unlauterkeit • kein rechtfertigender Grund
Zur Kennzeichnung der g. H. von Waren oder Dienstleistungen anderer Herkunft	§ 127 MarkenG	• Geschützte g. Herkunftsangabe • Irreführungsgefahr
Zur Kennzeichnung der g. H. von Waren oder Dienstleistungen gleicher Herkunft	§ 127 MarkenG	• Geschützte g. Herkunftsangabe • besondere Qualität oder Eigenschaften der Waren oder Dienstleistungen • Fehlen dieser Eigenschaften beim Drittzeichen
Zur Kennzeichnung der g. H. von Waren oder Dienstleistungen anderer Herkunft ohne Irreführungsgefahr über die g. H.	§ 127 MarkenG	• Geschützte g. Herkunftsangabe • Besonderer Ruf der Herkunftsangabe • Ausnutzung bzw. Beeinträchtigung des besonderen Rufs oder der Unterscheidungskraft der g. Herkunftsangabe • kein rechtfertigender Grund

g. H. = geografische Herkunft   VWG = Verwechslungsgefahr

Tabelle 3

A. Identität von Kennzeichen und Drittzeichen und der Waren/Dienstleistungen bzw. Branchen, §§ 14, 15 MarkenG

500 Hier liegt eine Verletzung des geschützten Zeichens vor, die verboten werden kann.

501
B. Identität oder Ähnlichkeit von Kennzeichen und Drittzeichen und Waren/Dienstleistungen bzw. Branchen, §§ 14, 15 MarkenG

Der Inhaber des geschützten Kennzeichens hat nur ein Verbotsrecht, wenn Verwechslungsgefahr zwischen den Zeichen besteht.

Die Verwechslungsgefahr ist im MarkenG nicht geregelt, vielmehr ist deren Festlegung der Rechtsprechung und Rechtslehre überlassen worden. Maßgebend für die Beurteilung der Verwechslungsgefahr sind das Publikum oder die Verkehrskreise, an die sich die Marke oder geschäftliche Bezeichnung wendet. Von deren Auffassung hängt es ab, ob ein Drittzeichen dem die Marke oder geschäftliche Bezeichnung führenden Unternehmen irrtümlich zugeordnet wird. Dabei genügt es, wenn ein nicht unbeachtlicher Teil der Verkehrskreise sich irrt. Bei Beurteilung dieser Frage ist es auch von Bedeutung, ob die angesprochenen Verkehrskreise Fachleute sind oder Durchschnittsverbraucher. Erstere pflegen die Zeichen genauer anzusehen und erkennen auch eher kleine Unterschiede. Letztere beurteilen nach ihrem flüchtigen Eindruck aus dem Gedächtnis die Zeichen und übersehen kleinere Abweichungen.

Aus der Rechtsprechung können folgende Unterscheidungen entnommen werden:

502
I. Die Verwechslungsgefahr im engeren Sinne

Bei der Verwechslungsgefahr im engeren Sinne ordnen die Verkehrskreise, an die sich das Kennzeichen richtet, das Drittzeichen irrtümlich dem Inhaber der Marke oder geschäftlichen Bezeichnung zu; BGH PMZ 99, 269 – Monoflam/Polyflam.

Die Verwechslungsgefahr im engeren Sinne wird eingeteilt in die unmittelbare und die mittelbare Verwechslungsgefahr.

503
1. Unmittelbare Verwechslungsgefahr

Hier werden die Marke oder geschäftliche Bezeichnung und das Drittzeichen unmittelbar verwechselt, d.h. das Publikum kann die beiden Zeichen nicht auseinander halten. Eine unmittelbare Verwechslungsgefahr kann z. B. bestehen in

- klanglicher Hinsicht; z. B. GEFA/GEWA; Lili/Libby's (BGH GRUR 66, 493);
- bildlicher Hinsicht; z. B. GEFA/GEWA (BGH GRUR 85, 461);
- begrifflicher Hinsicht; z. B. negativ Ball/Bally (BGH GRUR 92, 130).

Die Verwechslungsgefahr in einer Hinsicht genügt; BGH GRUR 04, 782 – Zwilling.

Eine Verwechslungsgefahr kann auch in mehrfacher Hinsicht gegeben sein, z. B. sowohl in klanglicher als auch in begrifflicher Hinsicht.

Fall M13

2. Mittelbare Verwechslungsgefahr (assoziative Verwechslungsgefahr) 504

Hier kann das Publikum die beiden Zeichen auseinander halten; da diese aber einen gemeinsamen Bestandteil enthalten, der Hinweischarakter hat, ist das Publikum der Meinung, dass die Zeichen von demselben Unternehmen zur Bezeichnung von unterschiedlichen Waren, Dienstleistungen oder Geschäftsbetrieben verwendet werden. Beispiel ist das Serienzeichen, das einen Bestandteil (Stammbestandteil) enthält, der in mehreren Marken verwendet wird, aufgrund dessen die Verkehrskreise der Meinung sind, dass diese Marken von demselben Unternehmen benutzt werden. Eine Verwechslungsgefahr unter dem Gesichtspunkt des Serienzeichens hängt nicht von einer größeren Anzahl von eingetragenen Marken ab oder einer Prägung der Marken durch den Stammbestandteil. Abzustellen ist vielmehr auf den Hinweischarakter des Stammbestandteils, der durch Benutzung in mehreren Marken, in einer geschäftlichen Bezeichnung oder Firma Kennzeichnungskraft erreicht hat (BGH GRUR 96, 26 – AQUA; BGH GRUR 96, 200 – Innovadiclophont; BGH PMZ 00, 414 – Bayer/Bei Chem; BGH PMZ 00, 247 – ARD 1). Wenn der Stammbestandteil ein rein beschreibender Begriff ist, dem jegliche Unterscheidungskraft fehlt, ist erforderlich, dass dieser sich durch Benutzung im Sinne von § 8 Abs. 3 MarkenG durchgesetzt hat (BGH GRUR 03, 1043 – Kinder).

Unter diesen Tatbestand fällt § 14 Abs. 2 Nr. 2 MarkenG am Ende, BGH GRUR 04, 782 – Zwilling. Dort wird von der Gefahr, dass das Drittzeichen und die Marke gedanklich in Verbindung gebracht werden, gesprochen (BPatG GRUR 96, 282, das für diesen Fall auch von einer assoziativen Verwechslungsgefahr spricht). Nach EuGH GRUR 98, 387 – Springende Raubkatze ist das „gedanklich in Verbindung bringen" kein neuer Tatbestand, der keine Verwechslungsgefahr voraussetzen würde. Vielmehr erfordert dieses Merkmal immer, dass Verwechslungsgefahr vorliegt, dient also zur Interpretation des Begriffes Verwechslungsgefahr.

505 **II. Die Verwechslungsgefahr im weiteren Sinne**

In diesem Fall sind die Zeichen, von denen eines zugleich Unternehmenskennzeichen ist, zwar ähnlich zueinander, das Publikum kann sie aber unterscheiden und ordnet sie unterschiedlichen Unternehmen zu. Aufgrund der Nähe der Branchen der Geschäftsbetriebe, für die sie verwendet werden, glauben die Verkehrsteilnehmer aber, dass zwischen den Rechtsinhabern wirtschaftliche oder organisatorische Verbindungen bestehen (BGH PMZ 99, 189 – Max; BGH PMZ 99, 405 – Schlüssel; BGH PMZ 99, 226 – Lion Driver; BGH PMZ 00, 248 – ARD 1; BGH GRUR 02, 64 – ISCO). Eine Verwechslungsgefahr im weiteren Sinne erfordert jedoch, dass das ältere Kennzeichen Unternehmenskennzeichen ist; BGH GRUR 04, 598 – Kleiner Feigling.

Fall M14

507 **III. Feststellung der Verwechslungsgefahr**

a) Grundsätze

Die Verwechslungsgefahr beurteilt sich nach dem Ähnlichkeitsgrad zwischen der Marke oder geschäftlichen Bezeichnung und dem Drittzeichen; dieser wird bestimmt (EuGH GRUR Int. 98, 875 – Canon)

- durch die Ähnlichkeit der beiden Zeichen, dazu muss der jeweilige Gesamteindruck der beiden Zeichen festgestellt werden;
- durch die für den Schutzumfang maßgebliche Kennzeichnungskraft der Marke oder geschäftlichen Bezeichnung;
- durch die Nähe oder Ferne der Warenbereiche, Dienstleistungsbereiche oder Branchen, für die die beiden Zeichen verwendet werden.

Maßgebend für die Beurteilung sind die beteiligten Verkehrskreise (Publikum).

508 **b) Ähnlichkeit der Marke oder geschäftlichen Bezeichnung und des Drittzeichens**

In der Regel ist das Zeichen, so wie es eingetragen ist oder benutzt wird, mit allen seinen Bestandteilen für die Bestimmung der Ähnlichkeit heranzuziehen. Trotzdem besteht die Möglichkeit, dass ein Bestandteil vom Publikum als prägend für das Zeichen angesehen wird und somit den Gesamteindruck festlegt (EuGH GRUR 98, 387 – Springende Raubkatze). Dieser Fall kann insbesondere dann vorliegen, wenn ein Zeichen aus mehreren Teilen besteht, z. B. bei einem Mehrwortzeichen, einem Wort-Bildzeichen oder einem längeren Wortzeichen. Dann ist zu untersuchen, welcher Teil oder welche Teile prägend für das Zeichen sind. Dies sind die Teile, die zur Unterscheidungskraft des Zeichens beitragen, während Teile im Zeichen, die selbständig nicht unterscheidungskräftig sind, wie z.B. freizuhaltende Angaben oder eine Herstellerangabe (außer z.B. beim Warenbereich Bekleidung, bei dem die Angabe des Herstellers für die Beurteilung des Gesamteindrucks von Bedeutung ist; BGH GRUR 96, 404 – Blendax Pep; BGH GRUR 97, 897 – IONOFIL) von geringerer Bedeutung sind (BGH PMZ 00, 280 – MAG-LITE). Bei dieser Beurteilung kann auch untersucht werden

- der Sinngehalt der Marke oder geschäftlichen Bezeichnung oder Teilen davon;
- die Betonung, Aussprache der Marke oder geschäftlichen Bezeichnung oder Teilen davon;
- die Schreibweise der Marke oder geschäftlichen Bezeichnung oder Teilen davon.

Bei einem aus Wort- und Bildbestandteilen aufgebauten Zeichen wird sich der Verkehr eher am Wortbestandteil orientieren, sofern dieser normale Kennzeichnungskraft hat, da dieser für die Verkehrsteilnehmer die einfachste Form ist, z.B. eine Ware zu bezeichnen. Der Bildbestandteil kann nur dann den Gesamteindruck des Zeichens prägen, wenn dieser neben dem Wortbestandteil eine eigenständige herkunftshinweisende Bedeutung für den Verkehr entfaltet (BGH GRUR 96, 269 – AQUA; BGH GRUR 96, 200 oder EuGH GRUR 98, 387 – Springende Raubkatze).

Einige Punkte, die beim Vergleich von Kennzeichen und Drittzeichen zu berücksichtigen sind, sind z.B.

bei **Wortzeichen**

- Prüfung in klanglicher Hinsicht
  - Silbenzahl
  - Sprachrhythmus, Betonung
  - Klangwirkung bestimmt durch Vokalfolge
  - Wortanfang hat größere Bedeutung
  - Unterschiede bei kurzen Worten werden schneller bemerkt
- Prüfung in schriftbildlicher Hinsicht
  - Ober- und Unterlänge der Buchstaben
- Prüfung in begrifflicher Hinsicht
  - Sinngehalt

Bei **Bildzeichen**

- Prüfung in bildlicher Hinsicht
  - Bildmotive
- Prüfung in begrifflicher Hinsicht
  - Sinngehalt

Fall M15, M16, M17

509 **c) Schutzbereich (Schutzumfang)**

Der Schutzbereich wird durch die Kennzeichnungskraft der Marke oder geschäftlichen Bezeichnung festgelegt. Je größer deren Unterscheidungskraft und Bekanntheitsgrad ist, um so größer ist die Kennzeichnungskraft und damit der Schutzbereich und um so größer muss der Abstand zwischen den Zeichen sein, um Verwechslungen auszuschließen. Ist z. B. eine Marke an eine beschreibende Angabe angelehnt, ist der Schutzbereich eng zu bemessen und zwar nach Maßgabe der Eigenprägung und Unterscheidungskraft, die dem Zeichen die Eintragungsfähigkeit verleiht (BGH GRUR 03, 963 – Antivir/AntiVirus). Für die Feststellung der Kennzeichnungskraft kommt es grundsätzlich auf den Zeitpunkt an, an dem das Kollisionszeichen kennzeichenrechtlichen Schutz erlangt hat. Eine etwaige Schwächung der Kennzeichnungskraft ist jedoch bis zum Zeitpunkt der letzten mündlichen Verhandlung zu beachten; BGH GRUR 03, 1044 – Kinder.

510 **d) Nähe der Waren, Dienstleistungen oder Branchen**

Die Ähnlichkeit von Waren/Dienstleistungen ist unter RdNr. 324 abgehandelt, darauf wird verwiesen. Es gilt der Grundsatz, dass von einem Fehlen jeglicher Warenähnlichkeit nur ausgegangen werden kann, wenn angesichts des Abstandes der Waren voneinander trotz Identität oder großer Ähnlichkeit der Marken und trotz besonders hoher Kennzeichnungskraft der älteren Marke die Annahme einer Verwechslungsgefahr von vornherein ausgeschlossen ist (BGH PMZ 01, 212 – EVIAN/REVIAN). Je näher sich die Waren/Dienstleistungen oder Branchen sind, für die die Zeichen verwendet werden, um so unterschiedlicher müssen die Zeichen sein, um Verwechslungen zu vermeiden; s. RdNr. 324.

511 **e) Zusammenfassung**

Es besteht eine Wechselwirkung zwischen den in Betracht zu ziehenden Faktoren, insbesondere der Ähnlichkeit der Marken/geschäftlichen Bezeichnung und der Ähnlichkeit der mit ihnen gekennzeichneten Waren/Dienstleistungen/Branchen sowie der Kennzeichnungskraft der älteren Marke/geschäftlichen Bezeichnung. Der Ähnlichkeitsgrad zweier Zeichen kann somit groß sein, wenn die Kennzeichnungskraft der Marke oder Geschäftsbezeichnung klein ist und/oder die Waren/Dienstleistungen oder Branchen einen weiten Abstand haben. Umgekehrt muss der Ähnlichkeitsgrad klein sein, wenn die Marke/geschäftliche Bezeichnung eine große Kennzeichnungskraft hat und/oder die Waren/Dienstleistungen oder Branchen benachbart sind (BGH GRUR 04, 594 – Ferrari-Pferd).

Fall M18, M19

C. Bekannte Marke, bekannte geschäftliche Bezeichnung, geografische Herkunftsangabe besonderen Rufs § 14 Abs. 2 Nr. 3 bzw. § 15 Abs. 3 bzw. § 127 Abs. 3 MarkenG

Wenn es sich bei dem geschützten Kennzeichen um ein im Inland bekanntes Kennzeichen handelt, hängt ein Verbotsrecht des Zeicheninhabers, ohne dass Verwechslungsgefahr besteht, von folgenden Voraussetzungen ab: **512**

- Das Kennzeichen ist ein im Inland bekanntes Zeichen.
- Das Kennzeichen und das Drittzeichen sind identisch oder ähnlich.
- Je nachdem, ob es sich um eine Marke, geschäftliche Bezeichnung oder geografische Herkunftsangabe handelt, gilt:
  → bei einer bekannten Marke wird nach § 14 MarkenG das Drittzeichen für Waren/Dienstleistungen verwendet, die identisch oder einander ähnlich sind als auch für Waren oder Dienstleistungen, die zueinander nicht ähnlich sind (EuGH GRUR 04, 58 – Adidas/Fitnessworld oder BGH GRUR 04, 235 – Davidoff II);
  → es muss keine Verwechslungsgefahr zwischen Marke und Drittzeichen bestehen, es genügt, dass der Grad der Ähnlichkeit bewirkt, dass die beteiligten Verkehrskreise das Drittzeichen und die Marke gedanklich miteinander verknüpfen, ohne sie zu verwechseln (EuGH GRUR 04, 58 – Adidas/Fitnessworld);
  → bei einer bekannten geschäftlichen Bezeichnung besteht keine Verwechslungsgefahr bzw.
  → bei einer geografische Herkunftsangabe besonderen Rufs wird das Drittzeichen für Waren/Dienstleistungen anderer Herkunft verwendet.
- Das Drittzeichen wird ohne rechtfertigenden Grund eingesetzt.
- Das Drittzeichen wird in unlauterer Weise eingesetzt. Dies kann der Fall sein, wenn
  → die Benutzung des Drittzeichens die Unterscheidungskraft des Kennzeichens beeinträchtigt (Verwässerungsgefahr);
  → die Verwendung des Drittzeichens die Wertschätzung des Kennzeichens ausnutzt (Rufausbeutung);
  → die Verwendung des Drittzeichens die Wertschätzung des Kennzeichens beeinträchtigt (Rufbeeinträchtigung).

Diese Fälle sind früher über § 1 a.F. UWG bzw. § 12 BGB, § 823 BGB behandelt worden, sie sind jetzt nach dem MarkenG zu beurteilen (BGH GRUR 01, 1050 – Tagesschau).

513 I. Bekanntheit des Kennzeichens (besonderer Ruf)

Nach EuGH GRUR Int. 00, 73 – Chevy ist der erforderliche Bekanntheitsgrad erreicht, wenn die Marke einem bedeutenden Teil des Publikums bekannt ist, das von den durch die Marke erfassten Waren/Dienstleistungen betroffen ist. Bei der Prüfung auf Bekanntheit z. B. einer Marke kommt es nicht auf die Feststellung eines bestimmten Prozentsatzes an, vielmehr ist zu untersuchen (BGH GRUR 02, 341 – Fabergé):

- Marktanteil der Marke;
- Intensität der Benutzung der Marke;
- Geografische Ausdehnung der Benutzung der Marke;
- Dauer der Benutzung der Marke;
- Umfang der Investitionen, die das Unternehmen zur Förderung der Bekanntheit der Marke getätigt hat.

514 II. Ausnutzung der Wertschätzung des bekannten Kennzeichens

Voraussetzung dieses Tatbestandsmerkmals ist, dass die unter dem Kennzeichen vertriebenen Waren oder Leistungen von besonderer Qualität sind, Ansehen genießen, einen Prestigewert haben (BGH GRUR 85, 550 – DIMPLE). Die Wertschätzung des bekannten Kennzeichens kann vom Dritten dadurch unlauter ausgenutzt werden, dass dessen Ruf ausgebeutet wird oder dessen Ruf geschädigt wird.

515 a) Unlauterkeit der Rufausbeutung

Die Anlehnung an eine fremde Leistung, z. B. einen guten Ruf, ist nicht ohne weiteres unlauter. Es bedarf vielmehr besonderer Umstände, um die Verwerflichkeit einer solchen Anlehnung zu begründen, diese kann in der Anstößigkeit des Handelns des Dritten liegen, BGH GRUR 98, 697 – VENUS MULTI. Unlauter handelt z. B., wer die Qualität seiner Waren oder Leistungen mit denen geschätzter Konkurrenzerzeugnisse in Beziehung setzt, um den guten Ruf der Waren oder Leistungen eines Mitbewerbers als Vorspann für eigene Werbung auszunutzen (BGH GRUR 85, 550 – DIMPLE).

516 b) Unlauterkeit der Rufschädigung

Unlauter handelt, wer den Konkurrenten durch Annäherung an dessen Kennzeichen behindert, wenn die Annäherung geeignet ist, einen mit der Kennzeichnung verbundenen guten Ruf zu beeinträchtigen oder gar zu zerstören, z. B. bei Verwendung für Waren, die im Vergleich zu den Waren oder Leistungen des Kennzeicheninhabers von minderer Qualität sind (BGH GRUR 91, 609 – SL).

III. Verwässerung = Schwächung der Herkunftsfunktion eines Kennzeichens 517

Sie bezieht sich auf die kennzeichenmäßige Benutzung einer Bezeichnung durch einen Dritten, wobei es auf eine Verwechslungsgefahr nicht ankommt. Sie erfordert weiterhin, dass die geschützte Bezeichnung in ihrer Eigenschaft als Kennzeichen z. B. in ihrer Alleinstellung und in ihrem Bekanntheitsgrad beeinträchtigt wird, was voraussetzt, dass sie vom Dritten kennzeichnend verwendet wird. Dazu genügt, dass ein nicht ganz unerheblicher Teil des angesprochenen Verkehrs in einer bestimmten Verwendungsweise einen kennzeichenmäßigen Gebrauch sieht; abzustellen ist auf den flüchtigen Durchschnittsbetrachter (BGH GRUR 90, 711 – Telefonnummer 4711).

IV. Unlauterkeit des Handelns des Dritten 518

Die Unlauterkeit liegt vor, wenn die Benutzung des Drittzeichens den anständigen Gepflogenheiten in Gewerbe oder Handel nicht entspricht. Die bei der Rufausbeutung, Rufschädigung und Verwässerung vorliegende Unlauterkeit (Sittenwidrigkeit) erfordert nicht, dass der Dritte in böser Absicht gehandelt hat. Notwendig ist nur die Kenntnis aller Tatumstände, aus der sich die Unlauterkeit ergibt.

Fall M20

Fall M6

D. Schranken der Wirkung

Die Wirkung des Schutzrechtes unterliegt folgenden Schranken: 519

1. Mangelnde Benutzung einer eingetragenen Marke, §§ 25, 26 MarkenG 520

Ansprüche aus einer eingetragenen Marke können nur geltend gemacht werden, wenn der Markeninhaber die Marke innerhalb der letzten fünf Jahre vor Geltendmachung des Anspruchs nach § 26 MarkenG benutzt hat, wenn sie zu diesem Zeitpunkt mindestens fünf Jahre eingetragen war.

Bei Geltendmachung des Anspruchs im Wege der Klage kann der Beklagte die Einrede der mangelnden Benutzung erheben. Dann muss der Kläger nachweisen, dass er seine Marke im Umfang des Klageantrags in den letzten fünf Jahren

- vor Erhebung der Klage benutzt hat, sofern sie schon fünf Jahre eingetragen ist,
- vor Schluss der mündlichen Verhandlung benutzt hat.

Wenn ein Widerspruchsverfahren durchgeführt worden ist, tritt für die Berechnung der Frist an die Stelle der Eintragung der Zeitpunkt des Abschlusses des Widerspruchsverfahrens. Die Einrede bezieht sich nur auf die Waren/Dienstleistungen des Verzeichnisses, für die die Marke nicht benutzt worden ist. Die Regelung der Benutzung ergibt sich aus § 26 MarkenG (s. RdNr. 321).

521 **2. Erschöpfung, § 24 MarkenG**

Der Inhaber einer Marke oder geschäftlichen Bezeichnung kann nicht deren Benutzung für Waren verbieten, die er oder mit seiner Zustimmung ein anderer unter dieser Marke oder geschäftlichen Bezeichnung im Inland, in der EU oder im EWR in Verkehr gebracht hat (Übergang der tatsächlichen Verfügungsgewalt); EuGH GRUR 03, 512 – stüssy. Wenn die Ware mit Zustimmung des Markeninhabers außerhalb des EWR in Verkehr gebracht worden ist, kann sich allerdings aus den Umständen ergeben, dass er auf das Recht verzichtet, sich einem Inverkehrbringen in den EWR zu widersetzen (EuGH GRUR 02, 156 – Davidoff).

Der Wiederverkäufer hat nicht nur das Recht, die mit der Marke versehene Ware weiter zu verkaufen, sondern er darf auch der Öffentlichkeit den Weitervertrieb ankündigen; EuGH Mitt. 98, 35 – Parfum.

Ein Inverkehrbringen außerhalb des angegebenen Raumes erschöpft das Recht nicht, EuGH GRUR 98, 919 – Silhouette. § 24 MarkenG ändert die frühere Rechtsprechung, die im Markenrecht eine internationale Erschöpfung annahm. § 24 MarkenG gilt auch für vor dem 1. 1. 1995 entstandene Marken, wenn unter dieser Marke Waren nach dem 1. 1. 1995 außerhalb des EWR in Verkehr gebracht wurden (BGH GRUR 96, 271 – gefärbte Jeans).

Zu beachten ist, dass der Grundsatz der Erschöpfung nach § 24 Abs. 2 MarkenG nicht mehr gilt, wenn sich der Inhaber der Marke/geschäftlichen Bezeichnung der Benutzung aus berechtigten Gründen widersetzt. Ein solcher berechtigter Grund liegt z.B. bei Markensachen vor, wenn

- die Ware in ihrer Eigenart verändert wurde, also charakteristische Sacheigenschaften der Ware geändert wurden;
- bei Umverpackung (Arzneimittel) von Markenwaren die Aufmachung der umverpackten Ware geeignet ist, den Ruf der Marke zu schädigen (BGH GRUR 02, 57 – Adalat)
- der Wiederverkäufer die Waren zusammen mit Waren minderer Qualität vertreibt und dadurch den Ruf der Ware erheblich schädigt, EuGH GRUR INT 98, 140 – Dior/Evora.

Gegen ein Inverkehrbringen derart geänderter Waren oder unter derartigen Umständen kann der Markeninhaber nach § 14 MarkenG vorgehen; BGH GRUR 96, 271 – gefärbte Jeans; EuGH Mitt. 97, 404 – Neuettikettierung von Whiskyflaschen; EuGH GRUR Int. 96, 1144 – Bristol – Myers Squibb oder EuGH GRUR 02, 879 – Boehringer zu Umverpackung von Arzneimitteln.

3. Benutzung von Namen und beschreibenden Angaben, § 23 MarkenG 522

Der Inhaber einer Marke oder geschäftlichen Bezeichnung kann einem Dritten nicht verbieten

- seinen Namen (bürgerlicher Name) oder Anschrift zu benutzen, sofern die Benutzung nicht gegen die guten Sitten verstößt;
- ein identisches oder ähnliches Zeichen als Angabe über Merkmale oder Eigenschaften (wie z.B. Art, Bestimmung, Beschaffenheit, geografische Herkunft, usw.) von Waren oder Dienstleistungen zu benutzen, sofern die Benutzung nicht sittenwidrig ist;
- die Marke oder geschäftliche Bezeichnung als Hinweis auf die Bestimmung einer Ware, insbesondere als Zubehör oder Ersatzteil, oder einer Dienstleistung zu benutzen, soweit die Benutzung dafür notwendig ist und die Benutzung nicht gegen die guten Sitten verstößt (EuGH MarkenR 99, 84 – BMW).

Die Benutzung von beschreibenden oder freizuhaltenden Angaben durch Dritte ist somit erlaubt, auch dann, wenn sie mit der Marke oder geschäftlichen Bezeichnung identisch ist, es sei denn, die Art der Benutzung ist sittenwidrig, entspricht also nicht den anständigen Gepflogenheiten in Gewerbe und Handel; dies liegt vor, wenn der Dritte den berechtigten Interessen des Markeninhabers in unlauterer Weise zuwider handelt (EuGH GRUR 04, 235 – Gerolsteiner/Putsch). Das Kollisionszeichen kann beschreibend oder markenmäßig verwendet werden (BGH GRUR 04, 600 – g-c-fix/CD-FIX). § 23 MarkenG kann nur im Verletzungsverfahren geltend gemacht werden.

4. Verwirkung von Ansprüchen, § 21 MarkenG 523

Die Verwirkung eines Anspruchs aus einer älteren Marke oder geschäftlichen Bezeichnung (älteres Recht) tritt ein bei Duldung der Benutzung einer Marke, geschäftlichen Bezeichnung oder eines sonstigen Rechts nach § 13 MarkenG mit jüngerem Zeitrang (jüngeres Recht) durch den Inhaber des älteren Rechtes während eines Zeitraumes von fünf Jahren in Kenntnis der Benutzung, es sei denn, der Inhaber des jüngeren Rechts war zum Zeitpunkt der Anmeldung der jüngeren Marke oder des Erwerbs des Rechtes bösgläubig.

Der Inhaber des Kennzeichens mit jüngerem Zeitrang kann aber die Benutzung des Rechts mit älterem Zeitrang ebenfalls nicht untersagen.

524 5. Ausschluss von Ansprüchen bei Bestandskraft einer eingetragenen jüngeren Marke, § 22 MarkenG

Der Inhaber einer Marke oder geschäftlichen Bezeichnung kann die Benutzung einer jüngeren Marke für die Waren oder Dienstleistungen, für die sie eingetragen ist, nicht untersagen,

- wenn ein Löschungsantrag gegen die jüngere Marke zurückgewiesen worden ist oder zurückzuweisen wäre, weil die ältere Marke oder geschäftliche Bezeichnung zum Zeitrang der jüngeren Marke noch nicht bekannt war,
- weil die ältere Marke zum Zeitpunkt der Veröffentlichung der Eintragung der jüngeren Marke wegen Verfalls oder absoluter Schutzhindernisse löschungsreif war (§ 51 Abs. 4 MarkenG); die Löschungsreife der älteren Marke kann im Verletzungsverfahren erst geltend gemacht werden, wenn das Löschungsverfahren vor dem DPMA nicht mehr möglich ist.

In diesen Fällen hat der Inhaber der jüngeren Marke kein Verbotsrecht gegen den Inhaber des älteren Rechtes.

525 6. Verjährung, § 20 MarkenG

Ein Anspruch aus einer Marke, geschäftlichen Bezeichnung oder geschützten geografischen Herkunftsangabe (§ 129 MarkenG) verjährt entsprechend § 195ff. BGB.

526 7. Kein Vorbenutzungsrecht

Im Markenrecht gibt es kein Vorbenutzungsrecht, so dass ein Dritter nicht geltend machen kann, er habe das Drittzeichen schon vor dem Zeitrang der Marke benutzt mit der Folge, dass er das Drittzeichen weiter benutzen dürfe; BGH GRUR 98, 412 – Analgin.

Teil 4. Das Urheberrechtsgesetz (UrhG) 530

Im UrhG ist geregelt 531

→ der Schutz von Werken der Literatur, Wissenschaft und Kunst; diese sind dem Urheberrechtsschutz zugänglich, wenn eine schöpferische Leistung bei der Schaffung des Werkes erbracht werden musste (eigentliches Urheberrecht);

→ der Schutz von geistigen oder künstlerischen Leistungen oder von Investitionen in der Kulturwirtschaft; diese Schutzrechte werden Leistungsschutzrechte, Nachbarrechte oder verwandte Schutzrechte genannt. 532

Während durch das eigentliche Urheberrecht Werke, die auf dem Gebiet der Literatur, Wissenschaft oder Kunst liegen, geschützt sind, werden durch die Leistungsschutzrechte Leistungen geschützt. Die Leistungsschutzrechte werden in Deutschland nicht dem Urheberrecht zugeordnet, obwohl sie im UrhG geregelt sind. Im folgenden werden darum das Urheberrecht und die Leistungsschutzrechte getrennt behandelt, wobei auf das Urheberrecht ausführlicher eingegangen wird, die Leistungsschutzrechte dagegen nur kurz dargestellt werden.

Neben dem UrhG bestehen auf dem Gebiet des Urheberrechtes noch eine Reihe von weiteren Gesetzen, die wichtigsten sind das Verlagsgesetz (VerlG), das die rechtlichen Beziehungen zwischen einem Autor und einem Verlag regelt, und das Wahrnehmungsgesetz (WahrnG), das das Recht der Verwertungsgesellschaften enthält; auf diese Gesetze wird nicht eingegangen.

Kapitel 1. Das Urheberrecht

533 A. Allgemeines und Übersichtstabelle

Im Abschnitt I. wird in einer Tabelle eine Übersicht über das Urheberrecht gegeben, in Abschnitt II. wird auf die wichtigsten Rechtsquellen eingegangen, in Abschnitt III. zur Schnellinformation eine Kurzfassung des Urheberrechtes gegeben und in Abschnitt IV. einige häufig verwendete Begriffe erläutert.

534 I. Übersichtstabelle

Schutzgegenstand	**Werke** der • Literatur • Kunst • Wissenschaft
Schutzvoraussetzung (sachlich)	**Vorliegen einer persönlichen geistigen Schöpfung bei der Schaffung des Werkes**
Rechtsinhaber	• **Urheber** • **Rechtsnachfolger** (nur durch Erbfolge)
Verfahren zum Schutzrecht	Kein Verfahren
Bestand des Schutzrechtes	**Schutzrecht entsteht mit Schaffung des Werkes und dessen Verlautbarung** **Schutzrecht endet ex nunc:** • 70 Jahre nach dem Tod des Urhebers, bei mehreren Urhebern 70 Jahre nach dem Tod des längstlebenden Urhebers bzw. • bei anonymen Werken 70 Jahre nach Veröffentlichung des Werkes bzw. 70 Jahre nach deren Schaffung bei nicht veröffentlichten Werken
Wichtigste Wirkungen des Schutzrechtes (Verbotsrechte)	**Verbot** der • Vervielfältigung • Verbreitung • Ausstellung • evtl. Bearbeitung • Öffentlichen Wiedergabe des Werkes **Urheber hat das Recht** • der Veröffentlichung seines Werkes • der Anerkennung seiner Urheberschaft • des Verbots der Entstellung seines Werkes

II. Die wichtigsten Rechtsquellen 535

1. Nationales Urheberrecht

Die wichtigsten Rechtsquellen des Urheberrechtes sind

- das UrhG;
- Verlagsgesetz (VerlG);
- Wahrnehmungsgesetz (WahrnG).

2. Internationales Urheberrecht 536

Das UrhG hat territoriale Wirkung; die Gefährdung der Interessen des Urhebers endet jedoch nicht an den Grenzen. Darum wird über internationale Abkommen versucht, den Urhebern auch in anderen Staaten den erforderlichen Schutz zukommen zu lassen.

a) Die Berner Übereinkunft 537

Das wichtigste internationale Abkommen auf dem Gebiet des Urheberrechtes ist die revidierte Berner Übereinkunft (rBÜ), der fast alle Staaten beigetreten sind. Ein Grundsatz der rBÜ ist das Prinzip der Inländerbehandlung. Jeder Angehörige eines Verbandsstaates ist in den anderen Verbandsstaaten wie ein dortiger Inländer zu behandeln. Weiterhin enthält die rBÜ einige Mindestrechte, die die Verbandsstaaten zu beachten haben. Diese gelten jedoch nur für Angehörige von anderen Verbandsstaaten, nicht für Inländer. Eine wichtige Regelung ist die Vorschrift, dass für die Entstehung und für das Geltendmachen des Urheberrechts keine Formvorschriften und Förmlichkeiten verlangt werden dürfen, Art. 5 rBÜ.

b) Das Welturheberrechtsabkommen 538

Das Welturheberrechtsabkommen (WUA) ist inzwischen, nachdem die USA der rBÜ beigetreten sind, von minderer Bedeutung. Ein wesentlicher Unterschied zur rBÜ besteht darin, dass nach dem WUA für das Entstehen des Urheberrechtes Förmlichkeiten vorgesehen werden können. Ein Beispiel ist der Copyrightvermerk (©, Name des Berechtigten, Jahreszahl der Veröffentlichung).

Deutschland ist beiden Abkommen beigetreten; bei gleichzeitiger Anwendbarkeit beider Abkommen geht die rBÜ vor.

c) EG-Richtlinien, z. B. 539

- EG-Richtlinie 91/250/EWG des Rates über den Rechtsschutz von Computerprogrammen vom 14. 5. 1991.
- EG-Richtlinie 93/98/EWG des Rates zur Harmonisierung der Schutzdauer des Urheberrechts und bestimmter verwandter Schutzrechte vom 29. Oktober 1993.

- EG-Richtlinie 96/9/EG des Rates über den rechtlichen Schutz von Datenbanken vom 11. März 1996.
- EG-Richtlinie 01/29/EG vom 22. Mai 2001 zur Harmonisierung bestimmter Aspekte der Urheberrechts und der verwandten Schutzrechte in der Informationsgesellschaft.

Diese Richtlinien sind in das nationale Recht übernommen worden.

540 **d) TRIPS, Art. 9–14**

541 III. Kurzfassung des Urheberrechtes

542 1. Schutzgegenstand und sachliche Schutzvoraussetzungen

Werke der Literatur, Wissenschaft und Kunst, §§ 1, 2 UrhG, die

- eine geistige persönliche Schöpfung darstellen, § 2 Abs. 2 UrhG;
- verlautbart worden sind (sinnlich wahrnehmbar waren).

543 2. Rechtsinhaber

Inhaber des Urheberrechtes ist der Urheber, also die natürliche Person oder Personen, die das Werk geschaffen haben, §§ 7, 8 UrhG bzw. deren Erben, § 28 UrhG.

544 3. Verfahren

Zur Entstehung des Urheberrechtes ist kein Verfahren erforderlich. Mit der Schaffung des Werkes entsteht das Urheberrecht.

545 4. Bestand des Rechtes

Die Schutzdauer beträgt 70 Jahre nach dem Tod des längst überlebenden Urhebers, §§ 64, 65 UrhG; bei anonymen Werken 70 Jahre nach Veröffentlichung bzw. Schaffung des Werkes, § 66 UrhG.

Bei Lieferungswerken berechnet sich die Schutzdauer ab der Veröffentlichung jeder Lieferung, § 67 UrhG.

546 5. Wirkung des Urheberrechtes (Inhalt des Urheberrechtes)

Das Urheberrecht hat eine verwertungsrechtliche und eine persönlichkeitsrechtliche Wirkung, § 11 UrhG. Die Wirkung ist Schranken unterworfen.

a) Verwertungsrechte, § 15 UrhG

547 aa) Verwertung in körperlicher Form

- Vervielfältigungsrecht, § 16 UrhG;
- Verbreitungsrecht, § 17 UrhG;
- Ausstellungsrecht, § 18 UrhG.

548 bb) Verwertung in unkörperlicher Form

- Vortrags-, Aufführungs- und Vorführungsrecht, § 19 UrhG;
- Recht der öffentlichen Zugänglichmachung; § 19a UrhG;
- Senderecht, §§ 20, 20a, 20b UrhG;

- Recht der Wiedergabe durch Bild- oder Tonträger, § 21 UrhG;
- Recht der Wiedergabe von Funksendungen und öffentlicher Zugänglichmachung, § 22 UrhG.

b) Persönlichkeitsrechte **549**

- Veröffentlichungsrecht, § 12 UrhG;
- Recht auf Anerkennung der Urheberschaft, § 13 UrhG;
- Recht zum Verbot der Entstellung eines Werkes, § 14 UrhG.

c) sonstige Rechte **550**

- Bearbeitungsrecht, § 23 UrhG;
- Recht auf Zugang zu Werkstücken, § 25 UrhG;
- Folgerecht, § 26 UrhG;
- Vergütungsrecht bei Vermietung und Verleihung von Vervielfältigungsstücken, § 27 UrhG.

d) Schranken des Urheberrechtes zugunsten **551**

- vorüber gehender Vervielfältigungshandlungen, § 44a UrhG;
- der Rechtspflege und der öffentlichen Sicherheit, § 45 UrhG;
- behinderter Menschen, § 45a UrhG;
- von Sammlungen für Kirchen-, Schul- oder Unterrichtsgebrauch, § 46 UrhG;
- von Schulfunksendungen, § 47 UrhG;
- von öffentlichen Reden, § 48 UrhG;
- von Zeitungsartikeln und Rundfunkkommentaren, § 49 UrhG;
- von Ton-, Bildberichterstattung, § 50 UrhG;
- von Zitaten, § 51 UrhG;
- der öffentlichen Wiedergabe eines erschienenen Werkes zu Nicht-Erwerbszwecken, § 52 UrhG;
- der öffentlichen Zugänglichmachung für Unterricht und Forschung, § 52a UrhG;
- von Vervielfältigungen zum privaten und sonstigen eigenen Gebrauch, § 53 UrhG, evtl. mit Vergütungspflicht nach §§ 54ff. UrhG;
- der Vervielfältigung durch Sendeunternehmen, § 55 UrhG;
- des rechtmäßigen Benutzers eines Datenbankwerkes, § 55a UrhG;
- von Geschäftsbetrieben, die Ton-, Bildträger- und Wiedergabegeräte vertreiben oder reparieren, § 56 UrhG;
- desjenigen, der Werke vervielfältigt, vertreibt oder öffentlich wiedergibt, sofern diese ein unwesentliches Beiwerk neben dem eigentlichen Gegenstand der Darstellung sind, § 57 UrhG;
- desjenigen, der öffentlich ausgestellte, zur öffentlichen Ausstellung oder Versteigerung bestimmte Werke der bildenden Künste in einen zur Durchführung der Ausstellung oder Versteigerung herausgegebenen Katalog aufnimmt und diesen vervielfältigt und verbreitet, § 58 UrhG;
- desjenigen, der an öffentlichen Plätzen, Straßen aufgestellte Werke durch Lichtbild oder ähnliches vervielfältigt verbreitet oder öffentlich wiedergibt, § 59 UrhG;
- des Bestellers eines Bildnisses, § 60 UrhG;

Bei den Beschränkungen des Verwertungsrechtes sind das Änderungsverbot, § 62 UrhG, das Gebot der Quellenangabe, § 63 UrhG, und die gesetzlichen Vergütungsansprüche, § 63a UrhG, zu beachten.

IV. Erläuterung verwendeter Begriffe

552 **1. Veröffentlichung**

Nach § 6 Abs. 1 UrhG ist ein Werk veröffentlicht, wenn es mit Zustimmung des Berechtigten (also des Urhebers oder dessen Rechtsnachfolgers, §§ 28, 29 UrhG, oder eines Lizenznehmers, dem vom Urheber die Zustimmungsbefugnis eingeräumt worden ist) der Öffentlichkeit zugänglich gemacht worden ist.

553 **2. Erscheinen eines Werkes**

Ein Werk ist nach § 6 Abs. 2 UrhG erschienen, wenn mit Zustimmung des Berechtigten Vervielfältigungsstücke (§ 16 UrhG) des Werkes in genügender Anzahl der Öffentlichkeit angeboten worden sind oder in Verkehr gebracht worden sind (§ 17 UrhG). Ein Werk der bildenden Kunst ist erschienen, wenn das Original oder ein Vervielfältigungsstück mit Zustimmung des Berechtigten bleibend der Öffentlichkeit zugänglich ist. Das Merkmal „genügende Anzahl" liegt vor, wenn dem interessierten Publikum ausreichend Gelegenheit zur Kenntnisnahme des Werkes gegeben worden ist (BGH GRUR 81, 360 – Erscheinen von Tonträgern)

554 **3. Öffentlichkeit**

Unter „Öffentlichkeit" ist die Allgemeinheit der interessierten und angesprochenen Kreise zu verstehen. Der Begriff kann auch nach § 15 Abs. 3 UrhG ausgelegt werden (bestr.). Danach ist eine Wiedergabe öffentlich, wenn sie für eine Mehrzahl von Personen der Öffentlichkeit bestimmt ist, es sei denn, der Personenkreis ist durch persönliche Beziehungen untereinander verbunden. Diese Definition ist entsprechend auf Fälle anwendbar, bei denen es darauf ankommt, ob eine Handlung öffentlich ist.

B. Schutzgegenstand

555

I. Allgemeines

Nach § 1 UrhG sind durch das Urheberrecht Werke der Literatur, Wissenschaft oder Kunst geschützt. Voraussetzung des Schutzes ist, dass das Werk sinnlich wahrnehmbar gewesen ist. Eine Veröffentlichung ist nicht erforderlich, auch ein Werk, das niemals veröffentlicht wird, kann geschützt sein. Die sinnliche Wahrnehmbarkeit muss unmittelbar oder mittelbar bestehen. Bei der mittelbaren Wahrnehmbarkeit muss allerdings das Werk vermittels technischer Einrichtungen dem Menschen unmittelbar wahrnehmbar gemacht werden können. Beispiele für mittelbar wahrnehmbare Werke sind auf Schallplatte, Tonband, Magnetband, CD aufgebrachte Werke.

Eine Verkörperung des Werkes ist dagegen nicht notwendig. Wenn das Werk, z.B. ein Musikstück, in die Außenwelt gelangt ist, ist das Urheberrecht entstanden, vorausgesetzt, es liegt eine schöpferische Leistung vor.

Eine Besonderheit des Urheberrechtes liegt darin, dass zum Entstehen 556
des Schutzes kein amtliches oder sonstiges Verfahren durchgeführt werden muss. Ist das schöpferische Werk verlautbart worden, ist das Urheberrecht entstanden.

Das Recht selbst ist zwar ein absolutes Recht, es entfaltet aber keine 557
umfassende Sperrwirkung, wie etwa das Patentrecht, da z. B. nur eine Vervielfältigung des Werkes verboten werden kann. Es sichert dem Urheber einerseits die wirtschaftliche Verwertung des Werkes durch Verwertungsrechte, es gibt ihm aber auch ein Urheberpersönlichkeitsrecht. Beide Komponenten des Urheberrechtes sind im UrhG geregelt.

Da das UrhG dem Urheber umfassende Rechte zur Sicherung seiner 558
wirtschaftlichen Interessen (Partizipation am Ergebnis der Verwertung) durch die Verwertungsrechte und zur Sicherung seines Persönlichkeitsrechtes gibt, sind Schranken vorgesehen, um die Interessen der Allgemeinheit zu wahren. Diese Schranken des Urheberrechtes dürfen aber nicht dazu führen, dass die Partizipation des Urhebers an seinem Werk unvertretbar geschmälert wird (BGH GRUR 82, 103 – Masterbände; BGH GRUR 04, 425 – Tonträgerpiraterie durch CD- Export).

II. Geschützte Werke 559

In § 2 UrhG ist eine nicht abschließende Aufzählung von Werken der Literatur, Wissenschaft und Kunst enthalten, so dass eine genaue Zuordnung eines Werkes zu einer Werkart nicht unbedingt notwendig ist (BGH GRUR 85, 529 – Happening). Ergänzend dazu sind noch Regelungen zu Sammelwerken, Bearbeitungen und amtlichen Werken vorhanden. Diese Werkarten werden im folgenden (RdNr. 566 ff.) erläutert.

III. Form und Inhalt eines Werkes 560

Bei den Werken muss die Form des Werkes und der Inhalt des Werkes unterschieden werden. Geschützt ist auf jeden Fall die Form (Ausdrucksform) des Werkes. Inwieweit ein Urheberrechtsschutz neben der Form auch den Inhalt umfasst, hängt in erster Linie davon ab, ob der Inhalt aus literarischem oder künstlerischem Gemeingut besteht oder auf der Phantasie des Urhebers beruht. Nur im letzteren Fall kann der Inhalt durch das Urheberrecht mit geschützt sein, während das geistige Gemeingut frei bleiben muss. Auf diese Frage wird bei den einzelnen Werkarten näher eingegangen.

Dagegen erstreckt sich der Schutz nicht auf die dem Werk zugrunde liegende Idee, wenn darunter nur der Einfall verstanden wird, der das

Werk angeregt hat (BGH GRUR 63, 40 – Straßen – gestern und morgen).

Das gleiche gilt für das Konzept (Format) eines Werkes im Sinne von einer vom Inhalt losgelösten Anleitung zur Formgestaltung gleichartiger Stoffe, z.B. Fernsehserien; BGH GRUR 03, 876 – Sendeformat.

Fall U1

561

C. Sachliche Schutzvoraussetzungen

I. Allgemeines

Im folgenden werden die einzelnen im UrhG aufgeführten Werkarten und die für den Schutz erforderliche persönlich geistige Leistung behandelt, die für jede Werkart unterschiedlich sein kann.

562 Nicht jedes Werk soll vom Urheberschutz erfasst werden, sondern nur solche, die eine persönlich, geistige Schöpfung darstellen. Es wird auch von eigentümlicher, schöpferischer Leistung, von Originalität, Individualität gesprochen. Das Ausmaß an schöpferischer Leistung wird insbesondere in der Rechtsprechung Eigentümlichkeitsgrad oder Gestaltungshöhe genannt.

563 Auf jeden Fall muss eine persönliche Leistung des Schöpfers oder Urhebers vorliegen, d.h. das Werk muss subjektiv neu sein und individuelle Züge des Schöpfers aufweisen, wenn auch nicht verlangt werden kann, dass der Schöpfer aus dem Werk erkennbar sein muss. Weiterhin muss eine geistige Leistung des Urhebers des Werkes vorliegen, das übliche, das auf handwerklichem Können beruhende soll nicht vom Schutz erfasst werden. Allerdings sind die Anforderungen an die geistige Leistung bei einigen Werkarten sehr niedrig, so dass auch die sog. kleine Münze geschützt sein kann.

564 Nach den EG Richtlinien über den Rechtsschutz von Computerprogrammen, von Datenbanken und der Richtlinie zur Harmonisierung der Schutzdauer des Urheberrechts und bestimmter verwandter Schutzrechte besteht ein Urheberschutz, wenn es sich um individuelle Werke handelt in dem Sinne, dass sie das Ergebnis der eigenen geistigen Schöpfung ihres Urhebers sind. Qualitative und ästhetische Gesichtspunkte dürfen bei der Prüfung der Individualität nicht berücksichtigt werden.

Der BGH setzt jedoch die Anforderungen an das Ausmaß der schöpferischen Leistung (Eigentümlichkeitsgrad) für die einzelnen Werkarten des § 2 UrhG unterschiedlich an. Ob diese unterschiedliche Behandlung des Eigentümlichkeitsgrades bei den einzelnen Werkarten trotz der EG-Richtlinien, die insbesondere für wissenschaftliche Werke gelten, für die der BGH bisher den Eigentümlichkeitsgrad hoch angesetzt hatte, vom BGH weiterhin so gehandhabt wird, wird die Zukunft zeigen.

II. Die einzelnen Werkarten 565

1. Sprachwerke, § 2 Abs. 1 Nr. 1 UrhG 566

Zu den Sprachwerken werden Schriftwerke, Reden und Computerprogramme gezählt. Ihnen ist gemeinsam, dass sie einen Inhalt unter Verwendung von Sprache darstellen. Dabei ist es unerheblich, ob die Sprache eine natürliche oder eine Kunstsprache ist. Auch Sprachwerke in einer Computersprache, in Esperanto oder in Zahlen können geschützt sein. Im folgenden wird näher auf Schriftwerke und Computerprogramme eingegangen.

a) Schriftwerke 567

Nach BGH (GRUR 63, 634 – Rechenschieber) ist ein Schriftwerk ein durch Zeichen äußerlich erkennbar gemachter Gedankenausdruck, der Ergebnis einer schöpferischen geistigen Leistung ist. Dabei sind Schöpfungen zu praktischen Zwecken vom Schriftwerkschutz nicht ausgeschlossen.
Auch ein bloßes Zahlenwerk kann dem Erfordernis der sprachlichen Mitteilung genügen. Notwendig ist auch hier, dass **der Gedankeninhalt in dem Werk selbst,** für das Schutz beansprucht wird, durch Zeichen niedergelegt und erkennbar gemacht ist.

Die Rechtsprechung stellt unterschiedlich hohe Anforderungen an die für den Urheberrechtsschutz notwendige schöpferische Leistung bei verschiedenen Arten von Sprachwerken. Unterschieden werden können literarische (schöngeistige) Schriftwerke und wissenschaftliche, technische oder auf praktischem Gebiet liegende Schriftwerke.

Fall U2, U3

aa) Literarische (schöngeistige) Schriftwerke 568

Bei diesen Schriftwerken genügt ein bescheidenes Maß an Eigentümlichkeit. Auch die kleine Münze ist geschützt. Dabei kann zur Begründung der Eigentümlichkeit zurückgegriffen werden

- auf die in der Sprachgestaltung sich ausdrückende Gedankenführung und Gedankenformung;
- auf die Sammlung, Auswahl, Einteilung und Anordnung des vorhandenen Stoffes (z.B. BGH GRUR 81, 353 – Staatsexamensarbeit oder BGH GRUR 81, 521 – Fragensammlung).

Bei schöngeistigen Schriftwerken kann der Inhalt vom Schutz erfasst sein, wenn er kein Gemeingut darstellt (BGH GRUR 99, 987 – Laras Tochter).

Beispiele:

Die Story oder Fabel eines Romans beruht auf der Phantasie des Autors. Der Urheberschutz besteht auch für die Story. Bei historischen Romanen dagegen wird die Story, soweit sie durch die Geschichte vorgegeben ist, nicht vom Schutz erfasst.

569 bb) Wissenschaftliche, technische, praktische Schriftwerke

Der wissenschaftliche, technische, praktische Inhalt ist Gemeingut und damit frei und muss jedermann zugänglich sein. Zur Beurteilung der Individualität muss somit in erster Linie auf die Formgestaltung zurückgegriffen werden. Zu untersuchen sind

- die Form und Art der Sammlung, die Einteilung oder Gliederung des dargestellten Materials.

Allerdings kann die schöpferische Leistung auch in der Vermittlung eines komplexen technischen Sachverhalts liegen, BGH GRUR 02, 958 – Technische Lieferbedingungen.

570 Der Urheberschutz erfasst nur ausnahmsweise auch inhaltliche Elemente des Werkes, dies z. B., wenn die Vielzahl der dargestellten Gedanken, das Gewebe der dargestellten Gedanken auf der Leistung des Autors beruht (BGH GRUR 91, 452 – Betriebssystem).

571 Die Anforderungen an die Eigentümlichkeit werden hoch angesetzt, da die wissenschaftlich- technische Lehre sehr stark die Form beeinflusst und über den Schutz der Form nicht ein Schutz der Lehre erreicht werden darf.

572 Folgende Schritte werden von der Rechtsprechung untersucht, um den erforderlichen Eigentümlichkeitsgrad festzustellen (BGH GRUR 93, 36 – Bedienungsanweisung):

- Es wird ein Gesamtvergleich der individuellen Merkmale des Schriftwerkes mit vorbekannten Gestaltungen durchgeführt.
- Werden bei diesem Gesamtvergleich schöpferische Eigenheiten festgestellt, so sind diese der durchschnittlichen Gestaltertätigkeit gegenüber zu stellen (für diesen Gesamtvergleich wird ein Durchschnittsgestalter auf dem betroffenen Gebiet herangezogen).
- Die Urheberrechtsschutzfähigkeit erfordert bei Gebrauchszwecken dienenden Schriftstücken ein deutliches Überragen des Alltäglichen, des Handwerksmäßigen, der mechanisch technischen Aneinanderreihung des Materials.
- Es gelten hier nicht die bei Darstellungen wissenschaftlicher und technischer Art nach § 2 Abs. 1 Nr. 7 UrhG bestehenden geringen Anforderungen an die Eigentümlichkeit (BGH GRUR 93, 36 – Bedienungsanweisung).

Fall U4, U5

cc) Computerprogramme 573

Für Computerprogramme, die an sich zu den wissenschaftlichen Werken nach bb) zu rechnen sind, sind in §§ 69a ff. UrhG zusätzliche Regelungen enthalten.

Nach § 69a UrhG umfasst der Begriff Computerprogramm nicht nur die Programme, sondern auch das Entwurfsmaterial.

574 Durch das Urheberrecht geschützt sind alle Ausdrucksformen des Computerprogramms, jedoch nicht die im Computerprogramm enthaltenen Ideen oder Prinzipien. Ob ein im Programm enthaltener Algorithmus durch das Urheberrecht geschützt ist, beantwortet das Gesetz nicht. Als wissenschaftlich-technische Lehre muss er aber frei sein. Jedoch kann ein Gewebe von mehreren Algorithmen, deren Auswahl und Zusammenstellung eine Leistung des Softwareentwicklers ist, durch das Urheberrecht mit geschützt sein (BGH GRUR 91, 453 – Betriebssystem).

575 Computerprogramme sind geschützt, wenn sie individuelle Werke sind, also das Ergebnis der eigenen geistigen Schöpfung ihres Urhebers sind, wobei keine anderen Kriterien, insbesondere qualitative und ästhetische, zu berücksichtigen sind. Deshalb sind die Anforderungen an die Eigentümlichkeit niedrig anzusetzen, so dass nur triviale Programme nicht geschützt sind (so die herrschende Ansicht nach der Übernahme der EG-Richtlinie in das UrhG, z.B. OLG Karlsruhe GRUR 94, 726 – Bildschirmmasken; BGH CR 93, 752 – Buchhaltungsprogramm).

2. Musikwerke, § 2 Abs. 1 Nr. 2 UrhG 576

Bei Werken der Musik werden Empfindungen und Gedanken mit Hilfe von Tönen ausgedrückt. Eine Trennung von Form und Inhalt ist hier kaum möglich. Allerdings sind die Prinzipien der Musiklehre frei. Nur die Anwendung dieser Lehren, um mit Hilfe von Tönen einen Inhalt zu vermitteln, ist dem Urheberrecht zugänglich, zudem die Melodie (§ 24 Abs. 2 UrhG).

Die Anforderungen an die Eigentümlichkeit liegen nicht sehr hoch, so dass auch die kleine Münze geschützt ist (BGH GRUR 81, 267 – Dirlada; BGH GRUR 88, 812 – Ein bißchen Frieden).

Der Urheberschutz verlangt keine körperliche Festlegung des Musikstückes, auch ein improvisiertes Musikstück ist geschützt.

3. Pantomimische Werke, § 2 Abs. 1 Nr. 3 UrhG 577

Hier werden Inhalte sowie Empfindungen durch Bewegung und Gebärden dargestellt. Eine körperliche Festlegung ist nicht erforderlich, der Eigentümlichkeitsgrad kann gering sein.

4. Kunstwerke, § 2 Abs. 1 Nr. 4 UrhG 578

Darunter fallen Werke der bildenden Kunst, Werke der angewandten Kunst und Baukunst und Entwürfe solcher Werke.

579 **a) Werke der bildenden Kunst**

Bei einem Kunstwerk versucht der Künstler einen ästhetischen Inhalt durch Formen oder Farben auszudrücken. Von Kunst wird dann gesprochen, wenn der ästhetische Gehalt des Werkes einen solchen Grad erreicht hat, dass nach der im Leben herrschenden Auffassung von Kunst gesprochen werden kann (BGH GRUR 79, 332 – Brombeerleuchte).

580 **b) Werke der angewandten Kunst**

Werke der angewandten Kunst, wie z.B. künstlerische Industrieformen oder besonders gestaltete Schriftzeichen, unterscheiden sich von Werken der bildenden Kunst dadurch, dass sie einen Gebrauchszweck haben.

581 Grundsätzlich kann ein solches Werk sowohl durch ein Geschmacksmusterrecht als auch durch ein Urheberrecht geschützt sein. Jedoch wird für den Urheberrechtsschutz ein höherer Grad an persönlicher geistiger Leistung verlangt als für den Geschmacksmusterschutz. Zur Abgrenzung geht die Rechtsprechung von dem obigen Grundsatz aus, dass es sich bei einem durch das Urheberrecht geschützten Kunstwerk um eine Schöpfung handeln muss, dessen ästhetischer Gehalt einen solchen Grad erreicht hat, dass nach den im Leben herrschenden Anschauungen noch von Kunst gesprochen werden kann (BGH GRUR 81, 517 – Rollhocker).

582 Geschmacksmusterschutz erfordert dagegen Neuheit des Musters und Eigenart zu dessen Zeitrang (siehe Teil 3, Kap. 4). Da für derartige Werke Geschmacksmusterschutz möglich ist, werden für den Urheberrechtsschutz die Anforderungen an die schöpferische Leistung hoch angesetzt, so dass die kleine Münze nur durch das GeschmMG geschützt werden kann (BGH GRUR 88, 690 – Kristallfiguren; BGH GRUR 87, 903 – Le Corbusier-Möbel; BGH GRUR 95, 581 – Silberdistel).

Fall U6

583 **c) Werke der Baukunst**

Diese sind dann geschützt, wenn sie einen ästhetischen Gehalt enthalten, der eine künstlerische Leistung darstellt.

Zu beachten ist, dass auch Entwürfe geschützt sein können und dann das nach den Entwürfen gefertigte Bauwerk vom Schutz erfasst ist.

584 **5. Lichtbildwerke, § 2 Abs. 1 Nr. 5 UrhG**

Lichtbildwerke sind Werke, die mit strahlender Energie erzeugt werden. Dazu gehören auch Werke, die ähnlich wie Lichtbildwerke geschaffen worden sind.

Beispiele:

Grafische Benutzeroberfläche auf dem Datensichtgerät; Fotokopien, Abzüge von Negativ- oder Positivfilmen

Ein Lichtbildwerk liegt dann vor, wenn Individualität gegeben ist und zwar nach der Richtlinie 93/98/EWG in dem Sinne, dass sie das Ergebnis der eigenen geistigen Schöpfung ihres Urhebers ist, wobei keine anderen Kriterien zur Beurteilung herangezogen werden dürfen. Bei der Ablichtung der Natur wird diese Individualität in der Regel fehlen. Nur bei zusätzlicher Gestaltung des Aufnahmeobjektes kann die erforderliche schöpferische Leistung gegeben sein. Eine genaue Prüfung erübrigt sich aber in der Regel, da es das Leistungsschutzrecht „Lichtbild" gibt (§ 72 UrhG), das entsprechenden Schutz gewährt. Hierfür ist das Vorliegen einer geringen Leistung ausreichend, BGH GRUR 00, 327 – Werbefotos. Diese fehlt, wenn eine bloße Vervielfältigung anderer Lichtbilder vorliegt. Der Lichtbildschutz erfordert, dass das Lichtbild als solches originär, d. h. als Urbild geschaffen worden ist (BGH GRUR 90, 673 – Bibelreproduktion). In der Praxis wird darum keine Untersuchung dahingehend durchgeführt, ob ein Lichtbildwerk oder ein Lichtbild (RdNr. 683) vorliegt.

6. Filmwerke, § 2 Abs. 1 Nr. 6 UrhG

Dazu gehören neben den Filmwerken Werke, die ähnlich wie Film- **585**
werke geschaffen werden, wie z.B. Fernsehwerke. Ein Kennzeichen eines Filmwerkes ist, dass ein Inhalt durch eine Folge von Bildern oder eine Folge von Worten, Bildern und Tönen dargestellt wird.

Ein Filmwerk liegt vor, wenn dessen Schaffung eine schöpferische **586**
Leistung erfordert. Dies kann bei Naturfilmen oder Wochenschauen fehlen, da der Erzeuger des Films die Bildfolge nicht gestaltet hat, sondern nur ein Geschehen in der Wirklichkeit aufgenommen hat. Die erforderliche schöpferische Leistung kann aber auch bei einem Film vorliegen, der darauf abzielt, ein wirkliches Geschehen im Bild festzuhalten, wenn die Auswahl, Anordnung und Sammlung des Stoffes sowie die Art der Zusammenstellung der einzelnen Bildfolgen das Ergebnis individuellen Schaffens ist (BGH GRUR 84, 732 – Filmregisseur).

Zu beachten ist, dass der Filmtext – anders als das dem Film zugrunde liegende Exposé, Treatment oder Drehbuch – kein Sprachwerk ist, sondern Bestandteil eines einheitlichen Filmwerkes (BGH GRUR 87, 363 – Filmzitat).

Bei Filmwerken kann die Feststellung des Urhebers problematisch sein, da ein Film schrittweise entsteht und eine Mehrzahl von Menschen dabei mitwirken, wie z.B. der Regisseur, der Autor des Drehbuchs, der Cutter usw.

Zu beachten ist weiterhin, dass das UrhG einen Schutz für den Film- **587**
hersteller (§§ 88–94 UrhG) vorsieht.

588 Neben den Filmwerken ist das Leistungsschutzrecht „Laufbilder“ (RdNr. 689) im UrhG (§ 95 UrhG) geregelt, das dann vorliegt, wenn dem Film die Individualität fehlt.

Fall U7, U8

7. Darstellungen wissenschaftlicher oder technischer Art, § 2 Abs. 1 Nr. 7 UrhG

589 Beispiele solcher Darstellungen sind in § 2 Abs. 1 Nr. 7 UrhG aufgeführt. Dazu gehören z.B. Konstruktionszeichnungen, Pläne, Formulare, Datenflusspläne usw.

590 Die für die Urheberrechtsschutzfähigkeit erforderliche Individualität muss nach der Rechtsprechung in der Darstellung selbst liegen, also in der Formgestaltung. Der dargestellte Inhalt darf dazu nicht herangezogen werden. Allerdings sind die Anforderungen an den Eigentümlichkeitsgrad nicht hoch anzusetzen, da sonst nur ausnahmsweise ein Urheberschutz vorliegen würde, was dem Willen des Gesetzgebers widersprechen würde. Somit ist auch die kleine Münze geschützt (BGH GRUR 98, 916 – Stadtplanwerk; BGH GRUR 91, 529 – Explosionszeichnungen).

591 Zu beachten ist, dass der Urheberschutz nur die Darstellung erfasst, nicht aber den dargestellten Inhalt. Dieser wird durch das Urheberrecht nicht geschützt. Hierfür können andere Schutzgesetze in Frage kommen, z.B. das Patentgesetz beim Inhalt von Konstruktionszeichnungen.

Fall U9, U11

592 8. Sammelwerke, Datenbankwerke, § 4 UrhG

Sammelwerke sind Sammlungen von Werken, Daten oder anderen unabhängigen Elementen, die aufgrund der Auswahl oder Anordnung der Elemente eine persönliche geistige Schöpfung darstellen, unabhängig von evtl. an den Elementen bestehenden Urheberrechten. Der Eigentümlichkeitsgrad ist niedrig anzusetzen.

593 Datenbanken sind Sammlungen von Werken, Daten oder anderen unabhängigen Elementen, die systematisch oder methodisch angeordnet und einzeln mit elektronischen Mitteln oder auf andere Weise zugänglich sind. Sie sind als Datenbankwerk geschützt, wenn der Urheber mit der Auswahl oder Anordnung des Inhalts der Datenbank eine eigene geistige Schöpfung vollbracht hat, wobei für diese Beurteilung keine anderen Kriterien, wie Qualität oder ästhetischer Gehalt, herangezogen werden dürfen. Der Schutz erstreckt sich nur auf die Struktur der Datenbank, nicht auf den Inhalt, ebenfalls nicht auf die beim Betrieb der Datenbank verwendeten Computerprogramme (für diese gilt § 69a UrhG). Hinzuweisen ist darauf, dass für das Herstellen einer Bearbeitung eines Daten-

bankwerkes die Zustimmung des Urhebers stets notwendig ist (23 UrhG), eine Vervielfältigung zu privaten Zwecken nach § 53 Abs. 5 UrhG nicht gestattet ist, sofern auf deren Elemente einzeln mit Hilfe elektronischer Mittel zugegriffen werden kann und dass nach den §§ 87a–87e UrhG der Hersteller einer Datenbank einem Dritten die Entnahme eines wesentlichen Teils des Inhalts der Datenbank untersagen kann (RdNr. 687).

9. Bearbeitung, § 3 UrhG 594

Eine Bearbeitung eines Werkes, des Originalwerkes, liegt dann vor, wenn das Originalwerk geändert wurde und die Änderung eine schöpferische Leistung erforderte. Wenn das Originalwerk noch durch ein Urheberrecht geschützt ist, liegen zwei geschützte Werke vor; das Originalwerk und das geänderte Werk, die Bearbeitung. Der Urheber der Bearbeitung darf in diesem Fall diese nur mit Zustimmung des Urhebers des Originalwerkes verwerten, da die Verwertung der Bearbeitung auch eine Verwertung des Originalwerkes bedeutet. Die Bearbeitung ist dann ein vom Urheberrecht am Originalwerk abhängiges Recht (BGH GRUR 59, 379 – Gasparone). Ebenso darf der Urheber des Originalwerkes die Bearbeitung nur mit Zustimmung des Urhebers der Bearbeitung verwerten, da er sonst in das Bearbeiterurheberrecht eingreifen würde. Ob eine Bearbeitung eines geschützten Werkes zulässig ist, ist nach § 23 UrhG bzw. nach § 69c UrhG für Computerprogramme zu beurteilen, RdNr. 639ff.

Von der Bearbeitung ist die Weiterführung eines Werkes zu unterscheiden, z.B. die Vollendung eines nicht abgeschlossenen Werkes. Hier entsteht in der Person des Werkvollenders ein unabhängiges Urheberrecht.

10. Amtliche Werke, § 5 UrhG 595

Amtliche Werke sind vom Urheberschutz ausgenommen, da in diesem Fall ein öffentliches Interesse an der Verbreitung besteht. Zu den amtlichen Werken gehören z.B.:

- Gesetze, Verordnungen, amtliche Erlasse, Entscheidungen von Gerichten, amtliche Veröffentlichungen des Patentamts, wie Patentschriften oder Offenlegungsschriften;
- andere amtliche Werke, die zur allgemeinen Kenntnisnahme veröffentlicht werden, BVerfG NJW 99, 414.

Private Normwerke, auf die in Gesetzen, Verordnungen, amtlichen Erlassen ohne Wiedergabe ihres Wortlauts verwiesen wird, sind vom Urheberschutz nicht ausgenommen. Jedoch muss vom Urheber Verlegern ein Nutzungsrecht zu angemessenen Bedingungen eingeräumt werden.

Fall U10, U11

596
D. Rechtsinhaber

597
I. Urheber

Nach § 7 UrhG ist Urheber eines Werkes dessen Schöpfer, dies ist immer eine natürliche Person. Der Schöpfungsvorgang ist ein Realakt, also eine Rechtshandlung, so dass Geschäftsfähigkeit keine Rolle spielt. Eine Stellvertretung ist nicht möglich.

Auch wenn das Werk im Auftrag eines Bestellers geschaffen worden ist, ist der Schöpfer des Werkes der Urheber und nicht der Besteller. Der Besteller kann nur Nutzungsrechte nach §§ 31 ff. UrhG eingeräumt erhalten.

598 Selbst wenn das Werk durch einen Arbeitnehmer in Erfüllung seiner Pflichten aus dem Arbeitsvertrag geschaffen worden ist, ist der Arbeitnehmer Urheber und nicht der Arbeitgeber.

599
II. Miturheber, § 8 UrhG

Haben mehrere das Werk gemeinsam geschaffen, dann steht ihnen das Urheberrecht gemeinsam zu, sie sind Miturheber. Miturheberschaft liegt vor, wenn jeder einen schöpferischen Beitrag zum Werk geliefert hat, ohne dass sich die Beiträge gesondert verwerten lassen. Reine Hilfsdienste sind nicht ausreichend, ebensowenig wie Anregungen.

600 Die Miturheber bilden eine Gesamthandsgemeinschaft. In § 8 UrhG ist das rechtliche Verhältnis der Miturheber untereinander teilweise geregelt. Danach gilt:

- Das Recht zur Veröffentlichung und Verwertung des Werkes steht den Miturhebern zur gesamten Hand zu; eine Änderung des Werkes bedarf der Einwilligung der Miturheber. Ein Miturheber darf seine Einwilligung aber nicht wider Treu und Glauben verweigern.
- Jeder Miturheber ist berechtigt, Ansprüche aus Verletzung geltend zu machen, er kann aber nur Leistung an alle verlangen.
- Erträgnisse aus der Nutzung des Werkes stehen den Miturhebern im Verhältnis des Umfangs ihrer Mitwirkung an dessen Schöpfung zu, es sei denn, es ist etwas anderes geregelt.
- Ein Miturheber kann auf seine Verwertungsrechte durch Erklärung gegenüber seinen Miturhebern verzichten, sein Anteil wächst dann den anderen zu.

601
III. Urheberbezeichnung, § 10 UrhG

Nach § 13 UrhG kann der Urheber an seinem Werk eine Urheberbezeichnung anbringen. Wird ein Werk bearbeitet, dann sind der Urheber und der Bearbeiter berechtigt, in der Urheberbezeichnung benannt zu werden. Wenn er dies auf Vervielfältigungsstücken eines erschienenen Werkes oder auf dem Original eines Kunstwerkes tut, hat dies die Folge, dass er bis zum Beweis des Gegenteils als Urheber angesehen wird, § 10 Abs. 1 UrhG (BGH GRUR 91, 456 – Goggolore).

Ist keine Urheberbezeichnung am Werk vorhanden, so wird vermutet, **602** dass derjenige zur Geltendmachung der Rechte des Urhebers berechtigt ist, der als Herausgeber bezeichnet ist. Ist kein Herausgeber angegeben, dann wird der Verleger als ermächtigt angesehen (§ 10 Abs. 2 UrhG).

IV. Urheber verbundener Werke, § 9 UrhG **603**

Eine Werkverbindung liegt vor, wenn mehrere selbständige Werke zur gemeinsamen Verwertung miteinander verbunden werden (BGH GRUR 81, 420 – Quizmaster).

Beispiele:
Oper: Textdichter und Komponist.

Nach § 9 UrhG hat dies zur Folge, dass jeder vom anderen die Einwilligung zur Veröffentlichung, Verwertung und Änderung der verbundenen Werke verlangen kann, wenn dem anderen die Einwilligung nach Treu und Glauben zuzumuten ist.

Die Verwertungsgemeinschaft von Textdichter und Komponist ist von der Rechtsprechung als BGB-Gesellschaft angesehen worden (z.B. BGH GRUR 82, 743 – verbundene Werke).

V. Filmurheber **604**

Ein Filmwerk entsteht schrittweise und an dem Zustandekommen eines Filmes sind eine Mehrzahl von Personen beteiligt.

Beispiele sind:
- Der Drehbuchautor
- Der Komponist der Filmmusik
- Der Regisseur
- Der Kameramann
- Der Cutter
- Die Darsteller

Inwieweit die am Entstehen eines Filmes Beteiligten Urheber sind, ist umstritten. Zu untersuchen ist, welche der am Entstehen des Films Beteiligten eine filmspezifische schöpferische Leistung erbringen. Auf jeden Fall gehört der Regisseur zu diesen Personen, vielleicht auch der Cutter oder sonstige Personen, die das Filmwerk unmittelbar beeinflussen (BGH GRUR 81, 420 – Quizmaster).

Dazu gehören aber i. d. R. nicht:

- Der Drehbuchautor
- Der Komponist der Filmmusik
- Die Darsteller

Deren Werke sind unabhängig vom Film verwertbar und stellen selbstständige Werke dar, die der Filmurheber nur mit Zustimmung verwerten darf. Die Leistungen der Darsteller sind keine Werke, sondern als Leistungen nach §§ 73ff. UrhG geschützt.

605

VI. Von Arbeitnehmern geschaffene Werke

Der Arbeitnehmer, der ein durch das Urheberrecht geschütztes Werk geschaffen hat, ist Urheber nach § 7 UrhG. Nach § 43 UrhG stehen ihm auch die Nutzungsrechte zu, es sei denn, aus dem Arbeitsverhältnis oder Dienstverhältnis ergibt sich etwas anderes. Der Arbeitnehmer muss nach § 43 UrhG seinem Arbeitgeber Nutzungsrechte in dem Umfang einräumen, wie es der Betrieb des Arbeitgebers erfordert (BGH GRUR 74, 480 – Hummelrechte; BAG GRUR 84, 429 – Statikprogramme).

Eine andere Lösung ergibt sich für von Arbeitnehmern geschaffene Computerprogramme, § 69b UrhG. Danach stehen dem Arbeitgeber die ausschließlichen Nutzungsrechte zu, sofern nichts anderes vereinbart ist. Eine besondere Vergütung entsprechend dem Arbeitnehmererfindungsgesetz steht dem Arbeitnehmer nicht zu, BGH GRUR 01, 155 – Wetterführungspläne.

Dieselbe Verhältnisse gelten auch für im Dienstverhältnis geschaffene Computerprogramme.

E. Keine formellen Schutzvoraussetzungen

606 Der Urheberrechtsschutz an einem Werk entsteht mit der Schaffung des Werkes, wenn dieses sinnlich wahrnehmbar ist. Irgendwelche Förmlichkeiten sind nicht zu beachten. Weder ist eine körperliche Festlegung des Werkes erforderlich, noch eine Anmeldung bei einem Amt. Dementsprechend gibt es auch keine Überprüfung der Urheberrechtsschutzfähigkeit eines Werkes, es sei denn, Ansprüche werden aus dem Urheberrecht gerichtlich geltend gemacht.

F. Bestand des Urheberrechtes

607 Das Urheberrecht hat eine Schutzdauer, die nach Art. 7 rBÜ bzw. Art. 12 TRIPS mindestens 50 Jahre betragen muss. Nach dem UrhG in Anpassung an die Richtlinie 93/98/EWG gilt folgendes:

- Nach § 64 UrhG erlischt das Urheberrecht 70 Jahre nach dem Tode des Urhebers. 608
- Steht das Urheberrecht mehreren zu, dann erlischt das Urheberrecht 70 Jahre nach dem Tode des längstlebenden Urhebers (§ 65 Abs. 1 UrhG).
- Bei Filmwerken erlischt das Urheberrecht 70 Jahre nach dem Tod des Längstlebenden der folgenden Personen: Hauptregisseur, Urheber des Drehbuches, Urheber der Dialoge, Komponist der für das Filmwerk komponierten Musik, § 65 Abs. 2 UrhG.
- Eine Sonderregelung gibt es für anonyme oder pseudonyme Werke, § 66 UrhG. Hier erlischt das Urheberrecht 70 Jahre nach der Veröffentlichung des Werkes bzw. 70 Jahre nach Schaffung des Werkes, wenn das Werk innerhalb dieser Frist nicht veröffentlicht worden ist, es sei denn, der Name des Urhebers wird bekannt oder der wahre Name des Urhebers wird zur Eintragung in das Register anonymer und pseudonymer Urheber angemeldet, § 138 UrhG, dann wird die Dauer nach §§ 64, 65 UrhG berechnet.
- Bei Lieferungswerken berechnet sich die Frist nach § 66 Abs. 1, Satz 1 UrhG einer jeden Lieferung gesondert ab dem Zeitpunkt ihrer Veröffentlichung, § 67 UrhG.

Dabei ist zu bedenken, dass das Urheberrecht mit der Schaffung des Werkes entsteht, und zwar sobald es sinnlich wahrnehmbar ist.

Die Schutzdauer ist sehr lang, was damit begründet wird, dass ein urheberrechtlich geschütztes Werk oft erst sehr spät wirtschaftlich verwertet werden kann.

Die obigen Fristen beginnen mit dem Ablauf des Kalenderjahres, in dem das für den Beginn der Frist maßgebende Ereignis eingetreten ist, § 69 UrhG.

G. Wirkung des Urheberrechtes

I. Allgemeines

Nach § 11 UrhG schützt das Urheberrecht den Urheber in seinen geistigen und persönlichen Beziehungen zum Werk und in der Nutzung des Werkes. Es dient zudem der Sicherung einer angemessenen Vergütung für die Nutzung des Werkes. 609

Dementsprechend gewährt das Urheberrecht dem Urheber ein Urheberpersönlichkeitsrecht und Verwertungsrechte. Das Urheberpersönlichkeitsrecht und die Verwertungsrechte können zwar in Erbfolge auf Erben übergehen, im übrigen sind sie nicht übertragbar, §§ 28, 29 UrhG.

Neben dem Urheberpersönlichkeitsrecht und den Verwertungsrechten gibt das UrhG dem Urheber noch sonstige Rechte, wie z.B. das Folgerecht oder Zugangsrecht zu Werkstücken. Im folgenden werden die einzelnen Urheberpersönlichkeitsrechte, Verwertungsrechte und die sonstigen Rechte behandelt.

Da das Urheberrecht dem Urheber einen umfassenden Schutz gewährt, hat der Gesetzgeber im Interesse der Allgemeinheit Schranken der Wirkung festgelegt, §§ 44a–63 UrhG.

610

II. Urheberpersönlichkeitsrecht

Zu den Persönlichkeitsrechten des Urhebers gehören das Veröffentlichungsrecht, das Recht auf Anerkennung der Urheberschaft und das Recht, die Entstellung des Werkes verbieten zu können. Neben diesen genannten Persönlichkeitsrechten gibt es noch eine Reihe von Vorschriften, die ihre Grundlage im Urheberpersönlichkeitsrecht haben.

Eine Verletzung der Persönlichkeitsrechte gibt dem Urheber Unterlassungsansprüche und Schadensersatzansprüche nach §§ 97ff. UrhG, insbesondere nach § 97 Abs. 2 UrhG (Geltendmachung des immateriellen Schadens).

611 1. Veröffentlichungsrecht, § 12 UrhG

Nach § 12 UrhG hat der Urheber das Recht zu bestimmen, ob und wie sein Werk zu veröffentlichen ist. Nur das Erstveröffentlichungsrecht steht dem Urheber zu, ist das Werk einmal mit Zustimmung des Urhebers veröffentlicht worden, dann ist eine weitere Veröffentlichung keine Verletzung von § 12 UrhG mehr.

Dem Urheber ist es weiter vorbehalten, den Inhalt seines Werkes öffentlich mitzuteilen oder zu beschreiben, solange dies mit seiner Zustimmung noch nicht erfolgt ist bzw. das Werk noch nicht veröffentlicht worden ist. Ist der Inhalt des Werkes mit Zustimmung des Urhebers veröffentlicht worden, kann der Urheber über § 12 UrhG die weitere Veröffentlichung nicht verhindern.

Die Definition des Begriffes „Veröffentlichung" ergibt sich aus § 6 UrhG, → RdNr. 552.

612 2. Recht auf Anerkennung der Urheberschaft, § 13 UrhG

Der Urheber hat das Recht auf Anerkennung der Urheberschaft; er kann festlegen, ob sein Werk mit einer Urheberbezeichnung zu versehen ist und bestimmen, welche Form die Urheberbezeichnung haben soll. Somit kann der Urheber gegen denjenigen vorgehen, der seine Urheberschaft bestreitet oder sich die Urheberschaft anmaßt, § 13 UrhG.

Ergänzt wird diese Vorschrift durch § 107 UrhG, der eine Strafe vorsieht, wenn vorsätzlich ohne Zustimmung des Urhebers eine Urheberbezeichnung auf einem Werk der bildenden Kunst angebracht wird.

Aus dem Recht auf Anerkennung der Urheberschaft folgt, dass der Urheber auf seinem Werk seinen Namen oder einen von ihm gewählten Namen aufbringen kann. Allerdings ist die Namensnennung bei einigen Werkarten unüblich, wie z.B. bei Computerprogrammen, so dass bei Nichtregelung davon auszugehen ist, dass der Urheber mit Nichtnennung einverstanden ist.

3. Recht zum Verbot einer Entstellung des Werkes, § 14 UrhG 613

Nach § 14 UrhG kann der Urheber verbieten, dass sein Werk entstellt oder sonst beeinträchtigt wird. Die entstellende Änderung seines Werkes muss geeignet sein, die berechtigten geistigen oder persönlichen Interessen des Urhebers zu beeinträchtigen (BGH GRUR 89, 106 – Oberammergauer Passionsspiele II BGH GRUR 02, 532 – Unikatrahmen).

Eine solche entstellende Änderung liegt bei einem Plagiat vor, da hier eine Änderung des Werkes erfolgt ist, die diesem nicht dienen soll. Vielmehr soll in diesem Fall im Gegensatz zur Bearbeitung das geänderte Werk gerade nicht erkennbar sein. Neben § 14 UrhG ist auch § 13 UrhG anwendbar, da der Plagiator dem Urheber die Anerkennung als Urheber versagt.

Fall U6

III. Verwertungsrechte

Durch die Verwertungsrechte werden die wirtschaftlichen Interessen des Urhebers an seinem Werk geschützt. In § 15 UrhG sind nicht abschließend die Verwertungsrechte aufgezählt. Sie sind ausschließliche Rechte, die die Verwertung allein dem Urheber zuordnen. Der Urheber soll an allen Verwertungen seines Werkes beteiligt sein, also an jeder neuen Verwertung partizipieren, § 11 UrhG. 614

Eine Verwertung des Werkes liegt nicht nur dann vor, wenn das Werk identisch verwertet wird, sondern kann auch vorliegen, wenn es in ähnlicher Form benutzt wird. Voraussetzung ist dann, dass die die schöpferische Leistung darstellenden Merkmale des Werkes auch beim Werk des Dritten enthalten sind. Inwieweit ein geändertes Werk in ein Verwertungsrecht des Urhebers eingreift, hängt vom Schutzbereich des Werkes ab, der um so höher anzusetzen ist, je größer die schöpferische Leistung war, die zur Schaffung des Werkes notwendig war. Zur Frage des Schutzbereiches siehe RdNr. 634. 615

Unterschieden wird nach § 15 UrhG das ausschließliche Recht auf körperliche Verwertung des Werkes und das Recht auf öffentliche Wie- 616 dergabe des Werkes in unkörperlicher Form. Zu bemerken ist, dass die einzelnen Verwertungsrechte voneinander unabhängig sind, so dass jeder Eingriff in eines der Verwertungsrechte eine Verletzung des Urheberrechtes ist. Nur so kann der Urheber an jeder neuen Verwertung seines Werkes partizipieren (BGH GRUR 82, 103 – Masterbänder).

617 **1. Verwertung in körperlicher Form**

Zu den Verwertungsrechten in körperlicher Form gehören insbesondere

→ das Vervielfältigungsrecht, § 16 UrhG;
→ das Verbreitungsrecht, § 17 UrhG;
→ das Ausstellungsrecht, § 18 UrhG.

Ergänzt werden die Verwertungsrechte nach §§ 16–18 UrhG durch § 69c UrhG, der für Computerprogramme die Verwertungsrechte in körperlicher Form formuliert.

618 **a) Vervielfältigungsrecht, § 16 UrhG, § 69c UrhG**

Nach § 16 UrhG ist das Vervielfältigungsrecht das Recht, Vervielfältigungsstücke des Werkes herzustellen, gleichviel in welchen Verfahren und in welcher Zahl, ob vorübergehend oder dauerhaft.

Nach der Rechtsprechung des BGH (z.B. BGH GRUR 55, 494 – Grundig Tonbandgerät) ist eine Vervielfältigung im Sinne des Urheberrechtes jede körperliche Festlegung eines Werkes, die geeignet ist, das Werk den menschlichen Sinnen auf irgend eine Art mittelbar oder unmittelbar wahrnehmbar zu machen. Dazu gehört auch die Vervielfältigung von körperlichen Kunstwerken durch bildliche Wiedergabe, BGH GRUR 01, 52 – Parfumflakon. Der Begriff Vervielfältigung ist weit auszulegen, so dass auch Arten von körperlichen Festlegungen, die beim Erlass des UrhG noch nicht bekannt waren, erfasst werden.

Das Vervielfältigungsrecht ist auch verletzt, wenn eine im Inland vorgenommene Vervielfältigung eines Werkes in der Absicht erfolgt, die Vervielfältigung im Ausland zu verbreiten, da maßgeblich der Ort ist, an dem die Vervielfältigung erfolgt (BGH GRUR 04, 424 – Tonpiraterie durch CD- Export).

619 Eine Vervielfältigung liegt deshalb auch vor, wenn das Werk auf Bild- oder Tonträger übertragen worden ist.

Nach § 69c UrhG kann der Urheber eine dauerhafte oder vorübergehende Vervielfältigung eines Computerprogramms, ganz oder teilweise mit jedem Mittel und in jeder Form verbieten. Eine Vervielfältigung ist gegeben, wenn ein Programm von einem Datenträger in einen Rechner übertragen worden ist oder das Anzeigen, Ablaufen, Übertragen oder Speichern eine neue körperliche Festlegung des Programms erfordert.

Fall U14

b) Das Verbreitungsrecht, §§ 17, 69 c UrhG 620

Nach § 17 UrhG ist das Verbreitungsrecht das Recht, das Original oder Vervielfältigungsstücke des Werkes der Öffentlichkeit anzubieten oder in der Öffentlichkeit in Verkehr zu bringen. Nach § 15 Abs. 3 UrhG, der hier sinngemäß anzuwenden ist, ist ein Werk dann öffentlich, wenn es für eine Mehrzahl von Personen der Öffentlichkeit bestimmt ist, es sei denn, dass der Kreis dieser Personen durch persönliche Beziehungen verbunden ist.

Durch das „Inverkehrbringen“ wird das Angebot in der Öffentlichkeit 621 realisiert. Darunter ist jede Handlung zu verstehen, durch die Werkstücke aus der internen Betriebsphäre der Öffentlichkeit zugeführt werden, dabei genügt die Zuführung eines einzigen Werkstücks an eine Person, mit der keine persönliche Verbundenheit gegeben ist. Ein Werkstück ist dann in Verkehr gebracht, wenn es derart aus dem Gewahrsam entlassen worden ist, dass ein anderer in der Lage ist, sich der Sache zu bemächtigen und mit ihr nach Belieben umzugehen. Ein Versand eines Werkstücks ins Ausland ist als Inverkehrbringen im Inland anzusehen, BGH GRUR 04, 424 – Tonpiraterie durch CD- Export.

Nach § 17 Abs. 2 UrhG führt die Veräußerung (Verkauf, Schenkung, 622 Tausch = endgültige Aufgabe der Verfügungsmöglichkeit über das Exemplar) eines Exemplars des Werkes mit Zustimmung des Berechtigten in der EU und dem EWR zur Erschöpfung des Verbreitungsrechtes für dieses Exemplar in diesem Bereich. D.h. der Erwerber kann dieses Exemplar des Werkes dort weiterverbreiten, er darf es jedoch nicht vermieten, EuGH GRUR Int. 98, 596 (Vermietung in diesem Sinne ist die zeitlich begrenzte Erwerbszwecken dienende Gebrauchsüberlassung, § 17 Abs. 3 UrhG). Die übrigen Verwertungsrechte, z.B. das Vervielfältigungsrecht, stehen dem Erwerber dagegen nicht zu.

Allerdings ist eine Vervielfältigung zu Zwecken einer werblichen An- 623 kündigung vom Erschöpfungsrecht umfasst, d.h. der Wiederverkäufer kann nicht daran gehindert werden, die Ware anzubieten und im Rahmen des Üblichen werblich darzustellen, auch wenn damit eine Vervielfältigung verbunden ist, BGH GRUR 01, 51 – Parfumflakon.

Wenn eine gemäß § 31 UrhG mögliche Aufspaltung des Verbrei- 624 tungsrechtes dingliche Wirkung entfaltet, also gegenüber jedermann wirkt, was dann vorliegt, wenn es sich um eine übliche, technisch und wirtschaftlich eigenständige und damit klar abgrenzbare Nutzungsform handelt, tritt Erschöpfung nicht ein, wenn die Werkstücke außerhalb des zugelassenen Verbreitungsweges in Verkehr gebracht worden sind (BGH PMZ 00, 41 – OEM – Version).

Fall U12, U13, U14

625 **c) Ausstellungsrecht, § 18 UrhG**

Das Ausstellungsrecht nach § 18 UrhG umfasst das Recht, das Original oder Vervielfältigungsstücke eines unveröffentlichten Kunstwerkes oder eines unveröffentlichten Lichtbildwerkes öffentlich zur Schau zu stellen. Dieses Recht erlischt, wenn das Werk mit Zustimmung des Rechtsinhabers veröffentlicht worden ist.

§ 18 UrhG wird ergänzt durch § 44 UrhG, der besagt, dass der Eigentümer eines Kunstwerkes oder Lichtbildwerkes dieses öffentlich ausstellen darf, auch wenn es noch nicht veröffentlicht ist, es sei denn, der Urheber hat dies bei der Veräußerung ausdrücklich ausgeschlossen.

626 **2. Verwertung in unkörperlicher Form – Recht der öffentlichen Wiedergabe**

Der Urheber hat das ausschließliche Recht, das Werk in unkörperlicher Form öffentlich wiederzugeben. Dieses Recht umfasst insbesondere

→ das Vortrags-, Aufführungs- und Vorführungsrecht, § 19 UrhG;
→ das Recht der öffentlichen Zugänglichmachung, § 19a UrhG;
→ das Senderecht, §§ 20, 20a, 20b UrhG;
→ das Recht der Wiedergabe durch Ton- und Bildträger, § 21 UrhG;
→ das Recht der Wiedergabe von Funksendungen und von öffentlicher Zugänglichmachung, § 22 UrhG.

627 In § 15 Abs. 3 ist der Begriff „öffentlich“ definiert. Danach ist eine Wiedergabe öffentlich, wenn sie für eine Mehrzahl von Personen der Öffentlichkeit bestimmt ist, es sei denn, dass der Kreis dieser Personen durch persönliche Beziehungen verbunden ist.

Nach BGH GRUR 75, 33 – Alten-Wohnheim ist folgendes zu beachten:

Ob die Mitglieder eines bestimmten Personenkreises durch gegenseitige Beziehungen persönlich untereinander verbunden sind, hängt sowohl von der Größe des Kreises als auch von der Art der Beziehungen ab. Dabei ist der Begriff der persönlichen Verbundenheit nicht eng im Sinne nur familiärer oder freundschaftlicher Beziehungen zu verstehen. Entscheidend ist vielmehr, ob ein enger gegenseitiger Kontakt besteht, der bei den Beteiligten das Bewußtsein hervorruft, persönlich miteinander verbunden zu sein. Der notwendige engere persönliche Kontakt setzt aber voraus, dass es sich um einen überschaubaren Personenkreis handelt, dessen Mitglieder sich persönlich kennen. Je größer daher der Kreis derjenigen ist, für die die Wiedergabe bestimmt ist, desto weniger werden die Voraussetzungen dafür gegeben sein, dass infolge der gegenseitigen Beziehungen zwischen allen Mitgliedern des Kreises eine persönliche Verbundenheit besteht (BGH GRUR 1960, 338 – Tanzstundenabschlussbälle).

628 **a) Vortragsrecht, Aufführungsrecht und Vorführungsrecht, § 19 UrhG**

aa) Vortragsrecht

Das Vortragsrecht ist das Recht, ein Sprachwerk durch persönliche Darbietung öffentlich zu Gehör zu bringen (BGH GRUR 81, 420 – Quizmaster).

bb) Aufführungsrecht 629

Das Aufführungsrecht regelt die unmittelbare akustische öffentliche Darbietung eines Werkes der Musik und die öffentliche bühnenmäßige Darstellung eines Werkes durch eine Person. Während die Aufführung eines Musikwerkes sich an das Gehör des Menschen wendet, ist bei der bühnenmäßigen Aufführung Auge und Ohr angesprochen, BGH GRUR 00, 228 – Musical Gala.

Beispiel:

Ein Klavierkonzert wendet sich an das Ohr; die Aufführung eines Schauspiels an Auge und Ohr. Eine Oper kann bühnenmäßig oder konzertant aufgeführt werden.

Eine Unterscheidung ist wegen der Zuständigkeit der Verwertungsgesellschaften und wegen § 52 UrhG von Bedeutung.

Das Vortragsrecht als auch das Aufführungsrecht umfasst das Recht, Vorträge und Aufführungen außerhalb des Raumes, in dem die persönliche Darbietung stattfindet, durch Bildschirm, Lautsprecher oder andere technische Einrichtungen öffentlich wahrnehmbar zu machen.

cc) Das Vorführungsrecht 630

Es ist das Recht der öffentlichen Wahrnehmbarmachung von Werken der bildenden Künste, von Lichtbildwerken, Filmwerken oder Darstellungen wissenschaftlicher oder technischer Art mit Hilfe von technischen Einrichtungen. Nicht umfasst ist das Recht der Funksendung oder öffentlichen Zugänglichmachung solcher Werke, die in § 22 UrhG geregelt ist (BGH GRUR 86, 742 – Videofilmvorführung).

Das Recht nach § 19 UrhG betrifft die öffentliche Wahrnehmbarmachung eines Werkes, also Vorgänge, durch die das Werk unmittelbar für die menschlichen Sinne wiedergegeben wird (BGH NJW 93, 2871 – Verteileranlagen).

b) Recht der öffentlichen Zugänglichmachung, §§ 19a, 69c Nr. 4 UrhG 630a

Nach diesem Recht kann das Werk drahtgebunden oder drahtlos der Öffentlichkeit in einer Weise zugänglich gemacht werden, dass es Mitgliedern der Öffentlichkeit von Orten und zu Zeiten ihrer Wahl zugänglich ist. § 19a UrhG wird ergänzt durch § 69c Nr. 4 UrhG für Computerprogramme.

c) Senderecht, §§ 20, 20a, 20b UrhG 631

Es ist das Recht, ein Werk durch Funk, wie Ton- und Fernsehrundfunk, Drahtfunk oder ähnliche technische Einrichtungen der Öffentlichkeit zugänglich zu machen. Das Werk wird von einer Zentrale durch elektromagnetische Wellen übertragen. Ein dem Senderecht vergleichbares Empfangsrecht gibt es nicht, der Empfang ist frei (BGH NJW 93,

2871 – Verteileranlagen). Die Weiterübertragung eines gesendeten Werkes, ohne dass eine Kenntnisnahmemöglichkeit durch zusätzliche Empfänger besteht, ist vom Senderecht nicht erfasst. Das Senderecht kann nach Ausübung erschöpft sein, es sei denn, der Empfang wird Teilnehmern außerhalb des Sendegebietes ermöglicht (BGH GRUR 88, 206 – Kabelfernsehen II; BGH GRUR 81, 413 – Kabelfernsehen in Abschattungsgebieten).

Zu Besonderheiten bei Europäischen Satellitensendungen und Kabelweitersendung eines gesendeten Werkes siehe § 20a, § 20b UrhG.

632 **d) Wiedergaberecht durch Bild- oder Tonträger, § 21 UrhG**

Es ist das Recht, Vorträge oder Aufführungen durch Bild- oder Tonträger öffentlich wahrnehmbar zu machen, d.h. unmittelbar den menschlichen Sinnen wahrnehmbar zu machen, BGH NJW 93, 2871 – Verteileranlagen. Der Urheber kann bei Einräumung des Rechtes bestimmen, ob eine Übertragung in andere Räume erlaubt ist.

Das Wiedergaberecht durch Bild- oder Tonträger ist ein Zweitverwertungsrecht, da es ergänzend zum Erstverwertungsrecht des Vortragsrechts oder Aufführungsrechts besteht.

633 **e) Recht der Wiedergabe von Funksendungen und von öffentlicher Zugänglichmachung, § 22 UrhG**

Es handelt sich ebenfalls um ein Zweitverwertungsrecht. Es ist das Recht, Funksendungen oder auf öffentlicher Zugänglichmachung beruhende Wiedergaben eines Werkes durch Bildschirm, Lautsprecher oder ähnliche technische Einrichtungen öffentlich wahrnehmbar zu machen. Auch hier bleibt dem Urheber das Recht, eine Werkwiedergabe außerhalb der Veranstaltung zu erlauben oder nicht.

634 **3. Schutzbereich (Schutzumfang)**

Die Feststellung des Schutzbereichs ist erforderlich, wenn die Frage zu klären ist,

→ ob die Ausführungsform eines Dritten unter den Urheberrechtsschutz eines Werkes fällt; dies insbesondere, wenn Abweichungen zwischen der Ausführungsform des Dritten und dem geschützten Werk bestehen;

→ ob eine Änderung eines Werkes eine Vervielfältigung, eine Bearbeitung/Umgestaltung oder eine freie Benutzung des Originalwerkes ist.

635 Der Schutzbereich wird festgelegt durch die die Schutzfähigkeit begründenden individuellen Merkmale des Werkes. Je größer der im Werk enthaltene Eigentümlichkeitsgrad ist, um so größer ist sein Schutzbereich. Z.B. haben Werke der kleinen Münze einen kleinen Schutzbereich, da sie einen geringen Eigentümlichkeitsgrad aufweisen (BGH GRUR 87, 360 – Werbepläne).

Bei der Beurteilung des Schutzbereichs können weiterhin nur solche Aspekte berücksichtigt werden, die durch das Urheberrecht geschützt sind. 636

Z.B. sind bei technischen oder wissenschaftlichen Werken die im Werk enthaltenen technisch/wissenschaftlichen Lehren nicht geschützt, diese können also auch nicht bei der Beurteilung des Schutzbereichs herangezogen werden. Vielmehr muss hier die konkrete Gestaltung, also die Auswahl, Gliederung oder Art der Darstellung untersucht werden und ermittelt werden, wie groß die persönliche, geistige Leistung war, um die konkrete Gestaltung zu schaffen.

Bei schöngeistigen Werken kann auch der Inhalt des Werkes geschützt sein, wenn er auf der Phantasie des Urhebers beruht. Demgemäß muss hier bei der Untersuchung des Schutzbereichs neben der Gestaltung des Werkes auch dessen Inhalt berücksichtigt werden. 637

Bei der Untersuchung, ob eine Ausführungsform eines Dritten in den Schutzbereich eines Werkes fällt, ist somit zu überprüfen, BGH GRUR 98, 918 – Stadtplanwerk: 638

- Die die Schutzfähigkeit begründenden individuellen Merkmale des Werkes; dabei ist festzustellen, ob die individuellen Merkmale nur in der Form des Werkes oder auch in dessen Inhalt zu suchen sind.
- Ob diese individuellen Merkmale in der Ausführungsform des Dritten zu erkennen sind; dabei ist auf die Übereinstimmungen und nicht auf die Unterschiede zu achten.

4. Änderungsrecht 639

In § 23 UrhG ist geregelt, inwieweit ein Werk (im folgenden Originalwerk genannt) von einem Dritten ohne Zustimmung des Urhebers des Originalwerkes geändert werden darf und das geänderte Werk verwertet werden darf. § 23 UrhG wird für Computerprogramme durch § 69c UrhG ergänzt. In Abhängigkeit des Umfangs der Änderung ist dies eine Vervielfältigung nach § 16 UrhG, eine Bearbeitung/Umgestaltung nach § 23 UrhG oder eine freie Benutzung nach § 24 UrhG. In welche dieser Kategorien die Änderung fällt, hängt neben dem Ausmaß der Änderung wesentlich auch vom Schutzbereich des Originalwerkes ab.

a) Geringfügige Änderungen 640

Änderungen des Originalwerkes, die dem Originalwerk keine zusätzlichen individuellen Merkmale hinzufügen, die nach § 3 UrhG für eine Bearbeitung erforderlich sind, fallen unmittelbar unter den Schutzbereich des Originalwerkes und wenn sie körperlich festgelegt werden, sind sie als Vervielfältigung nach § 16 UrhG anzusehen. Sie können vom Urheber des Originalwerkes untersagt werden (BGH GRUR 88, 533 – Vorentwurf II).

Einen Eingriff in das Vervielfältigungsrecht des Urhebers stellt also nicht nur die identische (oder nahezu identische) Vervielfältigung dar. Vom Verbietungsrecht des Urhebers werden auch in einem weiteren Abstand vom Original liegende Werkumgestaltungen erfasst, die ohne eigene schöpferische Ausdruckskraft geblieben sind und sich daher – trotz der vorgenommenen Umgestaltung – noch im Schutzbereich des Originals halten, weil dessen Eigenart auch in der Nachbildung erhalten bleibt und ein übereinstimmender Gesamteindruck besteht (vgl. BGH in GRUR 1965, 45, 47 – Stadtpläne).
Bei der Frage nach dem übereinstimmenden Gesamteindruck ist davon auszugehen, welche objektiven Merkmale die schöpferische Eigentümlichkeit des Originalwerks bestimmten. Sodann ist nach den Übereinstimmungen in diesen schöpferischen Elementen im geänderten Werk zu fragen, also von den Übereinstimmungen und nicht von den Abweichungen auszugehen; erst dann stellt sich die Frage, ob die Werke trotz der Abweichungen einen übereinstimmenden geistig- schöpferischen Gesamteindruck aufweisen (BGH GRUR 1980, 853 – Architektenwechsel).

641 b) Änderungen, die sich als Bearbeitung nach § 3 UrhG darstellen

Wenn eine Änderung derart ist, dass das geänderte Werk zusätzliche individuelle Merkmale aufweist, so dass diese Änderungen durch das Urheberrecht geschützt sind, dann liegt eine Bearbeitung oder Umgestaltung des geschützten Originalwerkes vor. Als Bearbeitung wird eine Änderung angesehen, die dem Originalwerk dient, also dieses erkennen läßt, als Umgestaltung eine solche, die versucht das Originalwerk zu verschleiern, ohne dies zu erreichen. Nach anderer Ansicht werden unter Umgestaltungen Änderungen verstanden, die keine schöpferische Leistung enthalten, sondern unter die Kategorie a) fallen.

642 Die Herstellung einer solchen Bearbeitung/Umgestaltung ist nach § 23 UrhG grundsätzlich zulässig. Allerdings gibt es hiervon Ausnahmen

- für Computerprogramme, § 69c UrhG;
- für die Verfilmung eines Werkes, § 23 UrhG;
- für die Ausführung von Plänen und Entwürfen eines Werkes der bildenden Kunst oder um den Nachbau eines Bauwerkes, § 23 UrhG;
- für die erkennbare Entnahme einer Melodie eines Musikwerkes, § 24 UrhG;
- für Datenbankwerke, § 23 UrhG.

Bei diesen Werken ist bereits zur Herstellung der Änderung eine Zustimmung des Urhebers des Originalwerkes erforderlich.

643 Auf jeden Fall ist die Verwertung der Bearbeitung/Umgestaltung an die Zustimmung des Urhebers gebunden; weiterhin die Veröffentlichung. Wenn allerdings das Originalwerk bereits veröffentlicht worden ist, dann kann die Veröffentlichung der Bearbeitung/Umgestaltung nicht mehr untersagt werden.

644 Auch die Bearbeitung ist ein geschütztes Werk, das allerdings vom Urheberrecht des Originalwerkes abhängig ist. Dies hat zur Folge, dass der Urheber sein geändertes Werk nicht ohne Zustimmung des Urhebers des

Originalwerkes verwerten darf, sofern das Urheberrecht am Originalwerk noch besteht. Es liegt ein abhängiges Recht vor.

c) Freie Benutzung, § 24 UrhG 645

Erst eine Änderung eines Originalwerkes, bei der das Originalwerk nicht mehr erkennbar ist, fällt nicht mehr unter den Schutzbereich des Originalwerkes, BGH GRUR 99, 984 – Laras Tochter. Der BGH führt z.B. in seiner Entscheidung Stadtplan (GRUR 65, 47) dazu aus:

„Grundsätzlich ist bei der Beurteilung der Frage, ob eine freie Benutzung vorliegt, im Interesse eines ausreichenden Urheberrechtsschutzes kein zu milder Maßstab anzulegen. Denn die gestattete freie Benutzung eines fremden geschützten Werkes soll dem Urheber zwar die für ihn unentbehrliche Möglichkeit bieten, Anregungen aus fremden Werken zu entnehmen, die ihn zu eigenen Leistungen anspornen, ihm aber nicht die geistige Arbeit ersparen. Da erst von einer wirklich freien Benutzung gesprochen werden kann, wenn angesichts der Eigenart des neuen Werkes die Züge des geschützten älteren Werkes zurücktreten, sind an die in dem neuen Werk verkörperte geistige Leistung, falls ihr ein selbständiger Schutz zugebilligt werden soll, desto höhere Anforderungen zu stellen, je auffallender die Eigenart des benutzten Vorbildes ist."

In der Entscheidung GRUR 88, 812 – Ein bißchen Frieden – nimmt der BGH zur Frage, ob eine Entnahme vorliegt und wie bei der Prüfung auf Entlehnung vorzugehen ist, Stellung.

Danach setzt die Beurteilung der Frage der Nachbildung bzw. der Entnahme grundsätzlich die Prüfung voraus, durch welche objektiven Merkmale die schöpferische Eigentümlichkeit des Originals bestimmt wird. Denn für die Frage der Entnahme sind nur die im Schutzbereich der älteren Melodien liegenden Übereinstimmungen urheberrechtlich bedeutsam. Der Vergleich der Übereinstimmungen im schöpferischen Bereich ermöglicht es, die Grenze zwischen den urheberrechtlich relevanten Benutzungshandlungen (in Form der Vervielfältigung oder Bearbeitung) und der zulässigen freien Benutzung zu ziehen (BGH in GRUR 1981, 267, 269 – Dirlada). Diese Übereinstimmungen sind im Einzelfall konkret festzustellen und darauf zu überprüfen, ob sie nach den Regeln des Anscheinsbeweises einen Rückschluss zulassen, dass der Komponist der jüngeren Melodie die ältere Melodie benutzt, d.h. gekannt und bewusst oder unbewusst bei seinem Schaffen darauf zurückgegriffen hat, wobei weitgehende Übereinstimmungen in der Regel die Annahme nahelegen, dass der Urheber des jüngeren Werkes das ältere Werk benutzt hat.
Für die Beurteilung der Frage, ob die im Einzelfall vorhandenen Übereinstimmungen zwischen zwei Werken auf Zufall oder darauf beruhen, dass das ältere Werk dem Urheber des neuen Werkes als Vorbild gedient hat, ist davon auszugehen, dass angesichts der Vielfalt der individuellen Schaffensmöglichkeiten auf künstlerischem Gebiet eine weitgehende Übereinstimmung von Werken, die auf selbständigem Schaffen beruhen, nach menschlicher Erfahrung nahezu ausgeschlossen erscheint (BGHZ 50, 340, 350f. – Rüschenhaube).

Nach § 24 UrhG ist ein Werk, das in freier Benutzung eines Originalwerkes geschaffen worden ist, ohne Zustimmung des Urhebers des Originalwerkes verwertbar.

Beispiel:

Parodie (BGH 71, 588 – Disney-Parodie).

646 5. Teile von Werken

Der Urheber hat nicht nur Rechte bezüglich des gesamten Werkes, sondern auch bezüglich der Teile seines Werkes, die selbst eine für den Urheberschutz ausreichende persönliche geistige Leistung enthalten. Teile eines Werkes, die diese Anforderung nicht erfüllen, sind frei (siehe auch § 69c UrhG für Computerprogramme).

647 6. Doppelschöpfung

Von dem einem Urheber eines ersten Werkes zustehenden Urheberrecht wird ein weiteres mit dem ersten Werk identisches oder fast identisches Werk dann nicht erfasst, wenn das weitere Werk von seinem Schöpfer subjektiv neu geschaffen worden ist.

In der Praxis wird ein solcher Fall aber selten auftreten. Aus diesem Grunde wird davon ausgegangen, dass ein zweites mit einem ersten Werk identisches Werk durch Vervielfältigung entstanden ist. In einem gerichtlichen Verfahren muss deshalb die Partei, die sich auf die Neuschaffung des Werkes beruft, Beweis dafür antreten (Beweislastumkehr).

648 7. Erschöpfung eines Verwertungsrechts

Die Erschöpfung ist nur für das Verbreitungsrecht § 17 Abs. 2 UrhG bzw. § 69c UrhG für den Fall der Veräußerung geregelt, RdNr. 622ff. Jedoch gilt der Grundsatz der Erschöpfung allgemein im gesamten gewerblichen Rechtsschutz und im Urheberrecht (bestr.).

Der Grundsatz besagt, dass der Rechtsinhaber durch eigene Benutzungshandlungen das ihm vom Gesetz eingeräumte ausschließliche Verwertungsrecht ausgenutzt und damit verbraucht hat, so dass bestimmte weitere Verwertungshandlungen nicht mehr vom Schutzrecht erfasst werden. Es geht also bei der Frage nach der Erschöpfung des Rechtes im Ergebnis um die Abgrenzung der einzelnen, dem Rechtsinhaber vorbehaltenen Verwertungsrechte im Hinblick auf die vom Berechtigten vorgenommenen Benutzungshandlungen. In dieser Form stellt sich die Frage nach der Erschöpfung des Verwertungsrechts mit der Folge einer vom Schutzumfang des Rechts nicht mehr erfassbaren Werknutzung auch im Bereich der öffentlichen Werkwiedergabe (Kabelfernsehen in Abschattungsgebieten, BGH GRUR 81, 413 – Kabelfernsehen II, BGH GRUR 01, 53 – Parfumflakon).

649 Der Erschöpfungsgrundsatz gilt nicht nur für urheberrechtliche Verwertungsrechte, sondern auch für auf Leistungsschutzrechten beruhenden Verwertungsrechten (BGH GRUR Int. 81, 562 – Schallplattenimport; BGH GRUR 86, 742 – Videofilmvorführung).

Bei der Beurteilung der Erschöpfung durch Verbreiten ist zu beachten, dass sie vorliegt, wenn der Rechtsinhaber oder andere mit seiner Zustimmung das Werk in der EU oder im EWR durch Veräußerung in

Verkehr gebracht haben, § 17 Abs. 2 UrhG, EuGH GRUR Int. 98, 140 – Dior/Evora.

Fall U19

IV. Sonstige Rechte des Urhebers 650

Nach den §§ 25–27 UrhG werden dem Urheber bestimmter Werkarten zusätzliche Ansprüche gewährt, nämlich das Zugangsrecht nach § 25 UrhG und Vergütungsansprüche nach §§ 26, 27 UrhG.

1. Zugangsrecht, § 25 UrhG 651

Nach § 25 UrhG kann der Urheber vom Besitzer seines Werkes oder eines Vervielfältigungsstückes seines Werkes verlangen, dass er ihm den Zugang zu dem Werk gewährt, soweit dies zur Vervielfältigung des Werkes oder zur Herstellung einer Bearbeitung erforderlich ist und keine berechtigten Interessen des Besitzers entgegenstehen. Der Besitzer muss das Werk aber nicht herausgeben. Dieser Anspruch ist aus dem Urheberpersönlichkeitsrecht ableitbar. Das Zugangsrecht verpflichtet den Besitzer nicht dazu, das Werk besonders pfleglich zu behandeln oder vor Vernichtung zu schützen.

2. Folgerecht, § 26 UrhG 652

Das Folgerecht gibt dem Urheber eines Werkes der bildenden Kunst einen Anspruch auf eine Vergütung, wenn sein Werk von einem Kunsthändler oder Versteigerer im Inland veräußert, erworben oder vermittelt wird. Die Höhe der Vergütung berechnet sich mit 5% des Veräußerungserlöses unter der Voraussetzung, dass dieser mindestens EUR 50 beträgt. Weitere Einzelheiten ergeben sich aus § 26 UrhG (BGH NJW 94, 288 – Folgerecht bei Auslandsbezug).

Fall U15

3. Vergütungsanspruch bei Verleihen oder Vermieten von Vervielfältigungsstücken, § 27 UrhG 653

Wenn Originale oder Vervielfältigungsstücke eines Werkes, bei denen das Verbreitungsrecht erschöpft ist, durch eine der Öffentlichkeit zugängliche Einrichtung (wie z.B. eine Bibliothek oder Videothek) verliehen werden, erwächst dem Urheber ein Vergütungsanspruch, der nur durch eine Verwertungsgesellschaft geltend gemacht werden kann. Dieser Anspruch entsteht dann nicht, wenn das Verleihen im Rahmen eines Arbeits- oder Dienstverhältnisses ausschließlich zur Erfüllung von Verpflichtungen aus einem solchen Verhältnis erfolgt.

Verleihen in diesem Sinne ist die zeitlich begrenzte, weder unmittelbar noch mittelbar Erwerbszwecken dienende Gebrauchsüberlassung.

Hat der Urheber einem Tonträger – oder Filmhersteller das Vermietrecht an einem Ton – oder Bildträger eingeräumt, so hat der Vermieter eine angemessene Vergütung für die Vermietung zu bezahlen.

V. Schranken des Urheberrechtes

654 Die dem Urheber zustehenden Rechte gehen sehr weit, so dass die Allgemeinheit die geschützten Werke in erheblichen Umfang zu Zwecken der Förderung der Kultur, der Ausbildung und beim privaten Gebrauch nicht verwerten dürfte. Um die Interessen der Allgemeinheit zu wahren, hat der Gesetzgeber in den §§ 44a–63 UrhG Vorschriften geschaffen, die das Urheberrecht einschränken. Danach ist die Verwertung der geschützten Werke im eingeschränkten Umfang ohne Zustimmung des Urhebers erlaubt, i.d.R. nur gegen Gewährung eines Vergütungsanspruchs. Die wichtigeren Schranken werden im Grundsatz erläutert, die übrigen nur erwähnt. Im übrigen wird auf die angegebenen Vorschriften verwiesen, aus denen sich Einzelheiten ergeben, die hier nicht dargestellt werden. Hinzuweisen ist noch darauf, dass die §§ 44a–63 UrhG zugunsten des Urhebers eng auszulegen sind, BGH GRUR 01, 52 – Parfumflakon; BGH GRUR 03, 1035 – Hundertwasser-Haus. Dabei muss bei der Auslegung auch das vom Gesetz mit der Schrankenbestimmung verfolgte Ziel beachtet werden; BGH GRUR 03, 956 – Gies-Adler.

Bei den einzelnen Schrankenbestimmungen, insbesondere wenn sie eine Vervielfältigung enthält, ist immer zu prüfen, ob die Angabe der Quelle nach § 63 UrhG erforderlich ist. Zudem kann eine Vergütungspflicht bestehen, die entsprechend § 63a UrhG zu behandeln ist.

654a 1. Vorübergehende Vervielfältigungshandlungen, § 44a UrhG

Vervielfältigungshandlungen, die flüchtig oder begleitend sind und einen wesentlichen Teil eines technischen Verfahrens darstellen, sind zulässig, wenn es deren alleiniger Zweck ist

- eine Übertragung in einem Netz zwischen Dritten durch einen Vermittler oder
- eine rechtmäßige Nutzung

eines Werkes zu ermöglichen, vorausgesetzt, dass sie keine eigenständige wirtschaftliche Bedeutung haben.

655 2. Schranken zugunsten der Rechtspflege und öffentlichen Sicherheit, § 45 UrhG

Zu Zwecken der Rechtspflege und der öffentlichen Sicherheit dürfen Vervielfältigungsstücke von Bildnissen hergestellt, verbreitet, öffentlich ausgestellt und wiedergegeben werden. Weiterhin dürfen einzelne Vervielfältigungsstücke zur Verwendung in einem Verfahren vor einem Gericht, Schiedsgericht oder einer Behörde hergestellt, verbreitet, öffentlich ausgestellt oder öffentlich wiedergegeben werden. Im letzteren Fall muss bei Vervielfältigung nach § 63 UrhG die Quelle deutlich angegeben werden.

a) Schranken zugunsten behinderter Menschen, § 45 a UrhG 655 a

Eine nicht Erwerbszwecken dienende Vervielfältigung und Verbreitung eines Werkes ist zulässig, wenn diese ausschließlich an Menschen erfolgt, denen auf Grund einer Behinderung der Zugang zu dem Werk in einer bereits verfügbaren Art nicht möglich oder erheblich erschwert ist.

Für die Verwertung ist eine angemessene Vergütung zu bezahlen, es sei denn, es handelt sich nur um die Herstellung einzelner Vervielfältigungsstücke.

b) Schranken zugunsten der Ausbildung, §§ 46, 47 UrhG 656

Für den Kirchen-, Schul- oder Unterrichtsgebrauch dürfen nach § 46 UrhG Sammlungen von Teilen von Werken, Sprachwerke oder Werke der Musik von geringem Umfang oder einzelne Werke der bildenden Kunst oder Lichtbildwerke nach deren Veröffentlichung vervielfältigt und verbreitet und öffentlich zugänglich gemacht werden, wenn die Sammlungen eine größere Anzahl von Urhebern vereinigen und nach ihrer Beschaffenheit nur für den Kirchen-, Schul- oder Unterrichtsgebrauch bestimmt sind. Die Bestimmung muss in der Sammlung deutlich angegeben werden. Sammlungen von Werken der Musik dürfen nur für den Musikunterricht in Schulen (nicht Musikschulen) verwendet werden. Bevor die Vervielfältigung beginnt, muss dies dem Urheber mitgeteilt werden. Diesem steht ein Anspruch auf angemessene Vergütung zu. Quellenangabe ist nach § 63 UrhG notwendig. Änderungen der gesammelten Werke sind in dem in § 62 UrhG geregelten Umfang erlaubt. Der Urheber kann die Verwertung verbieten, wenn das Werk seiner Überzeugung nicht mehr entspricht.

Nach § 47 UrhG ist die Aufnahme von Schulfunksendungen auf Bild- oder Tonträger und die Herstellung von einzelnen Vervielfältigungsstücken für Schulen, die Lehrerbildung und Lehrerfortbildung zulässig. Die Bild- oder Tonträger dürfen nur für den Unterricht verwendet werden und müssen spätestens am Ende des auf die Übertragung folgenden Schuljahres wieder gelöscht werden, wenn dem Urheber keine angemessene Vergütung bezahlt wird. Auch hier ist nach § 63 UrhG Quellenangabe erforderlich.

Weitere Einzelheiten sind den §§ 46, 47 UrhG zu entnehmen.

657 3. Schranken zugunsten der öffentlichen Information

a) Öffentliche Reden, § 48 UrhG

Öffentliche Reden über Tagesfragen dürfen in Nachrichtenblättern oder sonstigen Datenträgern vervielfältigt und verbreitet werden, wenn diese Reden in öffentlichen Versammlungen oder im Rundfunk gehalten worden sind. Weiterhin ist deren öffentliche Wiedergabe zulässig.

Schließlich ist die Vervielfältigung, Verbreitung und öffentliche Wiedergabe von Reden erlaubt, die bei öffentlichen Verhandlungen vor staatlichen, kommunalen oder kirchlichen Organen gehalten worden sind.

Allerdings dürfen keine Sammlungen von Reden desselben Urhebers verwertet werden.

658 b) Zeitungsartikel und Rundfunkkommentare, § 49 UrhG

Die Vervielfältigung und Verbreitung von einzelnen Zeitungsartikeln oder Rundfunkkommentaren in anderen Nachrichtenblättern sowie deren öffentliche Wiedergabe ist zulässig, wenn diese sich mit politischen, wirtschaftlichen, religiösen Tagesfragen beschäftigen und nicht mit einem Vorbehalt der Rechte versehen sind. Dem Urheber ist i.d.R. eine angemessene Vergütung zu bezahlen, die von einer Verwertungsgesellschaft geltend gemacht werden muss.

Unbeschränkt zulässig ist die Vervielfältigung, Verbreitung oder öffentliche Wiedergabe von Nachrichten tatsächlicher Art und von Tagesneuigkeiten, die von Presse und Rundfunk veröffentlicht worden sind.

659 c) Bild- und Tonberichterstattung, § 50 UrhG

Zur Bild- oder Tonberichterstattung über Tagesfragen durch Funk, Film, Druckschriften oder sonstigen Datenträgern dürfen Werke, die bei der Berichterstattung wahrnehmbar werden, in einem durch den Zweck gebotenen Umfang vervielfältigt, verbreitet oder öffentlich wiedergegeben werden.

660 4. Zitate, § 51 UrhG

Ein Zitat liegt vor, wenn in einem selbständigen Werk ein anderes Werk oder Teile davon aufgenommen werden (zitiert werden), um als Beleg für eine Meinung des Urhebers des zitierenden Werkes zu dienen. Dabei muss das Zitat unverändert übernommen werden.

Das Zitieren ist durch einen durch den Zweck gebotenen Umfang erlaubt, wobei immer eine Quellenangabe nach § 63 UrhG notwendig ist. Dabei muss beachtet werden, dass das Zitatrecht nicht missbraucht wird, was dann der Fall ist, wenn das zitierte Werk nicht dem Werk dient, in dem es zitiert wird, sondern in Wirklichkeit die Verwertung des zitierten Werkes versucht wird, BGH NJW 94, 2891 – Museumskatalog.

Die Zitatfreiheit dient dem Interesse an allgemeinem kulturellem oder wissenschaftlichem Fortschritt. Der Urheber baut bei seinem Schaffen auf den kulturellen Leistungen anderer auf, deshalb wird es diesem zugemutet im Interesse der Allgemeinheit einen verhältnismäßig kleinen Eingriff in sein Verwertungsrecht hinzunehmen, wenn dies der geistigen Kommunikation und Förderung des kulturellen Lebens nutzt (BGH GRUR 87, 363 – Filmzitat).

Man unterscheidet das Großzitat und das Kleinzitat sowie das Musikzitat.

a) Großzitat 661

In ein selbständiges wissenschaftliches Werk dürfen zur Erläuterung des Inhalts einzelne Werke nach deren Erscheinen aufgenommen werden. Das wissenschaftliche Werk wird häufig ein Sprachwerk sein, es kann aber z. B. auch ein Filmwerk sein. Es dürfen nur einzelne Werke zitiert werden, es ist nicht erlaubt, unter dem Vorwand des Großzitats eine Sammlung von Werken zu verwerten, um so die Erlaubnis des/der Urheber nicht einholen zu müssen (BGH GRUR 68, 607 – Kandinsky).

b) Kleinzitat 662

Weiterhin ist es zulässig, Stellen eines veröffentlichten Werkes in einem selbständigen Sprachwerk anzuführen. Die Stellen des zitierten Werkes dürfen nur ein Teil des Werkes sein und nicht das ganze Werk ausmachen.

c) Musikzitat 663

Schließlich dürfen in ein selbständiges Musikwerk einzelne Stellen eines erschienenen Werkes der Musik aufgenommen werden.

d) Filmzitat 664

Nach BGH GRUR 87, 362 – Filmzitat kann § 51 Nr. 2 UrhG entsprechend auf Aufnahmen von kleinen Teilen von Filmen in einen Film angewandt werden.

Fall U16, U17

5. Öffentliche Wiedergabe von veröffentlichten Werken zu sozialen Zwecken, § 52 UrhG 665

Zulässig ist die öffentliche Wiedergabe von veröffentlichten Werken, wenn der Veranstalter nicht zu Erwerbszwecken handelt, die Teilnehmer unentgeltlichen Zutritt haben und evtl. mitwirkende Künstler keine Vergütung erhalten. Dies gilt auch für Gottesdienste und kirchliche Feiern.

Für die Wiedergabe ist eine angemessene Vergütung an den Urheber zu bezahlen, es sei denn, die Wiedergabe erfolgt bei Veranstaltungen der Jugendhilfe, Sozialhilfe, Altenpflege, Gefangenenbetreuung, für Schulen, vor einem abgegrenzten Personenkreis zu sozialen oder erzieherischen Zwecken (BGH GRUR 84, 734 – Vollzugsanstalten).

Öffentliche bühnenmäßige Aufführungen, öffentliche Zugänglichmachung und Funksendungen eines Werkes, öffentliche Vorführung eines Filmwerkes bedürfen immer der Einwilligung des Berechtigten.

665 a 5 a. Öffentliche Zugänglichmachung für Unterricht und Forschung, § 52 a UrhG

Zulässig ist,

- veröffentlichte kleine Teile eines Werkes, Werke geringen Umfangs, einzelne Beiträge aus Zeitungen zur Veranschaulichung im Unterricht an Schulen, Hochschulen, nichtgewerblichen Einrichtungen der Aus- und Weiterbildung sowie an Einrichtungen der Berufsbildung ausschließlich für den bestimmt abgegrenzten Kreis von Unterrichtsteilnehmer oder
- veröffentlichte Teile eines Werkes, Werke geringen Umfangs, einzelne Beiträge aus Zeitungen oder Zeitschriften einem bestimmt abgegrenzten Personenkreis zu deren wissenschaftlichen Forschung

öffentlich zugänglich zu machen, soweit dies zu dem jeweiligen Zweck geboten und zur Verfolgung nicht kommerzieller Zwecke gerechtfertigt ist.

Weitere Einzelheiten sind in Abs. 2 bis 4 geregelt.

666 6. Vervielfältigung zum privaten oder sonstigen eigenen Gebrauch, § 53 UrhG

Diese Vorschrift hat in der Praxis eine große Bedeutung. Soweit in der Regelung davon gesprochen wird, dass einzelne Vervielfältigungsstücke hergestellt werden dürfen, wird nach der Rechtsprechung von bis zu sieben Vervielfältigungsstücken ausgegangen (BGH GRUR 78, 474 – Vervielfältigungsstücke).

Man unterscheidet folgende Fälle:

667 a) Vervielfältigung zum privaten Gebrauch

Hierfür dürfen einzelne Vervielfältigungstücke eines Werkes auf beliebigen Trägern zum privaten Gebrauch von einer natürlichen Person hergestellt werden, sofern diese nicht Erwerbszwecken dienen, soweit nicht zur Vervielfältigung eine offensichtlich rechtswidrig hergestellte Vorlage verwendet wird. Der Befugte darf die Vervielfältigung auch durch einen anderen herstellen lassen, sofern dies unentgeltlich erfolgt oder es sich um eine Vervielfältigung mit einem fotomechanischen oder ähnlichen Verfahren handelt.

Diese Schranke gilt nicht für die Vervielfältigung von Computerprogrammen, für die die Einwilligung des Berechtigten immer erforderlich ist, wenn keine der Ausnahmen der §§ 69d, 69e UrhG vorliegt. Ebenso gilt Abs. 1 nicht für Datenbankwerke, deren Elemente einzeln mit Hilfe von elektronischen Mitteln zugänglich sind, § 53 Abs. 5, soweit nicht § 55a UrhG (→ RdNr. 674) gegeben ist.

b) Vervielfältigungen zum sonstigen Gebrauch **668**

Einzelne Vervielfältigungsstücke dürfen hergestellt werden

- zum eigenen wissenschaftlichen Gebrauch jeweils im vom Zweck gebotenen Umfang;
- zur Aufnahme in ein eigenes Archiv jeweils im vom Zweck gebotenen Umfang, wenn dazu als Vorlage ein eigenes Werkstück verwendet wird; das Archiv darf keinen wirtschaftlichen Zweck oder Erwerbszweck verfolgen;
- zur eigenen Unterrichtung über Tagesfragen, wenn es sich um ein durch Funk gesendetes Werk handelt;
- zum sonstigen eigenen Gebrauch,
  - wenn es sich um kleine Teile eines erschienenen Werkes oder um einzelne Zeitungs- oder Zeitschriftenbeiträge handelt;
  - wenn es sich um ein seit mindestens zwei Jahren vergriffenes Werk handelt.

Bei diesen Schrankenbestimmungen sind die weiteren Einschränkungen nach Abs. 2 und Abs. 3 zu beachten.

Bei den letzten drei Punkten ist nach Abs. 5 weiterhin zu beachten, dass eine Vervielfältigung eines Datenbankwerkes, auf dessen Elemente einzeln elektronisch zugegriffen werden kann, nicht zulässig ist; dass beim ersten Punkt eine Vervielfältigung eines Datenbankwerkes erlaubt ist, wenn der wissenschaftliche Gebrauch nicht zu gewerblichen Zwecken erfolgt.

c) Vervielfältigung zu Ausbildungszwecken **669**

Vervielfältigungen sind zulässig im vom Zweck gebotenen Umfang von kleinen Teilen eines Druckwerkes oder von in Zeitungen oder Zeitschriften erschienenen oder öffentlich zugänglich gemachten Beiträgen zum eigenen Gebrauch

- im Schulunterricht, in nichtgewerblichen Einrichtungen der Aus- und Weiterbildung und der Berufsbildung in der für eine Schulklasse erforderlichen Zahl;
- für staatliche Prüfungen und Prüfungen in Schulen, Hochschulen, nichtgewerblichen Einrichtungen der Aus- und Weiterbildung sowie der Berufsbildung in der erforderlichen Anzahl.

d) Sonstige Vervielfältigung **670**

Die Vervielfältigung

- der grafischen Aufzeichnung eines Musikwerkes;

- eines Buches oder einer Zeitschrift, wenn es sich um eine im wesentlichen vollständige Vervielfältigung handelt, ist nur mit Zustimmung des Berechtigten zulässig, es sei denn,
  - sie erfolgt durch Abschreiben;
  - sie erfolgt zur Aufnahme in ein eigenes Archiv;
  - sie erfolgt zum eigenen Gebrauch und es handelt sich um ein seit zwei Jahren vergriffenes Werk.

671 **e) Verwertung der zulässigen Vervielfältigungen**

Die zulässigen Vervielfältigungen dürfen weder verbreitet noch zur öffentlichen Wiedergabe verwendet werden. Ein Verleih von rechtmäßig hergestellten Vervielfältigungen von Zeitungen, vergriffenen Werken und Werkstücken, bei denen kleine beschädigte oder abhanden gekommene Teile durch Vervielfältigungsstücke ersetzt worden sind, ist zulässig.

672 **f) Ausnahmen**

Dagegen ist für die Aufnahme öffentlicher Vorträge, Aufführungen und Vorführungen eines Werkes auf Bild- oder Tonträger, für die Ausführung von Plänen und Entwürfen zu Kunstwerken, für den Nachbau eines Bauwerkes die Einwilligung des Berechtigten stets erforderlich.

673 **g) Vergütung**

Für die nach § 53 UrhG zulässige Vervielfältigung im Wege der Bild – und Tonaufzeichnung und im Wege der Ablichtung steht dem Urheber ein Anspruch auf angemessene Vergütung zu, die von einer Verwertungsgesellschaft erhoben wird. Einzelheiten über die Berechnungsart und Höhe der Vergütung ergeben sich aus den §§ 54–54h UrhG.

674 7. Benutzung eines Datenbankwerkes, § 55a UrhG

Wenn mit Zustimmung des Urhebers eine Vervielfältigung eines Datenbankwerkes oder eines Teiles davon durch Veräußerung in Verkehr gebracht worden ist, kann dessen Eigentümer das Datenbankwerk bearbeiten und vervielfältigen, wenn und soweit die Bearbeitung oder Vervielfältigung für den Zugang zu den Elementen des Datenbankwerkes und für dessen übliche Benutzung erforderlich ist. Dies gilt auch für den in sonstiger Weise zum Gebrauch des Datenbankwerkes Berechtigten. Diese Benutzungsrecht kann durch Vertrag nicht ausgeschlossen werden.

675 8. Weitere Schranken

Weitere Regelungen betreffen:

- Aufnahme von Werken auf Bild-, Tonträger durch ein Sendeunternehmen, § 55 UrhG.
- Vervielfältigung und öffentliche Wiedergabe von Werken durch Geschäftsbetriebe, die Bild-, Tonträger, Geräte zu deren Nutzung oder Geräte zur elektronischen Datenverarbeitung vertreiben oder reparieren, soweit es zur Kundeninformation notwendig ist, § 56 UrhG.
- Vervielfältigung, Verbreitung, öffentliche Wiedergabe von Werken, die ein unwesentliches Beiwerk im Vergleich zum vervielfältigten, verbreiteten oder öffentlich wiedergegebenen Gegenstand sind, § 57 UrhG.
- Vervielfältigung, Verbreitung und öffentliche Zugänglichmachung von Katalogen, die Kunstwerke enthalten und die zur öffentlichen Ausstellung oder Verkauf der Kunstwerke und Lichtbildwerke herausgegeben werden, soweit dies zur Förderung der Veranstaltung erforderlich ist, § 58 UrhG (BGH NJW 94, 2891 – Museumskatalog).
- Vervielfältigung, Verbreitung, öffentliche Wiedergabe von Aufnahmen (Graphiken, Malerei, Lichtbildwerke, Filme) von in der Öffentlichkeit bleibend aufgestellten Werken; bei Bauwerken nur die äußere Ansicht, § 59 UrhG (BGH GRUR 03, 1035 – Hundertwasserhaus).
- Vervielfältigung, unentgeltliche Verbreitung eines Bildnisses durch dessen Besteller oder dessen Rechtsnachfolger bzw. durch den Abgebildeten oder dessen Angehörigen nach dessen Tod, § 60 UrhG.

9. Wahrung der persönlichen Interessen des Urhebers 676

Wenn nach §§ 44a–60 UrhG die Nutzung eines Werkes ohne Zustimmung des Urhebers zulässig ist, besteht in der Regel ein Änderungsverbot und eine Pflicht zur Quellenangabe.

a) Änderungsverbot, § 62 UrhG 677

Der Grundsatz lautet, dass Änderungen durch den Benutzer nicht erlaubt sind. Allerdings gilt § 39 UrhG entsprechend, aus dem sich ergibt, dass Änderungen zulässig sind, für die der Urheber nach Treu und Glauben seine Zustimmung nicht versagen kann.

Aus § 62 UrhG ergeben sich zudem eine Reihe von Ausnahmen vom Änderungsverbot, die durch den Benutzungszweck bedingt sind. Zu Einzelheiten wird auf § 62 UrhG verwiesen.

b) Quellenangabe, § 63 UrhG 678

Wenn ein Werk zulässiger Weise vervielfältigt wird, muss nach § 63 UrhG geprüft werden, ob die Angabe der Quelle erforderlich ist. Dies ist in der Regel der Fall. Wenn ein Sprachwerk oder Musikwerk ganz vervielfältigt wird, muss bei erschienenen Werken auch der Verlag angegeben werden. Weitere Einzelheiten sind § 63 UrhG zu entnehmen.

678 a **c) Gesetzliche Vergütungsansprüche, § 63 a UrhG**

Auf die Vergütungsansprüche nach Abschnitt 6 des UrhG kann der Urheber nicht im Voraus verzichten; sie können im Voraus nur an eine Verwertungsgesellschaft abgetreten werden.

Kapitel 2. Die Leistungsschutzrechte (verwandte Schutzrechte)

A. Allgemeines

680

Die Leistungsschutzrechte (verwandte Schutzrechte, Nachbarrechte) sind in den §§ 70–95 UrhG geregelt. Sie behandeln den Schutz von wissenschaftlichen, künstlerischen Leistungen oder Investitionen von Unternehmen, die auf dem Gebiet der Auswertung kultureller Werke tätig sind. Diese geschützten Leistungen werden darum auch Leistungsschutzrechte oder Nachbarrechte genannt, da sie Ähnlichkeiten mit den urheberrechtlich geschützten Werken aufweisen. Darum gewährt das UrhG den Inhabern der Leistungsschutzrechte ein entsprechender Schutz wie dem Urheber, BGH GRUR 04, 425- Tomträgerpiraterie durch CD-Export.

International gesehen gilt für die Leistungsschutzrechte nicht die rBÜ, sondern das Romabkommen, das den Schutz der ausübenden Künstler, der Hersteller von Tonträgern und der Sendeunternehmen zum Gegenstand hat, dem allerdings alle Staaten bisher nicht beigetreten sind. Daher muss bei von Ausländern erbrachten Leistungen, die von den Leistungsschutzrechten erfasst werden, immer geprüft werden, ob diesen Leistungsschutzrechte nach den §§ 124–128 UrhG zustehen. Für Angehörige von EU- Staaten gilt Art. 6 EGV (EuGH GRUR Int. 93, 53; BGH GRUR 94, 794 – Rolling Stones), dessen Inhalt in § 120 UrhG, auf den die §§ 124–128 UrhG verweisen, bereits berücksichtigt ist.

Die einzelnen Leistungsschutzrechte werden im folgenden in einer Kurzfassung behandelt, für Einzelheiten wird auf die zitierten Vorschriften verwiesen.

B. Die einzelnen Leistungsschutzrechte

I. Wissenschaftliche Ausgaben, § 70 UrhG

681

1. Schutzgegenstand

Schutzgegenstand ist die Ausgabe von urheberrechtlich nicht geschützten Werken oder Texten, wenn sie das Ergebnis wissenschaftlich sichtender Tätigkeit ist bei wesentlichem Unterschied zu bisher bekannten Ausgaben der Werke oder Texte (BGH GRUR 75, 667 – Reichswehrprozess).

2. Rechtsinhaber

Verfasser der Ausgabe.

3. Wirkung des Leistungsschutzrechts

Entspricht den Vorschriften des Urheberrechts.

4. Schranken der Wirkung

Entspricht den Vorschriften des Urheberrechtes

5. Schutzdauer

Schutzdauer ist 25 Jahre nach dem Erscheinen der Ausgabe bzw. 25 Jahre nach Herstellung bei Nichterscheinen innerhalb der Frist.

II. Erlaubte Ausgabe nachgelassener Werke, § 71 UrhG

1. Schutzgegenstand

682 Erscheinenlassen, öffentliche Wiedergabe eines bisher nicht erschienenen Werkes nach Ablauf der Schutzdauer eines evtl. Urheberrechts am nicht erschienenen Werk (BGH GRUR 75, 447 – Te Deum).

2. Rechtsinhaber

Herausgeber.

3. Wirkung des Leistungsschutzrechts

Vervielfältigungsrecht, Verbreitungsrecht, Recht der öffentlichen Wiedergabe.

4. Schranken der Wirkung

Die §§ 45–63 UrhG sind sinngemäß anzuwenden.

5. Schutzdauer

25 Jahre nach Erscheinen bzw. öffentlicher Wiedergabe des Werkes.

6. Besonderheiten

Das Recht ist übertragbar.

683 III. Schutz der Lichtbilder, § 72 UrhG

1. Schutzgegenstand

Lichtbilder und Erzeugnisse, die ähnlich wie Lichtbilder hergestellt werden. Sie werden in entsprechender Anwendung der Vorschriften über Lichtbildwerke geschützt. Eine, wenn auch geringe, geistige Leistung ist erforderlich (BGH GRUR 90, 673 – Bibelreproduktion).

2. Rechtsinhaber

Lichtbildner.

3. Wirkung des Leistungsschutzrechts

Wie bei Lichtbildwerken.

4. Schranken der Wirkung

Wie bei Lichtbildwerken.

5. Schutzdauer

50 Jahre nach Erscheinen des Lichtbildes oder erlaubter öffentlicher Wiedergabe, sonst 50 Jahre nach der Herstellung.

6. Besonderheiten

Eine Unterscheidung von Lichtbildwerken und Lichtbildern ist i.d.R. nicht erforderlich.

Fall U18

IV. Schutz ausübender Künstler, §§ 73–83 UrhG 684

1. Schutzgegenstand

Persönliche Darbietung eines Werkes durch einen ausübenden Künstler, z.B. Vortrag, Aufführung eines Werkes oder künstlerische Mitwirkung dabei (BGH GRUR 84, 732 – Filmregisseur; BGH GRUR 81, 419 – Quizmaster).

2. Rechtsinhaber

Ausübender Künstler, künstlerisch Mitwirkender, der einen bestimmenden Einfluss auf die künstlerische Werkinterpretation nimmt, z.B. Regisseur, Dirigent. Zusätzlich Veranstalter, wenn die Darbietung von einem Unternehmen veranstaltet wird, § 81 MarkenG.

3. Wirkung des Leistungsschutzrechts, §§ 77, 78 UrhG

Künstler hat Einwilligungsrecht zu:

- öffentlicher Zugänglichmachung, Bildschirm- und Lautsprecherübertragung;
- Aufnahme auf Bild- und Tonträger;
- Vervielfältigung, Verbreitung von Bild- und Tonträgern;
- Funksendungen.

Dem Künstler steht ein Vergütungsanspruch zu, § 78 Abs. 2 UrhG

Der ausübende Künstler hat Recht auf Nennung, § 74 UrhG.

Zudem kann der Künstler eine Entstellung oder Beeinträchtigung seiner Darbietung verbieten, wenn diese geeignet ist, seinen Ruf oder Ansehen zu gefährden, § 75 MarkenG.

Wenn die Darbietung des ausübenden Künstlers von einem Unternehmen veranstaltet wird, stehen die obigen Verwertungsrechte neben dem Künstler auch dem Veranstalter zu. § 31 Abs. 1 bis 3 und 5 UrhG sowie §§ 33 und 38 UrhG geltend in diesem Falle entsprechend.

4. Schranken der Wirkung

Entsprechende Anwendung der Vorschriften des Abschnitt 6 des Teils 1, § 83 UrhG.

5. Schutzdauer

Bei Aufnahme auf Bild- und Tonträger 50 Jahre für Künstler, 25 Jahre für Veranstalter nach Erscheinen bzw. öffentlicher Wiedergabe des Bild- und Tonträgers bzw. 50 Jahre nach Darbietung bei Nichterscheinen oder fehlender öffentlicher Wiedergabe des Bild- und Tonträgers für Künstler und 25 Jahre für Veranstalter in diesem Fall, § 82 UrhG.

Der Schutz gegen Entstellung, § 75 UrhG, und das Recht auf Anerkennung als ausübender Künstler, § 74 UrhG, erlischt nach § 76 UrhG 50 Jahre nach der Darbietung, wenn der Künstler vor Ablauf der Frist gestorben ist, sonst mit dem Tod des Künstlers, allerdings nicht vor Ablauf der Frist für die Verwertungsrechte nach § 82 UrhG.

V. Schutz des Herstellers von Tonträgern, §§ 85, 86 UrhG

685 **1. Schutzgegenstand**

Herstellung von Tonträgern.

2. Rechtsinhaber

Hersteller des Tonträgers.

3. Wirkung des Leistungsschutzrechts

Ausschließliches Recht zur

- Vervielfältigung des Tonträgers
- Verbreitung des Tonträgers
- öffentliche Zugänglichmachung des Tonträgers

Zudem hat der Hersteller einen Anspruch auf angemessene Beteiligung an der Vergütung gegen den ausübenden Künstler, wenn ein erschienener Tonträger, auf dem die Darbietung des Künstlers aufgenommen worden ist, zur öffentlichen Wiedergabe der Darbietung benutzt worden ist (BGH GRUR Int. 81, 562 – Schallplattenimport; BGH GRUR 86, 736 – Schallplattenvermietung).

4. Schranken der Wirkung

§ 27 Abs. 2, 3 und §§ 45–60, 62 sind sinngemäß anzuwenden.

5. Schutzdauer

50 Jahre nach Erscheinen bzw. öffentlicher Wiedergabe des Tonträgers bzw. 50 Jahre nach Herstellung, wenn der Tonträger in der Frist nicht erschienen ist.

Fall U19

VI. Schutz des Sendeunternehmens, § 87 UrhG

1. Schutzgegenstand 686

Sendung durch Sendeunternehmen.

2. Rechtsinhaber

Sendeunternehmen.

3. Wirkung des Leistungsschutzrechts

Ausschließliches Recht zur

- Weitersendung und öffentlicher Zugänglichmachung seiner Funksendung;
- Aufnahme seiner Funksendung auf Bild- und Tonträger;
- Herstellung von Lichtbildern von der Funksendung;
- Vervielfältigung, Verbreitung der Ton- und Bildträger oder Lichtbilder, jedoch kein Vermietrecht;
- Öffentliche Wahrnehmbarmachung der Funksendung an Stellen, die der Öffentlichkeit nur gegen Zahlung eines Eintrittsgeldes zugänglich sind.

4. Schranken der Wirkung

Entsprechende Anwendung der §§ 45 bis 63 UrhG mit Ausnahme der §§ 47 Abs. 2 Satz 2, 54 Abs. 1.

5. Schutzdauer

50 Jahre nach erster Funksendung.

6. Besonderheiten

Sendeunternehmen und Kabelunternehmen sind verpflichtet, einen Vertrag über Kabelweitersendung entsprechend § 20b Abs. 1 Satz 1 UrhG zu angemessenen Bedingungen abzuschließen.

VII. Schutz des Datenbankherstellers, §§ 87a–87e UrhG 687

1. Schutzgegenstand, § 87a UrhG

Eine Datenbank ist eine Sammlung von Werken, Daten, unabhängigen Elementen, die systematisch oder methodisch angeordnet und einzeln mit Hilfe elektronischer Mittel oder auf andere Weise zugänglich sind und deren Beschaffung, Überprüfung oder Darstellung eine nach Art und Umfang wesentliche Investition erfordert.

Eine in ihrem Inhalt nach Art und Umfang wesentlich geänderte Datenbank gilt als neue Datenbank, sofern die Änderung eine wesentliche Investition erfordert.

2. Rechtsinhaber

Der Datenbankhersteller, der die wesentliche Investition vorgenommen hat.

3. Wirkung des Leistungsschutzrechts

Der Datenbankhersteller hat nach § 87b UrhG das ausschließliche Recht

- zur Vervielfältigung, Verbreitung, öffentlichen Wiedergabe insgesamt oder eines wesentlichen Teils der Datenbank;
- die Vervielfältigung, Verbreitung, öffentlichen Wiedergabe eines unwesentlichen Teils der Datenbank zu verbieten, wenn diese Handlungen wiederholt und systematisch erfolgen und diese Handlungen einer normalen Auswertung der Datenbank zuwiderlaufen oder berechtigte Interessen des Datenbankherstellers unzumutbar beeinträchtigen.

§ 17 Abs. 2 (Erschöpfung) und § 27 Abs. 2 und 3 (Vergütung bei Verleih) sind entsprechend anzuwenden.

4. Schranken der Wirkung, § 87c UrhG

Die Vervielfältigung eines wesentlichen Teils einer Datenbank ist zulässig

- zum privaten Gebrauch, es sei denn, die Elemente der Datenbank sind mit elektronischen Mitteln zugänglich;
- zum eigenen wissenschaftlichen Gebrauch, wenn sie zu diesem Zweck geboten ist und der wissenschaftliche Gebrauch nicht zu Erwerbszwecken erfolgt;
- für die Benutzung zur Veranschaulichung des Unterrichts, sofern sie nicht zu gewerblichen Zwecken erfolgt.

Bei den letzten zwei Punkten ist die Quelle anzugeben.

Die Verwertung eines wesentlichen Teils einer Datenbank ist zulässig in Verfahren vor Gericht, Schiedsgericht, für Zwecke der öffentlichen Sicherheit.

5. Schutzdauer

Die Rechte des Datenbankherstellers erlöschen 15 Jahre nach Veröffentlichung, jedoch 15 Jahre nach Herstellung, wenn die Datenbank innerhalb dieser Frist nicht veröffentlicht worden ist.

6. Besonderheiten, § 87e UrhG und Art. 8 Richtlinie 96/9/EG

Der Hersteller einer Datenbank kann dem rechtmäßigen Benutzer vertraglich nicht untersagen,

- unwesentliche Teile der Datenbank zu beliebigen Zwecken zu entnehmen und/oder weiter zu verwenden, wenn diese Handlungen die normale Nutzung der Datenbank nicht beeinträchtigen oder die berechtigten Interessen des Datenbankherstellers nicht unzumutbar verletzen.

VIII. Besondere Bestimmungen über Filme, §§ 88–94 UrhG 688

1. Schutzgegenstand

Herstellung eines Filmwerkes.

2. Rechtsinhaber

Filmhersteller
Dies ist derjenige, der die wirtschaftliche Verantwortung und die organisatorische Verantwortung inne hat (BGH GRUR 93, 472 – Filmhersteller).

3. Wirkung des Leistungsschutzrechts

Der Filmhersteller hat das ausschließliche Recht

- zur Vervielfältigung des Filmträgers;
- zur Verbreitung des Filmträgers;
- zur Benutzung des Filmträgers zur öffentlichen Vorführung oder Funksendung;
- zum Verbot der Entstellung oder Kürzung des Filmträgers, die die berechtigten Interessen des Filmherstellers gefährden.

4. Schranken

- Entsprechend den §§ 44 bis 63 UrhG;
- Die Urheber des Filmwerkes oder von bei dem Filmwerk verwendeten Werken bzw. die Inhaber von Leistungsschutzrechten, deren Leistungen beim Filmwerk verwendet werden, können hinsichtlich der Herstellung und Verwertung des Filmwerkes gröbliche Entstellungen oder Beeinträchtigungen ihrer Werke und Leistungen verbieten, § 93 UrhG.

5. Schutzdauer

50 Jahre nach Erscheinen bzw. erlaubter öffentlicher Wiedergabe des Filmträgers (Bildträger oder Bild-/Tonträger) bzw. 50 Jahre nach Herstellung des Filmträgers bei Nichterscheinen oder fehlender erlaubter öffentlicher Wiedergabe innerhalb dieser Frist, § 94 UrhG.

6. Besonderheiten

a) Recht zur Verfilmung nach § 88 UrhG

Gestattet der Urheber eines Werkes dessen Verfilmung, so räumt er dem Filmhersteller im Zweifel folgende ausschließlichen Nutzungsrechte ein,

- das Werk unverändert oder unter Bearbeitung oder Umgestaltung zur Herstellung eines Filmwerkes zu benutzen;
- das Filmwerk, Übersetzungen, filmische Bearbeitungen auf alle bekannten Nutzungsarten zu nutzen.

Die obigen Befugnisse berechtigen im Zweifel nicht zu einer Wiederverfilmung des Werkes. Der Urheber des verfilmten Werkes ist im Zweifel berechtigt, sein Werk nach Ablauf von 10 Jahren nach Abschluss des Vertrages anderweitig filmisch zu verwerten.

b) Recht am Filmwerk, § 89 UrhG

Bei Mitwirkung bei der Herstellung eines Filmes räumt der Urheber des Filmwerkes im Zweifel dem Filmhersteller folgende ausschließliche Nutzungsrechte ein:

- Nutzung des Filmwerkes;
- Nutzung einer Übersetzung des Filmwerkes;
- Nutzung der filmischen Bearbeitung oder Umgestaltung des Filmwerkes

auf alle bekannten Nutzungsarten.

Hat der Urheber des Filmwerkes das Nutzungsrecht im voraus einem Dritten eingeräumt, so behält er die Befugnis, dieses Recht dem Filmhersteller einzuräumen.

Das Urheberrecht an zur Filmherstellung benutzten Werken (Roman, Drehbuch, Musik) bleiben unberührt.

c) Einschränkungen der Rechte des Urhebers

Diese ergeben sich aus § 90 UrhG. Danach gelten die Vorschriften über

- die Zustimmung zur Übertragung von Nutzungsrechten, § 34 UrhG;
- die Zustimmung des Urhebers zur Einräumung einfacher Nutzungsrechte, § 35 UrhG;
- das Rückrufsrecht wegen Nichtausübung, § 41 UrhG;
- das Rückrufsrecht wegen gewandelter Überzeugung, § 42 UrhG

nicht für die in § 88 Abs. 1 – soweit mit den Dreharbeiten begonnen worden ist und § 89 Abs. 1 bezeichneten Rechte.

d) Rechte des Filmherstellers an Leistungsrechten der ausübenden Künstler

Diese stehen im Zweifel dem Filmhersteller zu, § 92 UrhG.

689

IX. Laufbilder, § 95 UrhG

1. Schutzgegenstand

Bild- und Tonfolgen, die nicht als Filmwerke geschützt sind; z. B. Computerspiele (BayObLG CR 92, 479 – Laufbildschutz für Computerprogramme).

2. Rechtsinhaber

Hersteller der Laufbilder.

3. und 4. Wirkung und Schranken der Wirkung

Entsprechend den Vorschriften (§§ 88, 89 Abs. 4, 90, 93, 94 UrhG) über den Schutz des Filmherstellers.

5. Schutzdauer

Wie bei der Herstellung von Filmwerken.

Fall U20, U21

Kapitel 3. Gemeinsame Bestimmungen für das Urheberrecht und die verwandten Schutzrechte, §§ 95a bis 95d UrhG 690

I. Schutztechnische Maßnahmen, § 95a UrhG 691

Schutzrechnische Maßnahmen sind im normalen Betrieb dazu bestimmt, die unberechtigte Verwertung von nach dem UrhG geschützten Werken oder anderen Schutzgegenständen (im folgenden gemeinsam Schutzgegenstand genannt) zu verhindern oder einzuschränken. Dazu gehören z.B. Zugangskontrolle, Schutzmechanismen wie Verschlüsselung, Verzerrung oder sonstige Umwandlung oder ein Mechanismus zur Kontrolle der Vervielfältigung.

Derartige Schutzmechanismen dürfen ohne Zustimmung des Rechtsinhabers nicht umgangen werden, wenn dem Handelnden bekannt ist oder bekannt sein muss, dass die Umgehung den Zugang zum Schutzgegenstand und dessen Nutzung ermöglichen soll.

Der Rechtsinhaber kann verbieten

- die Herstellung,
- die Einfuhr,
- die Verbreitung,
- den Verkauf,
- die Vermietung,
- die Werbung in Hinblick auf Verkauf oder Vermietung;
- den gewerblichen Zwecken dienende Besitz von Vorrichtungen, Erzeugnissen oder Bestandteilen
- sowie die Erbringung von Dienstleistungen

die jeweils

- Gegenstand einer Verkaufsförderung, Werbung oder Vermarktung mit dem Ziel der Umgehung wirksamer technischer Maßnahmen oder
- abgesehen von der Umgehung von wirksamen technischen Maßnahmen nur einen begrenzten wirtschaftlichen Zweck oder Nutzen haben oder
- hauptsächlich entworfen, hergestellt, angepasst oder erbracht werden, um die Umgehung wirksamer technischer Maßnahmen zu ermöglichen oder zu erleichtern.

Die Verbote gelten nicht für Maßnahmen öffentlicher Stellen zum Zwecke des Schutzes der öffentlichen Sicherheit oder der Strafrechtspflege.

692 II. Durchsetzung von Schrankenbestimmungen, § 95b UrhG

Der Rechtsinhaber muss Begünstigten, die entsprechend den §§ 45, 45a, 46, 47, 52a, 53 (in im § 95b angegebenen Umfang) und 55 UrhG rechtmäßig Zugang zum Schutzgegenstand haben, die Mittel zur Verfügung stellen, um vom Schutzgegenstand in erforderlichem Maß Gebrauch machen zu können. Diese Verpflichtungen können durch Vereinbarung nicht ausgeschlossen werden. Aus § 95b Abs. 2 UrhG ergeben sich die Ansprüche, die die Begünstigten gegen den Rechtsinhaber geltend machen können.

§ 95b Abs. 1 UrhG gilt nicht, soweit Schutzgegenstände der Öffentlichkeit aufgrund einer vertraglichen Vereinbarung in einer Weise zugänglich gemacht werden, dass sie Mitgliedern der Öffentlichkeit von Orten und zu Zeiten ihrer Wahl zugänglich sind.

693 III. Schutzvermerke, § 95c UrhG

Informationen für die Rechtewahrnehmung (Schutzvermerke) der Rechtsinhaber dürfen vom Schutzgegenstand nicht entfernt oder verändert werden, wenn die Entfernung oder Veränderung wissentlich unbefugt erfolgt und dem Handelnden bekannt ist oder bekannt sein müsste, dass er die Verletzung des Uhrheberrechtes oder verwandter Schutzrechte veranlasst, ermöglicht, erleichtert oder verschleiert.

Schutzgegenstände, bei denen der Schutzvermerk unbefugt entfernt oder geändert wurde, dürfen nicht verwertet werden, wenn dem Handelnden bekannt ist oder bekannt sein muss, dass er dadurch die Verletzung von Urheberrechten oder verwandten Schutzrechten veranlasst, ermöglicht, erleichtert oder verschleiert.

694 IV. Kennzeichnungspflicht, § 95d UrhG

Schutzgegenstände, die durch technische Maßnahmen geschützt werden, sind deutlich sichtbar mit Angaben über die Eigenschaften der technischen Maßnahmen zu kennzeichnen.

Wer Schutzgegenstände mit technischen Maßnahmen schützt, hat diese mit seinem Namen oder seiner Firma und seiner Anschrift zu kennzeichnen, um den nach § 95b UrhG Begünstigten die Geltendmachung ihrer Ansprüche zu ermöglichen.

695 V. Verwertungsverbot, § 96 UrhG

Rechtswidrig hergestellte Vervielfältigungsstücke dürfen weder verbreitet noch zu öffentlichen Wiedergaben verwendet werden. Rechtwidrig veranstaltete Funksendungen dürfen nicht auf Bild- oder Tonträger aufgenommen oder öffentlich wiedergegeben werden.

Teil 5. Die Schutzrechtsverletzung 700

A. Allgemeines 701

Im Teil 5 wird bei C. unter der Bezeichnung „Schutzrechtsverletzung" dargestellt, welche Ansprüche geltend gemacht werden können, wenn ein Dritter unerlaubt den Gegenstand eines Schutzrechtes benutzt. Zuvor wird kurz erläutert, ob schon bei Benutzung des Gegenstandes einer Schutzrechtsanmeldung dem Anmelder Ansprüche zustehen.

Da die Folgen einer Schutzrechtsverletzung und die Vorgehensweise bei der Verfolgung der Interessen des Schutzrechtsinhabers bei den Gesetzen des gewerblichen Rechtsschutzes und beim Urheberrechtsgesetz weitgehend gleich sind, soll im folgenden dieses Thema gemeinsam behandelt werden. Auf Unterschiede wird jedoch hingewiesen.

Es werden erläutert:

→ Die Folgen der Benutzung des Gegenstandes einer Schutzrechtsanmeldung.
→ Die Voraussetzungen der Schutzrechtsverletzung.
→ Die dem Schutzrechtsinhaber zustehenden Ansprüche.
→ Das Verfahren, das in der Regel durchgeführt wird, um diese Ansprüche durchzusetzen.

Dabei ist zu berücksichtigen, dass die Schutzrechte absolute Rechte sind, entsprechend den sonstigen Rechten nach § 823 BGB; BGH GRUR 02, 618 – Meißner Dekor. Dementsprechend werden Lücken bei den Vorschriften der Schutzgesetze durch §§ 823ff. BGB ergänzt, BGH GRUR 04, 863 – Inernet-Versteigerung, es gelten die zu § 823 BGB entwickelten Grundsätze auch hier.

Bei der Erläuterung wird derjenige, der in das Schutzrecht eingreift, als Verletzer oder Dritter, der Gegenstand, den der Dritte benutzt, als Ausführungsform des Dritten, und derjenige, in dessen Schutzrecht eingegriffen wird, als Verletzter bezeichnet.

B. Folgen der Benutzung des Gegenstandes einer Schutzrechtsanmeldung 702

Eine Regelung gibt es nur im PatG für nach § 31 PatG offengelegte Patentanmeldungen. Bei den anderen Schutzgesetzen ist die Benutzung vor Eintreten des Schutzes uneingeschränkt frei, es sei denn, andere Gesetze (z.B. § 3 UWG) sind anwendbar.

703 Nach § 33 PatG hat der Anmelder einer offengelegten Patentanmeldung keinen Unterlassungsanspruch, die Benutzung des Anmeldungsgegenstandes ist nicht rechtswidrig, er kann aber einen Entschädigungsanspruch gegen den Benutzer geltend machen, wenn der Dritte wusste oder hätte wissen müssen, dass seine Ausführungsform Gegenstand einer Patentanmeldung war (sog. vorläufiger Schutz). Dieser Anspruch besteht dann nicht, wenn die Erfindung offensichtlich nicht patentfähig ist. Wird kein Patent auf den Anmeldungsgegenstand erteilt, entfällt der Anspruch rückwirkend, § 58 Abs. 2 PatG, d. h. der Anmelder muss die Entschädigung nach § 812 BGB wieder zurückbezahlen.

704 Die Frage, ob eine Benutzung vorliegt, beurteilt sich nach § 9 PatG. Der zu beachtende Schutzbereich, also die Prüfung, ob die Ausführungsform des Dritten unter den Schutzbereich der Anmeldung fällt, geht nach § 14 PatG vom Patentanspruch aus, berücksichtigt zur Auslegung die Beschreibung und die Zeichnungen. Werden vom Anmelder nach der Offenlegung geänderte Patentansprüche eingereicht, so sollten zur Feststellung des Schutzbereiches die Patentansprüche mit der engeren Fassung herangezogen werden (so Benkard, 9. Aufl. § 33 RdNr. 4).

705 Die Höhe der Entschädigung berechnet sich nach der Lizenzanalogie, es wird untersucht, welche Lizenzgebühr der Dritte bei Abschluss eines Lizenzvertrages ausschließlich über den Gegenstand dieser Patentanmeldung hätte bezahlen müssen und diese wird als Entschädigung festgelegt. Dabei ist zu berücksichtigen, dass noch kein erteiltes Patent vorliegt und eine vom Anmeldungsgegenstand abhängige Gefahr der Zurückweisung der Anmeldung besteht.

Fall S1

C. Die Schutzrechtsverletzung

706 Von einer Schutzrechtsverletzung wird gesprochen, wenn die Ausführungsform des Dritten von dem Gegenstand des Schutzrechts erfasst wird. Der Gegenstand des Schutzrechtes wird durch die Wirkungen festgelegt, die bei der Erläuterung der einzelnen Schutzrechte angegeben sind und durch den jedem Schutzrecht zukommenden Schutzbereich.

In folgendem ist also zu untersuchen, wann eine Schutzrechtsverletzung vorliegt, welche Anspruchsgrundlagen sich bei einer Schutzrechtsverletzung aus den Schutzgesetzen ergeben und durch welche Merkmale des Schutzrechtsgegenstandes der Schutzbereich bei den einzelnen Schutzrechten definiert ist. Zusätzlich werden die Vorschriften über die Wirkungen der einzelnen Schutzrechte in Tabelle 4 noch einmal angegeben.

I. Zusammenstellung der Anspruchsgrundlagen 707

Die Vorschriften über die Wirkung der einzelnen Schutzrechte sind oben bereits dargestellt worden. In der Tabelle 4 werden sie noch einmal wiederholt, und zwar in Zusammenhang mit den Anspruchsgrundlagen (AGL), die bei Benutzung der Schutzrechte geltend gemacht werden können und unter Angabe des Zeitpunktes, an dem die Wirkung des Schutzrechtes eintritt.

Schutzrecht	Wirkung	AGL	Entstehung des Schutzrechts
Patent (PatG)	§§ 9, 10	§§ 139–141	Veröffentlichung des Hinweises auf Patenterteilung im Patenblatt, § 58
Gebrauchsmuster (GebrMG)	§ 11	§§ 24–24 c	Eintragung in das Register, § 11, wenn die sachlichen Schutzvoraussetzungen nach § 1 erfüllt sind
Geschmacks-muster (GeschmMG)	§§ 37, 38	§§ 42–50	Eintragung in das Register, § 27, wenn die sachlichen Schutzvoraussetzungen nach § 2 erfüllt sind
Marke (MarkenG)	§ 14	§§ 14, 17, 18, 19	bei eingetragener Marke mit Eintragung in das Register, § 4; bei nicht eingetragener Marke mit Eintreten der Verkehrsgeltung, § 4 MarkenG
geschäftliche Bezeichnung (MarkenG)	§ 15	§§ 15, 18, 19	Bei Namensfunktion mit Aufnahme der Benutzung, bei fehlender Namensfunktion bei Verkehrsgeltung. Bei Werktiteln mit Aufnahme der Benutzung oder Erreichen der Verkehrsgeltung
Werk, §§ 1, 2 (UrhG)	§§ 11–27 § 69 c	§§ 97–103	Mit Schaffung des Werkes, sobald dieses sinnlich wahrnehmbar ist
Verwandte Schutzrechte (UrhG)	§§ 70–95	§§ 97–103	Mit Erbringung der Leistung

Tabelle 4

II. Voraussetzungen der Schutzrechtsverletzung 708

1. Erfüllung des Tatbestandes

Von Verletzung eines Schutzrechtes wird im folgenden gesprochen, wenn der Tatbestand des jeweiligen Anspruches erfüllt ist. Dieser Fall liegt vor, wenn die Ausführungsform eines Dritten von dem Schutzrechtsgegenstand erfasst wird. Zwei Fälle sind zu unterscheiden:

- Die Ausführungsform des Dritten ist identisch dem Schutzrechtsgegenstand: eine Schutzrechtsverletzung liegt vor.

- Die Ausführungsform des Dritten ist ähnlich dem Schutzrechtsgegenstand. Jetzt muss der Schutzbereich festgestellt werden, um zu ermitteln, ob die Ausführungsform des Dritten vom Schutzrecht erfasst wird.

709 Im folgenden werden beide Fälle zusammen behandelt und nur noch von Schutzbereich gesprochen.

Der Schutzbereich wird durch die die Schutzfähigkeit begründenden Merkmale des Schutzrechtes festgelegt. Die maßgebenden Merkmale sind bei der Erläuterung der einzelnen Gesetze angegeben und werden in der folgenden Tabelle 5 für die unterschiedlichen Schutzrechte noch einmal zusammengefasst.

Schutzrecht	Vorschrift	Schutzbereich begründende Merkmale
Patent (PatG)	§ 14	Inhalt der Ansprüche (Wortsinn + Äquivalente)
Gebrauchsmuster (GebrMG)	§ 12a	Inhalt der Ansprüche (Wortsinn + Äquivalente)
Geschmacksmuster (GeschmMG)	§ 38.	Wiedergabe des Musters unter Berücksichtigung der die Eigenart begründenden Merkmale
Marke eingetragen bzw. nicht eingetragen (MarkenG)	Rspr.	eingetragene Marke bzw. benutzte Marke mit Verkehrsgeltung jeweils unter Berücksichtigung ihrer Kennzeichnungskraft
geschäftliche Bezeichnung (MarkenG)	Rspr.	benutzte geschäftliche Bezeichnung, jeweils unter Berücksichtigung deren Kennzeichnungskraft
Werke nach §§ 1, 2 UrhG	Rspr.	Ausdrucksform des Werkes, bei nicht wissenschaftlichen Werken evtl. auch der Inhalt, wenn er auf der Phantasie des Autors beruht, jeweils unter Berücksichtigung des Eigentümlichkeitsgrades
verwandte Schutzrechte (UrhG)		wissenschaftliche, künstlerische Leistung oder investive Leistung in der Kulturwirtschaft

Tabelle 5

710 Bei der Prüfung auf Erfüllung des Tatbestandes wird untersucht, ob diese den Schutzbereich begründenden Merkmale des Schutzrechtes auch bei der Ausführungsform des Dritten enthalten sind. Zusätzliche Merkmale bei der Ausführungsform des Dritten, die beim Schutzrechtsgegenstand nicht vorhanden sind, bleiben unberücksichtigt. Eine Schutzrechtsverletzung liegt immer dann vor, wenn die Ausführungsform des Dritten die den Schutzbereich festlegenden Merkmale aufweist. Welchen Abstand die Ausführungsform des Dritten vom Schutzrechtsgegenstand haben muss, um aus dem Schutzbereich herauszufallen, hängt davon ab, welche geistige Leistung bei objektiver Betrachtung erforderlich war, um den

Schutzrechtsgegenstand zu schaffen oder anders formuliert, welchen Abstand der Schutzrechtsgegenstand zum Bekannten und zum im Rahmen der üblichen Entwicklung liegenden hat. Je größer dieser Abstand ist, um so größer ist der Schutzbereich und um so größeren Abstand muss die Ausführungsform des Dritten vom Schutzrechtsgegenstand einhalten, um nicht in den Schutzbereich zu fallen.

2. Rechtswidrigkeit 711

Rechtswidrigkeit ist wie bei § 823 BGB erforderlich.

Die Benutzung des Schutzrechtsgegenstandes ist grundsätzlich rechtswidrig, es sei denn, dem Dritten steht ausnahmsweise ein Rechtfertigungsgrund zur Seite. Diese sind bei der Behandlung der einzelnen Gesetze angegeben.

Beispiele:

Vorbenutzungsrechte bei PatG. Weiterbenutzungsrecht bei Wiederaufleben eines Schutzrechtes nach Wiedereinsetzung in den vorigen Stand.

3. Verschulden 712

Verschulden liegt vor, wenn der Dritte vorsätzlich oder fahrlässig (§ 276 BGB) gehandelt hat. Bei der Prüfung auf Fahrlässigkeit ist die im Verkehr erforderliche Sorgfalt zu berücksichtigen, die im gewerblichen Rechtsschutz sehr hoch angesetzt wird. Von den Gewerbetreibenden wird erwartet, dass sie die Entstehung von Schutzrechten auf ihren Arbeitsgebieten und Nachbargebieten überwachen, so dass es i. d. R. als fahrlässig anzusehen ist, wenn sie ein Schutzrecht übersehen. Das gleiche gilt bei falscher Auslegung eines Schutzrechtes (BGH GRUR 98, 568 – Beatles-Doppel-CD; BGH GRUR 99, 49 – Bruce Springsteen; BGH GRUR 98, 379 – Coverversion). Nur wenn die Untersuchung, ob die Ausführungsform des Dritten in den Schutzbereich eines Schutzrechts fällt, von sachverständigen Fachleuten unter nachvollziehbarer Begründung durchgeführt worden ist, kann Fahrlässigkeit fehlen (BGH GRUR 73, 518 – Spielautomat II; BGH GRUR 02, 626 – shell.de).

III. Die Ansprüche bei Schutzrechtsverletzung 713

In der Tabelle 5 sind die einzelnen Anspruchsgrundlagen, die bei einer unberechtigten Benutzung der Schutzrechte bestehen, aufgeführt. Diese werden behandelt. Anschließend werden in einer Tabelle 6 die einzelnen Verletzungstatbestände unter Nennung der in Frage kommenden Ansprüche dargestellt.

Die Ansprüche richten sich gegen den Verletzer. Ist der Verletzer ein 714
Angestellter oder Beauftragter haftet zudem der Betriebsinhaber nach

§ 831 BGB, nach §§ 14, 15 MarkenG oder § 44 GeschmMG haftet auch der Betriebsinhaber. Weiterhin ist § 830 BGB anwendbar, da die Schutzrechtsverletzung eine unerlaubte Handlung ist.

715 Die Ansprüche kann geltend machen der Schutzrechtsinhaber bzw. ein (ausschließlich) Nutzungsberechtigter (ausschließlicher Lizenznehmer; im Markenrecht wegen § 30 MarkenG bestr.). Der Inhaber eines Nutzungsrechtes kann der Verletzungsklage des Schutzrechtsinhabers als Streitgenosse beitreten, z.B. § 31 GeschmMG.

716 1. Unterlassungsanspruch

Wenn die Ausführungsform des Dritten in den Schutzbereich des Schutzrechts fällt und dieser keinen Rechtfertigungsgrund geltend machen kann, steht dem Schutzrechtsinhaber ein Unterlassungsanpruch zu:

717 • Wenn Begehungsgefahr besteht; diese ist dann gegeben, wenn noch kein Verletzungsfall vorliegt, aber aus den Umständen entnehmbar ist, dass er unmittelbar droht. Wenn die Umstände beweisbar sind, kann die drohende Verletzung verhindert werden.

718 • Wenn Wiederholungsgefahr besteht; ist bereits eine Verletzung durch den Dritten vorgekommen, wird davon ausgegangen, dass weitere Verletzungen folgen werden, also Wiederholungsgefahr besteht. Diese Gefahr kann der Dritte durch eine strafbewehrte Unterwerfungserklärung, d.h. durch eine uneingeschränkte, bedingungslose und unwiderrufliche Unterwerfungserklärung unter Übernahme einer angemessenen Vertragsstrafe für jeden Fall der Zuwiderhandlung, ausräumen (BGH GRUR 96, 290 – Wegfall der Wiederholungsgefahr).

Bei der Formulierung des Unterlassungsanspruchs ist darauf zu achten, dass die Ausführungsform des Dritten genau erfasst wird; BGH GRUR 03, 786 – Innungsprogramm.

719 2. Schadensersatzanspruch

Voraussetzungen des Schadensersatzanspruchs sind:

- Die Ausführungsform des Dritten fällt in den Schutzbereich;
- Rechtswidrigkeit;
- Verschulden, also Vorsatz oder Fahrlässigkeit;

Verschulden wird, wie oben dargestellt (RdNr. 712), in der Regel vorliegen.

720 Ist der Anspruch gegeben, dann kann der Verletzte seinen Schaden nach seiner Wahl nach einer der folgenden Schadensberechnungsmethoden berechnen, wobei der Verletzte bis zum Schluss einer mündlichen Verhandlung in einem gerichtlichen Verfahren zwischen den Berechnungsmethoden wechseln kann (z.B. BGH GRUR 73, 375 – Miss Petite):

- Nach seinem Schaden gemäß §§ 249ff. BGB;
- Nach der Lizenzanalogie. 721
  Diese Methode wird am häufigsten verwendet, da sie nicht den Nachweis eines Schadens beim Verletzten voraussetzt. Vielmehr wird davon ausgegangen, dass der Dritte einen Lizenzvertrag mit dem Verletzten hätte abschließen müssen, um ein Nutzungsrecht zu haben und dann eine Lizenzgebühr hätte bezahlen müssen. Diese schuldet er dem Verletzten (BGH GRUR 92, 597 – Steuereinrichtung; BGH GRUR 95, 578 – Steuereinrichtung II).

Beispiel bei Patentverletzung

Berechnungsformel:

V = U x L
V = Lizenzgebühr
U = der mit dem verletzten Schutzrecht gemachte Umsatz
L = Lizenzsatz, der üblicher Weise bei Lizenzverträgen auf dem Schutzrechtsgebiet verwendet wird.

- Nach dem Verletzergewinn 722
  Ist beim Verletzer durch die unberechtigte Nutzung des Schutzrechtes ein Gewinn entstanden, so kann der Verletzte diesen entsprechend § 687 BGB herausverlangen.
- Zusätzlich Marktverwirrungsschaden. Wenn durch die Nutzung des 723 Schutzrechts beim Publikum eine Verwirrung über die Berechtigung zur Verwendung des Schutzrechtes entstanden ist, was insbesondere bei Markenverletzung der Fall sein kann, dann kann ein Marktverwirrungsschaden geltend gemacht werden, dessen Höhe davon abhängt, wieviel Kosten entstehen, um die Marktverwirrung wieder zu beseitigen.

3. Bereicherungsanspruch 724

Der Bereicherungsanspruch, § 812 BGB, kann in Frage kommen bei Verjährung des Schadenersatzanspruches oder bei Verletzung ohne Verschulden.

a) Verletzung ohne Verschulden 725

Seit der BGH-Entscheidung Kunststoffhohlprofil, GRUR 77, 250 (betrifft ein Gebrauchsmuster), wird bei Verletzung eines Schutzrechtes ohne Verschulden ein Bereicherungsanspruch gewährt. Dadurch soll erreicht werden, dass der Vorteil, den der Verletzer durch Benutzung des Schutzrechtes hat, dem Verletzten zugute kommt. Die Höhe der Bereicherung (§ 818 Abs. 2 BGB) wird nach der Lizenzanalogie berechnet (BGH GRUR 82, 301 – Kunststoffhohlprofil II).

Fall S2, S3, S4

726 **b) Verjährter Schadensersatzanspruch**

Die Geltendmachung des Bereicherungsanspruches erfordert in diesem Fall, dass eine Verletzung mit Verschulden vorliegt, der Schadensersatzanspruch aber verjährt ist; für die Verjährung gelten die Regelungen nach §§ 194ff. BGB. Der Anspruch verjährt nach 3 Jahren (§ 195 BGB), nach rechtskräftig festgestelltem Anspruch in 30 Jahren (§ 197 BGB).

Hier muss der Umfang der Bereicherung beim Verletzer ermittelt werden und eine noch bestehende Bereicherung herausgegeben werden. Der Bereicherungsanspruch verjährt nach § 852 BGB in 10 Jahren nach seiner Entstehung, ohne Rücksicht auf die Entstehung in 30 Jahren von der Begehung der Verletzungshandlung oder dem sonstigen, den Schaden auslösenden Ereignis an.

727 **4. Rechnungslegungsanspruch**

Er kann in dem Umfang geltend gemacht werden, in dem Daten für die Wahl der Berechnungsmethode und für die Berechnung der Höhe des Schadens nach den Schadensberechnungsmethoden erforderlich sind.

728 **5. Vorlegungsanspruch**

Der Verletzte hat einen Vorlegungsanspruch (§ 809 BGB) gegen den Verletzer (BGH GRUR 85, 512 – Druckbalken; BGH GRUR 04, 420 – Kontrollbesuch). Dabei gilt folgendes:

- Der Verletzte möchte sich vergewissern, dass die vorzulegende Sache sein Schutzrecht verletzt, wobei keine andere Möglichkeit der Feststellung besteht.
- Der Verletzte muss einen erheblichen Grad an Wahrscheinlichkeit dartun, dass eine Schutzrechtsverletzung vorliegt.
- Der Verletzte darf die Sache nur besichtigen.
- Substanzeingriffe, wie Ein- und Ausbau von Teilen und Inbetriebsetzen der Sache, sind nicht zulässig.

729 **6. Vernichtungsanspruch**

Der Verletzte kann verlangen, dass im Besitz oder Eigentum des Verletzers befindliche, das Schutzrecht verletzende Erzeugnisse vernichtet werden, wenn die Beseitigung der Beeinträchtigung nicht anders möglich ist oder die Vernichtung nicht unverhältnismäßig ist, BGH GRUR 97, 899 – Vernichtungsanspruch.

Dieser Anspruch erstreckt sich auch auf im Eigentum des Verletzers stehende Vorrichtungen, die ausschließlich oder nahezu ausschließlich zur Schutzrechtsverletzung eingesetzt werden.

7. Beseitigungsanspruch 730

Wenn durch die Verletzung das Schutzrecht fortwährend beeinträchtigt wird, kann Beseitigung der Störung entsprechend § 823, § 1004 BGB verlangt werden; BGH GRUR 04, 864 – Internet-Versteigerung.

8. Auskunftsanspruch 731

Der Verletzte hat einen Anspruch auf Auskunft über Herkunft und Vertriebsweg des das Schutzrecht verletzenden Gegenstandes.

9. Anspruch auf Ersatz des immateriellen Schadens 732

Ein solcher Anspruch gibt § 97 UrhG bei Verletzung eines Urheberrechts mit Verschulden, wenn dabei in das Persönlichkeitsrecht eingegriffen wird und wenn dies der Billigkeit entspricht.

10. Anspruch auf Überlassung des Verletzungsgegenstandes 733

Der Anspruch ist nach § 98 UrhG anstatt des Vernichtungsanspruchs gegeben, gegen angemessene Vergütung.

11. Veröffentlichung des Urteils, § 103 UrhG 734

Das Gericht kann bestimmen, dass das Urteil veröffentlicht wird, wenn der Verletzte ein berechtigtes Interesse dartut, BGH GRUR 98, 568 – Beatles-Doppel-CD.

12. Einwendungen und Einreden des Verletzers 735

Der Dritte kann Einwendungen und Einreden gegen die Geltendmachung der Ansprüche erheben.

Die bekannteste Einrede ist die, dass der Anspruch verjährt ist. Eine weitere Einrede ist der Hinweis auf § 986 BGB, mit dem Argument, dass der Dritte sein Nutzungsrecht von einem im Vergleich zum Schutzrechtsinhaber besser Berechtigten ableitet (BGH GRUR 98, 1036 – Makalu).

Die für jedes Schutzrecht spezifischen Einwendungen sind bei den einzelnen Gesetzen behandelt.

Allgemein im Zivilrecht gültige Einwendungen, wie unzulässige Rechtsausübung, Verwirkung (mit der Verwirkung von Ansprüchen bei Schutzrechtsverletzungen beschäftigt sich die BGH Entscheidung GRUR 01, 324) usw., können ebenfalls geltend gemacht werden.

IV. Die einzelnen Verletzungsfälle 736

In der Tabelle 6 werden in einer Übersicht die wichtigsten Ansprüche angegeben, die bei Vorliegen der unterschiedlichen Verletzungshandlungen geltend gemacht werden können.

Verletzungshandlung	Ansprüche
1. Verletzungshandlung ohne Verschulden	a) Unterlassungsanspruch b) Bereicherungsanspruch c) Rechnungslegungsanspruch d) Vernichtungsanspruch
2. Verletzungshandlung mit Verschulden	a) Unterlassungsanspruch b) Schadensersatzanspruch c) Rechnungslegungsanspruch d) Vernichtungsanspruch
3. Verjährte Verletzungshandlung mit Verschulden	Bereicherungsanspruch Rechnungslegungsanspruch

Tabelle 6

Fall S5

737 V. Strafvorschriften, Beschlagnahme bei Einfuhr/Ausfuhr

In den Gesetzen des gewerblichen Rechtsschutzes und im Urheberrechtsgesetz sind Strafvorschriften enthalten, die in neuerer Zeit an Bedeutung gewonnen haben und durch das Produktpirateriegesetz verschärft worden sind. Voraussetzungen sind

- Erfüllung des Tatbestandes;
- Rechtswidrigkeit;
- Vorsatz.

Das Strafverfahren wird durch Privatklage oder, wenn es im öffentlichen Interesse liegt, durch öffentliche Klage eingeleitet.

Für weitere Einzelheiten wird auf die Gesetze verwiesen, z.B. § 142 PatG, §§ 143–151 MarkenG, §§ 106–111, 111a UrhG.

738 VI. Schutzrechtsberühmung, z.B. § 146 PatG

Sie liegt vor, wenn auf einem Gegenstand oder dessen Verpackung oder auf Werbematerialien eine Bezeichnung aufgebracht ist, die geeignet ist, den Eindruck zu erwecken, dass der Gegenstand durch ein Schutzrecht geschützt ist.

Dann hat jeder, der ein berechtigtes Interesse hat, also jeder Wettbewerber, einen Auskunftsanspruch gegen den, der den Vermerk aufgebracht hat, dahingehend, dass dieser das Schutzrecht nennen muss. Ein weitergehender Anspruch besteht nicht. Die Werbung mit Schutzrechtsvermerken ist erlaubt. Nur wenn der Schutzrechtsvermerk irreführend ist, kann er nach § 5 UWG untersagt werden (BGH GRUR 75, 315 – Metacolor). Die nach der Rechtsprechung zulässigen Schutzrechtsvermerke können z.B. den Kommentaren zu § 5 UWG (bzw. § 3 a.F. UWG) entnommen werden.

D. Verletzungsverfahren – üblicher Ablauf

Wenn der Berechtigte (Rechtsinhaber oder ausschließlicher Lizenznehmer) feststellt, dass sein Schutzrecht verletzt wird, kann er in der folgenden üblichen Reihenfolge vorgehen. **739**

I. Hinweis auf das Schutzrecht **740**

Zunächst wird der Berechtigte den vermeintlichen Verletzer auf sein Schutzrecht hinweisen und anfragen, woraus er ein Recht zur Nutzung ableitet. Dieser Hinweis darf auf keinen Fall so formuliert sein, dass er als Verwarnung oder Abmahnung aufgefasst werden kann. Mit dieser Vorgehensweise soll festgestellt werden, ob dem Dritten ein Nutzungsrecht zusteht bzw. schutzhindernde Tatsachen bekannt sind, oder ob der Dritte zu Vertragsverhandlungen über die Nutzung des Schutzrechtes bereit ist. Ziel ist, möglichst ein gerichtliches Verfahren oder eine unberechtigte Verwarnung zu vermeiden.

II. Verwarnung – Abmahnung **741**

Wenn keine Einigung erzielt wird, kann der Berechtigte eine Verwarnung (= Abmahnung) aussprechen.

Hier handelt es sich um eine unbedingte Aufforderung, die Benutzung des Schutzrechtes unter Vereinbarung einer Vertragsstrafe für jeden Fall der Zuwiderhandlung zu unterlassen. Aus der Verwarnung muss sich eindeutig ergeben, was der Dritte unterlassen soll.

Zweck der Verwarnung ist es u. a. zu verhindern, dass der Dritte bei Klageerhebung sofort anerkennt und damit die Prozesskosten nach § 93 ZPO dem Berechtigten anheim fallen.

Die Verwarnung ist allerdings nicht ohne Risiko für den Fall, dass der Dritte die Benutzung einstellt und sich herausstellt, dass keine Schutzrechtsverletzung vorlag. Die unberechtigte Verwarnung ist ein Eingriff in den eingerichteten und ausgeübten Gewerbebetrieb, also in ein absolutes Recht, § 823 BGB (z. B. BGH GRUR 79, 332 – Brombeerleuchte bzw. BGH GRUR 97, 896 – Mecki-Igel III) bzw. nach BGH GRUR 04, 958 – Verwarnung aus Kennzeichenrecht ein Fall von §§ 3, 4 UWG. Bei der Verwarnung aus einem ungeprüften Schutzrecht muss der Verwarner ein hohes Maß an Sorgfalt bezüglich der Rechtsbeständigkeit aufwenden; BGH GRUR 97, 740 – Chinaherde.

Wenn der Dritte eine strafbewehrte Unterlassungsverpflichtung abgibt, ist die Wiederholungsgefahr beseitigt.

Fall S5

742

III. Einstweilige Verfügung

Reagiert der Dritte nicht, kann in Eilfällen Antrag auf einstweilige Verfügung gestellt werden, § 940 ZPO. Allerdings ist hier zu berücksichtigen, dass die Beurteilung der Verletzung eines Schutzrechtes im Eilverfahren oft nicht möglich ist, so dass nur in sehr dringenden Fällen (z. B. Ausstellung auf einer Messe) eine einstweilige Verfügung beantragt werden sollte. Dabei sollte auch beachtet werden, dass bei Vorliegen einer unberechtigten einstweiligen Verfügung der Antragsteller zu Schadensersatz verpflichtet ist, ohne dass es auf Verschulden ankäme, § 945 ZPO.

Besteht die Möglichkeit, dass der Schutzrechtsinhaber eine einstweilige Verfügung beantragen könnte, kann der Dritte bei den in Frage kommenden Gerichten eine Schutzschrift hinterlegen, in der die Gründe enthalten sind, aufgrund denen der Dritte der Meinung ist, dass keine Schutzrechtsverletzung vorliegt. Außerdem kann der Dritte eine mündliche Verhandlung vor Erlass der einstweilige Verfügung beantragen.

Wird eine einstweilige Verfügung gewährt, kann der Berechtigte, um Klarheit über das Verhalten des Dritten zu erhalten, diesem ein Abschlussschreiben schicken; dieses enthält die schriftliche Aufforderung zur Vermeidung der Hauptsacheklage den Verfügungstitel endgültig anzuerkennen.

743

IV. Klage

Letztes Mittel ist die Erhebung der Klage. Sachlich zuständig ist ein Landgericht (außer Urheberrecht), wobei zu beachten ist, dass die Schutzrechtsstreitigkeiten pro Land bestimmten Landgerichten zugewiesen sind, z. B. § 143 PatG, § 140 MarkenG.

Klageanträge sind i. d. R.

- Antrag, die Benutzung des Schutzrechtsgegenstandes zu unterlassen;
- Antrag auf Rechnungslegung;
- Antrag festzustellen, dass der Dritte allen Schaden zu ersetzen hat, der dem Kläger durch die Benutzung entstanden ist und noch entstehen wird.

Aktiv legitimiert für die Erhebung der Klage ist der Schutzrechtsinhaber und/oder ein ausschließlich Nutzungsberechtigter. Die örtliche Zuständigkeit des Gerichtes ergibt sich aus den §§ 12, 13, 32 ZPO bzw., wenn eine Partei ihren Sitz in einem Staat der EU hat, aus dem EuGVÜ. Die sachliche Zuständigkeit ist in den Schutzgesetzen geregelt und bis auf das UrhG ist immer ein Landgericht in erster Instanz zuständig.

E. Die Anwendbarkeit von § 3 UWG (§ 1 a.F. UWG) auf Fälle der Ausbeutung von fremden Immaterialgütern

Die folgenden Ausführungen beruhen auf der Rechtssprechung des BGH zu § 1 a.F. UWG. Es wird davon ausgegangen, dass die Neufassung des UWG, bei der § 1 a.F. UWG durch § 3 UWG ersetzt worden ist, bei den Fällen der Ausbeutung von Immaterialgütern, die von § 4 Nr. 9 UWG erfasst sind, keine Änderung der Rechtsprechung zur Folge hat, BGH GRUR 04, 942 – Metallbett.

Die Übernahme eines auf fremder Leistung beruhenden Erzeugnisses, **744**
also des Immaterialgutes, das auch Gegenstand der Schutzgesetze sein könnte oder die Voraussetzungen der Schutzgesetze nicht erfüllt, kann ein Verstoß gegen § 3 UWG sein.

Zunächst gilt der Grundsatz:

Die Übernahme eines fremden Erzeugnisses, die nicht durch die Schutzgesetze erfasst ist, ist erlaubt.

Nur wenn zusätzliche über die Übernahme des fremden Erzeugnisses hinausgehende Umstände vorliegen, kann eine Verletzung von § 3 UWG vorliegen.

Es ist zweckmäßig zur Erläuterung die Übernahmefälle in zwei Gruppen einzuteilen; § 4 Nr. 9 UWG:

- Die **sklavische Nachahmung;** hier wird das fremde Erzeugnis nachgeahmt, dabei aber eine eigene, wenn auch geringe Leistung, erbracht (nachschaffende Übernahme des fremden Erzeugnisses).
- Die **unmittelbare Leistungsübernahme;** hier erbringt der Übernehmer keine eigene Leistung, die Übernahme erfolgt mit Hilfe technischer Hilfsmittel, z.B. Kopiergeräte (Erstellen von Raubkopien).

Voraussetzung der Anwendbarkeit des § 3 UWG auf diese Fallgruppen ist

→ dass das übernommene Erzeugnis von wettbewerblicher Eigenart ist;

→ dass durch Hinzutreten besonderer Umstände die Übernahme unlauter ist.

1. Wettbewerbliche Eigenart **745**

Wettbewerbliche Eigenart hat ein übernommenes Erzeugnis, wenn es geeignet ist, die interessierten Verkehrskreise auf die betriebliche Herkunft oder die Besonderheiten des Erzeugnisses hinzuweisen (BGH GRUR 96, 210 – Vakuumpumpen).

Bei der Prüfung auf Verletzung des § 3 UWG ist auch der Grad der wettbewerblichen Eigenart von Bedeutung. Je größer die wettbewerbliche Eigenart eines übernommenen Erzeugnisses ist, um so eher kann ein Verstoß gegen § 3 UWG vorliegen.

746 **2. Besondere wettbewerbliche Umstände**

Nicht die Übernahme des fremden Erzeugnisses ist unlauter, vielmehr liegt die Unlauterkeit in den besonderen Umständen der Übernahme. Nach der Rechtsprechung (z.B. BGH GRUR 96, 212 – Vakuumpumpen) können z.B. folgende Umstände Ursache der Unlauterkeit sein:

747 **a) Vermeidbare Herkunftstäuschung, § 4 Nr. 9 UWG**

Eine Herkunftstäuschung allein genügt nicht, sie muss vermeidbar sein, wozu z.B. genügen kann, dass der Übernehmer seinen Firmennamen auf dem Erzeugnis aufbringt.

748 **b) Rufausbeutung, § 4 Nr. 9 UWG**

Eine Rufausnutzung ist dann unlauter, wenn Eigenart und Besonderheiten des Erzeugnisses zu Qualitätserwartungen (Gütevorstellungen) führen, die der Originalware zugeschrieben werden und der nachgeahmten Ware deshalb zugute kommen, weil der Verkehr sie mit ersterer verwechselt. Der Verkehr hält die Nachahmung für die Originalware und erwirbt sie deswegen (BGH GRUR 96, 212 – Vakuumpumpen). Eine Rufausnutzung ist als solche kein die Unlauterkeit begründender Umstand, hinzu kommen muss die Anstößigkeit der Rufausbeutung, BGH GRUR 98, 699 – Venus-Multi.

749 **c) Rufschädigung, § 4 Nr. 9 UWG**

Sie liegt vor, wenn das nachgeahmte Erzeugnis die oben bei der Rufausbeutung angegebenen Besonderheiten aufweist und die Übernahme des Erzeugnisses geeignet ist, den guten Ruf des Erzeugnisses zu beeinträchtigen oder zu zerstören.

750 **d) Systematische Übernahme einer Mehrzahl von Produkten**

Eine systematische Übernahme von mehreren Produkten eines Wettbewerbers bedeutet ein planmäßiges und zielstrebiges Anhängen an die Erzeugnisse des Wettbewerbers.

751 **e) Unmittelbare Übernahme eines fremden Erzeugnisses**

Die Übernahme erfolgt mit technischen Hilfsmitteln; hier liegt i.d.R. bereits in der Übernahme die Unlauterkeit, weil der Übernehmende wegen der Ersparnis eigener Aufwendungen einen so erheblichen Vorsprung vor dem anderen Wettbewerber erreicht, dass für diesen jeder Anreiz zur Entwicklung fortschrittlicher Leistungen entfallen würde. Bei der Beurteilung der Unlauterkeit ist in diesem Fall noch der Zeitfaktor zu beachten, also der Zeitraum, der dem Inhaber des Originalerzeugnisses zu Gebote gestanden hat, um die Früchte seiner Arbeit zu ziehen. Weiterhin muss ein Wettbewerb bei diesem Erzeugnis noch aktuell sein, was dann nicht mehr gegeben ist, wenn z.B. das Originalerzeugnis nicht mehr auf dem Markt ist (BGH GRUR 69, 186 – Reprint).

3. Beurteilung des Verstoßes gegen § 3 UWG 752

Bei der Prüfung auf Verstoß gegen § 3 UWG unter dem Gesichtspunkt der Ausbeutung eines fremden Erzeugnisses ist zu berücksichtigen, dass zwischen dem Grad der wettbewerblichen Eigenart, der Intensität der Übernahme sowie den besonderen wettbewerblichen Umständen eine Wechselwirkung besteht. Je größer die wettbewerbliche Eigenart ist, um so geringer sind die Anforderungen an die besonderen Umstände, die die Wettbewerbswidrigkeit begründen (BGH GRUR 96, 211 – Vakuumpumpe).

4. Ansprüche aus § 3 UWG 753

Wenn die weiteren Voraussetzungen des § 3 UWG, also zu Wettbewerbszwecken gehandelt wurde, kann aus § 8 UWG ein Unterlassungsanspruch und aus § 9 UWG ein Schadensersatzanspruch geltend gemacht werden. Die Schadensberechnung erfolgt wie bei den Schutzgesetzen nach einer der drei Schadensberechnungsmethoden, RdNr. 720 (BGH GRUR 93, 55 – Tschibo/Rolex II).

5. Verhältnis zu den Schutzgesetzen 754

Wenn ein Schutz nach einem Schutzgesetz besteht, geht dieser Schutz vor, so dass sich eine Prüfung des § 3 UWG erübrigt. Liegt ein Verstoß gegen § 3 UWG vor, so kann über § 3 UWG kein umfassenderer und längerer Schutz erreicht werden, wie ihn die Schutzgesetze gewähren würden.

Teil 6. Die Schutzrechtsanmeldung und das Schutzrecht im Rechtsverkehr 760

A. Allgemeines

761 Das Thema „Das Schutzrecht im Rechtsverkehr“ wird für den gewerblichen Rechtsschutz und das Urheberrecht gemeinsam behandelt, wenn unterschiedliche Verhältnisse vorliegen, wird dies erwähnt. Gesetzliche Vorschriften zu diesem Thema gibt es bei den Gesetzen des gewerblichen Rechtsschutzes nur wenige, im Urheberrecht dagegen ist dieses Thema ausführlicher geregelt. Deshalb ist i.d.R. auf die Vorschriften über Verträge im BGB zurückzugreifen. Bei deren Anwendung ist aber zu berücksichtigen, dass Rechtsgeschäfte über Schutzrechte gewagte Geschäfte sind, da die Schutzrechte bei ungeprüften Rechten nicht existieren müssen und bei geprüften Schutzrechten vernichtbar sein können. Diese Verhältnisse sind den Vertragspartnern bekannt und werden beim Abschluss eines Vertrages auf diesem Gebiet bereits berücksichtigt, ohne dass sie besonders geregelt sein müssten. Wenn somit im Vertrag keine Zusicherungen gegeben werden, muss immer bei der Vertragsauslegung untersucht werden, in wessen Risikobereich eine mangelhafte Leistung fällt.

762 Bei der Auslegung von Verträgen gilt der Zweckübertragungsgedanke entsprechend § 31 Abs. 5 UrhG. Es ist also immer zu fragen, welchem Zweck der Vertrag dient. Dabei ist davon auszugehen, dass der Inhaber des Schutzrechts nur soviel Nutzungsrechte von seinem Schutzrecht abgeben möchte, wie es für die Erfüllung des Vertragszwecks unbedingt notwendig ist, BGH GRUR 04, 938 – Comic-Übersetzungen III für das Urheberrecht.

Durch Vertrag kann ein Schutzrecht oder eine Schutzrechtsanmeldung auf einen Erwerber übertragen werden (außer das Urheberrecht) und es können Nutzungsverträge, Lizenzverträge genannt, abgeschlossen werden, bei denen der Schutzrechtsinhaber, der Lizenzgeber, dem Vertragspartner, dem Lizenznehmer, ein Nutzungsrecht, die Lizenz, einräumt. Die Lizenzverträge geben dem Lizenznehmer über eine im Vertrag vereinbarte Zeitdauer ein Nutzungsrecht im vertragsgemäßen Umfang. Bei den Lizenzverträgen ist zu beachten, dass die Schutzrechte Monopolrechte sind und Lizenzverträge über die Schutzrechte zu einer Einschränkung des Wettbewerbes führen können. Dementsprechend müssen sie immer daraufhin überprüft werden, ob ein Verstoß gegen die §§ 14 bis 18 GWB oder Art. 81, 82 EGV vorliegt.

B. Rechtsnatur der Schutzrechtsanmeldung und des Schutzrechtes

763 1. Allgemeines

Für die Entstehung der gewerblichen Schutzrechte ist i.d.R. eine Anmeldung beim DPMA erforderlich. Die Schutzrechte entstehen zu unterschiedlichen Zeitpunkten entsprechend den Vorschriften der einzelnen Gesetze. Der Entstehungszeitpunkt für die verschiedenen Schutzrechte ist in der Tabelle 4 zusammengefasst.

Unterschiedlich zu den gewerblichen Schutzrechten erfordert das Entstehen des Urheberrechtes keine Anmeldung bei einem Amt.

764 2. Rechtsnatur der Schutzrechtsanmeldung

Mit Einreichung der Anmeldung beim DPMA entsteht das Recht auf das Schutzrecht, es wird als Anwartschaftsrecht bezeichnet; dieses ist jetzt in § 33 Abs. 2 MarkenG ausdrücklich geregelt. Es hat eine Doppelnatur, einerseits hat es eine verfahrensrechtliche Komponente (es besteht ein Anspruch auf Durchführung des Verfahrens), andererseits hat es eine sachlich rechtliche Komponente (es besteht ein Anspruch auf das Schutzrecht). Während für die verfahrensrechtliche Komponente das bereits oben erläuterte jeweilige Verfahrensrecht gilt, ist die sachlich rechtliche Komponente nach den in den Gesetzen enthaltenen Vorschriften und insbesondere nach den Vorschriften des BGB zu behandeln.

So sind z.B. auf Anträge, die den Gegenstand der Anmeldung verändern und damit Einfluss auf den Umfang des Schutzrechtes haben, die Vorschriften des BGB über Willenserklärungen anzuwenden.

Die Anmeldung kann demgemäß auch Gegenstand des Rechtsverkehrs sein, z.B. übertragen werden oder es können Nutzungsrechte am Anmeldungsgegenstand eingeräumt werden.

765 3. Rechtsnatur des Schutzrechtes

Auf die Rechtsnatur des Schutzrechtes ist bereits mehrmals eingegangen worden. Zur Erinnerung: die Schutzrechte sind absolute Rechte, die dem Inhaber Verwertungsrechte, aber auch Verbotsrechte in dem in den Gesetzen angegebenen Umfang (bei der Behandlung der Gesetze Wirkung genannt) geben.

Die Verwertungsrechte stellen die vermögensrechtliche Seite des Schutzrechtes dar und können Gegenstand des Rechtsverkehrs sein, z.B. übertragen werden (gilt nicht für das Urheberrecht). Zu beachten ist, dass einige Schutzrechte auch eine persönlichkeitsrechtliche Komponente aufweisen, nämlich bei den gewerblichen Schutzrechten das Patent und das Geschmacksmuster und im ausgeprägten Maße das Urheberrecht. Für diese im Schutzrecht enthaltenen Persönlichkeitsrechte gelten besondere Vorschriften, die getrennt behandelt werden.

4. Die Vorschriften 766

In der Tabelle 7 sind die in den Gesetzen enthaltenen Vorschriften zu Verträgen über Schutzrechtsanmeldungen und Schutzrechte aufgezählt.

Gesetz	Übertragung	Lizenzvertrag	Besonderheit
Patent (PatG)	§ 15 Abs. 1, 3	§ 15 Abs. 2, 3	
Gebrauchs-muster (GebrMG)	§ 22 Abs. 1, 3	§ 22 Abs. 2, 3	
Geschmacksmuster (GeschmMG)	§§ 29, 30	§ 31	
Marke (MarkenG)	§ 27	§ 30	
geschäftliche Bezeichnung	Rspr.	Rspr.	Übertragung nur zusammen mit Geschäftsbetrieb
Urheberrecht (UrhG)	§§ 28, 29, 30	§§ 31–44 und Spezialgesetze	keine rechtsgeschäftliche Übertragung unter Lebenden möglich; Übergang nur im Wege der Erbfolge

Tabelle 7

C. Übertragung der Schutzrechtsanmeldung und des Schutzrechtes 767

I. Gewerblicher Rechtsschutz

Das Schutzrecht und die Schutzrechtsanmeldung (im folgenden gemeinsam Schutzrecht genannt) können durch Vertrag auf einen Erwerber übertragen werden, sie können durch Erbfall auf den Erben übergehen. Zur Legitimation des Rechtsüberganges in den Verfahren muss die Änderung der Inhaberschaft des Schutzrechts in das jeweilige Register beim DPMA eingetragen werden, wenn zur Entstehung des Schutzrechtes ein Verfahren duchgeführt werden muss. 768

1. Rechtsnatur des Vertrages 769

Wie üblich ist auch hier zwischen dem Verpflichtungsgeschäft und dem Verfügungsgeschäft zu unterscheiden. Das Verpflichtungsgeschäft kann z.B. ein Rechtskauf sein, für den die §§ 453, 433ff. BGB gelten. Die Übertragung erfolgt nach §§ 413, 398ff. BGB, da es sich um die Übertragung eines Rechtes handelt. Ein gutgläubiger Erwerb des Rechtes ist nicht möglich. Beide Geschäfte sind in der Praxis aber nicht getrennt zu betrachten; sie bilden eine Einheit.

770 **2. Formerfordernisse**

Die Gesetze sehen keine Schriftform für Verträge vor, deren Inhalt die Übertragung von Schutzrechten ist. Die Übertragung einer europäischen Patentanmeldung ist jedoch nach Art. 72 EPÜ nur schriftlich möglich.

Eine Besonderheit ist bei der Übertragung von geschäftlichen Bezeichnungen zu beachten. Da diese zur Kennzeichnung und Unterscheidung von Geschäftsbetrieben dienen, können sie auch nur zusammen mit dem Geschäftsbetrieb übertragen werden (z.B. BGH GRUR 90, 1042 – Datacolor). Die Marke, sowohl die eingetragene Marke als auch die nicht eingetragene Marke, kann dagegen ohne Geschäftsbetrieb übertragen werden, § 27 MarkenG.

771 **3. Leistungsstörungen**

Bei der Frage der Haftung für eine mangelhafte Ausführung des Vertrages ist zu berücksichtigen, dass der Vertrag ein risikobehaftetes Geschäft ist und dass bei Abschluss des Vertrages die üblichen Risiken bereits berücksichtigt sind, ohne dass diese ausdrücklich im Vertrag geregelt sein müssen. Selbstverständlich können die Vertragspartner auch eine andere Verteilung der Risiken im Vertrag festlegen. Sind keine derartigen zusätzlichen Bestimmungen im Vertrag enthalten, werden Mängel, die vom Verkäufer des Schutzrechtes verursacht worden sind oder von diesem beeinflusst werden können, i.d.R. seinem Risikobereich zugeordnet, Mängel dagegen, die vom Schutzrechtserwerber beeinflussbar sind, i.d.R. dessen Risikobereich zugewiesen. Ein Beispiel für die Verteilung der Risiken ist in der nachfolgenden Tabelle 8 gegeben, die insbesondere auf der Rechtsprechung zu Patent- und Gebrauchsmustersachen beruht.

Mangel des Vertragsgegenstandes	Anspruchsgrundlage	Rechtsfolgen
Recht besteht nicht zum Zeitpunkt des Vertragsabschlusses	§§ 453, 311 a BGB	• Schadensersatz
Mangel im Recht, z.B. Abhängigkeit von anderem Recht oder Vorbenutzungsrecht besteht	§§ 453, 435, BGB, bei fehlendem Verschulden abgedungen	• evtl. Anpassung des Vertrages
Recht fällt später weg	Käufer trägt Risiko	• Kaufpreis wird geschuldet
Recht ist nicht schutzfähig vom Gegenstand her	§ 311 a BGB	• Schadenersatz

Mangel des Vertragsgegenstandes	Anspruchsgrundlage	Rechtsfolgen
Gegenstand des Rechtes ist nicht funktionsfähig	§§ 323, 325 BGB	• Rücktritt • Schadensersatz wegen Nichterfüllung
Wirtschaftliche Verwertbarkeit fehlt	Risiko des Käufers	• Kaufpreis wird geschuldet
Zugesicherte Eigenschaften fehlen	§§ 453, 437 BGB	• Schadensersatz wegen Nichterfüllung • Rücktritt

Tabelle 8

Fall V1, V2, V3

II. Urheberrecht 772

Nach § 29 UrhG ist das Urheberrecht durch Rechtsgeschäft unter Lebenden nicht übertragbar. Möglich ist nur ein Übergang durch Erbfolge oder durch Verfügung von Todes wegen auf den Erben, §§ 28, 29 UrhG. Nicht übertragbar durch Rechtsgeschäft sind auch die in § 15 UrhG angegebenen Verwertungsrechte. Wenn ein Urheber einen Dritten sein Urheberrecht verwerten lassen will, dann muss er einen Nutzungsvertrag mit diesem abschließen, der in den §§ 31 bis 44; 69c, d, e UrhG oder in Spezialgesetzen, wie dem Verlagsgesetz oder Wahrnehmungsgesetz, geregelt ist.

III. Übertragung des Persönlichkeitsrechts 773

Bei den Gesetzen des gewerblichen Rechtsschutzes findet sich beim PatG eine Regelung des Erfinderpersönlichkeitsrechtes (§§ 37, 63 PatG) und bei § 10 GeschmMG eine Regelung des Entwerferpersönlichkeitsrechts, bei den übrigen Gesetzen des gewerblichen Rechtsschutzes spielt das Persönlichkeitsrecht keine Rolle. Nach der Rechtsprechung kann das Erfinderpersönlichkeitsrecht nicht übertragen werden und es kann nur vom Erfinder geltend gemacht werden (BGH GRUR 78, 583 – Motorkettensäge).

Im Urheberrecht ist das Persönlichkeitsrecht sehr stark ausgeprägt, es gibt eine Reihe von Vorschriften, in denen das Persönlichkeitsrecht geregelt ist. Nach §§ 28, 29 UrhG kann das Urheberpersönlichkeitsrecht durch Erbfolge auf den Erben übergehen und von diesem nach § 30 UrhG geltend gemacht werden.

D. Lizenzverträge

774 Die Lizenzverträge werden gemeinsam für den gewerblichen Rechtsschutz und das Urheberrecht behandelt. Dies ist auch sinnvoll, da eine Vielzahl von vertraglichen Bestimmungen bei beiden Rechtsgebieten einander entsprechen. Lizenzverträge können in weitem Umfang gestaltet werden, eine Grenze bildet nur das Kartellrecht, entweder das GWB oder EG- Kartellrecht. Die zu berücksichtigenden Rechtsvorschriften in den Schutzgesetzen sind in der Tabelle 7 aufgelistet.

I. Rechtsnatur des Lizenzvertrages

1. Allgemeines

775 Der Lizenzvertrag regelt die Einräumung von Nutzungsrechten an Schutzrechten. Er ist ein Vertrag eigener Art, der nicht unter die Vertragstypen des BGB eingeordnet werden kann. Lücken in der gesetzlichen Regelung werden durch das allgemeine Vertragsrecht, §§ 320–326 BGB, ausgefüllt.

Bei ausgeübtem Lizenzvertrag endet dieser mit Ablauf der im Vertrag vereinbarten Frist. Vor Ablauf des Vertrages und bei Unzumutbarkeit der weiteren Ausübung des Vertrages kann kein Rücktritt vom Vertrag erfolgen, höchstens eine Kündigung, da die durch die Ausübung entstandenen Verhältnisse nicht rückwirkend beseitigt werden können.

Der Lizenzvertrag ist ein gewagtes Geschäft, da das Bestehen des Schutzrechtes bei ungeprüften Schutzrechten oder der Bestand bei geprüften Schutzrechten unsicher ist. Es kann sich herausstellen, dass kein Schutzrecht bestanden hat, oder das Schutzrecht wird rückwirkend beseitigt. Ein Lizenzvertrag, der längere Zeit ausgeübt worden ist, wird trotzdem nicht rückwirkend beseitigt, wenn der Lizenznehmer das Schutzrecht ungestört durch Wettbewerber nutzen konnte. Wenn dies der Fall ist, muss der Lizenznehmer Wertersatz nach § 818 Abs. 2 BGB leisten, soweit er Nutzungen aus dem Lizenzgegenstand gezogen hat; BGH GRUR 02, 787 – Abstreifleiste.

Der Vertrag kann zudem entsprechend dem Grundsatz der Änderung der Geschäftsgrundlage an die neuen Verhältnisse angepasst werden, z.B. gekündigt werden, §§ 313, 314 BGB.

776 2. Lizenzarten

Unterschieden wird der Vertrag über eine einfache (nicht ausschließliche) Lizenz und der Vertrag über eine ausschließliche Lizenz. Bei der einfachen Lizenz hat der Lizenznehmer nur ein Nutzungsrecht, aber kein

Verbotsrecht; bei der ausschließlichen Lizenz hat der Lizenznehmer neben dem Nutzungsrecht auch ein Verbotsrecht im Umfang des Vertrages; der Lizenznehmer tritt in diesem Umfang an die Stelle des Lizenzgebers (nach § 30 MarkenG oder § 31 GeschmMG kann allerdings der ausschließliche Lizenznehmer Klage wegen Verletzung nur mit Zustimmung des Rechtsinhabers erheben).

3. Schranken des Inhaltes des Lizenzvertrages 777

Im Lizenzvertrag kann die Nutzung des Schutzrechtes inhaltlich, räumlich, zeitlich beschränkt sein oder es können sonstige Schranken vereinbart werden.

a) Inhaltliche Beschränkung 778

Diese liegt vor, wenn der Lizenzvertrag nur eine Nutzungsart oder mehrere Nutzungsarten erlaubt, die nach den Schutzgesetzen möglich sind. Z.B. kann dem Lizenznehmer erlaubt sein, den Schutzrechtsgegenstand nur in Verkehr zu bringen, nur zu vervielfältigen oder nur zu gebrauchen usw.

b) Räumliche Beschränkung 779

Ein Lizenzvertrag kann ein Nutzungsrecht für ein Land, z.B. Bayern, einräumen. Dann darf der Lizenznehmer nur innerhalb dieses räumlichen Bereiches das Schutzrecht nutzen.

Beispiel:

Ist dem Lizenznehmer das Inverkehrbringen in Bayern erlaubt, kann er den Schutzrechtsgegenstand dort in Verkehr bringen, wodurch das Schutzrecht für diesen Schutzrechtsgegenstand erschöpft ist. D.h., der Erwerber des Schutzrechtsgegenstandes kann diesen weiterverbreiten, auch außerhalb von Bayern. Jedoch ist dem Lizenznehmer nicht erlaubt, außerhalb des räumlichen Bereiches den Schutzrechtsgegenstand in Verkehr zu bringen.

c) Persönliche Beschränkung 780

Hier wird vereinbart, dass nur der Lizenznehmer den Schutzrechtsgegenstand benutzen darf. Eine persönliche Beschränkung wird bei der einfachen Lizenz angenommen, bei der ausschließlichen Lizenz muss sie vereinbart sein.

d) Zeitliche Beschränkung 781

Ein Lizenzvertrag kann bis zum Ablauf der Schutzdauer des Schutzrechts vereinbart sein, natürlich auch für eine kürzere Dauer. Auf jeden Fall endet ein Lizenzvertrag mit Ablauf des Schutzrechtes, es sei denn, dass der Vertrag weitere Regelungen, z.B. über Know How enthält, die nach Ablauf des Schutzrechtes noch von Bedeutung sind.

Jedoch gibt es eine Aufbrauchsfrist für vor Ablauf des Vertrages produzierte Schutzrechtsgegenstände, es sei denn, es liegt ein Missbrauch vor.

782 **e) Weitere Schranken**

Durch Vertrag können weitere Schranken vereinbart werden, z.B. eine mengenmäßige Beschränkung usw.

783 **f) Folgen der Nichtbeachtung der Schranken**

Wenn der Lizenznehmer die im Vertrag festgelegten Beschränkungen nicht einhält, liegt eine Vertragsverletzung vor. Jedoch ist auch eine Verletzung des Schutzrechtes gegeben, da der Lizenznehmer insoweit kein Nutzungsrecht hat und damit in die Wirkung des Schutzrechtes eingreift (z.B. § 30 MarkenG oder § 31 GeschmMG).

784 **4. Form des Lizenzvertrages**

Nach den gesetzlichen Vorschriften bedarf ein Lizenzvertrag keiner Form.

785 **5. Pflichten des Lizenznehmers**

Hauptpflicht des Lizenznehmers ist die Bezahlung von Lizenzgebühren, wenn nichts anderes vereinbart ist. Die Festsetzung der Lizenzgebühren kann auf verschiedene Art erfolgen, z.B. kann eine Stücklizenz, eine Mindestlizenz, eine Freilizenz, vereinbart sein. Bei einer Mindestlizenz muss der Lizenznehmer zunächst den Mindestlizenzbetrag bezahlen, der auf jeden Fall geschuldet ist, gleichgültig ob der Lizenznehmer das Schutzrecht nutzt oder nicht. Er trägt das Risiko eines Fehlschlages bei den erwarteten Umsätzen. Allerdings kann evtl. eine Anpassung der Lizenz nach den Grundsätzen der Änderung der Geschäftsgrundlage nach § 313 BGB erfolgen, weil sich die Umstände, die der Vereinbarung zu Grunde liegen, geändert haben (z.B. das Preisgefüge), BGH GRUR 01, 223 – Bodenwaschanlage. Bei erheblicher Nutzung können zusätzliche Lizenzgebühren anfallen.

786 Weiterhin kann eine Ausübungspflicht des Lizenznehmers vereinbart sein, die den Lizenznehmer zur Nutzung des Schutzrechtes verpflichtet, es sei denn, die Nutzung ist wirtschaftlich nicht möglich. In diesem Fall kann nach § 242 BGB eine Anpassung des Vertrages erfolgen, z.B. durch eine Kündigung des Vertrages oder bei ‚Noch-nicht-Ausübung' des Vertrages durch einen Rücktritt.

787 **6. Pflichten des Lizenzgebers**

Der Lizenzgeber schuldet die Einräumung des vereinbarten Nutzungsrechtes als Hauptpflicht.

Weiterhin können eine Reihe von weiteren Vereinbarungen getroffen worden sein, wie z.B. die Vermittlung von Know How oder von Informationen über Weiterentwicklungen. Oder es kann eine Meistbegünstigungsklausel vereinbart sein, die den Lizenzgeber verpflichtet, einem Lizenznehmer die günstigeren Vertragsbedingungen zu gewähren, die er anderen Lizenznehmern in Zukunft gewähren wird. In diesem Fall muss der Schutzrechtsinhaber gegen Verletzer vorgehen (BGH GRUR 65, 591 – Wellplatten).

7. Wirkung der Übertragung des lizenzierten Schutzrechtes 788

Die spätere Übertragung des Schutzrechtes hat auf den Lizenzvertrag, gleichgültig, ob eine einfache oder ausschließliche Lizenz vorliegt, keinen Einfluss, z.B. § 15 Abs. 3 PatG, § 30 MarkenG oder § 33 UrhG. Der Lizenzvertrag ist weiterhin gültig (Sukzessionsschutz).

II. Einfache Lizenz 789

Die einfache Lizenz gewährt nur ein Nutzungsrecht am Schutzrechtsgegenstand im vertraglich vereinbarten Umfang, ist also eine schuldrechtliche Verpflichtung des Lizenzgebers, die Nutzung durch den Lizenznehmer zu erlauben. Die Einräumung einer einfachen Lizenz hindert den Schutzrechtsinhaber nicht daran, weitere einfache Lizenzen oder eine ausschließliche Lizenz zu vergeben. Wesentlich ist, dass der Lizenznehmer kein Verbotsrecht gegenüber Dritten hat, die in das durch den Vertrag definierte Nutzungsrecht eingreifen. Die einfache Lizenz ist i.d.R. betriebs- und personenbezogen, weshalb keine Übertragung der Lizenz möglich ist. Jedoch können Unterlizenzen im Rahmen des Lizenzvertrages eingeräumt werden, wenn dies im Lizenzvertrag vereinbart worden ist.

Ansprüche gegen Dritte auf Schadenersatz können vom Lizenznehmer 790
nur geltend gemacht werden, wenn diese vom Lizenzgeber auf den Lizenznehmer übertragen worden sind. Der Schaden des Lizenznehmers kann vom Schutzrechtsinhaber im Wege der Schadensliquidation im Drittinteresse geltend gemacht werden. Nach § 30 Abs. 4 MarkenG oder § 31 GeschmMG kann jedoch der Lizenznehmer einer vom Rechtsinhaber erhobenen Verletzungsklage als Streitgenosse beitreten, um Ersatz seines Schadens geltend zu machen. Ansprüche auf Unterlassung der Benutzung durch Dritte kann der Lizenznehmer in eigenem Namen nur bei Vorliegen der Voraussetzungen einer gewillkürten Prozessstandschaft geltend machen.

III. Ausschließliche Lizenz 791

Die ausschließliche Lizenz gewährt dem Lizenznehmer nicht nur ein Nutzungsrecht im vertragsgemäßen Umfang, sondern insoweit auch ein Verbotsrecht. Der Vertrag über eine ausschließliche Lizenz gewährt dem Lizenznehmer damit eine dem Sachenrecht vergleichbare dingliche oder absolute Rechtsstellung, so dass auch der Lizenzgeber im vertragsgemäßen Umfang nicht mehr das Schutzrecht benutzen darf. Der Lizenznehmer kann sowohl Unterlassungsansprüche also auch Schadensersatzansprüche wie der Schutzrechtsinhaber in eigenem Namen geltend machen, nach § 30 MarkenG oder § 31 GeschmMG nur mit Zustimmung des Markeninhabers oder Geschmacksmusterunhabers. Er hat weiterhin das Recht, Unterlizenzen zu vergeben, es sei denn, die ausschließliche Lizenz ist personengebunden vereinbart worden. Weiterhin kann der ausschließliche Lizenznehmer die Lizenz übertragen. Bei Vereinbarung einer ausschließlichen Lizenz entsteht i.d.R. eine Ausübungspflicht des Lizenznehmers, die jedoch unter dem Vorbehalt der Zumutbarkeit steht, BGH GRUR 00, 138 – Knopflochnähmaschine.

IV. Beendigung des Lizenzvertrages

792 Der Lizenzvertrag endet entweder nach Ablauf der im Vertrag vereinbarten Zeit oder mit Ablauf der Schutzdauer des Schutzrechtes. Eine Verlängerung des Vertrages über die Beendigung des Schutzrechtes hinaus ist ein Verstoß gegen § 17 GWB (BGH GRUR 01, 224 – Bodenwaschanlage), es sei denn, der Vertrag enthält weitere Vereinbarungen, z.B. über die Überlassung von Know How, die zusätzlich zum abgelaufenen Schutzrecht für den Lizenznehmer von Bedeutung sind.

V. Leistungsstörungen

793 Bei der Behandlung der Leistungsstörungen muss beachtet werden, dass der Lizenzvertrag ein Dauerschuldverhältnis ist, bei dem der Lizenznehmer so lange den Vorteil der Lizenz genießt, so lange das Schutzrecht besteht und das Schutzrecht von den Wettbewerbern beachtet wird, es sei denn, im Lizenzvertrag ist eine kürzere Dauer vereinbart worden. Die einzelnen Fälle von Leistungsstörungen werden entsprechend den Vorschriften des allgemeinen Vertragsrechts behandelt. In der folgenden Tabelle 9 sind einige Fälle von Leistungsstörungen und deren rechtliche Behandlung aufgeführt, wobei insbesondere die Rechtsprechung zu Patentsachen berücksichtigt ist.

Mangel des Vertragsgegenstandes	**AGL**	**Rechtsfolgen**
vom Gegenstand her nicht schutzfähig	§ 311 a BGB	• Schadenersatz • Ersatz der Aufwendungen
Bestand des Rechtes bei Vertragsabschluss	§ 311 a BGB	• Schadenersatz wegen Nichterfüllung • Ersatz der Aufwendungen

Mangel des Vertragsgegenstandes	AGL	Rechtsfolgen
Mangel im Recht (Vorbenutzungsrecht, abhängiges Recht)	i. d. R. abgedungen, wenn für LG nicht erkennbar, sonst § 437 BGB entsprechend	• aber evtl. Anpassung des Vertrages, § 313 BGB • Rücktritt • Schadenersatz wegen Nichterfüllung
Zusicherung von Eigenschaften	§§ 323, 325 BGB	• Schadenersatz wegen Nichterfüllung • Rücktritt
für den LG erkennbare Mängel z. B. Ausführbarkeit	§§ 323, 325 BGB	• Schadenersatz wegen Nichterfüllung
wirtschaftliche Verwertbarkeit	Risiko LN	Vertrag muss erfüllt werden, es sei denn § 242 BGB ist anwendbar
zukünftiger Bestand	keine Haftung des LG	• Bei ausgeübtem Vertrag: Anwendung des Grundsatzes der Änderung der Geschäftsgrundlage, § 313 BGB: Kündigung • Bei nicht ausgeübten Vertrag: Rücktritt
Nebenpflicht	positive Vertragsverletzung § 280 BGB	Schadenersatz

LG = Lizenzgeber; LN = Lizenznehmer

Fall V4, V8, V9

VI. Lizenzverträge über Know How

Lizenzverträge über Know How sind von zunehmender Bedeutung. Bei ihnen ist zu berücksichtigen, dass keine Schutzrechte vorliegen und ein Schutz von Know How dann nicht mehr gegeben ist, wenn das Know How öffentlich bekannt wird. Die von den Vertragspartner übernommenen Verpflichtungen entsprechen i.d.R. denen, die bei Lizenzverträgen über Schutzrechte geschildert worden sind. 794

Fall V6, V7

VII. Kartellrecht

Die Lizenzverträge enthalten oft neben Vorschriften über die Nutzungseinräumung entsprechend dem Inhalt des Schutzrechtes Regelungen, die über den Inhalt des Schutzrechtes hinausgehen. Bei derartigen 795

Lizenzverträgen ist immer zu prüfen, ob ein Verstoß gegen das Kartellrecht vorliegt, BGH GRUR 04, 966 – Standard-Spundfass. Einschlägige Vorschriften sind im GWB enthalten, und zwar in den §§ 14–18 GWB und im EG-Vertrag in Art. 81, 82, dessen Auslegung durch die Gruppenfreistellungsverordnung über Technologietransfer-Vereinbarungen (Verordnung (EG) Nr. 772/2004) vereinfacht wird.

Im Grundsatz kann man hierzu sagen, dass ein Wettbewerbsverstoß dann nicht vorliegt, wenn die vertragliche Regelung nicht über den Inhalt des Schutzrechts (vom EuGH auch spezifischer Gegenstand des Schutzrechts genannt) hinausgeht, da der Gesetzgeber den Inhalt der Schutzrechte festgelegt hat. Eine andere Auslegung würde bedeuten, dass entgegen dem Willen des Gesetzgebers die Schutzgesetze in ihrem Inhalt eingeschränkt werden würden.

796 1. Vertrag mit nationaler Wirksamkeit

In Lizenzverträgen, die nur nationale Gültigkeit entfalten, ist das GWB anwendbar, und zwar die §§ 14–18 GWB. § 17 GWB ist anwendbar auf Regelungen in Lizenzverträgen über Patente, Gebrauchsmuster, Topographien, Sortenschutzrechte, soweit der Lizenznehmer betroffen ist. Beschränkungen des Lizenzgebers sind nach §§ 14–16 GWB zu beurteilen. Lizenzverträge über Urheberrechte, Marken- oder Musterrechte sind nach § 18 GWB zu bewerten (BGH GRUR 73, 331 – Nahtverlegung); es gilt § 17 GWB entsprechend. In einem Lizenzvertrag dürfen demnach Regelungen enthalten sein, die nicht über den Inhalt der Schutzrechte hinausgehen. In § 17 Abs. 2 GWB sind Regelungen aufgeführt, die erlaubt sind, sofern sie nicht die Laufzeit der lizenzierten Schutzrechte überschreiten. Verträge, die Regelungen enthalten, die über § 17 Abs. 1 GWB hinausgehen, können von der Kartellbehörde auf Antrag freigestellt werden, § 17 Abs. 3 GWB. Sie sind freigestellt, wenn die Kartellbehörde dem Antrag nicht innerhalb einer Frist von drei Monaten widerspricht.

Für Verträge über andere geschützte und nicht geschützte Leistungen gilt § 18 GWB, nach dem § 17 GWB entsprechend anzuwenden ist.

797 2. Verträge mit EG- Wirksamkeit

Wenn der Lizenzvertrag in der EG wirksam ist, ist EG-Kartellrecht anzuwenden, also Art. 81, 82 EGV. Zur Beurteilung, ob Regelungen im Lizenzvertrag gegen EG-Kartellrecht verstoßen können oder nicht, kann die nach Art. 81 Abs. 3 erlassene Gruppenfreistellungsverordnung über Technologietransfer-Vereinbarungen (Verordnung (EG) Nr. 772/2004) herangezogen werden.

Fall V10

VIII. Besonderheiten beim Urheberrechtsgesetz 798

Im Gegensatz zu den Gesetzen des gewerblichen Rechtsschutzes enthält das UrhG in den §§ 31–44, 69a ff. Regelungen über die Nutzung von Urheberrechten. Ergänzt werden diese Regelungen in erster Linie durch das Verlagsgesetz und das Urheberrechtswahrnehmungsgesetz.

Die §§ 31–44 UrhG enthalten im Vergleich zu den Bestimmungen im gewerblichen Rechtsschutz einige Unterschiede, die durch die Besonderheiten des UrhG bedingt sind, insbesondere durch das Urheberpersönlichkeitsrecht. Auf einige Regelungen wird im folgenden hingewiesen.

1. Allgemeine Regelungen 799

Nach § 31 UrhG kann der Urheber einem anderen das Recht einräumen, das Werk auf einzelne oder alle Nutzungsarten zu nutzen. Dabei kann das Nutzungsrecht ein einfaches oder ausschließliches Nutzungsrecht sein (BGH GRUR 92, 310 – Taschenbuch-Lizenz). Dagegen ist die Einräumung von Nutzungsrechten für noch nicht bekannte Nutzungsarten unwirksam. Wesentlich ist der in § 31 Abs. 5 UrhG geregelte Zweckübertragungsgedanke, nach dem der Umfang der Einräumung eines Nutzungsrechtes vom Zweck des Vertrages abhängig ist, wobei davon ausgegangen wird, dass der Urheber möglichst wenig von seinem Recht abgibt (BGH GRUR 87, 37 – Videolizenzvertrag, BGH GRUR 04, 939 – Comic-Übersetzungen III).

Nach § 31 Abs. 1 UrhG kann das Nutzungsrecht räumlich, zeitlich, in- 800
haltlich beschränkt eingeräumt werden. Z.B. kann das Verbreitungsrecht nach § 17 UrhG inhaltlich beschränkt (aufgespaltet) einem Lizenznehmer eingeräumt werden. Bei Vorliegen besonderer Umstände hat diese Aufspaltung dingliche Wirkung mit der Folge, dass eine Verbreitung außerhalb der vereinbarten Verbreitungsart nicht zur Erschöpfung des Verbreitungsrechtes führt. Eine dingliche Aufspaltung des Verbreitungsrechtes liegt nur vor, wenn es sich um eine übliche, technisch und wirtschaftlich eigenständige und damit klar abgrenzbare Nutzungsform handelt (näheres BGH PMZ 00, 417 – OEM-Version).

Nach § 34 UrhG können Nutzungsrechte nur mit Zustimmung des 801
Urhebers übertragen werden, es sei denn, es handelt sich um die Veräußerung eines Unternehmens; allerdings kann dieser die Zustimmung nicht wider Treu und Glauben verweigern. Nach § 35 UrhG kann der Inhaber eines ausschließlichen Nutzungsrechtes einfache Nutzungsrechte nur mit Zustimmung des Urhebers einräumen, die dieser wider Treu und Glauben nicht verweigern darf (BGH GRUR 92, 697 – Alf).

Hat ein Urheber einem anderen ein Nutzungsrecht zu Bedingungen 802
eingeräumt, insbesondere eine Vergütung vereinbart, die im groben Missverhältnis zu den Erträgnissen steht, die der Lizenznehmer aus der Nutzung des Werkes erwirtschaftet, so ist der Lizenznehmer auf Verlan-

gen des Urhebers verpflichtet, in die Änderung des Vertrages einzuwilligen, durch die dem Urheber eine angemessene Beteiligung an den Erträgnissen gewährt wird, § 32 UrhG.

803 Räumt der Urheber dem Lizenznehmer ein Nutzungsrecht am Werk ein, so verbleibt ihm im Zweifel das Recht der Einwilligung zur Veröffentlichung des Werkes oder der Verwertung einer Bearbeitung des Werkes. Wenn der Urheber ein Nutzungsrecht zur Vervielfältigung seines Werkes einräumt, so verbleibt ihm im Zweifel das Recht, das Werk auf Bild- oder Tonträger zu übertragen. Wenn schließlich der Urheber einem anderen ein Nutzungsrecht zur öffentlichen Wiedergabe seines Werkes einräumt, so ist dieser im Zweifel nicht berechtigt, die Wiedergabe außerhalb der Veranstaltung, für die sie bestimmt ist, durch Bildschirm, Lautsprecher oder ähnliche technische Einrichtungen öffentlich wahrnehmbar zu machen, § 37 UrhG.

804 Eine wichtige Vorschrift enthält § 39 UrhG. Danach darf der Lizenznehmer das lizenzierte Werk, dessen Titel oder Urheberbezeichnung nicht ändern, es sei denn, es ist etwas anderes vereinbart. Änderungen des Werkes oder des Titels sind aber zulässig, wenn der Urheber seine Einwilligung nach Treu und Glauben nicht versagen kann.

805 Schließlich soll der Urheber nach § 40 UrhG dagegen geschützt werden, dass er Verträge über künftige Werke, die nicht näher oder nur der Gattung nach bestimmt sind, abschließt. Sie sind nur wirksam, wenn sie in schriftlicher Form abgeschlossen sind. Ein solcher Vertrag kann von beiden Vertragsteilen fünf Jahre nach Abschluss des Vertrages gekündigt werden, wobei auf das Kündigungsrecht im voraus nicht verzichtet werden kann.

806 Die §§ 41 und 42 UrhG enthalten Vorschriften über das Rückrufsrecht zu Gunsten des Urhebers, dabei enthält § 41 UrhG eine Regelung des Rückrufsrechtes wegen Nichtausübung des Nutzungsrechtes, wenn eine ausschließliche Lizenz vorliegt, und § 42 UrhG eine Regelung des Rückrufsrechtes wegen gewandelter Überzeugung (BGH GRUR 86, 613 – Ligäa).

Die Vorschriften §§ 31 ff. gelten auch, wenn der Urheber sein Werk in Erfüllung seiner Pflichten aus einem Arbeitsvertrag/Dienstvertrag geschaffen hat, soweit sich aus dem Arbeitsvertrag/Dienstvertrag nichts anderes ergibt, § 43 UrhG. Eine Sonderregelung enthält § 69 b UrhG für Computerprogramme; danach stehen die Nutzungsrechte dem Arbeitgeber zu, es sei denn, es gibt eine andere Vereinbarung (BGH GRUR 02, 149 – Wetterführungspläne).

807 2. Regelungen über Computerprogramme

2.1. Verwertungsrechte

In § 69 c UrhG sind noch einmal die Verwertungsrechte des Urhebers eines Computerprogrammes aufgezählt. Danach hat der Urheber das Vervielfältigungsrecht, das Änderungsrecht, das Verbreitungsrecht und das Recht der öffentlichen Zugänglichmachung. In § 69c UrhG ist weiterhin die Erschöpfung des Verbreitungsrechtes bei Computerprogrammen geregelt. Dort ist angegeben, dass bei Inverkehrbringen des Computerprogrammes im Wege der Veräußerung mit Zustimmung des Urhebers das Verbreitungsrecht erschöpft ist, und zwar im Gebiet der Europäischen Gemeinschaften oder der Vertragsstaaten des Abkommens über den Europäischen Wirtschaftsraum. Die Erschöpfung erfasst nicht das Vermietungsrecht.

2.2. Schranken der Verwertungsrechte, §§ 69d, 69e UrhG 808

a) Schranken nach § 69d UrhG

Nach Abs. 1 darf die bestimmungsgemäße Benutzung des Computerprogramms einschließlich der Fehlerberichtigung durch den Berechtigten vertraglich nicht untersagt werden und dabei nicht verboten werden, dass eine Vervielfältigung und Änderung des Programms durchgeführt wird. Die Auslegung von § 69d Abs. 1 ist allerdings problematisch, da unklar ist, in welchem Umfang insbesondere eine Fehlerberichtigung erlaubt ist.

Weiterhin ist es zulässig, eine Sicherungskopie zu erstellen, wenn diese für die Sicherung künftiger Benutzung erforderlich ist.

Schließlich ist der Lizenznehmer berechtigt, ohne Zustimmung des Urhebers das Funktionieren des Programms zu beobachten, zu untersuchen oder zu testen, um die einem Programmelement zugrunde liegenden Ideen und Grundsätze zu ermitteln, wenn dies durch Handlungen zum Laden, Anzeigen, Ablaufen, Übertragen und Speichern des Programms geschieht.

b) Schranke nach § 69e UrhG 809

Nach § 69e UrhG ist die Zustimmung des Urhebers für die Vervielfältigung oder Übersetzung des Programms nicht erforderlich, um die erforderlichen Informationen zur Herstellung der Interoperabilität (Schnittstelleninformation) eines unabhängig geschaffenen Programms mit anderen Programmen zu erhalten, wenn diese Handlungen vom Lizenznehmer oder von einem sonst Berechtigten durchgeführt werden, die für die Herstellung der Interoperabilität notwendigen Informationen sonst nicht ohne weiteres zugänglich sind und die Handlungen sich nur auf die Teile des Programms erstrecken, die zur Herstellung der Interoperabilität notwendig sind. Die bei diesen Untersuchungen gewonnenen Informationen dürfen nicht verwendet werden, wenn dadurch die berechtigten Interessen des Urhebers unzumutbar verletzt werden. Also dürfen die gewonnenen Informationen nur zum Zwecke der Herstellung der Interoperabilität des unabhängig geschaffenen Programms benutzt werden, an Dritte nur weitergegeben werden, wenn dies für die Interoperabilität des unabhängig geschaffenen Programms notwendig ist und nur zur Entwicklung und Herstellung von Programmen (kompatible Programme) verwendet werden, die im Vergleich zum Programm des Urhebers eine unähnliche Ausdrucksform aufweisen.

Die Auslegung von § 69e UrhG muss nach Abs. 3 derart sein, dass die normale Auswertung des Programms nicht beeinträchtigt wird, noch die berechtigten Interessen des Rechtsinhabers unzumutbar verletzt werden.

810 **c) Beurteilung der Schrankenvorschriften**

Die §§ 69d und 69e UrhG enthalten Vorschriften, die die Vertragsfreiheit der Lizenzpartner einschränken. Wie weit diese Schranken gehen, ist im einzelnen strittig. Auf jeden Fall aber kann davon ausgegangen werden, dass Regelungen, die den spezifischen Gegenstand des Urheberrechts betreffen, durch die §§ 69e und 69d UrhG nicht verboten sind, ebensowenig vertragliche Regelungen, die die Partizipation des Urhebers an der Nutzung des Urheberrechtes sichern.

811 **2.3. Rechtsverletzungen, § 69f UrhG**

Der Rechtsinhaber kann vom Eigentümer oder Besitzer verlangen, dass alle rechtswidrig hergestellten, verbreiteten oder zur rechtswidrigen Verbreitung bestimmten Vervielfältigungsstücke vernichtet werden.

Hinzuweisen ist noch auf Abs. 2, nach dem diese Regelung auch auf Mittel anzuwenden ist, die allein dazu bestimmt sind, die unerlaubte Beseitigung oder Umgehung technischer Programmschutzmechanismen zu erleichtern.

812 **3. Besondere Verwertungsverträge**

In Zusammenhang mit der Verletzung von urheberrechtlich geschützten Werken sind eine Reihe von Vertragstypen entstanden, die gesetzlich geregelt worden sind. Andere haben sich in der Praxis herausgebildet. Im folgenden wird stichwortartig auf das Verlagsgesetz und das Wahrnehmungsgesetz eingegangen. Ausführliche Darstellungen zu den unterschiedlichen Verwertungsverträgen sind z.B. Rehbinder zu entnehmen.

813 **a) Verlagsgesetz von 1901 (VerlG)**

Der Verlagsvertrag ist ein schuldrechtlicher Vertrag eigener Art, mit dem der Verfasser eines literarischen Werkes oder eines Werkes der Tonkunst dem Verleger das Verlagsrecht einräumt gegen die Verpflichtung des Verlegers, das Werk zu vervielfältigen und zu verbreiten. Das Verlagsrecht, § 8 VerlG, ist das ausschließliche Recht der Vervielfältigung und Verbreitung im Umfang des Verlagsvertrages. Es ist ein absolutes Recht, das den Verleger berechtigt, gegen Dritte vorzugehen, die in das

Verlagsrecht eingreifen. Die Einräumung des Verlagsrechtes erfolgt nach §§ 413, 398 BGB.

Die wichtigsten Rechte und Pflichten aus dem Verlagsvertrag, sofern keine andere vertragliche Regelung vorliegt, sind folgende:

aa) Pflichten des Verfassers

- Überlassung des Werkes in druckreifem Zustand, § 10 VerlG.
- Rechtzeitige Ablieferung des Werkes, § 30 VerlG.
- Vertragsgemäße Beschaffenheit des Werkes, § 31 VerlG.
- Rechtsverschaffungspflicht, § 8 VerlG, gilt nicht bei ungeschützten Werken, §§ 39ff. VerlG.
- Enthaltungspflicht, § 2 VerlG, bezüglich Vervielfältigung und Verbreitung.

Ausnahmen davon: siehe § 2 Abs. 2 VerlG.

bb) Pflichten des Verlegers

- Vervielfältigung, § 14 VerlG.
- Verbreitung, § 14 VerlG.
- Korrektur, § 20 VerlG.
- Vergütung, § 22 VerlG.
- Freiexemplare, §§ 25, 26 VerlG.

cc) Beendigung des Verlagsvertrages

- Zeitablauf, § 29 VerlG.
- Rücktritt, §§ 37, 38 VerlG.
- Kündigung, § 18 VerlG.

b) Wahrnehmungsgesetz (WahrnG) 814

In der Regel nehmen Verwertungsgesellschaften, z.B. Gema, VG Wort, die Interessen der Urheber oder Leistungsschutzrechtsinhaber wahr.

Dazu schließen die Verwertungsgesellschaften mit den Urhebern Wahrnehmungsverträge ab, d. h. einen Nutzungsvertrag eigener Art, der Elemente verschiedener BGB-Vertragstypen umfasst, z.B. Auftrag, Geschäftsbesorgungsvertrag. Die Urheber räumen den Verwertungsgesellschaften ausschließliche Nutzungsrechte, Einwilligungsrechte und Vergütungsansprüche ein, die diese treuhänderisch wahrnehmen. Die Verwertungsgesellschaften gewähren den Verwertern einfache Nutzungsrechte gegen Vergütung. Sie können zudem gegen Dritte vorgehen, die unberechtigt nutzen.

Das Recht der Verwertungsgesellschaft ist ebenfalls im Wahrnehmungsgesetz geregelt, auf das hier aber nicht weiter eingegangen werden soll. Dort sind geregelt

→ die Voraussetzungen der Gründung einer Verwertungsgesellschaft;
→ der Verteilungsplan der Einnahmen;
→ der Abschlusszwang mit Verwertern wegen Monopolstellung;
→ das Schiedsstellenverfahren bei Streitigkeiten mit Verwertern.

Teil 7. Fälle und Lösungen

A. Fälle zum Patentgesetz

Fall P1 820

Die Lehre besteht in einem Verfahren, das angibt, wie ein Geldautomat mit Hilfe einer Scheckkarte bei der Bank zu bedienen ist. Dazu schiebt der Besitzer der Scheckkarte diese in den Automaten, der die auf der Scheckkarte gespeicherten Daten liest. Weiterhin gibt der Besitzer der Scheckkarte ein ihm zugeordnetes Passwort ein. Der Geldautomat vergleicht die Daten der Scheckkarte und die vom Besitzer eingegebenen Daten und stellt weiter fest, ob das Konto bei der Bank geführt wird und ob Geld abgehoben werden kann. Wenn alle Daten stimmen, wird die Scheckkarte zurückgegeben und das Geld ausbezahlt, sonst wird die Scheckkarte einbehalten. Ist das Verfahren nach § 1 PatG technisch?

Lösung

Das Verfahren enthält technische Schritte, jedoch auch geschäftliche, also nicht technische Schritte. Bei einer Mischung von technischen und nicht technischen Schritten ist zur Klärung der Frage, ob das Verfahren als Ganzes technisch ist oder nicht, zu untersuchen, welche Aufgabe durch das Verfahren gelöst wird und welche Schritte einen wesentlichen Beitrag zur Aufgabenlösung bringen. Hier besteht die Aufgabe darin, festzustellen, ob ein Karteninhaber Geld ausbezahlt bekommt oder nicht. Das Verfahren besteht darin, anzugeben, wie über einen Geldautomaten die Berechtigung des Karteninhabers festgestellt wird. Das Verfahren ist im gesamten gesehen kaufmännischer Art und daher nicht technisch. Anders wäre es, wenn die Lehre darin bestünde, anzugeben, wie der Geldautomat mit seinen Komponenten die Prüfung durchführt.

Vergleiche EPA, T 854/90 – Kartenleser, CR 1994, S. 200–204.

Fall P2 821

Die zu schützende Lehre besteht in einem Verfahren, das angibt, wie die Bestände in einem Büromateriallager verwaltet werden. Dazu müssen z.B. Neuzugänge und Abgänge an Material registriert werden und der Bedarf für ½ Jahr beachtet werden, die Größe der Lagerhaltung usw. berücksichtigt werden. Das Verfahren wird programmiert, so dass die Lagerverwaltung mit Hilfe eines Rechners durchführbar ist. Das Verfahren soll patentiert werden.

Lösung

Das Verfahren ist nach derzeitiger Ansicht nicht technisch, es handelt sich um ein organisatorisches, kaufmännisches Verfahren, das vom Rechner nur Gebrauch macht, ohne diesen in Aufbau oder Betriebsweise zu ändern. Die Rechtsprechung sagt, das Verfahren macht vom Rechner den bestimmungsgemäßen Gebrauch. Die Lehre ist schon fertig, bevor der Rechner ins Spiel kommt.

Das EPA hat ein vergleichbares Verfahren als technisch angesehen, unter der Voraussetzung, dass der unabhängige Anspruch auf die digitale Verarbeitung des Verfahrens gerichtet ist, EPA ABl. 95, 525 – Universelles Verwaltungssystem.

BGH GRUR 77, 96 – Dispositionsprogramm.

822 **Fall P3**

Vor dem Zeitrang der Anmeldung wird deren Gegenstand – ein Halbleiterbaustein, der die Erfindung als Programm enthält – in eine Maschine eingebaut und diese verkauft. Die Erfindung kann dem Halbleiterbaustein von außen nicht angesehen werden, nur durch eine genaue Untersuchung ist sie feststellbar. Die Maschine ist sehr teuer und ist im Einsatz. Liegt eine offenkundige Vorbenutzung nach § 3 PatG vor?

Lösung

In der Regel ist eine Erfindung, die in einer Maschine (Erzeugnis) enthalten ist, dann offenkundig geworden, wenn sie in die Öffentlichkeit, z. B. durch Verkauf, gelangt. Dann kann die Öffentlichkeit, und damit auch Sachverständige, davon Kenntnis nehmen, wenn dazu auch Untersuchungen erforderlich sind. Es besteht die nicht zu entfernte Möglichkeit der Kenntnisnahme durch die Öffentlichkeit. Dieser Sachverhalt liegt aber nicht vor, wenn sich ergibt, dass die Öffentlichkeit tatsächlich nicht von der Erfindung Kenntnis nehmen konnte. Dies ist nach EPA bei diesem Fall gegeben. Nur mit großem Aufwand und unter Stilllegung der Maschine könnte aus dem Halbleiterbaustein das gespeicherte Programm herausgeholt werden, wobei der Halbleiterbaustein evtl. zerstört würde. Die beteiligten Unternehmen hatten keinen Anlass, eine solch teure Untersuchung durchzuführen; also ist die Erfindung nicht offenkundig geworden. Die Informationsquelle ist zwar öffentlich zugänglich, jedoch nicht die Information in der Informationsquelle.

EPA: Mikrochip, CR 92, 535 oder BGH GRUR 01, 819 – Schaltungselement.

Fall P4 823

Die Erfindung ist im Pfennigabsatz eines Damenschuhes enthalten und von außen nicht erkennbar. Der Schuh ist an eine Kundin verkauft worden und von dieser in der Öffentlichkeit getragen worden. Bisher ist der Schuh nicht repariert worden. Liegt durch das Tragen des Schuhes eine offenkundige Vorbenutzung nach § 3 PatG vor?

Lösung

Es liegt zwar eine Benutzung der Erfindung vor, diese war aber nicht offenkundig, da nur dann von einem Sachverständigen von der Erfindung Kenntnis genommen werden konnte, wenn der Schuh repariert worden wäre, was hier nicht der Fall ist.

BGH GRUR 66, 484 – Pfennigabsatz.

Fall P5 824

Ein Wissenschaftler will in einem Zeitschriftenartikel seine neuen Forschungsergebnisse veröffentlichen. Da er dies möglichst schnell erreichen will, sendet er Kopien des geplanten Artikels an alle ihm bekannten Forscher, die auf seinem Forschungsgebiet arbeiten. Sind dadurch die Forschungserkenntnisse nach § 3 PatG veröffentlicht worden?

Lösung

Nach Ansicht des BGH liegt keine Veröffentlichung vor, da es sich bei den Empfängern um einen abgegrenzten Personenkreis handelt, von dem nicht anzunehmen ist, dass er die Kopien an beliebige Dritte weitergeben wird.

BGH GRUR 93, 466 – Preprint-Versendung.

Fall P6 825

K ist Geschäftsführer einer GmbH, einer chemischen Fabrik. Er hat die Idee, den Wildverbiss bei kleinen Fichten dadurch zu verhindern, dass auf die Spitzen der Fichten Kunststoffschaum gespritzt wird. Er gibt seinem Mitarbeiter A den Auftrag, geeignete Kunststoffe zu suchen und ein Sprühgerät zum Versprühen des Kunststoffschaums ausfindig zu machen. Die von A zunächst durchgeführten Versuche zeigen keinen Erfolg. Der A scheidet aus der GmbH aus. 20 Monate nach dem Ausscheiden des A entdeckt der K eine offengelegte Patentanmeldung des A, die dieser zwei Monate nach seinem Ausscheiden angemeldet hatte. Der Anspruch lautet:

„Verwendung von Kunststoffschaum als Mittel zum Schutz von Pflanzen gegen Wildverbiss".

K will erreichen, dass A die Anmeldung auf die GmbH überträgt. Mit Erfolg?

Lösung

So wie der Patentanspruch lautet, könnte der K Erfinder sein. Voraussetzung ist aber, dass der K in Besitz der fertigen Erfindung war, als er dem A den Auftrag gab. Fertig ist eine Erfindung, wenn sie ausführbar ist. Dies ist dann der Fall, wenn ein Fachmann unter Verwendung der Offenbarung in der Anmeldung den Anmeldungsgegenstand realisieren kann, wobei einige Versuche nicht schädlich sind. Der Sachverhalt gibt hier keine eindeutigen Hinweise. Folgende Alternativen sind möglich:

1. Der K ist Erfinder, dann liegt eine widerrechtliche Entnahme durch A vor, dieser hat den Erfindungsbesitz von K abgeleitet und ohne Zustimmung die Erfindung angemeldet, § 21 PatG. Der K kann Klage nach § 8 PatG erheben und beantragen, dass der A verurteilt wird, den Anspruch auf Erteilung eines Patentes auf die GmbH zu übertragen und in die Umschreibung der Anmeldung im Patentregister (§ 30 PatG) einzuwilligen.
2. Die Erfindung war noch nicht fertig, als der K den Auftrag an A gab. Der A hat aber vor dem Ausscheiden den Erfindungsbesitz erworben. Jetzt liegt eine Arbeitnehmererfindung nach § 4 ArbEG vor, die nach § 5 ArbEG gemeldet werden muss und die K nach den §§ 6, 7 ArbEG unbeschränkt in Anspruch nehmen muss. Dann gehen die Rechte an der Erfindung auf die GmbH über und A ist Nichtberechtigter nach § 8 PatG.
3. Der A hat den Erfindungsbesitz erst nach dem Ausscheiden aus der GmbH erworben. Es liegt keine Arbeitnehmererfindung vor und K kann nichts gegen A unternehmen.

BGH GRUR 71, 210 – Wildverbissverhinderung.

826 **Fall P7**

Zwei Unternehmen A und B arbeiten bei der Entwicklung eines Verfahrens zur maschinellen Herstellung von Manschetten für Blumensträuße zusammen. Dabei entsteht eine Erfindung, an deren Zustandekommen jeweils ein Arbeitnehmer des Unternehmens A und B beteiligt ist. A reicht auf seinen Namen auf die Erfindung eine Patentanmeldung ein, die zum Patent führt. B erfährt nach Patenterteilung vom Patent und verlangt vom A, dass er am Patent beteiligt wird. Was ist zu tun?

Lösung

a) Zunächst muss festgestellt werden, ob der Arbeitnehmer von B Miterfinder nach § 6 PatG ist, also einen Beitrag zur Lösung der Aufgabe geleistet hat. Ist dies der Fall, muss weiterhin sein Anteil an der Erfindung ermittelt werden, dazu muss das Gewicht der Beiträge der Erfinder an der Erfindung untersucht werden. Das Rechtsverhältnis zwischen den Erfindern ist eine Bruchteilsgemeinschaft, § 741 BGB. Im Zweifel steht jedem Erfinder ein gleicher Anteil zu, § 742 BGB. Da jeder Erfinder über seinen Anteil verfügen kann, kann der Anteil des Arbeitnehmers des Unternehmens B auf dieses übergeleitet werden, entweder durch unbeschränkte Inanspruchnahme (§§ 6, 7 ArbEG) oder wenn dieses nicht mehr möglich ist, weil die Inanspruchnahmefrist abgelaufen ist, durch Übertragung nach § 15 PatG entsprechend §§ 413, 398 BGB.

b) Wenn B Inhaber des Anteils ist, muss er sich nach § 8 PatG eine Mitinhaberschaft am Patent einräumen lassen. § 8 PatG gilt nach seinem Wortlaut für das ganze Patent. Da aber ein Patent, wenn kein Einspruchsverfahren läuft, nicht geteilt werden kann, wird § 8 PatG entsprechend angewandt. Dies ist möglich, da § 6 PatG einen Zuordnungsgrundsatz enthält, der die Erfindung den Erfindern zuordnet, und § 8 PatG sagt, wie diese Zuordnung durchgesetzt werden kann.

BGH GRUR 79, 540 – Biedermeiermanschetten.

Fall P8 827

Zwei Arbeitnehmer A und B des K haben eine Erfindung gemacht, der Arbeitnehmer A meldet die Erfindung seinem Arbeitgeber K. Der Arbeitgeber nimmt diese unbeschränkt in Anspruch, reicht eine Anmeldung auf die Erfindung ein und benennt nur A als Erfinder. Der A scheidet aus dem Unternehmen aus. Es wird ein Patent erteilt. Der A macht Vergütungsansprüche gegen den Arbeitgeber nach § 9 ArbEG geltend. Erst jetzt stellt der Arbeitgeber K fest, dass B zumindest Miterfinder ist. K möchte die Erfindernennung berichtigen lassen. Welche Anspruchsgrundlage besteht und kann der K den Anspruch in eigenem Namen geltend machen?

Lösung

Anspruchsgrundlage ist § 63 PatG. Danach kann vor einem ordentlichen Gericht auf Zustimmung zur Berichtigung der Erfindernennung geklagt werden. Der Anspruch steht dem nicht genannten Erfinder zu und richtet sich gegen den zu Unrecht benannten (gilt bei Miterfinderschaft entsprechend), aber auch gegen den Patentinhaber. Der Anspruch besteht aufgrund des Persönlichkeitsrechtes des Erfinders und kann nur von diesem geltend gemacht werden, er kann nicht von K in Prozessstandschaft geltend gemacht werden.

BGH GRUR 78, 583 – Motorkettensäge.

828 **Fall P9**

K hat eine Anmeldung eingereicht. Er nimmt diese durch Schreiben an das DPMA zurück in der Hoffnung, dass diese nicht nach § 31 PatG offengelegt wird. Da die Rücknahme der Erklärung im DPMA fehlgeleitet wird, wird die Anmeldung trotzdem offengelegt. Daraufhin widerruft der Anmelder seine Rücknahmeerklärung und beantragt seine Anmeldung weiter zu behandeln. Wird das DPMA dies tun?

Lösung

Die Rücknahme einer Anmeldung führt dazu, dass das Erteilungsverfahren beendet ist und der Anspruch auf Erteilung eines Patentes nach § 7 Abs. 1 PatG erlischt. Der Widerruf einer Rücknahmeerklärung ist im Patentgesetz nicht vorgesehen, im Prozessrecht ist der Widerruf einer Prozesshandlung nur ausnahmsweise zulässig. Nach BGB ist der Widerruf einer Willenserklärung nur unter den in § 130 BGB angegebenen Voraussetzungen möglich, die hier nicht vorliegen. Demgemäß ist die Rücknahmeerklärung gültig. Möglich wäre höchstens eine Irrtumsanfechtung nach § 119 BGB, wenn ein Irrtum vorgelegen hätte. Ein solcher ist aus dem Sachverhalt nicht erkennbar. Ein Eigenschaftsirrtum liegt nicht vor, da zum Zeitpunkt der Erklärung keine falschen Vorstellungen über die Folgen der Rücknahmeerklärung vorgelegen hatten, weil zu diesem Zeitpunkt die Offenlegung noch vermieden hätte werden können.

BGH GRUR 77, 485 – Rücknahme der Patentanmeldung bzw. BGH GRUR 85, 919 Caprolactam.

829 **Fall P10**

K reicht eine Anmeldung beim DPMA ein mit zwei Ansprüchen 1 und 2, einem Hauptanspruch und einem abhängigen Anspruch. Der Prüfer des DPMA nennt Stand der Technik und schlägt vor, die bisherigen Ansprüche 1 und 2 zu einem Anspruch zusammenzufassen. K folgt dem Vorschlag und reicht den neuen Anspruch 1 ein. Nach einer erneuten Überprüfung des Standes der Technik kommt der K zu dem Ergebnis, dass der ursprüngliche Anspruch 1 patentfähig war und beantragt in einem Schriftsatz beim DPMA die Erteilung mit dem ursprünglichen Anspruch 1.

a) Ist das Zurückgehen auf den ursprünglichen Anspruch 1 noch zulässig?
b) Wie wäre es, wenn bereits ein Patent mit dem neuen Anspruch erteilt worden wäre und der K in einem Einspruchsverfahren auf die ursprünglichen Ansprüche 1 und 2 zurückgeht?

Lösung

Zu a) Die Neuformulierung von Ansprüchen im Erteilungsverfahren sind Versuche, die dazu dienen, eine optimale Anspruchsfassung zu finden.

Nur dann, wenn ein Verzicht erklärt wird, kann auf den verzichteten Teil des Anmeldungsgegenstandes nicht mehr zurückgegriffen werden. Ein Verzicht muss aber ausdrücklich erklärt werden. Anspruchsformulierungen im Eintragungsverfahren sind in der Regel keine Verzichte. Ein Zurückgehen auf den ursprünglichen Anspruch ist zulässig.

Zu b) Die Erteilung eines Patentes ist eine Zäsur, die den Patentgegenstand festlegt. Wenn im Einspruchsverfahren (§ 59 PatG) zu den ursprünglichen Ansprüchen zurückgegangen würde, würde dies eine Erweiterung des Patentgegenstandes zur Folge haben. Dann würde eine unzulässige Erweiterung des Schutzbereiches vorliegen, die ein Nichtigkeitsgrund ist, § 22 PatG, und darum unzulässig ist.

BGH GRUR 87, 510 – Mittelohrprothese.

Fall P11 830

a) Der B verteilt einen Werbeprospekt auf einem Kongress an mögliche Kunden. Auf dem Werbeprospekt ist ein Erzeugnis dargestellt, das eine patentierte Erfindung des K enthält. Die Erfindung ist nicht erkennbar. B hat noch keine Erzeugnisse produziert. Kann B das Verteilen des Werbeprospektes durch den K untersagt werden?

Lösung

Anspruchsgrundlage ist §§ 139, 9 PatG.

Die Verteilung des Werbeprospektes könnte als „Anbieten" nach § 9 PatG zu beurteilen sein. Der Begriff des „Anbietens" ist im wirtschaftlichen Sinne zu verstehen und erfordert kein Vertragsangebot. Das Tatbestandsmerkmal erfasst neben dem Vertragsangebot nach § 145 BGB alle Handlungen, die das Zustandekommen eines Geschäfts über den patentierten Gegenstand ermöglichen oder befördern sollen. Dazu gehört auch das Verteilen eines Werbeprospektes, denn diese Maßnahme ist bestimmt und geeignet, Interesse an dem beworbenen Gegenstand zu wecken. Das Werbemittel dient der Förderung des Absatzes des Erzeugnisses.

BGH GRUR 03, 1031 – Kupplung für optische Geräte.

Fall P12 831

A hat ein Patent P, durch das eine Förderrinne, z.B. zum Transport von Kohle, geschützt ist. A stellt diese Förderrinne her und verkauft sie an K. Bei Benutzung der Förderrinne tritt Verschleiß auf, der auf folgende Weise beseitigt wird:

a) die beschädigten Teile der Förderrinne werden durch K durch Teile ersetzt, die von anderen Förderrinnen entnommen sind;
b) die beschädigten Teile der Förderrinne werden durch K durch Schweißen wieder einsatzfähig gemacht.

Liegt eine Verletzung des Patentes P vor?

Lösung

Anspruchsgrundlage sind §§ 139, 9 PatG. Wenn der Patentgegenstand in berechtigter Weise (durch den Patentinhaber oder mit dessen Zustimmung) nach § 9 PatG in Verkehr gebracht worden ist, ist das Patentrecht für diesen Gegenstand erschöpft. D.h. der K kann diesen Patentgegenstand anbieten, verbreiten und gebrauchen. Er darf ihn aber nicht herstellen. Die Fälle a) und b) sind also daraufhin zu prüfen, ob der K die Förderrinne herstellt oder nicht. Dies hängt davon ab, welche Handlungen zum „gebrauchen" zu rechnen sind, denn der K hat das Recht zum bestimmungsgemäßen Gebrauch. Alle Handlungen, die zum bestimmungsgemäßen Gebrauch zu zählen sind, sind erlaubt. Dazu gehören Ausbesserungen oder Reparaturen, die während der normalen Lebensdauer des Patentgegenstandes von vornherein vorgesehen sind, also von den Beteiligten in Betracht gezogen werden.

Zu a) Wenn die Teile, die eingesetzt werden, wesentliche Elemente der im Patentanspruch definierten Erfindung ist, liegt Neuherstellen vor, das untersagt werden kann.

Zu b). Hier wird die Förderrinne nur repariert, was zum bestimmungsgemäßen Gebrauch gehört. A kann dies nicht untersagen.

BGH GRUR 04, 762 – Flügelradzähler.

832 **Fall P13**

A hat ein Patent mit der Bezeichnung „Vorrichtung zur Erzeugung eines Aerosols", dessen Anspruch 1 die folgenden fünf Merkmale aufweist:

1. Es ist ein spiralförmiger Atemluftschlauch vorgesehen.
2. Mit dem Atemluftschlauch wird das Aerosol von einer Verneblerkammer zum Patienten geführt.
3. Zum Aufheizen des Aerosols sind im Atemluftschlauch Heizdrähte angeordnet.
4. Die Heizdrähte liegen in den Spiralen des Atemluftschlauches.
5. Die Temperatur des Aerosols wird am Ausgang des Schlauches gemessen und wenn die gemessene Temperatur eine festgelegte Temperatur überschreitet, wird ein akustisches Signal erzeugt.

Der B stellt Schläuche her und vertreibt sie. Diese Schläuche weisen die Merkmale 1 bis 4 auf, nicht jedoch das Merkmal 5. A möchte dem B den Vertrieb der Schläuche verbieten.

Lösung

A kann nach § 139 PatG gegen B vorgehen, wenn der B das Patent des A unmittelbar oder mittelbar verletzt hat:

a) unmittelbare Verletzung, §§ 9, 14 PatG

Eine unmittelbare Verletzung nach § 9 PatG liegt vor, wenn der Schlauch des B alle Merkmale des Anspruchs aufweist. Nach dem Sachverhalt fehlt Merkmal 5. Somit liegt keine unmittelbare Verletzung vor. Die Lösung wäre anders, wenn das Merkmal 5 bedeutungslos wäre. Dies wäre gegeben, wenn dessen Bedeutungslosigkeit der Öffentlichkeit ohne weiteres erkennbar wäre, was dem Sachverhalt jedoch nicht entnommen werden kann.

b) mittelbare Verletzung, §§ 10, 14 PatG

Eine mittelbare Benutzung liegt vor, wenn der Dritte, also der B, wesentliche Elemente des Patentgegenstandes liefert und dadurch die Gefahr einer unmittelbaren Verletzung besteht. Dazu muss der A geltend machen, dass der Schlauch des B zur Benutzung des Patentgegenstandes geeignet und bestimmt ist, wobei erforderlich ist, dass der B wusste, dass der Schlauch hierfür geeignet ist und die Kunden des B den Schlauch zur Benutzung des Patentgegenstandes bestimmt haben bzw. dies muss offensichtlich sein. Dazu macht der Sachverhalt keine Angaben.

BGH GRUR 92, 40 – beheizbarer Atemschlauch.

Fall P14 833

Am 17. 3. 1959 wird eine Patentanmeldung von K auf einen Fußabtrittskasten aus Beton beim DPA eingereicht. Am 8. 10. 1959 wird ein Patent erteilt.

K bestellt im Juli 1958 eine Gussform für die Fußabtrittskästen bei C, Lieferung wird vereinbart Ende November 1958. C fertigt ein Muster der Fußabtrittskästen und stellt es auf dem jedem Besucher zugänglichen Hof ab. B sieht diese Muster und bestellt im Dezember 1958 bei C eine Gussform der Fußabtrittskästen, die Lieferung erfolgt im Januar 1959. Die Gussform ist identisch mit der dem K gelieferten Gussform. Der B stellt ab April 1959 Fußabtrittskasten her, die dem Schutzgegenstand des Patentes entsprechen.

K verlangt von B Unterlassung und Schadenersatz. Mit Erfolg?

Lösung

Zu prüfen sind §§ 139, 9, 12 PatG. Es könnte ein Vorbenutzungsrecht zu Gunsten von B bestehen, das nach § 12 PatG dazu führen würde, dass B nicht rechtswidrig handelt und somit kein Anspruch aus § 139 PatG besteht. Voraussetzungen des Vorbenutzungsrechtes:

1. Erfindungsbesitz; dieser liegt vor, da der B aus der Gussform die Form des Fußabtrittskastens unschwer erkennen konnte.
2. Ausübung des Erfindungsbesitzes; hier genügen Veranstaltungen. Dies liegt vor, da das Bestellen der Gussform Veranstaltungen im Sinne des § 12 PatG sind.

3. Redlichkeit beim Erwerb des Erfindungsbesitzes; diese liegt vor, da der B nicht wissen konnte, dass die Gussform, die die Erfindung zeigt, von K kommt. Bösgläubigkeit könnte nur bei C vorliegen.
4. Das Vorbenutzungsrecht entsteht aber dann nicht, wenn die drei folgenden Bedingungen erfüllt sind:
   a) der Erfindungsbesitz geht auf K zurück;
   b) der K hat sich bei der Mitteilung seine Rechte für den Fall der Patenterteilung vorbehalten (nicht gegeben);
   c) die Benutzung ist innerhalb von sechs Monaten seit der Mitteilung aufgenommen worden.

   Der B hat somit nach § 12 PatG ein Vorbenutzungsrecht.

   BGH GRUR 64, 673 – Kasten für Fußabtrittsroste.

834 **Fall P15**

A hat eine Patentanmeldung eingereicht, diese ist gemäß § 31 PatG offengelegt worden. Ohne Verschulden versäumt der A die Bezahlung der Jahresgebühr nach § 17 PatG. Er stellt Antrag auf Wiedereinsetzung in die versäumte Frist nach § 123 PatG, die ihm gewährt wird. Darauf lebt die Patentanmeldung wieder auf.

Der A stellt nun fest, dass der B den Gegenstand seiner Anmeldung benutzt und dies auch während der Dauer getan hat, während der seine Patentanmeldung erloschen war. Er macht einen Entschädigungsanspruch nach § 33 PatG gegen B geltend.

a) Wie ist die Lage, wenn B die Benutzung während der Dauer des Verfalls der Patentanmeldung aufgenommen hat?
b) Wie ist die Lage, wenn B schon vorher die Benutzung aufgenommen hatte? Muss er gegebenenfalls auch für die Zeit des Verfalls bezahlen?

Lösung

Bei Benutzung des Gegenstandes einer offengelegten Patentanmeldung kann nach § 33 PatG ein Entschädigungsanspruch geltend gemacht werden, wenn die dort angegebenen Tatbestandsmerkmale erfüllt sind und der B keinen Rechtfertigungsgrund hat.

Zu a) Nach § 123 PatG kann der B ein Weiterbenutzungsrecht erworben haben. Voraussetzung ist, dass er gutgläubig während der Zeit des Verfalls der Patentanmeldung die Benutzung aufgenommen hat. Dies sei hier angenommen. Dann bleibt das Weiterbenutzungsrecht auch nach Aufleben der Anmeldung bestehen und ist ein Rechtfertigungsgrund. A hätte dann keinen Entschädigungsanspruch gegen B.

Zu b) Hier ist fraglich, ob ein Weiterbenutzungsrecht für B entstanden ist. Nach herrschender Ansicht kann ein Weiterbenutzungsrecht nicht entstehen, wenn die Benutzung vor Verfall der Patentanmeldung aufgenommen worden ist. Folgt man dieser Meinung, hat der A einen Entschädigungsanspruch gegen B. Fraglich ist allerdings, ob B auch für die Zeit des Verfalls der Patentanmeldung eine Entschädigung bezahlen muss. Die Wiedereinsetzung wirkt zurück und lässt die Patentanmeldung wieder aufleben. Trotzdem wird die Benutzung während der Dauer des Verfalls nicht rechtswidrig. Nach Meinung des BGH muss der B keine Entschädigung bezahlen. Eine andere Ansicht will dem A einen Bereicherungsanspruch geben, der nach der Lizenzanalogie auf eine Entschädigung hinauslaufen würde.

BGH GRUR 93, 460 – Wandabstreifer.

Fall P16 835

A hat ein Patent P auf einen Formstein, mit dem Straßenbegrenzungen hergestellt werden können. Dieser weist eine Längsmulde als Entwässerungsrinne auf und eine von der Längsmulde abzweigende Querrinne, durch die das Regenwasser zu der von der Straße abgewandten Seite abgeleitet wird. Der Vorteil ist, dass Straßenränder schnell in einem Arbeitsgang herstellbar sind. Als Aufgabe ist in der Patentschrift genannt, dass das Regenwasser sicher und zuverlässig seitwärts in den angrenzenden Boden abgeleitet werden soll.

Die Gemeinde G baut Straßenränder aus Pflastersteinen und Randsteinen am Ort so zusammen, dass das Regenwasser seitwärts in den angrenzenden Boden abgeleitet wird. Mit Hilfe der Pflastersteine und der Randsteine wird eine Regenrinne entlang der Straße geschaffen, durch Lücken zwischen den Randsteinen kann das Regenwasser seitlich abfließen.

A will G verbieten, derartige Straßenränder zu bauen und verlangt zudem Schadenersatz. Wird A Erfolg haben?

Lösung

Das Patent P ist ein Erzeugnispatent mit einem einzigen Anspruch. Nach §§ 139, 9 PatG kann die Herstellung des geschützten Erzeugnisses untersagt werden, gleichgültig wie das Erzeugnis hergestellt worden ist. Entscheidend ist, dass das Erzeugnis in den Schutzbereich des Patentes fällt. Nach § 14 PatG wird der Schutzbereich eines Patentes durch den Inhalt des Patentanspruches festgelegt. Die dabei durchzuführende Prüfung läuft folgendermaßen ab:

a) Erster Schritt der Prüfung: Bei der Prüfung, ob die Ausführungsform des Dritten unter den Schutzbereich des Patentes P fällt, ist zunächst der Sinngehalt (Wortsinn) des Patentanspruchs festzustellen und dann zu prüfen, ob die Ausführungsform des Dritten darunter fällt. Ein Vergleich der Ausführungsform der G mit dem Gegenstand von P ergibt, dass keine wortsinngemäße Benutzung vorliegt, da A einen Formstein beansprucht hat, G aber keinen Formstein verwendet.

b) Zweiter Schritt der Prüfung: Fällt die Ausführungsform des Dritten nicht unter den Wortsinn des Patentanspruchs, ist zu prüfen, ob diese eine äquivalente Lösung ist. Eine solche liegt vor, wenn Merkmale des Anspruchs des Patents bei der Ausführungsform des Dritten durch gleichwirkende Mittel ersetzt sind und der Fachmann ohne erfinderisches Bemühen die gleichwirkenden Mittel auffinden kann. Gleichwirkend sind Mittel nur dann, wenn sie innerhalb der Lösung des Problems die gleiche Funktion haben als das ersetzte Merkmal, also sinngemäß gleichwirkend sind. Deswegen muss jetzt festgestellt werden, welches Problem beim Patentgegenstand gelöst wird, und ob dieses auch bei der Ausführungsform des Dritten gelöst ist.
Unterschiedlich ist, dass P einen Formstein schützt, G aber keinen Formstein verwendet. Zu fragen ist, welches Problem durch den Formstein gelöst wird, und zwar bei objektiver Betrachtung, unabhängig von der in der Patentschrift angegebenen Aufgabe. Ergibt die Überprüfung, dass das wirkliche Problem darin besteht, durch die Verwendung des Formsteins den Straßenbau zu erleichtern, da jetzt mit einem fertigen Stein eine Straßenbegrenzung mit Regenrinne und Ableitung des Regenwassers geschaffen wird, also die Handhabung erleichtert wird, ist bei der Ausführungsform von G dieses Problem gerade nicht gelöst. Damit wäre keine äquivalente Lösung gegeben.
Ergibt sich dagegen, dass das Problem darin besteht, eine zuverlässige Ableitung des Regenwassers zu ermöglichen, würde Äquivalenz vorliegen und damit eine Patentverletzung.

BGH GRUR 86, 803 – Formstein.

B. Fälle zum Markengesetz

840 **Fall M1**

A ist eine Rote-Kreuz-Gesellschaft, die das bekannte Rotkreuzzeichen führt, das aus einem roten Kreuz auf weißem Grund besteht, wobei die Breite und Länge der Balken gleich ist. Der B verwendet zur Kennzeichnung seiner Rettungswagen ein rotbraunes Kreuz auf elfenbeinfarbenem Hintergrund. Nach einer Seite ist das Kreuz mit dünner Schraffierung zu einem Dreieck ausgeformt, so dass der Eindruck von Geschwindigkeitsstreifen entsteht. A möchte B die Verwendung dieses Zeichens verbieten.

Lösung

Anspruchsgrundlage kann nur § 12 BGB sein, da nicht im geschäftlichen Verkehr gehandelt wird. Nach der Rechtsprechung ist § 12 BGB bei Marken, Wappen, Vereinsemblemen entsprechend anwendbar, sofern sie namensmäßig unterscheidungskräftig sind. § 12 BGB kann geltend gemacht werden, wenn Verwechslungsgefahr vorliegt. Im Kennzeichenrecht gilt der Grundsatz, dass der Verkehr die in Frage kommenden Bezeichnungen nicht gleichzeitig wahrnimmt und miteinander vergleicht, sondern seine Auffassung aufgrund eines Erinnerungseindruckes gewinnt. Hierbei treten die übereinstimmenden Merkmale mehr hervor, als die Unterschiede. Geht man von diesen Grundsätzen aus, besteht Verwechslungsgefahr, da das Kreuz vorherrschend ist und die Geschwindigkeitsstreifen als Zutat erscheinen. Die Übereinstimmungen überwiegen. Somit besteht Verwechslungsgefahr; zumindest kann bei den Verkehrskreisen der unrichtige Eindruck entstehen, dass B eine Organisation der A ist.

BGH BB 94, 1805 – Rotes Kreuz.

Fall M2 **841**

A ist durch Gesellschaftsvertrag vom Juli 1984 gegründet worden und hat die Tätigkeit sofort aufgenommen. Er ist im Oktober 1984 unter der Firma „XXX International GmbH" für An- und Verkauf von Waren aller Art in das Handelsregister eingetragen worden. B ist durch Gesellschaftsvertrag vom August 1984 gegründet worden, sie firmiert als „XXX Kapitalvermögensanlagen GmbH" und ist im September 1984 in das Handelsregister eingetragen worden.

A möchte B die Führung des Firmenbestandteils „XXX" verbieten. Mit Erfolg?

Dabei wird davon ausgegangen, dass „XXX" namensmäßige Unterscheidungskraft hat.

Lösung

1. Wann ist der Kennzeichenschutz entstanden?
   Die gegründete, aber noch nicht eingetragene GmbH stellt ein Rechtsgebilde eigener Art dar, das zum Auftreten und Handeln im Rechtsverkehr im weiten Umfang berechtigt ist und einer juristischen Person weitgehend angenähert ist, aber noch keine Rechtsfähigkeit besitzt. Da Rechtsfähigkeit für den Namen- und Firmenrechtsschutz nicht vorausgesetzt wird, kann sie als namens- bzw. kennzeichenrechtsfähig angesehen werden, da dies notwendig zur Unterscheidung von anderen Rechtssubjekten ist. Durch Aufnahme der Tätigkeit der Vorgesellschaft hat diese Namensschutz nach § 5 MarkenG gewonnen. Durch Eintragung in das Handelsregister geht das Namensrecht auf die GmbH über. Mit Aufnahme der Geschäftstätigkeit durch die Vorgesellschaft ist somit der Kennzeichenschutz entstanden, und zwar im Juli 1984.
2. Liegt eine Verletzung vor?
   A hat das prioritätsältere Recht, § 6 MarkenG. Verletzung ist gegeben, wenn Verwechslungsgefahr besteht, § 15 MarkenG. Dazu ist der Ähn-

lichkeitsgrad der kollidierenden Kennzeichen zu untersuchen, der beeinflusst wird von der Kennzeichnungskraft der Bezeichnung des A und der Branchennähe. Je größer die Branchenferne ist, desto größer können die Ähnlichkeit der Zeichen und desto größer die Kennzeichnungskraft der Bezeichnung des A sein, ohne dass die Gefahr von Verwechslungen besteht. Dem Firmenbestandteil „XXX" sei normale Kennzeichnungskraft zugebilligt. Die übrigen Bestandteile der Firma sind beschreibend. Die beiden Bezeichnungen sind im prägenden Bestandteil „XXX" zwar identisch, aber aufgrund der Branchenferne ist nicht damit zu rechnen, dass eine Verwechslungsgefahr im engeren oder weiteren Sinne besteht.

BGH GRUR 93, 404 – Columbus.

842 **Fall M3**

A ist unter der Firma Pic Nic für Imbißbetriebe GmbH 1981 ins Handelsregister eingetragen worden, und zwar in Karlsruhe. Ihren ersten Imbißstand hat sie in Karlsruhe 1981 eröffnet. Weitere folgten in der Nähe von Karlsruhe, wobei der zweite Imbißstand 1982, die weiteren ab 1984 eröffnet wurden. Der B betreibt in München einen Verkaufskiosk ab 1983 unter dem Namen Picnic. Der A will dies dem B verbieten.

Lösung

Anspruchsgrundlage ist § 15 MarkenG. Die Bezeichnung Pic Nic ist unterscheidungskräftig und nach § 5 MarkenG geschützt. Unterscheidungskraft besteht, da Picknick eine Mahlzeit aus mitgebrachten Speisen im Freien ist und deshalb die Tätigkeit der A nicht beschreibend wiedergibt. Der B verwendet Picnic als besondere Geschäftsbezeichnung. Ähnlichkeit der Bezeichnungen besteht, da klangliche Identität gegeben ist, ebenso wie nahezu schriftliche Identität. Fraglich ist aber, ob Verwechslungsgefahr, bezogen auf die Geschäftsbetriebe, vorliegt. Dies hängt davon ab, wie weit der territoriale Schutzbereich von Pic Nic der A geht. Der Schutz ist räumlich begrenzt durch die Benutzung. Bei einem Unternehmen, das von vornherein auf Ausdehnung angelegt ist, kann auch ein überörtlicher Schutz entstehen. Dies ist bei Imbißbetrieben nur dann der Fall, wenn diese Absicht durch Eröffnen von Betrieben an verschiedenen Orten bereits verwirklicht worden ist. Maßgeblicher Zeitpunkt der Beurteilung ist der Zeitpunkt der Inbenutzungnahme der Bezeichnung durch B. Zu diesem Zeitpunkt sind nur Imbißstände in der Umgebung von Karlsruhe eröffnet gewesen. Eine räumliche Überschneidung lag damals nicht vor, so dass 1983 keine Verwechslungsgefahr bestand.

BGH GRUR 93, 923 – Pic Nic.

Fall M4 843

A hat ein Unternehmen mit einer Firma, die seinen Vornamen, Nachnamen und das Tätigkeitsfeld des Unternehmens enthält. Er hat eine Marke, die seinen Nachnamen und das Tätigkeitsfeld enthält, eintragen lassen. B, der denselben Nachnamen wie A führt, aber einen anderen Vornamen, gründet unter seinem Vor- und Nachnamen ein Unternehmen, das auf demselben Gebiet wie das Unternehmen des A tätig ist und zudem am gleichen Ort. C erhält von A die Erlaubnis, eine Firma zu führen und ins Handelsregister eintragen zu lassen, die mit dessen Marke identisch ist. B möchte C dies verbieten. Auszugehen ist davon, dass der A prioritätsältere Rechte hat.

Anspruchsgrundlage ist § 15 MarkenG. Die Firmennamen von A und B sind genügend unterscheidbar, § 30 HGB. B hat die prioritätsälteren Rechte im Vergleich zu C, dieser hat aber einen Vertrag mit A abgeschlossen, der ihm erlaubt, seine Firma zu führen. Zwar ist die Firma von C gegenüber der von B prioritätsjünger, aber C kann sich gegenüber B in entsprechender Anwendung des Rechtsgedankens aus § 986 BGB auf die Priorität des A berufen. B wird dann keinen Erfolg haben, wenn der C die Einrede nach § 986 BGB geltend macht.

BGH GRUR 93, 574 – Decker.

Fall M6 845

A ist ein Sendeunternehmen, das eine Fernsehserie mit der Bezeichnung „Das Erbe der XXX" ausstrahlt. Die erste Sendung erfolgt 1984. Der B, der den Namen „XXX" trägt, meldet zwei Marken „XXX" M1 und M2 an, die eine Anmeldung für M1 vor 1984, die andere Anmeldung für M2 nach 1984, jeweils für unterschiedliche Getränke; beide Marken werden in das Register eingetragen.

Der A möchte den B veranlassen, in die Löschung seiner Marken einzuwilligen.

Lösung

Es könnte ein Verstoß gegen §§ 15, 5, 6 MarkenG vorliegen. Der A hat Titelschutz nach § 5 MarkenG, da „XXX" unterscheidungskräftig ist. Das Recht entsteht mit Aufnahme der ersten Benutzung, hier der ersten Ausstrahlung der Fernsehserie. Damit wird auch der Zeitrang des Werktitels festgelegt.

a) Gegenüber der Marke M1, die vor 1984 angemeldet worden ist, ist der Werktitel prioritätsjünger, da der Zeitrang von M1 durch den Anmeldetag festgelegt worden ist. A kann somit bezüglich der Marke M1 gegen B nicht vorgehen.

b) Gegenüber der Marke M2 hat der A die frühere Priorität. A könnte von B Löschung der Marke M2 verlangen, wenn Verwechslungsgefahr besteht. A verwendet seine Bezeichnung **als Werktitel zur Unterscheidung von Werken;** der B verwendet M2 **zur Bezeichnung von Waren.** Eine Verwechslungsgefahr kann nur bestehen, wenn die Verkehrskreise in der Bezeichnung des A auch einen Herkunftshinweis sehen. Dazu müsste ein sachlicher Zusammenhang zwischen der Fernsehsendung und den Waren der Marke M2 bestehen. Ein solcher Zusammenhang ist nicht erkennbar.

BGH GRUR 93, 692 – Guldenburg.

846 **Fall M7**

Ist „VALUE“ für Insektenmittel als Marke eintragbar?

Lösung

Dies hängt davon ab, ob nach § 8 MarkenG das Zeichen „VALUE“ unterscheidungskräftig ist bzw. ob ein Freihaltebedürfnis an dem Zeichenwort besteht. Ein Freihaltebedürfnis für „VALUE“ ist nicht gegeben, da es sich um einen in erster Linie sachlichen Begriff der Handels- und Geschäftssprache handelt, der erfahrungsgemäß in diesem sachlichen Sinn verwendet wird. Ein markenmäßiger Gebrauch ist fernliegend und steht nicht in Einklang mit der Lebenserfahrung.

Unterscheidungskraft ist ebenfalls gegeben, da nach § 8 Abs. 2 Nr. 1 MarkenG ein Zeichen nur dann nicht eintragbar ist, wenn es jeglicher Unterscheidungskraft ermangelt.

Die Verwendung von „VALUE“ als Sachhinweis kann allerdings nach § 23 MarkenG nicht untersagt werden, soweit es als Beschaffenheitsangabe verwendet wird.

BGH GRUR 94, 730 – VALUE.

847 **Fall M8**

Ist das Wort „Premiere“ als Marke für Farben in das Markenregister eintragbar?

Lösung

Premiere ist ein in den deutschen Sprachgebrauch aufgenommenes Fremdwort für Erst- oder Uraufführungen, das mit dieser Bedeutung nicht nur im Zusammenhang mit den darstellenden Künsten, sondern auch ganz allgemein als Hinweis auf eine erstmalige Präsentation von Erzeugnissen bzw. auf eine erstmalige Vorführung von Neuheiten verwendet wird. Der Begriff „Premiere“ beschreibt somit ein Einführungsereignis kurz, treffend und einprägsam. An seiner Freihaltung besteht daher ein erhebliches Interesse des Verkehrs. Die Monopolisierung des Wortes als Kennzeichnung einer bestimmten Ware würde seine freie Verwendung im dargestellten Sinne jedenfalls für den Bereich dieser Waren beträchtlich erschweren, weil die richtige Abgrenzung des in der Werbung mit dem Begriff „Premiere“ erforderlichen schlagwortartigen Gebrauchs zum markenmäßigen Gebrauch Schwierigkeiten bereiten würde. Somit ist das Wort „Premiere“ als Marke nach § 8 MarkenG nicht eintragungsfähig.

BGH GRUR 93, 746 – PREMIERE.

Fall M9 848

Kann „TRILOPIROX“ für Arzneimittel in das Markenregister eingetragen werden, wenn „rilopirox“ ein medizinischer Fachbegriff ist?

Lösung

„TRILOPIROX“ unterscheidet sich von „rilopirox“ nur durch das „T“ am Anfang. Der damit gebildete Wortbestandteil „TRI“ hat die Bedeutung von drei oder dreifach, die „rilopirox“ nicht entnehmbar ist. Somit liegt kein Verstoß gegen § 8 Abs. 2 Nr. 2 MarkenG vor, da „TRILOPIROX“ nicht ausschließlich aus einem Fachbegriff besteht.

„TRILOPIROX“ ist auch unterscheidungskräftig, auch wenn ein Teil der Ärzte und Apotheker in ihm eine Anlehnung an den Fachbegriff „rilopirox“ sehen könnten, wenn nicht **beachtliche** Teile des in Betracht kommenden Publikums dem in Frage stehenden Zeichen die Unterscheidungskraft absprechen. Dabei ist zu beachten, dass nach § 8 Abs. 2 Nr. 1 MarkenG ein Zeichen nur dann nicht eintragbar ist, wenn es jeglicher Unterscheidungskraft ermangelt.

BGH Mitt. 94, 303 – TRILOPIROX.

Fall M10 849

K hat für Wintersportartikel die Marke „XXX“ eingetragen, die 1979 angemeldet worden ist. B lässt für Rauchwaren „XXX“ als Marke eintragen, und zwar nach Anmeldung 1983. K möchte erreichen, dass B seine Marke löschen lässt. Hat er Aussichten, wenn der Bekanntheitsgrad für die Marke von K bei Sportlern z.B. 20% ist?

Lösung

Nach § 51 MarkenG ist § 9 MarkenG zu prüfen.

§ 9 Abs. 1 Nr. 1 oder 2 MarkenG ist nicht erfüllt, da keine Ähnlichkeit der Waren besteht.

§ 9 Abs. 1 Nr. 3 MarkenG könnte erfüllt sein. Die Voraussetzungen dafür sind

a) Im Inland bekannte Marke;

b) unlautere Umstände, z. B. Rufausbeutung oder Rufschädigung.

Zu a) Bekanntheitsgrad von 20 % ist bei durchschnittlicher Eigenart der Marke kaum ausreichend für eine bekannte Marke.

Zu b) Unlauterkeit ist gegeben, wenn die wirtschaftliche Verwertbarkeit der Marke des K auf dem Warengebiet des B für die Verkehrsteilnehmer, die die Marke des K kennen, nach allgemeiner Lebenserfahrung möglich erscheint, d. h. diese auch dort als Käuferkreis in Frage kommen. Dann käme Rufausbeutung in Frage. Dies ist hier wohl nicht der Fall (Sportler – Raucher). Bei der Branchenferne dürfte auch keine Rufschädigung oder Beeinträchtigung der Unterscheidungskraft vorliegen.

BGH GRUR 91, 465 – Salomon.

850 **Fall M11**

Ein Kosmetikunternehmen K führt den Firmennamen „XXX" Kosmetik GmbH und hat eingetragene Marken „XXX" für ihre Kosmetikartikel. K stellt ausschließlich Kosmetikartikel her und vertreibt diese. B firmiert unter „XXX Musik GmbH" und vertreibt Schallplatten, Musikkassetten und CD's. Er hat eine eingetragene Marke für Tonträger. K ist seit 1958 in das Handelsregister eingetragen, B erst seit 1980. Bei einer Umfrage hat sich ergeben, dass 80 % der Befragten „XXX" der K zuordnen. K möchte von B die Löschung der Marke „XXX" erreichen.

Lösung

a) Ein Löschungsanspruch aus der eingetragenen Marke hat nach den § 51, § 9 Abs. 1 Nr. 1 oder Nr. 2 MarkenG keine Aussicht auf Erfolg wegen der großen Unähnlichkeit der Waren, für die die Marken verwendet werden.

b) „XXX" ist zudem eine geschäftliche Bezeichnung. Es könnte ein Löschungsanspruch aus §§ 51, 12, 5 MarkenG geltend gemacht werden. Voraussetzung wäre das Vorliegen von Verwechslungsgefahr, die bei der Branchenferne allerdings sehr fraglich ist, da keine Anzeichen vorhanden sind, dass K seine Produktpalette auf Tonträger ausdehnen will. Es liegt auch keine Verwechslungsgefahr im weiteren Sinne vor.

c) „XXX" ist ein im Inland bekanntes Kennzeichen. Somit könnte § 9 Abs. 1 Nr. 3 MarkenG in Frage kommen, da hier keine Ähnlichkeit der Waren vorliegen muss. Unlautere Gründe könnten sein: Rufausbeutung oder Rufschädigung. Da die Erzeugnisse von K und B sehr unterschiedlich sind, könnte dieser Anspruch nur bestehen, wenn die von K vertriebenen Produkte von besonderer Qualität sind und einen

Prestigewert verkörpern (nach bisheriger Rechtsprechung). Dafür gibt es keine Angaben im Sachverhalt.

d) K könnte geltend machen, dass durch Verwendung von „XXX" die Unterscheidungskraft der Marke beeinträchtigt würde, § 9 Abs. 1 Nr. 3 MarkenG. Dies ist anzunehmen, da durch Verwendung von „XXX" durch B die Alleinstellung von „XXX" für K beeinträchtigt würde. Früher wurde dieser Fall über § 823 BGB behandelt.

BGH GRUR 91, 863 – AVON.

Fall M12 851

K hat eine eingetragene Marke für Omnibusse. Er benutzt die Marke umfassend, so dass sie den betroffenen Verkehrskreisen als Marke des K bekannt ist. B benutzt ein sehr ähnliches Zeichen als Firma, hat aber auch das Zeichen als Marke für Kühlanlagen eintragen lassen. Die Benutzungsaufnahme des Zeichens und die Markenanmeldung liegt später als bei K. K will B die Benutzung des Zeichens als Firma verbieten lassen und die Einwilligung in die Löschung der Marke erreichen. Welche Ansprüche sind zu prüfen?

Lösung

I. Löschung der Marke

1. Nach § 51, § 9 Abs. 1 Nr. 1 oder Nr. 2 MarkenG. Die Marke des B wäre zu löschen, wenn Ähnlichkeit der Waren vorliegen würde. Dies ist hier zu verneinen.
2. Aus § 9 Abs. 1 Nr. 3 MarkenG wegen Rufausbeutung bei Unlauterkeit.
3. Aus § 9 Abs. 1 Nr. 3 MarkenG. Bei Verwässerungsgefahr und Bekanntheit der Marke.

II. Verbot der Benutzung des Firmennamens

Hier könnte Verwässerungsgefahr geltend gemacht werden, § 14 Abs. 2 Nr. 3 MarkenG.

BGH GRUR 56, 172 – Magirus.

Fall M13 852

Der K hat eine Marke „Bally" eingetragen für Lederwaren und Bekleidungsstücke. Der B stellt unter der Bezeichnung „Ball" Bekleidungsstücke her. Kann der K dem B die Verwendung der Bezeichnung „Ball" für Bekleidungsstücke verbieten, wenn die Marke des K prioritätsälter ist?

Lösung

Anspruchsgrundlage ist § 14 Abs. 2 Nr. 2 MarkenG

Es könnte eine klangliche und schriftbildliche Verwechslungsgefahr der beiden Zeichen gegeben sein. Bei der Beurteilung der klanglichen Verwechslungsgefahr ist zu beachten, dass der hellklingende Vokal „y“ einen deutlich hörbaren Kontrast zu dem ersten, dunkel klingenden Vokal „a“ bei Bally bildet. Bei der relativen Kürze der Zeichen ist der Unterschied in der Vokalfolge und der Silbenzahl nicht zu überhören. Aufgrund der allgemeinen Sprachgewohnheiten liegt es darum nahe, dass der Verkehr wegen der herausgestellten Kürze des Wortes „Bally“ die Endsilbe nicht vernachlässigt und sich diese Marke deshalb als ein zweisilbiges Wort mit dunklem und hellem Vokal einprägt. Dabei ist zu beachten, dass die klanglichen Unterschiede der gegenüberstehenden Bezeichnungen vom Verkehr wesentlich schneller erfasst werden, wenn eine der gegenüberstehenden Bezeichnungen einen für jedermann verständlichen Sinngehalt aufweist (Ball). Das Wort Ball ist im Verkehr allgemein bekannt, so dass grundsätzlich keine Gefahr besteht, dass diese der Umgangssprache entlehnte Bezeichnung mit „Bally“ verwechselt wird. Eine Verwechslungsgefahr zwischen „Ball“ und „Bally“ ist daher zu verneinen.

BGH GRUR 92, 130 – Bally/Ball.

853 **Fall M14**

Der K führt den Firmenbestandteil „Elektrostar“ und vertreibt Staubsauger. Der B benutzt das Zeichen „Allstar“ für Staubsaugerdüsen. Kann der K dem B die Verwendung seines Zeichens verbieten?

Lösung

Anspruchsgrundlage ist § 15 MarkenG

Ähnlichkeit zwischen den Branchen besteht. Der Verkehr hält aber die Zeichen „Elektrostar“ und „Allstar“ nach Klang, Bild und Sinn auseinander. Doch besteht Verwechslungsgefahr im weiteren Sinne, da die Zeichen für Waren verwendet werden, die sich nach ihrer wirtschaftlichen Bedeutung und nach ihrem Verwendungszweck so nahe kommen, dass der Verkehr wegen der Ähnlichkeit der Zeichen und wegen der Warennähe annimmt, dass zwischen den Herstellern Beziehungen geschäftlicher, wirtschaftlicher oder organisatorischer Art bestehen (Verwechslungsgefahr im weiteren Sinne).

BGH Mitt. 77, 240 – Allstar.

Fall M15

Der K hat eine Marke „Sana“ eingetragen für Kaffee. Der B hat eine prioritätsjüngere Marke „Schosana“ eingetragen ebenfalls für Kaffee. Kann der K dem B die Benutzung seiner Marke verbieten? **854**

Lösung

Anspruchsgrundlage ist § 14 MarkenG

Der K kann dem B die Benutzung von „Schosana“ verbieten, wenn seine Marke „Sana“ mit „Schosana“ verwechslungsfähig ist. Für die Bestimmung der Verwechslungsgefahr kommt es auf den Gesamteindruck an, den der Verkehr von den zu vergleichenden Zeichen gewinnt, wobei der Erfahrungssatz zu beachten ist, dass ihm die in Frage stehenden Bezeichnungen regelmäßig nicht gleichzeitig gegenübertreten und oft nur flüchtig wahrgenommen werden, so dass sich die Verkehrsauffassung regelmäßig nur aufgrund eines undeutlichen Erinnerungseindruckes bildet. Dabei sind erfahrungsgemäß die Übereinstimmungen stärker prägend als die Unterschiede, wenn sie quantitativ gegenüber dem unterscheidenden Teil überwiegen.

Die Marke des K ist eine zweisilbige Kennzeichnung, die in der dreisilbigen Kennzeichnung des B identisch enthalten ist, sie unterscheidet sich allein in der Vorsilbe „Scho“. Nach ständiger Rechtsprechung des BGH wächst die Verwechslungsgefahr mit der Nähe der bezeichneten Waren. Sie wäre daher vorliegend nur dann auszuschließen, wenn der Wortteil „Sana“ innerhalb „Schosana“ ungeachtet seiner quantitativen Dominanz eine prägende Wirkung weitgehend abzusprechen wäre oder dem Hinzutreten der abweichenden Silbe „Scho“ sowohl für die Klangwirkung als auch für das Schriftbild und für den Sinngehalt eine für den Gesamteindruck besonders prägende Bedeutung beizumessen wäre. Der Vorsilbe „Scho“ und der durch sie veränderten Silbenzahl kommt aber keine den Gesamteindruck von „Schosana“ so stark prägende Bedeutung zu, dass als Folge davon der in beiden Zeichen übereinstimmende, normal kennzeichnungskräftige Zeichenteil „Sana“ in der Erinnerung der Verkehrsteilnehmer dann untergehen könnte, wenn ihnen die Bezeichnung „Schosana“ für Waren begegnet, die mit der Ware, als deren Bezeichnung sie „Sana“ kennen, identisch oder sehr ähnlich sind. Die Silbe „Scho“ bildet zwar den Wortanfang, dem der Verkehr in der Regel eine größere Bedeutung als dem Wortende beimisst, jedoch liegen solche Umstände im vorliegenden Fall nicht vor. Einmal fehlt es an der geringen Einprägsamkeit des Wortendes, weil dieses normal kennzeichnungskräftig ist; zum anderen liegt nach dem natürlichen Sprachrythmus bei „Schosana“ die Betonung nicht auf der ersten Silbe, sondern auf dem gerade verwechslungsfähigen Wortteil „Sana“, so dass für die klangliche Verwechslungsgefahr der allein durch die zusätzliche Silbe „Scho“ begründete Unterschied keine entscheidende Bedeutung gewinnt.

BGH GRUR 93, 972 – Sana/Schosana.

855 **Fall M16**

Der K hat eine Marke „Tabac“ eingetragen für Kosmetikartikel. Der B ist Inhaber einer prioritätsjüngeren Marke „Tabacco d’Harar“ ebenfalls für Kosmetikartikel. Kann der K dem B die Benutzung seiner Marke verbieten?

Lösung

Anspruchsgrundlage ist § 14 MarkenG

Der K kann gegen den B vorgehen, wenn Ähnlichkeit zwischen den beiden Marken besteht, da die Waren identisch sind. Bei einer aus mehreren Wörtern zusammengesetzten Marke prägt sich das Publikum den Zeichenteil ein, der wegen seiner Kürze und seiner Stellung innerhalb des Zeichens besonders auffällt. Dies gilt nicht nur für eine Klagemarke, sondern in gleicher Weise auch für die Verletzungsmarke, wenn es darum geht, festzustellen, ob beide Zeichen einen übereinstimmenden Gesamteindruck aufweisen. Hier muss zunächst untersucht werden, ob der Bestandteil „Tabacco“ eine prägende Kraft für die Gesamtmarke hat. In dem Wort „Tabacco“ kann unschwer die südländische Form des Wortes „Tabak“ erkannt werden, so dass dieser Bestandteil von sich aus keine prägende Kraft hat, die Übereinstimmung in dem Zeichenbestandteil „Tabac“ oder „Tabacco“ führt somit nicht dazu, dass eine Verwechslungsgefahr zwischen „Tabac“ und „Tabacco d’Harar“ besteht.

BGH GRUR 86, 72 – Tabacco d’Harar.

856 **Fall M17**

Die K ist Inhaberin der Marke „Corvaton“ für Herzmittel. Die B ist Inhaberin der jüngeren Marke „Corvasal“ ebenfalls für Herzmittel. Kann der K dem B die Benutzung von „Corvasal“ verbieten?

Lösung

Anspruchsgrundlage ist § 14 MarkenG

Dies hängt von der Ähnlichkeit der Marken ab, da die beiden Waren identisch sind. Die Verwechslungsgefahr wird maßgeblich durch den Ähnlichkeitsgrad der Bezeichnungen, durch die Kennzeichnungskraft der älteren Marke und durch den Grad der Warennähe bestimmt, wobei zwischen diesen drei Bestimmungsfaktoren eine Wechselwirkung besteht, nach der der Ähnlichkeitsgrad um so geringer sein muss, je größer die Kennzeichnungskraft und/oder die Warennähe ist, während umgekehrt ein höherer Ähnlichkeitsgrad möglich ist, wenn die Kennzeichnungskraft nur schwach und/oder der Warenabstand größer ist. Maßgeblich für die Verwechselbarkeit zweier Bezeichnungen ist der Gesamteindruck, den sie vermitteln. Bestehen beide zu vergleichenden Kennzeichnungen aus mehreren Bestandteilen und sind nur einzelne dieser Teile verwechslungsfähig, so kommt es darauf an, ob ihr übereinstimmender Teil in der beanstandeten Gesamtbezeichnung eine gewisse selbständig kennzeichnende Stellung hat und darin nicht derart untergegangen ist, dass er durch seine Einfügung in die Gesamtkombination aufgehört hat, für den Verkehr die Erinnerung an die zu schützende Kennzeichnung wachzurufen. Hier ist nun zu fragen, ob der in beiden Bezeichnungen identisch übereinstimmende und deshalb ohne weiteres verwechslungsfähige Zeichenteil „Corva" in der Bezeichnung „Corvasal" dermaßen untergegangen ist, dass er keine Erinnerung mehr an „Corvaton" zu wecken vermag. Dafür wäre erforderlich, dass allein der angefügten Endsilbe „sal" die entscheidende Wirkung einer Umprägung des Gesamteindrucks zukommen könnte. Dies ist aber nicht der Fall. Denn im Gesamteindruck der Bezeichnungen treten regelmäßig die übereinstimmenden Merkmale stärker hervor als die Unterschiede. Dies gilt erst recht, wenn die Übereinstimmungen quantitativ deutlich überwiegen und außerdem den Wortanfang bilden. Denn letzterem pflegt der Verkehr jedenfalls dann stärkere Beachtung zu schenken, wenn die Wortendung für den Verkehr wenig einprägsam ist. Dies ist bei der Endsilbe „sal" im Hinblick auf ihre Ableitung aus „salus" oder „salvere" der Fall.

BGH GRUR 93, 118 – Corvaton/Corvasal.

Fall M18 857

Das Unternehmen K stellt seit langem Luxusautos her, es ist auf diesem Gebiet einer der führenden Produzenten. Es hat eine eingetragene Marke „SP" für Autos. Auf der Rückseite ihrer Autos, und zwar auf dem Kofferraumdeckel, bringt K schon immer die Bezeichnung „SP" in Alleinstellung an. Dem Verbraucher ist deshalb die Bezeichnung „SP" vertraut, er bringt sie mit den Luxusautos der K in Verbindung. K stellt nun fest, dass ein anderes Automobilunternehmen B, das Kleinwagen herstellt, neuerdings auf der Rückseite ihrer Autos die Bezeichnung „50 SP" aufbringt. Auf der Rückseite ist zudem im Abstand von dieser Bezeichnung der Firmenname angebracht. K befürchtet, dass die Verwendung von „50 SP" zur Verwirrung bei der Kundschaft führt und dass der Wert seiner Bezeichnung „SP" geschmälert wird. Er möchte erreichen, dass B die Verwendung von „SP" untersagt wird. Welche Möglichkeiten stehen K zur Verfügung?

Lösung

1. § 14 Abs. 2 Nr. 2 MarkenG könnte vorliegen.

a) Beurteilung von „50 SP"

Dem Verkehr tritt auf den ersten Blick, also bei der verkehrsüblichen Betrachtungsweise, allein die Beschriftung „50 SP" entgegen. Der in einiger Entfernung von dieser Beschriftung angebrachte Firmenname tritt demgegenüber soweit in den Hintergrund, dass von einer zwangsläufig gleichzeitigen Wahrnehmung keine Rede sein kann; bei der zeichenrechtlichen Beurteilung ist grundsätzlich auf den flüchtigen Durchschnittsbetrachter abzustellen, von dem eine sorgfältige Betrachtung der Bezeichnung und ihres Umfeldes nicht erwartet werden kann. Außerdem ist im Verkehr die Übung zahlreicher Hersteller bekannt, neben ihrem Firmennamen eine Zweitmarke zu verwenden. Für „SP" besteht zudem kein Freihaltebedürfnis, da die Verkehrsteilnehmer ohne weiteres auf andere ähnliche Buchstabenkombinationen ausweichen können.

b) Verwechslungsgefahr

Es ist fraglich, ob Verwechslungsgefahr zwischen den beiden Marken besteht. Die Verwechslungsgefahr beurteilt sich einmal nach der Ähnlichkeit, den die einander gegenüberstehenden Zeichen ihrem maßgeblichen Gesamteindruck nach vermitteln, zum anderen nach der für den Schutzumfang maßgeblichen Kennzeichnungskraft des älteren Zeichens sowie ferner nach der Nähe oder Ferne der Warenbereiche. Alle drei Kriterien stehen nach ständiger Rechtsprechung in einer Wechselbeziehung dergestalt, dass der Ähnlichkeitsgrad der beiden Zeichen um so geringer sein muss, je stärker die Kennzeichnungskraft der älteren Marke ist und/oder je näher sich die Warenbereiche kommen. Da die Marken im vorliegenden Fall für identische Waren Verwendung finden, kann nach diesen Grundsätzen bereits ein verhältnismäßig geringer Ähnlichkeitsgrad und/oder ein verhältnismäßig geringer Schutzumfang für die Bejahung der Verwechslungsgefahr genügen. Hier ist zu untersuchen, ob „SP" in der Gesamtbezeichnung „50 SP" eine eigenständige Kennzeichnungsfähigkeit hat und nicht derart untergegangen ist, dass es durch die Einfügung in die Gesamtkombination aufgehört hat, für den Verkehr die Erinnerung an die geschützte Marke wachzurufen. Es ist anzunehmen, dass „SP" in „50 SP" prägend ist und somit den Gesamteindruck der Marke festlegt. Damit ist Verwechslungsgefahr gegeben.

2. Liegt § 14 Abs. 2 Nr. 3 MarkenG vor?

Wäre das Ergebnis der Prüfung, dass keine VWG vorliegt, könnte auf § 14 Abs. 2 Nr. 3 MarkenG zurückgegriffen werden. Voraussetzung wäre, dass „SP" ein bekanntes Zeichen ist, dass die Benutzung von „50 SP" die Wertschätzung (Rufausbeutung, Rufschädigung) oder Unterscheidungskraft (Verwässerung) in unlauterer Weise beeinträchtigt. Zumindest Verwässerungsgefahr ist gegeben.

BGH GRUR 91, 609 – SL.

858 **Fall M19**

Der K ist Inhaber einer Marke für Papierhandtücher. Der K vertreibt auch Handtuchspender, in denen in Unternehmen seine Papierhandtücher eingefüllt werden. Die Handtuchspender tragen seine Marke. Der B stellt ebenfalls Papierhandtücher her und füllt seine Papierhandtücher in die Handtuchspender des K ein. Kann der K dies dem B verbieten?

Lösung

Nach § 14 MarkenG steht allein dem Markeninhaber das Recht zu, Waren der angemeldeten Art oder ihre Umhüllung mit der Marke zu versehen; nach § 14 Abs. 4 MarkenG hat der Markeninhaber einen Unterlassungsanspruch gegen eine widerrechtliche Kennzeichnung. Der Begriff der Umhüllung ist weit auszulegen und umfasst auch solche Behältnisse, die ihre Eignung erkennen lassen, als der Ware zugeordneter Träger der Markenkennzeichnung zu dienen. Das Nachfüllen der mit der Marke des K gekennzeichneten Handtuchspender mit Papierhandtüchern des B ist so zu beurteilen, als ob die Papierhandtücher aus dem Betrieb des K herrühren. Dient der mit der Marke des K versehene Handtuchspender als Umhüllung der Papierhandtücher und bezieht der Verkehr diese Marke als betriebliche Herkunftskennzeichnung auf die in dem Handtuchspender untergebrachten Papierhandtücher, so liegt in dem Nachfüllen des Handtuchspenders gleichzeitig eine entsprechende betriebliche Herkunftskennzeichnung der Handtücher vor. Für die rechtliche Beurteilung ist es insoweit ohne Bedeutung, ob die Marke auf eine Umhüllung oder Verpackung der Handtücher aufgebracht wird oder die Handtücher in eine bereits mit der Marke gekennzeichnete Umhüllung nachgefüllt werden. Ware und Marke auf der Umhüllung werden der gestalt miteinander verbunden, dass der Verkehr die Marke auf der Umhüllung als betriebliches Herkunftskennzeichen für die Handtücher wertet.

Eine Erschöpfung des Rechtes liegt nicht vor. Denn der Verbrauch des Markenrechts bezieht sich allein auf die konkrete, unter der Kennzeichnung in Verkehr gesetzte Ware; dem Markeninhaber ist es grundsätzlich versagt, den Weitervertrieb der rechtmäßig gekennzeichneten Ware, die von ihm oder mit seiner Zustimmung in Verkehr gesetzt worden ist, zu verbieten. Davon unberührt bleibt jedoch das Recht des Markeninhabers, einer ungenehmigten erneuten Kennzeichnung der Ware oder ihrer Umhüllung entgegenzutreten, wie das etwa bei einem Nachfüllen in mit der Marke gekennzeichnete Originalbehälter der Fall ist.

BGH GRUR 87, 438 – Handtuchspender.

Fall M 20 859

A stellt teure Luxusuhren her. Seit langem vertreibt er eine besonders formschön gestaltete Luxusuhr, für die ein inzwischen abgelaufenes Geschmacksmuster eingetragen war. Der B, der als Hauptgeschäft Lebensmittel vertreibt, verkauft auch Billiguhren, die eine große Ähnlichkeit mit den Uhren des A haben. A möchte dem B den Verkauf der Billiguhren verbieten.

Lösung

Ein Schutz durch Schutzgesetze besteht nicht mehr. Anspruchsgrundlage kann nur § 3 UWG sein. Voraussetzung ist, dass die Luxusuhren des A wettbewerbliche Eigenart aufweisen. Diese liegt vor, wenn Merkmale vorhanden sind (die auch im Bereich des Ästhetischen liegen können), die geeignet sind, auf die betriebliche Herkunft oder auf die Besonderheit der Erzeugnisse hinzuweisen. Solche Merkmale können bei einer Luxusuhr vorliegen, auch dann, wenn ein Geschmacksmusterschutz abgelaufen ist. Ein Verstoß gegen § 3 UWG erfordert weiterhin Unlauterkeit. Diese kann gegeben sein, wenn eine Rufausbeutung vorliegt. Das kann hier bejaht werden, da die Käufer der Billiguhren diese auch deswegen erwerben, um die Wirkung einer Luxusuhr zu erzeugen. B hängt sich an den guten Ruf des A an, um den Absatz seiner Billiguhren durch Nachahmung zu fördern.

BGH GRUR 85, 876 – Tschibo/Rollex.

C. Fälle zum Urheberrecht

860 **Fall U1**

Professor K hält an einer Hochschule eine Veranstaltung über Gemälde des Malers H. Bausch ab. Mit seinen Studenten führt er ein Happening durch, wobei er ein Gemälde durch die Studenten nachstellen lässt. Der B nimmt dieses Happening mit Zustimmung von K auf Video auf, und zwar für Lehrzwecke an der Hochschule. Der B stellt eine Kopie des Videobandes her und verkauft sie ohne Wissen des K. K möchte dies unterbinden.

Lösung

Anspruchsgrundlage ist § 97 UrhG.

Es wird davon ausgegangen, dass die Gestaltung des Happening auf den K zurückgeht. Fraglich ist, welcher Werkgattung des § 2 UrhG das Happening zuzuordnen ist. Es könnte als lebendes Bild ein Kunstwerk nach § 2 Abs. 1 Nr. 4 UrhG sein oder ein Bühnenwerk. Eine genaue Zuordnung zu einer Werkgattung ist aber nicht erforderlich, da § 2 Abs. 1 UrhG die einzelnen Werkgattungen nur beispielhaft aufzählt. Ein Schutz durch das Urheberrecht ist dann gegeben, wenn nach § 2 Abs. 2 UrhG die erforderliche Individualität oder Schöpfungshöhe vorliegt. Unter dieser Annahme kann dem B die Vervielfältigung nach § 16 UrhG und die Verbreitung von Kopien des Videobandes nach § 17 UrhG untersagt werden.

BGH GRUR 85, 529 – Happening.

Fall U2 861

Der K hat einen Einheitsfahrschein entwickelt. Dieser besteht aus durch Striche abgeteilte Felder, die durchnumeriert sind. Durch Stempeldruck in eines der Felder kann der Einheitsfahrschein entwertet werden. Kann der Einheitsfahrschein durch das Urheberrecht geschützt sein?

Lösung

Der Einheitsfahrschein ist wie jedes Formular nach § 2 Abs. 1 Nr. 1 UrhG grundsätzlich urheberrechtlich schutzfähig, obwohl er rein praktischen Zwecken dient. Denn auch Schöpfungen zu praktischen Zwecken sind vom Schriftwerkschutz nicht ausgeschlossen. Voraussetzung für einen Schriftwerkschutz ist, dass sie als solche durch das Mittel der Sprache **einen Gedankeninhalt** wahrnehmbar machen und hierbei eine schöpferische geistige Leistung zu Tage tritt. Entscheidend ist dabei, dass eine schöpferische geistige Leistung in dem fraglichen Formular selbst ihren erkennbaren Niederschlag gefunden hat. Bedarf es zum Verständnis des Formulars besonderer, außerhalb des Formulars liegender Anweisungen, so muss der sich etwa aus diesen zusätzlichen Lehren ergebende Ideengehalt, über den das Formular selbst nichts offenbart, bei der Beurteilung der urheberrechtlichen Schutzfähigkeit des Formulars außer Betracht bleiben, so BGH GRUR 59, 251 – Einheitsfahrschein.

Für den Betrachter des Einheitsfahrscheines ergeben sich nur durch Striche abgeteilte Felder, die durchnumeriert sind. Ein daraus erkennbarer geistiger Inhalt, der eine schöpferische Leistung darstellen könnte, ist nicht feststellbar. Somit ist der Einheitsfahrschein nicht nach § 2 Abs. 1 Nr. 1 UrhG als Schriftwerk geschützt. Vergleichbares gilt für § 2 Abs. 1 Nr. 7 UrhG, auch hier ist die schöpferische Leistung für einen Urheberrechtsschutz nicht gegeben.

Fall U3 862

K hat einen Rechenschieber auf den Markt gebracht, der einen bezifferte Skalen tragenden Körper und eine gegenüber dem Körper verschiebbare Zunge aufweist. Auf der Zunge sind ebenfalls bezifferte Skalen aufgebracht. B ahmt den Rechenschieber des K nach und bringt die Nachahmung unter seinem Firmennamen auf den Markt. K möchte dem B den Vertrieb untersagen.

Lösung

a) Anspruchsgrundlage sind §§ 97, 2 UrhG.

Der Rechenschieber könnte als Schriftwerk nach § 2 Abs. 1 Nr. 1 UrhG angesehen werden. Dafür wäre aber Voraussetzung, dass der Rechenschieber einen äußerlich erkennbar gemachten Gedankenausdruck vermittelt, der Erzeugnis einer schöpferischen geistigen Leistung ist. Der

Gedankeninhalt muss also in dem Rechenschieber selbst durch Zeichen niedergelegt und erkennbar gemacht sein. Der Rechenschieber kann mit einer Tabelle verglichen werden. Tabellen sind in sich geschlossene Zahlenwerke, bei denen das gewünschte Ergebnis durch Ablesen gefunden wird. Beim Rechenschieber kann das Ergebnis erst durch räumliche Verschiebung der Zunge ermittelt werden. Im Gegensatz zu einer Tabelle sind daher die Rechenergebnisse auf einem Rechenschieber von vornherein nicht ablesbar enthalten. Lässt man diese Funktion außer Betracht, so weist ein Rechenschieber nur Skalen, aufgedruckte Buchstaben und Zahlen auf. Diese vermitteln keinen mit dem Mittel der Sprache ausgebildeten Gedankeninhalt. Eine Skala ist aus diesem Grunde kein Schriftwerk.

b) Es könnte ein Verstoß gegen § 3 UWG vorliegen. Der B hat den Rechenschieber des K nachgeahmt. Ob dies allerdings wettbewerbswidrig ist, ist fraglich. Es gilt der Grundsatz, dass im Interesse der Fortentwicklung und der Freiheit des geistigen Schaffens Nachahmungen zulässig sind. Die Handlungsweise des B wäre nur dann wettbewerbsrechtlich unzulässig, wenn besondere Umstände vorlägen, welche das Handeln des B unlauter erscheinen lassen. Eine die Unlauterkeit begründende Handlung würde dann vorliegen, wenn durch die Ähnlichkeit der Rechenschieber eine Herkunftsverwechslung verursacht würde. Diese kann aber dadurch vermieden werden, dass der B die ihm zumutbaren Maßnahmen ergreift, um die Verwechslungsgefahr zu vermeiden. Hier hat der B den Rechenschieber des K zwar weitgehend identisch nachgebaut. Um aber die Vorteile des Rechenschiebers des K wahrnehmen zu können, hatte der B keine andere Möglichkeit, als die Skalen im vollen Umfang zu übernehmen, um einen vergleichbar guten Rechenschieber auf den Markt zu bringen. Eine Änderung in der Realisierung der Skalen war ihm also nicht zuzumuten. Die einzige Möglichkeit, eine Herkunftsverwechslung zu vermeiden, bestand somit darin, seinen Firmennamen auf den Rechenschieber aufzubringen. Es liegt damit kein Verstoß gegen § 3 UWG vor.

BGH GRUR 63, 633 – Rechenschieber.

863 **Fall U4**

Kann ein Themenkatalog über wissenschaftliche Themen, bei dem eine Auswahl aus einer Vielzahl von Themen getroffen worden ist, durch das Urheberrecht geschützt sein?

Lösung

Der Themenkatalog ist ein Schriftwerk aus dem Bereich der Wissenschaft, § 2 Abs. 1 Nr. 1 UrhG und damit grundsätzlich dem Urheberrechtsschutz zugänglich. Gegenstand des Themenkataloges sind Begriffe und Lehren der Wissenschaft, die urheberrechtlich frei sind und jedermann zugänglich sein müssen. Urheberrechtsschutzfähig kann nur die konkrete schöpferische Formgebung, Sammlung, Einteilung, Anordnung und Darstellung des Stoffes sein. Nur in der Form des Kataloges kann somit eine schöpferische Leistung enthalten sein.

BGH GRUR 91, 130 – Themenkatalog.

Fall U5 **864**

Kann ein Anwaltsschriftsatz durch das Urheberrecht geschützt sein? Der Schriftsatz soll 120 Seiten umfassen und das Ergebnis einer sichtenden Tätigkeit von 10 000 Blatt Ermittlungsakten sein. Der Schriftsatz ist bisher nur den am Ermittlungsverfahren beteiligten Personen zugänglich gemacht worden. Jetzt stellt der Anwalt fest, dass ein Wochenblatt aus seinem Schriftsatz zitiert hat. Der Anwalt will dies untersagen.

Lösung

Anspruchsgrundlage wären §§ 97, 12, 15 UrhG.

a) Urheberrechtsschutz:

Anwaltsschriftsätze sind grundsätzlich dem wissenschaftlichen und nicht dem literarischen Bereich zuzuordnen. Bei wissenschaftlichen Werken wird bei der Prüfung auf Individualität die Form und Art der Sammlung, Einteilung und Anordnung des dargebotenen Stoffes untersucht und nicht ohne weiteres auch die Gedankenformung und Gedankenführung des dargebotenen Inhalts. Bei wissenschaftlichen Werken wird die Prüfung auf Individualität in folgenden Schritten durchgeführt:

- Es wird der geistig/schöpferische Gesamteindruck des Werkes festgestellt im Gesamtvergleich gegenüber vorbestehenden Gestaltungen.
- Wenn sich beim Gesamtvergleich mit dem Vorbekannten schöpferische Eigenheiten feststellen lassen, dann sind diese der durchschnittlichen Gestaltertätigkeit gegenüberzustellen.
- Der Urheberrechtsschutz erfordert ein deutliches Überragen über das Alltägliche, das Handwerksmäßige, die mechanisch/technische Aneinanderreihung des Materials.

Dazu ist eine Vergleichsperson bei der Beurteilung heranzuziehen, die Schriftsätze mit dem alltäglichen, mehr oder weniger auf Routine beruhenden Anwaltschaffen erzeugt. Wenn sich bei diesem Vergleich ergibt, dass der Anwaltsschriftsatz über das hinausgeht, was von der Vergleichsperson geschaffen werden kann, kann der erforderliche Eigentümlichkeitsgrad vorliegen.

Ausnahmsweise könnte Individualität auch in der Gedankenformung und Gedankenführung des dargestellten Inhaltes vorliegen, das könnte dann der Fall sein, wenn sich der Anwaltsschriftsatz durch eine sprachliche Gestaltungskunst auszeichnet, die eine tiefe Durchdringung des Tatsachen- und Rechtsstoffes und eine souveräne Beherrschung der Sprach- und Stilmittel erkennen lassen.

b) Ist der Anwaltsschriftsatz ein amtliches Werk nach § 5 UrhG?

Nach § 5 UrhG sind gerichtliche und behördliche Entscheidungen gemeinfreie amtliche Werke, nicht jedoch die Akten selbst mit ihrem gesamten Inhalt.

c) Ist der Anwaltsschriftsatz bereits veröffentlicht?

Eine Veröffentlichung liegt nach § 6 UrhG dann vor, wenn das Werk mit Zustimmung des Berechtigten der Öffentlichkeit zugänglich gemacht worden ist. Dies ist hier nicht der Fall, da der Schriftsatz nur beruflich zur Verschwiegenheit verpflichteten Personen zugänglich gemacht worden ist.

Aufgrund des Veröffentlichungsrechtes § 12 UrhG und der Verwertungsrechte nach § 15 UrhG kann der Anwalt die Veröffentlichung seines Schriftsatzes bzw. die Verwertung seines Schriftsatzes verbieten.

BGH GRUR 86, 739 – Anwaltsschriftsatz.

865 **Fall U6**

1. Können Bühnenbilder durch das UrhG geschützt sein?
2. Der A hat die Bühnenbilder für ein Schauspiel geschaffen, das über längere Zeit immer wieder mit diesen Bühnenbildern aufgeführt worden ist. Der A verstirbt. Nach seinem Tode werden die Bühnenbilder von K modernisiert und weiterhin für Aufführungen des Schauspiels verwendet. Können die Erben von A dies verhindern?

Lösung

Zu 1: Bühnenbilder können als Bilddarstellung als Werke der bildenden Künste, § 2 Abs. 1 Nr. 4 UrhG oder als Entwürfe von Werken der angewandten Kunst geschützt sein. Voraussetzung ist, dass die erforderliche Eigentümlichkeit vorliegt.

Zu 2: Es wird angenommen, dass der erforderliche Eigentümlichkeitsgrad vorliegt.

Anspruchsgrundlage wären §§ 97, 16, 14 UrhG.

Die Modernisierung der Bühnenbilder durch K kann eine Vervielfältigung sein, wenn die Änderungen geringfügig sind, eine Bearbeitung nach § 23 UrhG, wenn die Änderungen selbst schöpferisch sind oder eine freie Benutzung nach § 24 UrhG, wenn die ursprünglichen Bühnenbilder in den modernisierten Bühnenbildern nicht mehr erkennbar sind. In der Regel wird eine Bearbeitung vorliegen. Dazu ist die Zustimmung des A oder in unserem Fall der Erben (§§ 28, 30 UrhG) notwendig. Das Bearbeitungsrecht kann jedoch ohne ausdrückliche Regelung nach dem Zweckübertragungsgrundsatz (§ 31 UrhG) eingeräumt sein. Dies ist bei

Bühnenbildern in der Regel anzunehmen, insbesondere dann, wenn der Urheber der Bühnenbilder selbst die Bearbeitung nicht mehr vornehmen kann. Die Bearbeitung der Bühnenbilder darf jedoch keine Entstellung nach § 14 UrhG darstellen, da das Recht gegen Entstellungen zu den unverzichtbaren Persönlichkeitsrechten gehört.

BGH GRUR 86, 458 – Oberammergauer Passionsspiele.

Fall U7 866

Kann ein sogenanntes Fernsehfeature als Filmwerk durch das Urheberrecht geschützt sein?

Kann ein Regisseur auch Schutz als ausübender Künstler nach § 73ff. UrhG genießen?

Lösung

Der Schutz als Filmwerk, § 2 Abs. 2 Nr. 6 UrhG, erfordert eine persönlich geistige Schöpfung nach § 2 Abs. 2 UrhG. Diese setzt voraus, dass sich der Film nicht in der bloß schematischen Aneinanderreihung von Lichtbildern erschöpft. Vielmehr muss in der Auswahl, Anordnung und Sammlung des Stoffes sowie durch die Art der Zusammenstellung der einzelnen Bildfolgen ein individuelles Schaffen erkennbar sein.

Ein Regisseur kann als Urheber eines Filmwerkes gelten und wenn er künstlerisch bei der Wiedergabe des Werkes mitgewirkt hat, kann er nach § 73 UrhG ein Leistungsschutzrecht erworben haben. Gegenstand des Leistungsschutzrechts ist die persönliche Darbietung oder künstlerische Mitwirkung bei der Wiedergabe eines Werkes, beim Urheberrecht hingegen die in dem Werk selbst zum Ausdruck gebrachte persönliche geistige Schöpfung. Urheber und ausübender Künstler in einer Person ist danach, wer das Werk schöpferisch mitgestaltet und unabhängig davon bei dessen Vortrag oder Ausführung als ausübender Künstler mitwirkt, also insoweit unterschiedliche, voneinander getrennte Leistungen erbringt. Dies setzt voraus, dass die Leistungen ihrem Wesen nach etwas Verschiedenes sind, also insoweit sachlich auseinandergehalten werden können. Fallen dagegen schöpferische Filmgestaltung und künstlerisch mitwirkende Regieleistung untrennbar zusammen, liegt also eine untrennbare einheitliche Leistung vor, so ist kein Raum für einen gleichzeitigen Urheberrechts- und Leistungsschutz für eben dieselbe Leistung.

BGH GRUR 84, 730 – Filmregisseur.

Fall U8 867

A und B planen gemeinsam die Herstellung eines Filmes, der über den Verkehr auf Straßen berichtet. Der A hat die Idee dazu gehabt und hat in Notizen den Gang der Handlung skizziert. Bevor der Film fertig ist, steigt der A aus dem Projekt aus und überläßt dem B die Vollendung des Filmes. Der B vertreibt nach Vollendung den Film. Bei einer Aufführung des Filmes stellt der A fest, dass sein Name als Urheber nicht im Filmvorspann genannt ist.

a) Kann die Idee zu diesem Film geschützt sein?

b) Kann das Exposé, also der skizzierte Gang der Handlung, geschützt sein?

c) Ist A Miturheber am Film?

d) Muss A im Filmvorspann genannt werden?

Lösung

Zu a) Eine Idee ist durch das Urheberrecht grundsätzlich nicht geschützt, wenn man unter einer Idee eine Anregung zum Werk versteht.

Zu b) Ein Exposé, auch wenn es sehr kurz gehalten ist, kann durch das Urheberrecht geschützt sein, wenn es eine persönliche geistige Leistung enthält.

Zu c) Eine Miturheberschaft an einem Filmwerk ist nur dann gegeben, wenn die von A beeinflussten Bildfolgen eine eigentümliche Schöpfung darstellen, wenn sie also eine individuelle urheberrechtsschutzfähige Gestaltung erkennen lassen.

Zu d) Es ist umstritten, ob der Urheber eines Exposés als Miturheber des Filmwerks anzusehen ist oder ob ihm als Verfasser eines sogenannten vorbestehenden Werkes nur ein selbständiges literarisches Urheberrecht an diesem Schriftwerk zusteht.

Unabhängig davon steht dem Urheber eines zur Verfilmung benutzten Werkes aufgrund seines Urheberpersönlichkeitsrechts ein Anspruch auf Namensnennung nach § 13 UrhG im Vorspann des Films selbst dann zu, wenn ihm ein Miturheberrecht an dem Filmwerk nicht zugebilligt werden kann. Dieses Recht folgt aus der engen persönlichen Verbundenheit des Urhebers mit seinem Werk. Auch wenn der Urheber die urheberrechtlichen Verwertungsbefugnisse an einen Filmhersteller abgetreten hat, verbleibt ihm der persönlichkeitsrechtliche Kern des Urheberrechts, zu dem insbesondere der Anspruch gehört, bei der öffentlichen Vorführung einer filmischen Bearbeitung seines Werkes genannt zu werden.

BGH GRUR 63, 40 – Straßen – gestern und morgen.

868 **Fall U9**

Können Stadtpläne durch das Urheberrecht geschützt sein?

Lösung

Stadtpläne können Darstellungen wissenschaftlicher, technischer Art gemäß § 2 Abs. 7 UrhG sein, die dann Urheberrechtsschutz genießen, wenn sie eine persönliche geistige Schöpfung darstellen. Dabei muss die persönliche geistige Leistung des Urhebers in der Formgestaltung selbst liegen. Die Darstellungen wissenschaftlicher/technischer Art nach § 2 Abs. 1 Nr. 7 UrhG sind unter den Schutz des Urheberrechtsgesetzes gestellt, obwohl sie praktischen Zwecken dienen, die den Spielraum für eine individuelle Darstellungsweise einengen. Im Rahmen dieser Vorschrift darf kein zu hohes Maß an eigenschöpferischer Formgestaltung verlangt werden. Es reicht vielmehr aus, dass eine individuelle Geistestätigkeit in dem darstellerischen Gedanken der Abbildung zum Ausdruck kommt, mag auch das Maß der geistigen Leistung gering sein. Allerdings ergibt sich bei einem geringeren Maß an Eigentümlichkeit auch ein entsprechend enger Schutzbereich für das betreffende Werk. Die Stadtpläne sind somit i. d. R. durch Urheberrecht geschützt.

BGH GRUR 87, 360 – Werbepläne.

Fall U10 869

Sind die DIN-Normen, die im Anhang amtlicher Erlasse abgedruckt sind, auf die aber als maßgebliche technische Baubestimmung Bezug genommen wird, amtliche Werke nach § 5 Abs. 1 UrhG?

Lösung

Die DIN-Normen, die vom Deutschen Institut für Normung e. V. herausgegeben werden, sind selbst kein Gesetz, Rechtsverordnung oder amtlicher Erlass. Denn für die Annahme einer Rechtsnorm fehlt es an der notwendigen Allgemeinverbindlichkeit. Jedoch kann auch die Bezugnahme auf private Werke in einer amtlichen Verlautbarung zum Ausschluss des Urheberrechtsschutzes nach § 5 Abs. 1 UrhG führen. Dies ist namentlich dann der Fall, wenn das Amt in seiner Verlautbarung den Wortlaut der DIN-Norm wiedergegeben hat, § 5 Abs. 3 UrhG.

Fall U11 870

Sind die von einer Vermessungsbehörde herausgegebenen Kartenwerke amtliche Werke im Sinne des § 5 Abs. 2 UrhG?

Lösung

Die topografischen Karten können nach § 2 Abs. 1 Nr. 7 UrhG geschützt sein, wenn der erforderliche Eigentümlichkeitsgrad vorliegt, der bei den Darstellungen wissenschaftlicher/technischer Art gering sein kann (siehe BGH, Werbepläne – RdNr. 868).

Ein amtliches Werk liegt dann vor, wenn das Werk im amtlichen Interesse zur allgemeinen Kenntnisnahme veröffentlicht worden ist. Die Karten sind zwar einer Verwaltungsbehörde zuzurechnen, werden jedoch nicht im amtlichen Interesse zur allgemeinen Kenntnisnahme veröffentlicht. Somit liegt also kein amtliches Werk nach § 5 UrhG vor.

BGH GRUR 88, 33 – topografische Landkarten.

871 **Fall U12**

Der K hat Unterlagen zur Errichtung einer Schweißelektrodenfabrik erstellt, diese umfassen Zeichnungen, Pläne für den Aufbau und den Betrieb einer Elektrodenfabrik. Der K tritt später in die Dienste des B ein, der sich mit der Planung und dem Bau von Elektrodenfabriken beschäftigt. Der B beginnt Verhandlungen mit einem Käufer und in einem Gespräch, an dem der K teilnimmt, werden dem Käufer die Unterlagen des K unterbreitet und später danach eine Fabrik gebaut. Wie ist die Zurverfügungstellung der Pläne an den Käufer zu bewerten? Hat der B Nutzungsrechte an den von dem K vor Eintritt in das Arbeitsverhältnis erstellten Unterlagen erlangt?

Lösung

Zunächst wird festgestellt, dass die von dem K erstellten Unterlagen nach § 2 Abs. 1 Nr. 7 UrhG urheberrechtsschutzfähig sind. Der B hat diese Unterlagen an den Käufer zum Zwecke der Auftragserlangung weitergegeben. Darin ist ein Verbreiten in der Form des Inverkehrbringens im Sinne von § 17 Abs. 1 UrhG zu sehen. Dem steht nicht entgegen, dass die Weitergabe der Unterlagen nur im Rahmen einer einzelnen Geschäftsbeziehung erfolgte; denn auch dies war bereits ein Verbreiten in der Öffentlichkeit im Sinne des § 15 Abs. 3 UrhG. Der Käufer war nämlich mit dem B nicht persönlich verbunden, sondern gehörte zu dem unbestimmten Kreis der potentiellen Auftraggeber. Die Verbreitung an diesen Kreis konnte wegen der besonderen Art des Werkes nicht in allgemeiner Form erfolgen, sondern nur im Rahmen von Einzelkontakten. Somit liegt ein öffentliches Verbreiten vor.

Die Frage ist aber, ob der K dem B das Verbreitungsrecht gestattet hatte. Die Unterlagen sind von dem K vor Abschluss des Arbeitsvertrages geschaffen worden, so dass dem Arbeitgeber für diese, vor dem Abschluss des Arbeitsvertrages erstellten Unterlagen gemäß § 43 UrhG keine Nutzungsrechte zustehen, es sei denn, ein solches Nutzungsrecht ist in einem Vertrag vereinbart worden. Ein solches kann hier angenommen werden, allerdings nur gegen Bezahlung einer angemessenen Vergütung entsprechend § 612 Abs. 1, § 632 Abs. 2 BGB.

BGH GRUR 85, 129 – Elektrodenfabrik.

872 **Fall U13**

Der K befasst sich mit der Herstellung und den Vertrieb von Computerspielen für Homecomputer. Er stellt fest, dass der B eine Kopie eines Computerspiels von ihm einem einzigen Dritten zum Tausch angeboten hat. Liegt ein Verbreiten nach § 17 UrhG vor?

Lösung

§ 17 UrhG erfordert ein Angebot in der Öffentlichkeit. Aus § 15 Abs. 3 UrhG ergibt sich eine Legaldefinition des Begriffes Öffentlichkeit, allerdings nur für die öffentliche Wiedergabe eines Werkes. Bei der Werkverwertung in körperlicher Form, um die es hier geht, ist die Begriffsbestimmung entsprechend anzuwenden. Bei einer entsprechenden Anwendung im Rahmen des § 17 UrhG kann für den Begriff der Öffentlichkeit nicht entscheidend darauf abgestellt werden, ob das Werk gegenüber einer Mehrzahl von Personen verwertet wird. Denn anders als bei der Wiedergabe in unkörperlicher Form, bei der die Wiedergabe eine Mehrzahl von Personen erreicht, ist dies bei der Werkverbreitung bezüglich eines einzigen Werkstückes nicht ohne weiteres gegeben. Das Erfordernis des öffentlichen Inverkehrbringens kann daher nicht das gleichzeitige Erreichen einer Mehrzahl von Personen bedeuten, sondern nur als das Verbreiten in der Öffentlichkeit verstanden werden, also das Heraustreten des Anbietenden aus der internen Sphäre in die Öffentlichkeit. Mit dem Bezug zur Öffentlichkeit in § 17 UrhG wird der Zweck verfolgt, die bloß private Weitergabe vom Ausschließungsrecht des Urhebers auszunehmen; es ist deshalb auch anerkannt, dass in der privaten Weitergabe an Dritte, mit denen eine persönliche Beziehung besteht, kein Akt des Inverkehrbringens zu sehen ist. Dagegen kann die Einzelverbreitung das Tatbestandsmerkmal der Öffentlichkeit erfüllen, wie dies z.B. in der Entscheidung Elektrodenfabrik (siehe oben) dargestellt worden ist. Liegt danach ein Inverkehrbringen nach § 17 UrhG vor, wenn dies nicht gegenüber einer Mehrzahl von Personen geschieht, so kann für das dem Inverkehrbringen vorgelagerte Anbieten nichts anderes gelten. Auch hier genügt das Einzelgebot an einen der Öffentlichkeit angehörenden Dritten, zu dem keine persönlichen Bindungen bestehen.

BGH GRUR 91, 316 – Einzelangebot.

Fall U14 873

Ist das Herstellen von Masterbändern, die an gewerbliche Abnehmer weiter vertrieben werden, ein Verstoß gegen das Urheberrecht, wenn die auf den Bändern aufgebrachte Unterhaltungsmusik durch ein Urheberrecht geschützt ist? Masterbänder dienen dazu, Schallplatten und Musikkassetten herzustellen, die dann an Endabnehmer vertrieben werden.

Lösung

Es könnte eine unerlaubte Vervielfältigung nach § 16 UrhG vorliegen.

Die Vervielfältigung ist die körperliche Festlegung eines Werkes, soweit sie geeignet ist, das Werk den menschlichen Sinnen auf irgend eine Weise unmittelbar oder mittelbar wahrnehmbar zu machen. Auch die

Übertragung des Werkes auf Vorrichtungen zur wiederholbaren Wiedergabe von Tonfolgen ist eine Vervielfältigung, gleichviel, ob es sich um die Aufnahme einer Wiedergabe des Werkes auf einen Tonträger oder um die Übertragung des Werkes von einem Tonträger auf den anderen handelt. Dabei kommt es nicht auf den Gebrauchszweck an. Masterbänder sind daher als Festlegung des Werkes auf Tonträger und deshalb als echte Werkverkörperungen anzusehen. Ihre Herstellung unterliegt damit dem Vervielfältigungsrecht des § 16 UrhG, das jegliche erstmalige Werkfixierung oder wiederholte Festlegung erfasst und selbst in die Privatsphäre reicht, soweit nicht die §§ 53, 54 UrhG eingreifen.

Diese Ansicht entspricht auch dem Zweck des Urheberrechtsschutzes. Die Zubilligung der ausschließlichen Verwertungsrechte ist Ausfluss des das Urheberrecht beherrschenden Grundgedankens, dass der Urheber angemessen an dem wirtschaftlichen Nutzen seines Werkes zu beteiligen ist. Entscheidend ist nach dem Zweck des Urheberrechtsgesetzes, dass der Urheber an jedem neuen Verwertungsvorgang teilhaben soll, der neue Kreise erschließt und dabei eine neue gewerbliche Ausbeutung mit sich bringt. Seine schutzwürdigen wirtschaftlichen Interessen erfordern es, ihn an dem wirtschaftlichen Nutzen zu beteiligen, den ein Dritter selbständig aus der Werkverkörperung erzielt, bevor das Werk den Endverbraucher erreicht.

BGH GRUR 82, 102 – Masterbänder.

874 **Fall U15**

Hat ein Künstler einen Anspruch aus § 26 UrhG, wenn sein Werk in Großbritannien versteigert wird und der Eigentümer des Werkes dieses einem Angestellten des Versteigerers in Deutschland übergeben hat?

Lösung

Ein Folgeanspruch nach § 26 UrhG liegt dann vor, wenn das Werk zumindest teilweise im Inland weiter veräußert worden ist. Hier ist die Versteigerung in Großbritannien erfolgt, allerdings ist das Werk vom Eigentümer dem Angestellten des Versteigerers im Inland übergeben worden. Es ist fraglich, ob durch diese Übergabe an den Angestellten die Weiterveräußerung zumindest teilweise im Inland erfolgt ist. Maßgebend für die Veräußerung ist die Entäußerung der unbeschränkten Verfügungsmacht über das Werk. Diese Entäußerung muss im Rahmen der Veräußerung selbst, also unter Beteiligung des Erwerbers erfolgen, wobei unter Veräußerung im Sinne des deutschen Rechts die rechtsgeschäftliche Eigentumsübertragung zu verstehen ist, also das dingliche Verfügungsgeschäft. Eine vorgelagerte Beauftragung und Bevollmächtigung, ein Werkstück zu veräußern, reicht ebensowenig wie die Besitzübergabe aus, zumal bis zum Beginn der Versteigerung das eingelieferte Werk von der

Versteigerung zurückgezogen werden konnte. Damit handelt es sich um eine der Veräußerung vorgelagerte Vorbereitungshandlung.

BGH NJW 94, 2888 – Folgerecht bei Auslandsbezug.

Fall U16 875

Bedarf der Verfasser einer Zitatensammlung, der urheberrechtlich geschützte Textstellen aufnimmt und dessen Beitrag sich im wesentlichen in der Auswahl und Gliederung der Textstellen erschöpft, der Erlaubnis der Inhaber der Urheberrechte an den entlehnten Textstellen?

Lösung

Der Fall ist nach § 51 Nr. 2 UrhG zu beurteilen. Die dort geregelte Entlehnungsfreiheit dient der Freiheit der geistigen Auseinandersetzung mit fremden Gedanken und eine solche Auseinandersetzung kann auch in der Form stattfinden, dass politische, wissenschaftliche oder geistige Strömungen durch die wörtliche Wiedergabe einzelner Stellen aus den geschützten Werken verschiedener Autoren deutlich gemacht werden, wenn diese unter bestimmten Gesichtspunkten ausgewählt und gegliedert sind. Beruht aber die eigentliche Substanz einer derartigen Sammlung nach § 4 UrhG auf den Textstellen der Dritten, kann nicht mehr von einem „Anführen“ in einem selbständigen Werk die Rede sein. Eine solche Auslegung des § 51 UrhG würde dem eng begrenzten Zweck der Zitierfreiheit nicht gerecht werden.

Wenn auch das sogenannte Kleinzitat nach § 51 Nr. 2 UrhG im Gegensatz zum sogenannten Großzitat nach § 51 Nr. 1 UrhG nicht voraussetzt, dass die Anführung der Belegstelle der Erläuterung des Inhalts des aufnehmenden Werkes dient, beim Kleinzitat vielmehr der Zitatzweck im Gesetz nicht konkretisiert ist, so muss es sich doch auch hier um eine im Rahmen des Zitats liegende Zweckverfolgung handeln. Schon nach allgemeinem Sprachgebrauch aber wird die bloße Aneinanderreihung fremder Textstellen nicht als Zitieren, mit anderen Worten nicht als ein Anführen von Belegstellen für eigene Gedankengänge bezeichnet. Beim vorliegenden Sachverhalt ist die Aufnahme der Textstellen in die Zitatensammlung darum kein Zitieren nach § 51 UrhG und es bedarf für die Aufnahme der Zustimmung der Urheber der Textstellen.

BGH GRUR 73, 216 – Handbuch moderner Zitate.

Fall U17 876

Eine Rundfunkanstalt strahlt eine Fernsehserie aus, die sich mit der Entwicklung des Tonfilms in Deutschland befaßt. Bei einer Sendung werden Ausschnitte aus alten Spielfilmen gezeigt, wobei der eine Ausschnitt fünf Minuten dauert, der andere 37 Sekunden. Die Sendedauer ist 43 Minuten. Bedarf die Rundfunkanstalt der Zustimmung der Urheber der beiden Filmausschnitte?

Lösung

Es ist fraglich, ob hier § 51 Nr. 2 UrhG einschlägig ist, da dieser sich nur auf Sprachwerke bezieht und nicht auf Filmwerke. Nach der Rechtsprechung kann jedoch § 51 Nr. 2 UrhG auf Filmwerke entsprechend angewandt werden. Zwar hat das Zitatrecht als Einschränkung des ausschließlichen Verwertungsrechts einen Ausnahmecharakter und ist daher grundsätzlich eng auszulegen. Dieser Grundsatz steht aber einer entsprechenden Anwendung einer urheberrechtlichen Freistellungsnorm nicht generell entgegen, vorausgesetzt, das Gesetz enthält eine Regelungslücke und der Sinn und Zweck der Ausnahmeregelung läßt eine Analogie geboten erscheinen. Dies ist hier der Fall. Die Zitierfreiheit ist im Interesse des allgemeinen kulturellen und wissenschaftlichen Fortschritts in das Gesetz aufgenommen worden. Ausgehend von dem Gedanken, dass der Urheber bei seinem Schaffen auf den kulturellen Leistungen seiner Vorgänger aufbaut, wird es ihm im Interesse der Allgemeinheit zugemutet, einen verhältnismäßig geringfügigen Eingriff in sein ausschließliches Verwertungsrecht hinzunehmen, wenn dies der geistigen Kommunikation und damit der Förderung des kulturellen Lebens zum Nutzen der Allgemeinheit dient. Dieser Grundgedanke gebietet es, den Sprachwerken in § 51 Nr. 2 UrhG diejenigen Werke gleichzustellen, die wie die Filmwerke in der Tradition des deutschen Urheberrechtes zu den literarischen Werken gerechnet werden. Für Filmwerke wissenschaftlichen Charakters folgt dies unmittelbar aus dem Gesetz; denn § 51 Nr. 1 UrhG erfasst bereits seinem Wortlaut nach jedes selbständige wissenschaftliche Werk.

Hier muss nun geprüft werden, ob die Ausstrahlung der beiden Spielfilmausschnitte ein Anführen ist oder nicht. Dies hängt davon ab, ob die übrigen Teile der Fernsehsendung eine geistige Auseinandersetzung mit den Spielfilmausschnitten enthalten. Die Dauer der Filmausschnitte liegt noch im Rahmen eines Zitats.

BGH GRUR 87, 362 – Filmzitat.

877 **Fall U18**

Der K stellt eine Motorsäge her und vertreibt diese mit einer Betriebsanleitung. Die Betriebsanleitung besteht aus Textteilen, Zeichnungen und Lichtbildern. K exportiert die Motorsägen auch nach den USA.

Der B reimportiert die Motorsägen aus den USA und vertreibt sie billiger in DE. Er fügt eine Betriebsanleitung in Deutsch bei, die auszugsweise Texte, Lichtbilder und Zeichnungen der Betriebsanleitung des K enthält.

K möchte dem B die Vervielfältigung und Verbreitung dieser Teile seiner Betriebsanleitung verbieten.

Lösung

Anspruchsgrundlagen sind §§ 97, 72, 2 Abs. 1 Nr. 1 und 7 UrhG.

a) Zu § 72 UrhG

Voraussetzung ist, dass ein Lichtbild vorliegt. Für einen solchen Schutz ist kein eigenschöpferisches Schaffen im Sinne des § 2 Abs. 2 des UrhG erforderlich. Es genügt vielmehr ein Mindestmaß an persönlicher, geistiger Leistung, das in der Regel bei allen einfachen Fotografien gegeben ist. Diese Voraussetzungen liegen hier wohl vor, so dass Ansprüche aus § 97 UrhG bestehen.

b) Zu § 2 Abs. 1 Nr. 7

Die Zeichnungen sind Darstellungen wissenschaftlicher oder technischer Art, für die ein Urheberrechtsschutz nach § 2 Abs. 1 Nr. 7 möglich ist. Voraussetzung ist, dass die erforderliche geistige persönliche Leistung vorliegt. Im Rahmen dieser Vorschrift darf kein zu hohes Maß an eigenschöpferischer Leistung verlangt werden; denn derartige Darstellungen sind unter den Schutz des UrhG gestellt, obwohl sie regelmäßig einem praktischen Zweck dienen, der den Spielraum für eine individuelle Gestaltung einengt. Es reicht daher aus, dass eine individuelle Geistestätigkeit in dem dargestellten Gedanken zum Ausdruck kommt, wenn auch das Maß an Eigentümlichkeit gering ist.

c) Zu § 2 Abs. 1 Nr. 1

Die Textteile sind Schriftwerke wissenschaftlicher oder technischer Art. Bei solchen Werken ist die persönliche geistige Leistung in erster Linie in der Form und Art der Sammlung, Einteilung und Anordnung des dargebotenen Stoffes zu suchen. Die Frage, ob ein wissenschaftliches oder technisches Schriftwerk einen hinreichenden Eigentümlichkeitsgrad besitzt, bemisst sich nach dem geistig-, schöpferischen Gesamteindruck der konkreten Gestaltung, und zwar im Gesamtvergleich gegenüber vorbestehenden Gestaltungen. Lassen sich nach Maßgabe des Gesamtvergleichs mit dem Vorbekannten schöpferische Eigenheiten feststellen, so sind diese der durchschnittliche Gestaltertätigkeit gegenüber zu stellen. Die Urheberrechtsschutzfähigkeit erfordert bei Gebrauchszwecken dienendem Schriftgut grundsätzlich ein deutliches Überragen des Alltäglichen, des Handwerksmäßigen, der mechanisch-technische Aneinanderreihung des Materials. Bei Schriftwerken der in Frage stehenden Art gelten nicht die bei Darstellungen wissenschaftlicher und technischer Art im Sinne des § 2 Abs. 1 Nr. 7 UrhG bestehenden geringeren Anforderungen an die Schutzfähigkeit. Ein Schriftwerkschutz nach § 2 Abs. 1 Nr. 1 UrhG ist daher unwahrscheinlich.

Fraglich ist, ob die von dem K in Verkehr gebrachte Bedienungsanleitung dazu führt, dass das Urheberrecht erschöpft ist. Dies wäre dann der Fall, wenn der B die von K verbreitete Bedienungsanleitung weiter verbreitet hätte. Das ist aber hier nicht der Fall, da er nur Teile der Bedienungsanleitung des K vervielfältigt hat und diese innerhalb seiner Bedienungsanleitung verbreitet hat. Die Erschöpfung erfasst lediglich die Weiterverbreitung des konkreten Werkexemplares, das Vervielfältigungsrecht bleibt davon aber unberührt.

BGH GRUR 1993, 34 – Bedienungsanweisung.

878 **Fall U19**

Der K produziert und vertreibt Schallplatten einer Gesangsgruppe. Er hat dafür für Deutschland das ausschließliche Verwertungsrecht. Der B importiert teils aus Israel, teils aus Großbritannien Schallplatten, die ebenfalls Aufnahmen der Gesangsgruppe enthalten. Der B hat für Israel und Großbritannien ausschließliche Verwertungsrechte. Kann der K dem B den Vertrieb der Schallplatten in Deutschland verbieten?

Lösung

Der K hat das ausschließliche Verbreitungsrecht nach § 85 Abs. 1 UrhG für Deutschland. Es ist fraglich, ob dieses Verbreitungsrecht nach § 85 UrhG erschöpfen kann. Die Rechtsprechung ist der Meinung, dass auch beim Verbreitungsrecht des Herstellers von Tonträgern Erschöpfung eintreten kann. Die Erschöpfung ist danach eine allgemeine Rechtsregel, die im gesamten gewerblichen Rechtsschutz und im Urheberrecht Anwendung findet. Der Grundsatz besagt, dass der Rechtsinhaber durch eigene Benutzungshandlungen das ihm vom Gesetz eingeräumte ausschließliche Verwertungsrecht ausgenutzt und damit verbraucht hat, so dass bestimmte weitere Verwertungshandlungen nicht mehr vom Schutzrecht erfasst werden. Hat der Rechtsinhaber alle in seinem Recht liegenden Vorteile wahrgenommen, so ist sein Schutzbedürfnis entfallen, die weitere Verwertung ist frei geworden und kann von ihm nicht mehr verboten werden.

Die Frage nach dem Verbrauch des Verbreitungsrechts berührt nicht die schöpferische Leistung als solche, sondern spricht die wirtschaftliche Seite des Rechts an. Insoweit besteht aber zum Leistungsschutzrecht des Tonträgerherstellers kein so erheblicher Unterschied, dass er in diesem Zusammenhang eine abweichende Beurteilung rechtfertigen könnte.

Von einem Verbrauch des inländischen Verbreitungsrechts und damit einer Freigabe des inländischen Marktes kann aber erst dann gesprochen werden, wenn der Rechtsinhaber der inländischen Verbreitung durch den Abschluss eines Lizenzvertrages zugestimmt hat.

Soweit der B seine Schallplatten aus dem EU-Mitgliedsstaat Großbritannien einführt, ist das Verbreitungsrecht erschöpft, § 17 Abs. 2 UrhG. Dabei ist gleichgültig, wo die Tonträger hergestellt worden sind, maßgebend ist allein, dass sie auf dem Markt eines Mitgliedstaates rechtmäßig in Verkehr gebracht worden sind. Dies ist hier der Fall. Für die direkt aus

Israel eingeführten Tonträger gilt dies jedoch nicht, da Israel nicht Mitgliedsstaat der EU ist. Diesen Import kann der K verbieten.

BGH GRUR Int. 81, 562 – Schallplattenimport.

Fall U20 879

Wie kann man gegen die unerlaubte Benutzung von Spielprogrammen vorgehen?

Lösung

Die einschlägigen Vorschriften sind in den § 106 Abs. 1, § 2 Abs. 1 Nr. 1 oder 6 bzw. § 108 Abs. 1 Nr. 7 und § 95 UrhG enthalten.

Ein Computerspiel kann als Computerprogramm nach § 2 Abs. 1 Nr. 1 UrhG oder als Filmwerk § 2 Abs. 1 Nr. 6 UrhG geschützt sein. Dazu ist erforderlich, dass eine persönlich geistige Schöpfung vorliegt. Ist dies nicht der Fall, dann steht dem Hersteller des Spielprogramms oder dem ausschließlich Nutzungsberechtigten der Leistungsschutz nach § 95 UrhG zu, dessen Verletzung der Strafdrohung des § 108 Abs. 1 Nr. 7 UrhG unterliegen kann. Die Vorschrift des § 95 UrhG schützt Bildfolgen und Bild- und Tonfolgen, die nicht gemäß § 2 Abs. 2 UrhG als persönliche geistige Schöpfung qualifiziert werden können, im Rahmen des Leistungsschutzes. Aus § 95 UrhG lässt sich entnehmen, dass das Gesetz den einzigen Unterschied zwischen Filmwerken und Laufbildern in der persönlichen geistigen Schöpfungsqualität sieht. Die Bildfolge muss den Eindruck eines bewegten Spiels entstehen lassen, und zwar durch die Aneinanderreihung der einzelnen Bilder. Dabei ist es gleichgültig, auf welche Art die einzelnen Bilder erzeugt werden.

Die unerlaubte Verwertung von Computerspielen stellt somit eine Verletzung des § 2 Abs. 1 Nr. 1, § 2 Abs. 1 Nr. 6 bzw. von § 95 UrhG dar, die die Strafsanktion des § 106 Abs. 1 UrhG bzw. des § 108 Abs. 1 Nr. 7 UrhG auslösen.

BayObLG CR 92, 479 – Laufbildschutz für Computerprogramme.

Fall U21 880

Der K bietet ein Programm P1 an, mit dem die Arbeit des Betriebsrates vereinfacht wird. Bei der Benutzung des Programms P1 werden Bildschirmmasken oder Menüs erzeugt, die die Gliederung einer Reihe von Arbeitsgebieten darstellen, die jeweils auswählbar sind.

Der B vertreibt zeitlich später ebenfalls ein Programm P2 zur Vereinfachung der Arbeit der Betriebsräte. Die von diesem Programm P2 erzeugten Bildschirmmasken und Menüs sind denjenigen des Programms P1 sehr ähnlich, sie zeigen den größten Teil der Arbeitsgebiete des K auf, und zwar mit gleicher Bezeichnung.

K möchte den Vertrieb von P2 verbieten.

Lösung

Anspruchsgrundlage sind die §§ 97, 69c, 69a UrhG.

Nach § 69a UrhG sind Programme geschützt, wenn sie ein individuelles Werk darstellen, das das Ergebnis einer eigenen geistigen Schöpfung ist, wobei keine qualitativen und ästhetischen Kriterien angewendet werden dürfen. Diese Vorschrift findet auch Anwendung auf Computerprogramme, die vor dem Inkrafttreten des Änderungsgesetzes geschaffen worden sind, § 137d UrhG. Damit hat der Gesetzgeber festgelegt, dass auch die kleine Münze bei Computerprogrammen geschützt sein soll. Zu den Computerprogrammen zählen Programme in jeder Gestaltung und in jeder Ausdrucksform. Dazu sind auch Bildschirmmasken oder Menüs zu rechnen. Im vorliegenden Fall kann man davon ausgehen, dass die für die Gestaltung der Bildschirmmaske oder Menüs erforderliche Leistung für den Urheberrechtschutz ausreichend war. Dementsprechend sind sie durch §§ 69a, 69c UrhG geschützt und der K kann verbieten, dass der B diese Bildschirmmasken vervielfältigt und verbreitet.

Nach anderer Ansicht sind Bildschirmmasken in die Kategorie Lichtbilder, § 72 UrhG, einzuordnen, wobei der Lichtbildschutz ebenfalls nur eine geringe geistige Leistung erfordert, so dass auch bei dieser Ansicht ein Schutz besteht, aufgrund dessen die Vervielfältigung und Verbreitung untersagt werden kann.

OLG Karlsruhe GRUR 1994, 726 – Bildschirmmasken.

D. Fälle zur Schutzrechtsverletzung

881 **Fall S1**

A ist Inhaber eines Patentes P, das vor Patentierung nach § 32 PatG offengelegt worden ist. Ein Unternehmen U benutzt den Gegenstand der offengelegten Anmeldung. Der A verlangt von U und dessen Geschäftsführer G Schadenersatz. Zur Berechnung des Schadens macht er einen Auskunftsanspruch, der auch die Bekanntgabe der Herstellungs- und Vertriebskosten einschließt, geltend.

G weigert sich den Schaden zu ersetzen. U will keine Auskunft über die Herstellungs-/Vertriebskosten geben. Mit Erfolg?

Lösung

Nach § 33 PatG hat der Inhaber einer offengelegten Anmeldung gegen einen Benutzer einen Anspruch auf angemessene Entschädigung. Die Benutzung des Anmeldungsgegenstandes kann nicht verboten werden. Daraus wird gefolgert, dass die Benutzung bis zur Erteilung eines Patentes nicht rechtswidrig ist, der Entschädigungsanspruch kein deliktischer Anspruch ist. Deshalb haftet der G nicht für die Erfüllung des Entschädigungsanspruchs. Dafür kommt nur U als unmittelbarer Nutznießer in Frage.

Der Entschädigungsanspruch ist nach der Lizenzanalogie zu bestimmen, ein Schadenersatzanspruch nach §§ 249ff. BGB besteht nicht, ebensowenig kann der Verletzergewinn herausverlangt werden. Zur Berechnung der Höhe der Entschädigung ist aber die Kenntnis der Herstellungs-/Vertriebskosten nicht notwendig, insoweit kann keine Auskunft verlangt werden.

Fall S2 882

A ist Inhaber eines Gebrauchsmusters, dessen Gegenstand der Aufbau eines Fensterrahmens ist. Er stellt fest, dass der B den Gebrauchsmustergegenstand herstellt und verkauft. A macht den B auf sein Schutzrecht aufmerksam und verlangt Unterlassung und Schadenersatz. Der B entgegnet, dass das Gebrauchsmuster wegen mangelndem erfinderischem Schritt unwirksam sei und leitet ein Löschungsverfahren gegen das Gebrauchsmuster ein, das beim Bundespatentgericht zur Teillöschung führt. Da B die Benutzung nicht unterläßt und keinen Schadenersatz bezahlt, erhebt der A Klage beim Landgericht. Das Gericht stellt fest, dass der B auch das teilgelöschte Gebrauchsmuster verletzt. Kann A Schadenersatz verlangen?

Lösung

Nach § 24 GebrMG kann A von B Schadenersatz verlangen, wenn B schuldhaft gehandelt hat. Dies könnte hier fraglich sein, da B der Meinung ist, dass das Gebrauchsmuster nicht rechtsbeständig ist und dies auch durch das Löschungsverfahren überprüfen ließ. Der B hat seiner Sorgfaltspflicht genügt, wenn er anwaltlichen Rat eingeholt hat und diesem auch gefolgt ist. Wenn trotzdem eine Verletzung vorlag, befand der B sich im Rechtsirrtum, der ein Verschulden ausschließt. Der B haftet jedoch nach den Vorschriften über die ungerechtfertigte Bereicherung, § 812 BGB.

BGH GRUR 77, 250 – Kunststoffhohlprofil I.

Fall S3 883

Weiterbildung von Fall S2. Wie wird die Bereicherung berechnet?

Lösung

Die Berechnung erfolgt nach der Lizenzanalogie.

BGH GRUR 82, 301 – Kunststoffhohlprofil II.

884 **Fall S4**

Weiterbildung von Fall S2.

Wie wäre es, wenn der A statt des Gebrauchsmusters ein Patent geltend gemacht hätte?

Lösung

Im Unterschied zum Gebrauchsmuster ist ein Patent ein geprüftes Schutzrecht. Ein Irrtum über die Rechtsbeständigkeit ist deswegen i. d. R. vorwerfbar.

885 **Fall S5**

K stellt Leuchten mit Lampenschirmen her, die brombeerartig gestaltet sind. Er hat für diese Leuchten eine Geschmacksmusteranmeldung eingereicht. Der B stellt Leuchten mit Lampenschirmen her, die ebenfalls brombeerartig gestaltet sind und vertreibt diese. Der K sendet an Abnehmer des B ein Schreiben, in dem u. a. steht, dass sie die Verbreitung der Leuchten des B unverzüglich einzustellen hätten, da er Geschmacksmusterrechte geltend machen könne. Die Abnehmer kommen der Aufforderung des K nach.

Kann B Ansprüche gegen K geltend machen?

Es sind folgende Fälle zu unterscheiden:

a) Es stellt sich heraus, dass die Leuchten des B nicht unter das Geschmacksmusterrecht des K fallen.

b) Wie wäre die Rechtslage, wenn der K vor dem B Leuchten entwickelt und vertrieben hätte, die fast mit denen des B identisch sind, für die er aber keine Musteranmeldung eingereicht hat?

Lösung

Zu a) Anspruchsgrundlage kann § 823 BGB sein. Das Schreiben an die Abnehmer des B kann als eine Verwarnung oder Abmahnung aufgefasst werden, die in den eingerichteten und ausgeübten Gewerbebetrieb des B dadurch eingreift, dass die Abnehmer des B die Leuchten nicht mehr abnehmen. Ein solcher Eingriff ist ein Eingriff in ein sonstiges Recht und fällt unter § 823 BGB. Der B kann somit dem K die Verwarnung seiner Abnehmer verbieten. Er hat auch einen Schadensersatzanspruch, wenn der K mit Verschulden gehandelt hat. Bei einer Verwarnung aus einem Schutzrecht trifft den Verwarner eine erhöhte Sorgfaltspflicht. Dies gilt insbesondere bei ungeprüften Schutzrechten. Diese Sorgfaltspflicht ist noch umfassender, wenn nicht der Hersteller verwarnt wird, sondern die Abnehmer des Herstellers, die in der Regel die Rechtslage nicht prüfen, sondern der Verwarnung folgen. Bei einer Schutzrechtsverletzung sollte zunächst der Hersteller verwarnt werden und die Abnehmer erst dann, wenn der Hersteller nicht belangt werden kann.

Zu b) Der K könnte nur dann einen Anspruch geltend machen, wenn seine Lampenschirme durch das Urheberrecht geschützt wären, und zwar als Werk der angewandten Kunst, § 2 Abs. 1 Nr. 4 UrhG. Ein solcher Schutz durch das Urheberrecht besteht bei Werken der angewandten Kunst nur dann, wenn der ästhetische Gehalt des Werkes einen solchen Grad erreicht hat, dass nach Auffassung der für Kunst empfänglichen und mit Kunstanschauungen einigermaßen vertrauten Kreise von einer künstlerischen Leistung gesprochen werden kann. Der hiernach erforderliche Grad ästhetischen Gehalts ist ein höherer, als er bei nur geschmacksmusterfähigen Gegenständen verlangt wird. Die zwischen urheberrechtlichen Schutz und Geschmacksmusterschutz bestehende Grenze darf nicht zu niedrig abgesteckt werden. Bei dieser Untersuchung ist nicht auf die geschmacklichen Feinheiten, die ein auf dem gleichen Gebiet arbeitender Fachkenner herausfühlt, abzustellen, sondern auf den ästhetischen Eindruck, den das Werk nach dem durchschnittlichen Urteil des für Kunst empfänglichen und mit Kunstdingen einigermaßen vertrauten Menschen vermittelt. Ein derartiger ästhetischer Gehalt wird bei mehr oder weniger der Natur entnommenen Vorbildern kaum vorliegen.

BGH GRUR 79, 322 – Brombeerleuchte.

E. Fälle zum Schutzrecht im Rechtsverkehr

Fall V1 886

A kauft von B eine Patentanmeldung zum Kaufpreis von EUR 10000, den er bezahlt. Die Anmeldung wird in dem Patentregister auf ihn umgeschrieben. Das Prüfungsverfahren vor dem DPMA endet mit der Zurückweisung wegen Standes der Technik. Der A möchte sein Geld zurück haben. Bestehen Aussichten?

Lösung

Der Kaufvertrag über eine Patentanmeldung ist ein gewagtes Geschäft, bei dem der Käufer weiß, dass das Erteilungsverfahren ungünstig verlaufen kann. Dieses Risiko hat der Käufer zu tragen; wenn er dies vermeiden will, muss er eine entsprechende Regelung in den Vertrag aufnehmen lassen. Dies ist hier nicht der Fall. Deshalb kann er den Kaufpreis nicht zurückverlangen, z.B. aufgrund eines Rücktritts vom Vertrag.

BGH GRUR 82, 481 – Hartmetallkopfbohrer.

Fall V2 887

Weiterbildung des Falles V1.

Wie wäre es, wenn der B den Stand der Technik gekannt hätte, ihn aber nicht dem A genannt hätte?

Lösung

Bei einem gewagten Geschäft müssen die Vertragspartner alles tun, um das Risiko des jeweils anderen Partners möglichst zu verringern. Den Verkäufer einer Patentanmeldung trifft damit die Pflicht, einen ihm bekannten Stand der Technik dem Käufer zu nennen. Hier ist eine Anfechtung wegen arglistiger Täuschung möglich.

888 **Fall V3**

A schließt mit B einen Lizenzvertrag über die Benutzung einer Erfindung ab, die später zum Patent angemeldet wird. Die Erfindung betrifft ein Verfahren zur Herstellung von Uhrgehäusen mit einer gewünschten Stärke und Härte. Später erwirbt A die Erfindung von B für EUR 10 000. A führt Versuche mit der Erfindung durch, wobei er feststellt, dass die Erfindung nicht zur Herstellung der gewünschten Uhrgehäuse geeignet ist. Daraufhin verlangt der A von B die EUR 10 000 zurück. Mit Erfolg?

a) Wie wäre es, wenn das Verfahren schlechterdings für den angegebenen Zweck nicht verwendbar wäre?

b) Wie wäre es, wenn nur der B nicht fähig wäre, das Know How zu liefern, um das Verfahren zu dem angegebenen Zweck auszuführen?

Lösung

Zu a) Es handelt sich um einen Kaufvertrag über **die Erfindung,** somit um ein gewagtes Geschäft. Nach der Rechtsprechung trägt der Verkäufer das Risiko für die technische Ausführbarkeit und für vertraglich zugesicherte Eigenschaften. Unterschiedlich sind die Meinungen, ob §§ 453, 437 BGB oder allgemeines Vertragsrecht über die Unmöglichkeit anzuwenden sind. Da hier die Erfindung objektiv technisch nicht ausführbar ist, kann § 311 a BGB herangezogen werden, mit der Folge, dass der Vertrag wirksam ist, aber evtl. Schadenersatz verlangt werden kann.

Zu b) Hier ist der Vertrag gültig, kann aber von B nicht erfüllt werden. Der B haftet für die Erfüllung, es sei denn, es liegt ein Fall von § 275 Abs. 2 BGB vor.

BGH GRUR 60, 44 – Uhrgehäuse.

889 **Fall V4**

A schließt mit B einen Lizenzvertrag über ein Patent gegen Bezahlung einer Stücklizenz ab, in dem der Aufbau eines Tisches patentiert ist. Der B produziert Tische nach dem Patent, bezahlt aber die Lizenzgebühr nicht. A verlangt von B die Bezahlung der Lizenzgebühr, B weigert sich mit der Behauptung, dass das Patent vernichtbar sei. Wie ist die Rechtslage?

Lösung

Ein Lizenzvertrag ist ein gewagtes Geschäft. Der Lizenzgeber haftet dabei nicht für den zukünftigen Bestand des Schutzrechts, es sei denn, er hätte die Haftung vertraglich übernommen. Fällt das Schutzrecht später weg, z.B. durch teilweise oder ganze Vernichtung, muss der Vertrag an die neuen Umstände angepasst werden; dies ist ein Fall der Änderung der Geschäftsgrundlage, § 313 BGB. Bis zur Vernichtung bleibt der Lizenznehmer gebunden, es sei denn, das Patent wird wegen seiner Vernichtbarkeit von den Wettbewerbern nicht beachtet.

BGH GRUR 57, 595 – Verwandlungstisch.

Fall V5 890

A schließt mit B einen Lizenzvertrag über mehrere Patente ab, die zur Herstellung einer Düngerstreumaschine eingesetzt werden sollen. In dem Vertrag wird dem B ein ausschließliches Nutzungsrecht eingeräumt, der B verpflichtet sich zur Bezahlung einer Lizenzgebühr von 6% des Werkabgabepreises jeder Maschine. Es ergibt sich, dass der B nach den Patenten aus wirtschaftlichen Gründen die Maschinen nicht sinnvoll fertigen kann. A klagt gegen B wegen Nichterfüllung des Vertrages. Könnte B gegen A vorgehen?

Lösung

Bei einem Lizenzvertrag über eine ausschließliche Lizenz besteht für den Lizenznehmer eine Ausübungspflicht, wenn die Lizenzgebühr nach der Stückzahl des Lizenzgegenstandes berechnet wird. Hier fehlt es an der wirtschaftlichen Verwertbarkeit der Patente, die an sich in den Risikobereich des Lizenznehmers fällt. Dies gilt dann aber nicht, wenn dem Lizenznehmer nach § 242 BGB nicht zumutbar ist, die Ausübungspflicht zu erfüllen, was dann der Fall ist, wenn die Herstellung des Lizenzgegenstandes wirtschaftlich nicht sinnvoll ist. In diesem Fall entfällt die Ausübungspflicht. A hat keinen Anspruch gegen B.

B hat gegen A ebenfalls keine Ansprüche, da der Lizenzgeber nicht für mangelnde wirtschaftliche Verwertbarkeit haftet, es sei denn, diese wäre zugesichert.

BGH GRUR 78, 166 – Banddüngerstreuer.

Fall V6 891

A schließt mit B schriftlich einen Vertrag über ein Geheimverfahren zur Herstellung von Glaswolle ab, die für die Herstellung von Brandschutzmineralfaserplatten geeignet ist. Eine Patentanmeldung oder ein

Patent existiert nicht. Der B testet das Verfahren, kann aber die gewünschte Glaswolle nicht herstellen. Ein Gutachten eines Sachverständigen bestätigt die Testergebnisse. Der B möchte von A Ersatz seiner Aufwendungen haben. Hat er Aussichten?

Lösung

Es handelt sich um einen Know-how Lizenzvertrag. Wenn vereinbart war, dass das Geheimverfahren zur Herstellung von Glaswolle für Mineralfaserplatten, die zum Brandschutz verwendbar sind, geeignet ist, liegt eine zugesicherte Eigenschaft vor. In entsprechender Anwendung der §§ 434, 437, 284 BGB kann B Ersatz seiner Aufwendungen verlangen.

BGH GRUR 79, 768 – Mineralwolle.

892 **Fall V7**

Weiterbildung von Fall V6.

Wie wäre es, wenn nicht vereinbart worden wäre, dass mit der Glaswolle Brandschutzplatten hergestellt werden sollen?

Lösung

Jetzt liegt keine Zusicherung von Eigenschaften vor, es fehlt aber an der technischen Brauchbarkeit, die bei mangelnder anderweitiger Regelung in den Risikobereich des Lizenzgebers fällt. Es gilt §§ 433, 434, 437 BGB entsprechend.

893 **Fall V8**

A gewährt B ein nichtausschließliches übertragbares Nutzungsrecht an seinem Patent P gegen Vergütung bei Benutzung des Patentgegenstandes. Nach Abschluss des Vertrages wird das Patent vernichtet. Vorher hat der B die Benutzung aufgenommen. B will nach Ergehen des Nichtigkeitsurteils der 1. Instanz nicht bezahlen, obwohl der A Berufung eingelegt hat. Wie ist die Rechtslage.

Lösung

Es liegt ein Lizenzvertrag vor. Nach der Rechtsprechung ist der Lizenznehmer solange lizenzpflichtig, bis das Nichtigkeitsurteil rechtskräftig geworden ist, oder das Patent P wegen seiner Vernichtbarkeit von den Wettbewerbern nicht mehr beachtet wird. Ein Nichtigkeitsurteil, das ein Patent ex tunc vernichtet, hat somit nicht die Wirkung, dass ein ausgeübter Lizenzvertrag ex tunc ungültig ist, da bis zur Rechtskraft des Nichtigkeitsurteils der Lizenznehmer eine Vorzugsstellung einnimmt. Dies gilt auch für einfache Lizenzen. Der B muss die Vergütung bezahlen.

Fall V9 894

Fortführung des Falles. Wie wäre es, wenn der B das Patent P benutzt hat, aber keine Vorzugsstellung im Wettbewerb gewonnen hat, da er alleiniger Anbieter auf diesem Gebiet ist.

Lösung

Das Ergebnis ist das gleiche. Auch der Lizenznehmer, der keinem Wettbewerb ausgesetzt ist, hat durch die Lizenz Vorteile, z. B. ist er nicht dem Benutzungsverbot des Patentinhabers ausgesetzt.

BGH GRUR 1983, 237–239 – „Brückenlegepanzer“.

Fall V10 895

A schließt mit B einen Lizenzvertrag über eine Erfindung ab, die zum Patent angemeldet worden ist und für die nach Abschluss des Vertrages in der EU Patente erteilt worden sind. Der Vertrag ist unbefristet, kann jedoch vom Lizenznehmer unter Einhaltung einer Frist von einem halben Jahr gekündigt werden. Der Lizenzgeber erhält eine Lizenzgebühr.

a) Die Patente sind abgelaufen; kann der A weiterhin Lizenzgebühren verlangen?
b) Im Vertrag ist zusätzlich vereinbart worden, dass der B nach Kündigung des Vertrages keine Patentgegenstände mehr verkaufen darf. Ist diese Regelung evtl. nichtig?

Lösung

Zu a) Es ist zu prüfen, ob ein Verstoß gegen Art. 81 EGV vorliegt, wenn der Lizenzvertrag über den Ablauf der Schutzdauer des Patentes wirksam bleibt. An sich ist die Bindung über den Ablauf des Patentes hinaus ein Wettbewerbsverstoß. Dies gilt aber dann nicht, wenn der Gebundene ein Kündigungsrecht hat, wie dies hier der Fall ist.

Zu b) In diesem Fall wird in der Regel ein Verstoß gegen Art. 81 EGV vorliegen. Voraussetzung ist natürlich, dass die sonstigen Tatbestandsmerkmale vorliegen, also sich ergibt, dass der Vertrag geeignet ist, den Handel zwischen den Mitgliedsstaaten spürbar zu beeinträchtigen.

EuGH GRUR Int. 90, 458 – Ottung/Klee & Weilbach.

Teil 8. Anhang

A. Patentzusammenarbeitsvertrag (PCT) 900

1. Zweck des Verfahrens

Mit einer Anmeldung beim zuständigen Anmeldeamt kann die Wirkung einer vorschriftsmäßigen nationalen Anmeldung erreicht werden.

Beispiel:

Ein Deutscher reicht beim DPMA eine internationale Anmeldung in Deutsch ein und bestimmt im Antrag, dass diese für DE, US, JP, EP gelten soll. Diese internationale Anmeldung hat dieselbe Wirkung, wie wenn sie in den bestimmten Staaten eingereicht worden wäre. Das PCT-Verfahren erleichtert die Einreichung der Anmeldung, vermeidet jedoch nicht das nationale Patenterteilungsverfahren.

2. Verfahren in groben Zügen

a) Die internationale Anmeldung muss beim zuständigen Anmeldeamt, i.d.R. beim nationalen Patentamt, in dessen Amtssprache eingereicht werden. Die Anmeldung, die wie eine nationale DE-Anmeldung aufgebaut sein kann, muss im Antrag bestimmen, für welche Staaten sie gelten soll.

b) Das Anmeldeamt prüft die Anmeldung auf die Erfüllung der Formvorschriften des PCT-Vertrages und leitet anschließend ein Aktenexemplar an die WIPO und eine Kopie davon an eine für das Anmeldeland zuständige internationale Recherchenbehörde (z.B. für DE das EPA).

c) Die internationale Recherchenbehörde erstellt einen Bericht zum Stand der Technik (internationaler Recherchenbericht).

d) Die WIPO veröffentlicht die internationale Anmeldung in einer Amtssprache (z.B. Deutsch) 18 Monate nach dem Zeitrang der Anmeldung mit dem Recherchenbericht. Sie übermittelt die internationale Anmeldung an die Bestimmungsämter.

e) 30 Monate nach dem Zeitrang der Anmeldung muss der Anmelder sich entscheiden, ob er die nationale Phase einleiten will, was dazu führt, dass die internationale Anmeldung in das nationale Erteilungsverfahren der bestimmten Staaten übergeleitet wird.
Der Anmelder kann aber auch das Verfahren der internationalen vorläufigen Prüfung einleiten (19 Monate nach dem Zeitrang der Anmeldung). Tut er dies, dann erstellt die internationale Prüfungsbehörde

(für DE das EPA) ein Gutachten über die Patentfähigkeit (keine Patenterteilung).

Mit Ablauf von 30 Monaten ab Zeitrang muss die internationale Anmeldung in die nationale Phase übergeleitet werden, die dazu einzuhaltenden Vorschriften sind national geregelt (z.B. IntPatÜG für DE).

f) Nach der Überleitung in die nationale Phase, nach 30 Monaten ab Zeitrang, wird das nationale Erteilungsverfahren, z.B. vor dem DPMA, durchgeführt entsprechend den nationalen Vorschriften.
Für Angehörige der Mitgliedsstaaten des EPÜ kann statt der nationalen Phase auch in das europäische Erteilungsverfahren übergegangen werden, wenn das EPA bestimmt worden ist.

905 B. Europäisches Patentübereinkommen (EPÜ)

1. Zweck

Das EPÜ gibt die Möglichkeit, durch Einreichung einer europäischen Anmeldung in einem Verfahren ein europäisches Patent mit Geltung für die Vertragsstaaten zu erhalten, die der Anmelder benannt hat. Das europäische Patent hat in den benannten Vertragsstaaten dieselbe Wirkung wie ein national erteiltes Patent.

2. Verfahren in groben Zügen

a) Einreichung der europäischen Anmeldung beim nationalen Amt oder dem EPA in einer der Amtssprachen deutsch, englisch, französisch. Der Aufbau der Anmeldung entspricht einer deutschen Anmeldung.
b) Das EPA prüft die Patentanmeldung auf formelle Mängel und erstellt einen Recherchenbericht. Weiterhin veröffentlicht es die Anmeldung 18 Monate nach Zeitrang möglichst zusammen mit dem Recherchenbericht.
c) Spätestens sechs Monate nach Veröffentlichung des Recherchenberichtes muss der Anmelder Prüfungsantrag stellen, sonst gilt die Anmeldung als zurückgenommen.
d) Das EPA führt das Prüfungsverfahren durch und erteilt das europäische Patent bei Patentfähigkeit des Anmeldungsgegenstandes, sonst wird die Anmeldung zurückgewiesen.
e) Nach Patenterteilung kann von Dritten Einspruch beim EPA eingelegt werden. Ist der Einspruch begründet, dann wird das Patent widerrufen, sonst aufrechterhalten (ganz oder teilweise). Ein Widerruf hat Wirkung ex tunc.

f) Gegen Entscheidungen der ersten Instanz gibt es die Beschwerde zu Beschwerdekammern, die die Entscheidung in sachlicher und rechtlicher Hinsicht überprüfen.

g) Nach Erteilung eines europäischen Patents geht (bis auf das Einspruchsverfahren) die weitere Behandlung auf die nationalen Ämter der vom Anmelder benannten Vertragsstaaten über. Für DE ist hierfür das IntPatÜG heranzuziehen, das Vorschriften für die Überleitung und die weitere Behandlung der Patente enthält.

h) Da gleichzeitig ein deutsches Patent und ein europäisches deutsches Patent möglich ist (beide Verfahren sind unabhängig voneinander), ist, um Doppelschutz zu vermeiden, im IntPatÜG geregelt, dass das deutsche Patent insoweit unwirksam ist, als der Schutzbereich des europäischen Patents geht.

i) Wenn das europäische Patent nicht in deutscher Sprache erteilt worden ist, muss eine Übersetzung beim DPA eingereicht werden, sonst entfaltet das Patent keine Wirkungen in DE, Art. II, § 3 IntPatÜG. Die Übersetzung wird veröffentlicht.

C. Madrider Markenabkommen (MMA) und Protokoll zum Madrider Markenabkommen (PMM) 915

1. Zweck

Das MMA gibt Angehörigen von Vertragsstaaten die Möglichkeit, für eine in das Register des Ursprungsstaates eingetragene Marke die internationale Registrierung zu beantragen. Die internationale Registrierung hat die Wirkung einer nationalen Registrierung in den vom Anmelder gewählten (erstreckten) Staaten.

Beim Protokoll zum Madrider Markenabkommen genügt es dagegen, wenn im Ursprungsstaat die Markenanmeldung eingereicht worden ist.

2. Verfahren

a) Der Antrag wird beim DPMA gestellt (§§ 108 bzw. 120 MarkenG) für eine in das Register eingetragene Marke bzw. angemeldete Marke. Dem Antrag ist ein Verzeichnis der Waren oder Dienstleistungen beizufügen.

b) Der Antrag wird an die WIPO weitergeleitet, die bei Erfüllung der Voraussetzungen des MMA die internationale Registrierung durchführt und die Registrierung den Staaten mitteilt, auf die sich die Registrierung erstreckt. Die Wirkung der Marke beginnt mit dem Anmeldetag.

c) Die WIPO veröffentlicht die Registrierung.

d) In den Staaten, für die die Registrierung gilt, wird die Marke auf Vorliegen der sachlichen Schutzvoraussetzungen (geregelt in der PVÜ) geprüft und wenn diese nicht vorliegen, wird der Schutz entzogen.
Für auf DE erstreckte Marken wird die Prüfung auf absolute Schutzhindernisse nach § 37 MarkenG durchgeführt, § 113 MarkenG. Weiterhin kann Widerspruch eingelegt werden (§ 114 MarkenG) sowohl gegen die internationale Marke als auch aus dieser Marke (§ 116 MarkenG). Weitere Regelungen ergeben sich aus den §§ 107–125 MarkenG.

920

D. Verordnung (EG) Nr. 40/94 des Rates über die Gemeinschaftsmarke (GMVO)

Entsprechend dieser Verordnung ist die Möglichkeit gegeben, mit einer Markenanmeldung für alle EU- Staaten eine Gemeinschaftsmarke zu erwerben, die einheitlich ist, Wirkung in der gesamten EU entfaltet und für die Gemeinschaftsrecht gilt. Die Prüfung auf Markenfähigkeit wird durch das Harmonisierungsamt für den Binnenmarkt (HABM, Sitz Alicante) durchgeführt. Die sachlichen Schutzvoraussetzungen entsprechen denen der Ersten Richtlinie des Rates der EG Nr. 89/104 und somit dem MarkenG; die Verfahren haben große Ähnlichkeit mit den Vorschriften des MarkenG. Deshalb werden nachfolgend nur einige Unterschiede gegenüber dem MarkenG erwähnt:

- Die Anmeldung kann beim nationalen Amt, in DE nach § 125 a MarkenG oder beim HABM (Art. 25 GMVO) eingereicht werden. Wird national angemeldet, muss die Anmeldung innerhalb von einem Monat an das HABM weitergeleitet werden, sonst gilt die Anmeldung als zurückgenommen.
- Das HABM prüft die Anmeldung, ob ein Anmeldetag zuerkannt werden kann, ob die weiteren Formvorschriften, die insbesondere in der GM-DVO enthalten sind, erfüllt sind und ob keine absoluten Eintragungshindernisse (Art. 7 GMVO) vorliegen.
- Zudem wird eine Recherche nach älteren Gemeinschaftsmarken bzw. Anmeldungen durchgeführt, aus denen nach Art. 8 GMVO Widerspruch gegen die Eintragung der jüngeren Marke geltend gemacht werden könnten. Der Recherchenbericht wird dem Anmelder und den Inhabern der älteren Gemeinschaftsmarken bzw. Anmeldungen mitgeteilt.
- Sind die Erfordernisse für die Anmeldung erfüllt und der Recherchenbericht nach Art. 39 Abs. 6 GMVO den Betroffenen mitgeteilt worden, wird die Anmeldung veröffentlicht, Art. 40 GMVO.

- Innerhalb einer Frist von drei Monaten nach Veröffentlichung kann Widerspruch aufgrund eines relativen Eintragungshindernisses (Art. 8 GMVO) erhoben werden. Ist der Widerspruch begründet, wird die Anmeldung zurückgewiesen, Art. 43 GMVO, sonst wird das Zeichen als Gemeinschaftsmarke eingetragen, Art. 45 GMVO, womit die Gemeinschaftsmarke ihre Wirkung entfaltet, Art. 6 GMVO.
- Die Löschungsverfahren, in denen Verfallsgründe oder Nichtigkeitsgründe geltend gemacht werden können, Art. 50, 51, 52 GMVO, entsprechen im wesentlichen dem MarkenG.
- Gegen die Beschlüsse des Amtes ist die Beschwerde zur Beschwerdekammer möglich. Gegen die Beschlüsse der Beschwerdekammern kann Klage beim Gerichtshof (EuG) eingereicht werden.
- Wenn die Anmeldung zurückgewiesen wird, als zurückgenommen gilt oder zurückgenommen wird, kann nach Art. 108 GMVO Antrag auf Einleitung des nationalen Verfahrens gestellt werden und die Anmeldung in eine nationale Marke umgewandelt werden. Der Anmelder muss die Mitgliedstaaten bestimmen, für die der Umwandlungsantrag gilt. Für das Verfahren in DE ist dann § 125 d MarkenG anzuwenden.
- Nach Veröffentlichung der Markenanmeldung kann ein Anspruch auf angemessene Entschädigung gegen diejenigen geltend gemacht werden, die die Marke nach deren Eintragung verletzen würden, Art. 9 Abs. 3 GMVO.
- Nach Eintragung der Marke können die Verbotsrechte nach Art. 9 GMVO (entsprechen § 14 MarkenG unter Berücksichtigung von § 125 b MarkenG) gegen Verletzer geltend gemacht werden.
- Die Verletzungsverfahren werden von den Gemeinschaftsmarkengerichten durchgeführt, die von den Mitgliedsstaaten benannt werden, Art. 91 GMVO. Für DE sind dies nach § 125 e MarkenG die für Verletzungsverfahren national zuständigen Gerichte.

E. Sortenschutzgesetz (SortSchG) 930

1. Wichtigste Rechtsquellen

- Sortenschutzgesetz
- Sortenschutzverordnung
- Verordnung 2100/94 des Rates über den gemeinschaftlichen Sortenschutz und Durchführungsverordnungen dazu

2. Schutzgegenstand

Pflanzensorten, die unterscheidbar, homogen, beständig, neu sind und durch eine Sortenbezeichnung bezeichnet sind.

3. Voraussetzungen des Schutzes

a) Unterscheidbarkeit, § 3 SortSchG

Die Pflanzen der Sorte müssen sich in wenigstens einem wichtigen Merkmal von Pflanzen jeder anderen Sorte unterscheiden.

b) Homogenität, § 4 SortSchG

Die Pflanzen der Sorte sind in den für die Unterscheidbarkeit wichtigen Merkmalen nach der Vermehrung im wesentlichen gleich.

c) Beständigkeit, § 5 SortSchG

Nach der Vermehrung müssen die für die Unterscheidbarkeit wichtigen Merkmale den für die Sorte festgestellten Ausprägungen entsprechen.

d) Neuheit, § 6 SortSchG

Sie liegt vor, wenn Vermehrungsmaterial der Sorte mit Zustimmung des Berechtigten vor dem Anmeldetag nicht oder nur innerhalb folgender Zeiträume in Verkehr gebracht worden ist:

- in der EG innerhalb eines Jahres,
- im Ausland innerhalb von 4 Jahren, bei Reben und Baumarten innerhalb von 6 Jahren.

e) Sortenbezeichnung, § 7 SortSchG

Diese muss eintragbar sein, das ist der Fall, wenn kein in § 7 SortSchG aufgeführter Ausschließungsgrund vorliegt. Ausschließungsgründe sind z.B.

→ mangelnde Unterscheidungskraft;
→ ausschließlich aus Zahlen bestehend;
→ Verwechselbarkeit mit einer anderen in einem Verbandsstaat (EWR) oder Vertragsstaat (Mitglieder des Internationalen Verbandes zum Schutze von Pflanzenszüchtungen) geschützten Sortenbezeichnung;
→ Irreführung;
→ Ärgerniserregung.

Ist die Sorte in einem Verbandsstaat oder Vertragsstaat unter einer Sortenbezeichnung eingetragen oder angemeldet worden, so ist nur diese Sortenbezeichnung eintragbar.

Die Sortenbezeichnung muss im Rechtsverkehr verwendet werden, auch wenn des Sortenschutz abgelaufen ist, § 14 SortSchG.

4. Rechtsinhaber, § 8 SortSchG

Das Recht auf den Sortenschutz hat der

- Ursprungszüchter oder Entdecker der Sorte;
- Rechtsnachfolger.

Der Antragsteller gilt im Verfahren als Berechtigter, es sei denn, dem Bundessortenamt ist die Nichtberechtigung bekannt. Hat ein Nichtberechtigter den Sortenschutz beantragt oder ist diesem der Sortenschutz erteilt worden, kann der Berechtigte verlangen, dass der Nichtberechtigte das Recht überträgt, § 9 SortSchG.

5. Verfahren zum Schutzrecht

5.1. Organisation des Bundessortenamtes (BSA), § 18, § 19, § 20 SortSchG

a) Prüfabteilungen

Diese haben Zuständigkeit für

- Sortenschutzanträge;
- Einwendungen nach § 25 SortSchG;
- Aufhebung des Sortenschutzes bezüglich der Sortenbezeichnung;
- Eintragung einer anderen Sortenbezeichnung oder Festsetzung einer Sortenbezeichnung nach § 30 SortSchG;
- Erteilung eines Zwangsnutzungsrechtes;
- Rücknahme und Widerruf der Erteilung des Sortenschutzes.

b) Widerspruchsauschüsse

Diese sind zuständig für die Entscheidung über Widersprüche gegen Entscheidungen der Prüfabteilungen.

5.2. Beginn des Verfahrens

a) Sortenschutzantrag beim Bundessortenamt (BSA), § 22 SortSchG

- Antrag mit Angabe von Ursprungszüchter oder Entdecker und Sortenbezeichnung in zweifacher Ausfertigung, Vordrucke des Bundessortenamtes sind zu verwenden. Wenn der Antragsteller nicht allein der Züchter oder Entdecker ist, muss er angeben, wie die Sorte an ihn gelangt ist.
- Der Zeitrang bestimmt sich im Zweifel nach der Reihenfolge der Eintragungen im Eingangsbuch des Bundessortenamtes.
- Die Inanspruchnahme eines Zeitvorranges ist möglich, wenn in einem Verbandsstaat bereits ein Züchterrecht zum ersten Mal beantragt worden ist und der Antrag beim BSA innerhalb von 12 Monaten gestellt wird. Der Zeitvorrang muss im Antrag geltend gemacht werden, innerhalb von 3 Monaten nach dem Antragstag muss eine beglaubigte Abschrift des ersten Antrags vorgelegt werden, § 23 SortSchG.
- Ist die Sortenbezeichnung im Inland oder für das Inland als Marke für Waren, die das Vermehrungsgut der Sorte umfassen, angemeldet oder eingetragen worden, so steht dem Antragsteller als Zeitvorrang der Sortenbezeichnung der Zeitvorrang der Marke zu. Der Antragsteller muss innerhalb von 3 Monaten nach Angabe der Sortenbezeichnung eine Bescheinigung des DPMA vorlegen.

b) Gebühren

Diese werden nach dem Gebührenverzeichnis erhoben. Wird die Gebühr nicht innerhalb eines Monats nach Mitteilung der Gebührenentscheidung durch das BSA bezahlt, gilt der Antrag als nicht gestellt, § 27 SortSchG.

5.3. Prüfungsverfahren (in Stichworten)

- Bekanntmachung des Antrages, § 24 SortSchG;
- Einwendungen Dritter möglich, § 25 SortSchG, mit folgenden Behauptungen:
  → Sorte ist nicht unterscheidbar, homogen, betändig, neu; geltend zu machen bis zur Erteilung des Sortenschutzes.
  → Antragsteller ist nicht berechtigt; geltend zu machen innerhalb von 3 Monaten nach Bekanntmachung; bei Erfolg kann der Einwender selbst Sortenantrag stellen und verlangen, dass als Antragstag der Tag des früheren Antrags gilt.
  → Die Sortenbezeichnung ist nicht eintragbar; geltend zu machen innerhalb von 3 Monaten nach Bekanntmachung der Sortenbezeichnung.
- Prüfung auf Voraussetzungen des Schutzes, § 26 SortSchG; z.B. durch Anbau der Sorte und Überprüfung der Sortenbezeichnung, bei Nichteintragbarkeit der Sortenbezeichnung muss der Antragsteller eine andere Sortenbezeichnung angeben.
- Das BSA kann innerhalb gesetzter Fristen nach § 27 SortSchG vom Antragsteller verlangen:
  → Vermehrungsmaterial oder weitere erforderliche Unterlagen vorzulegen;
  → Eine Sortenbezeichnung anzugeben;
  → Fällige Prüfungsgebühren zu entrichten.

Kommt der Antragsteller der Aufforderung nicht nach, kann das BSA den Antrag zurückweisen. Bei Nichtzahlung der Gebühr gilt der Antrag als nicht gestellt.

- Das Prüfungsverfahren endet mit
  → Erteilung – Eintragung in die Sortenschutzrolle nach Unanfechtbarkeit der Entscheidung, § 28 SortSchG;
  → Zurückweisung.

6. Bestand des Schutzrechtes

6.1. Dauer des Schutzrechtes

Das Schutzrecht endet

- 25 Jahre oder 30 Jahre ab Erteilung, § 13 SortSchG;
- durch Verzicht, § 31 SortSchG.

6.2. Verfahren zur Änderung der Sortenbezeichnung nach Erteilung, § 30 SortSchG

- Es liegt ein Ausschließungsgrund nach § 7 Abs. 2 oder 3 SortSchG vor.
- Es gibt einen Ausschließungsgrund nach § 7 Abs. 2 Nr. 5 oder 6 SortSchG.
- Es ist ein entgegenstehendes Recht glaubhaft gemacht worden und der Sortenschutzinhaber ist mit Änderung der Sortenbezeichnung einverstanden.
- Dem Sortenschutzinhaber ist durch rechtskräftige Entscheidung die Verwendung der Sortenbezeichnung untersagt worden.
- Einem nach § 14 SortSchG zur Verwendung der Sortenbezeichnung Verpflichteter ist durch rechtskräftige Entscheidung die Verwendung der Sortenbezeichnung untersagt worden.

Das BSA fordert den Sortenschutzinhaber auf, eine andere Sortenbezeichnung anzugeben. Das BSA kann die Sortenbezeichnung von Amts wegen oder auf Antrag bei Glaubhaftmachung eines berechtigten Interesses festsetzen.

6.3. Beendigung des Sortenschutzes, § 31 SortSchG

- Die Erteilung des Sortenschutzes ist zurückzunehmen, wenn sich ergibt, dass die Sorte bei der Sortenschutzerteilung nicht unterscheidbar oder nicht neu war.
- Die Erteilung des Sortenschutzes ist zu widerrufen, wenn sich ergibt, dass die Sorte nicht homogen oder nicht beständig ist.
- Die Erteilung des Sortenschutzes ist zu widerrufen, wenn der Sortenschutzinhaber
  - → einer Aufforderung nach § 30 SortSchG zur Angabe einer anderen Sortenbezeichnung nicht nachgekommen ist;
  - → fällige Jahresgebühren innerhalb einer Nachfrist nicht entrichtet hat;
  - → eine durch Rechtsverordnung begründete Verpflichtung zur Nachprüfung des Fortbestehens der Sorte trotz Mahnung nicht erfüllt hat.

6.4. Weiteres Verfahren

Die oben angegebenen Entscheidungen werden von den Prüfabteilungen erlassen. Gegen diese Entscheidungen kann Widerspruch erhoben werden, über den von einem Widerspruchsausschuss entschieden wird. Gegen die Beschlüsse des Widerspruchsausschusses kann Beschwerde an das BPatG eingelegt werden.

6.5. Kosten, § 33 SortSchG

Für die Amtshandlungen und für die Prüfung von Sorten und für jedes angefangene Jahr der Dauer des Sortenschutzes werden Gebühren und

Auslagen erhoben. Die näheren Einzelheiten sind in einer Rechtsverordnung geregelt.

7. Wirkung des Schutzrechtes, § 10 SortSchG

7.1. Schutzbeginn

Mit Erteilungsbeschluss

7.2. Wirkung des Sortenschutzes

Verboten werden kann u. a.

- Erzeugung von Vermehrungsmaterial, Aufbereitung zu Vermehrungszwecken, Inverkehrbringen von Vermehrungsmaterial, Ein- oder Ausfuhr;
- Vermehrungsmaterial der Sorte zu den genannten Zwecken aufzubewahren.

Die Wirkung des Schutzes erstreckt sich nicht auf Handlungen im privaten Bereich zu nicht gewerblichen Zwecken. Außerdem darf Vermehrungsmaterial der Sorte zur Züchtung einer neuen Sorte ohne Zustimmung des Sortenschutzinhabers verwendet werden, § 10a SortSchG.

7.3. Rechtsverletzungen

a) Ansprüche, § 37 SortSchG

Bei Verletzung des Sortenschutzrechtes hat der Berechtigte

- einen Unterlassungsanspruch;
- einen Schadensersatzanspruch bei Verschulden des Verletzers bzw. einen Entschädigungsanspruch bei leichter Fahrlässigkeit.

Der Sortenschutzinhaber kann in der Zeit zwischen Bekanntmachung des Antrages und Erteilung des Sortenschutzes eine angemessene Vergütung fordern.

b) Weitere Ansprüche, §§ 37a–37c SortSchG

Weitere Anspruchsregelungen und Strafvorschriften entsprechen den üblichen Vorschriften im Gewerblichen Rechtsschutz.

c) Sortenschutzstreitsachen

Zuständig sind die Landgerichte unabhängig vom Streitwert, § 38 SortSchG.

F. Halbleiterschutzgesetz (HlschG) 940

I. Allgemeines

Das Halbleiterschutzgesetz ist ein neues Gesetz, das zum Schutz von Topografien oder des Layouts von Halbleiterbausteinen (Chip) geschaffen worden ist. Dadurch soll verhindert werden, dass Halbleiterbausteine kopiert werden können.

II. Rechtsquellen

- Halbleiterschutzgesetz von 1987
- Halbleiterschutzverordnung
- TRIPS

III. Schutzgegenstand

1. Nach § 1 HlschG ist Schutzgegenstand

→ Topografien, d. h. dreidimensionale Strukturen von mikroelektronischen Halbleitererzeugnissen,
→ das Layout,
→ selbständig verwertbare Teile,
→ Darstellungen zur Herstellung von Topografien.

2. Sachliche Schutzvoraussetzungen

Der Schutzgegenstand muss Eigenart aufweisen, er muss das Ergebnis geistiger Arbeit sein und darf nicht alltäglich sein.

Weiterhin darf er keine bloße Nachbildung einer anderen Topografie sein.

3. Ausnahmen von Schutz, § 1 HlschG

Nicht geschützt sind die zugrunde liegenden Entwürfe, Verfahren, Systeme, Techniken und im Chip gespeicherte Informationen.

IV. Rechtsinhaber, § 2 HlschG

Rechtsinhaber des Schutzrechtes ist

- der Urheber der Topografie;
- wenn der Schutzgegenstand im Arbeitsverhältnis bzw. Auftragsverhältnis geschaffen worden ist, der Arbeitgeber bzw. Auftraggeber, soweit vertraglich nichts anders geregelt worden ist.

V. Formelle Schutzvoraussetzungen – Verfahren zum Schutzrecht, §§ 3, 4, 5 HlschG

Es muss pro Topografie eine Anmeldung beim DPMA eingereicht werden, die folgendes enthalten muss:

- Einen Antrag.
- Identifizierungsmittel.
- Das Datum des Tages der ersten (nicht nur vertraulichen) Verwertung, wenn dieser Tag vor dem Anmeldetag liegt.

Weiterhin müssen Gebühren nach dem PatKostG bezahlt werden.

Bei Erfüllung der formellen Voraussetzungen erfolgt die Eintragung in die Rolle für Topografien.

VI. Bestand des Schutzrechts

1. Schutzdauer, § 5 HlschG

Schutzbeginn:

- entweder am Tag der ersten nicht nur vertraulichen geschäftlichen Verwertung der Topografie (wenn sie innerhalb von 2 Jahren angemeldet wird) oder
- Tag der Anmeldung.

Schutzdauer: 10 Jahre.

Der Schutz kann nur geltend gemacht werden, wenn eine Anmeldung beim DPMA eingereicht worden ist.

Der Schutz kann nicht mehr in Anspruch genommen werden, wenn die Topografie nicht innerhalb von 15 Jahren nach dem Tag der ersten Aufzeichnung angemeldet wird oder nicht nur vertraulich geschäftlich verwertet wird.

2. Löschungsverfahren, § 8 HlschG

Das Schutzrecht wird gelöscht

- wenn es nach § 1 HlschG nicht schutzfähig ist;
- wenn der Anmelder nicht zum Schutz berechtigt ist;
- bei nach § 5 HlschG zu später Anmeldung.

Das Verfahren entspricht dem Gebrauchsmuster-Löschungsverfahren.

VII. Wirkung des Schutzes, § 6 HlschG

1. Verboten kann werden

- die Nachbildung der Topografie;
- das Anbieten der Topografie bzw. eines Chips mit Topografie;

- das Inverkehrbringen der Topografie bzw. eines Chips mit Topografie;
- das Verbreiten der Topografie bzw. eines Chips mit Topografie;
- das Einführen der Topografie bzw. eines Chips mit Topografie.

2. Ausnahmen vom Schutz, § 6 HlschG

- bei Handlung im privaten Bereich zu nicht geschäftlichen Zwecken;
- bei Nachbildung zu Zwecken der Analyse, der Bewertung, der Ausbildung;
- Reverse Engineering und Neuentwicklung mit Eigenart;
- ein gutgläubiger Erwerb eines Chips berechtigt zu dessen Verwertung; ab Bösgläubigkeit muss aber eine angemessene Vergütung bezahlt werden, § 6 HlschG.

3. Keine Wirkung nach § 7 HlschG

- bei Anspruch auf Löschung;
- bei widerrechtliche Entnahme gegenüber dem Berechtigten.

Sachregister

(Die Zahlen verweisen auf die Randnummern des Buches)